CBAC TGAU CERDDORIAETH

Jan Richards

Illuminate Publishing

CBAC TGAU Cerddoriaeth

Addasiad Cymraeg o *WJEC/Eduqas GCSE Music* a gyhoeddwyd yn 2016 gan Illuminate Publishing Ltd, P.O. Box 1160, Cheltenham, Swydd Gaerloyw GL50 9RW.

Archebion: Ewch i www.illuminatepublishing.com neu anfonwch e-bost at sales@illuminatepublishing.com

Ariennir yn Rhannol gan **Lywodraeth Cymru**
Part Funded by **Welsh Government**

Cyhoeddwyd dan nawdd Cynllun Adnoddau Addysgu a Dysgu CBAC

Data Catalogio Cyhoeddiadau y Llyfrgell Brydeinig

Mae cofnod catalog ar gyfer y llyfr hwn ar gael gan y Llyfrgell Brydeinig.

ISBN 978-1-911208-26-6

Argraffwyd gan Severn, Gloucester

01.20

Polisi'r cyhoeddwr yw defnyddio papurau sy'n gynhyrchion naturiol, adnewyddadwy ac ailgylchadwy o goed a dyfwyd mewn coedwigoedd cynaliadwy. Disgwylir i'r prosesau torri coed a gweithgynhyrchu gydymffurfio â rheoliadau amgylcheddol y wlad y mae'r cynnyrch yn tarddu ohoni.

Gwnaed pob ymdrech i gysylltu â deiliaid hawlfraint y deunydd a atgynhyrchwyd yn y llyfr hwn. Mae'r awdur a'r cyhoeddwr wedi gofalu naill ai bod caniatâd ffurfiol wedi ei roi i ddefnyddio deunydd hawlfraint sy'n cael ei atgynhyrchu, neu bod y deunydd hawlfraint wedi cael ei ddefnyddio o dan ddarpariaeth canllawiau masnachu teg yn y DU – yn benodol nad oes llawer o ddefnydd wedi ei wneud ohono, ei fod wedi ei ddefnyddio at ddibenion beirniadaeth ac adolygu yn unig, a'i fod wedi ei gydnabod yn gywir.

Os cânt eu hysbysu, bydd y cyhoeddwr yn falch o gywiro unrhyw wallau neu hepgoriadau ar y cyfle cyntaf.

Mae'r deunydd hwn wedi'i gymeradwyo gan CBAC, ac mae'n cynnig cefnogaeth o ansawdd uchel ar gyfer cymwysterau CBAC. Er bod y deunydd wedi bod trwy broses sicrhau ansawdd CBAC, mae'r cyhoeddwr yn dal yn llwyr gyfrifol am y cynnwys.

Gosodiad y llyfr Cymraeg: Neil Sutton, Cambridge Design Consultants

Dyluniad a gosodiad gwreiddiol: emc design limited

Llun y clawr: © CI2 / Alamy Stock Photo

Cydnabyddiaeth – cerddoriaeth

T80 Superstar, Cerddoriaeth gan Andrew Lloyd Webber, Geiriau gan Tim Rice. © Hawlfraint 1970 MCA Music Limited. Universal/MCA Music Limited. Cedwir Pob Hawl. Sicrhawyd Hawlfraint Ryngwladol. Defnyddiwyd â Chaniatâd Music Sales Limited; T85 'Statesboro Blues', Geiriau a Cherddoriaeth gan Willie McTell. © 2016 Peermusic (UK) Ltd; T82 Prima Donna (o THE PHANTOM OF THE OPERA), Cerddoriaeth gan Andrew Lloyd Webber. Geiriau gan Charles Hart. Geiriau ychwanegol gan Richard Stilgoe. © Hawlfraint 1986 Andrew Lloyd Webber wedi'i drwyddedu i The Really Useful Group Ltd. Hawlfraint y trefniant hwn © 2017 Andrew Lloyd Webber wedi'i drwyddedu i The Real Useful Group Ltd. Sicrhawyd Hawlfraint Ryngwladol. Cedwir Pob Hawl. Ailargraffwyd â chaniatâd Hal Leonard; T87 Satin Doll, Geiriau gan Johnny Mercer, Cerddoriaeth gan Duke Ellington a Billy Strayhorn, © Hawlfraint 1958 Music Sales Corporation/ Tempo Music Inc, Chester Music Limited yn masnachu fel Campbell Connelly & Co. Cedwir Pob Hawl. Sicrhawyd Hawlfraint Ryngwladol. Defnyddiwyd â Chaniatâd Music Sales Limited; T94 'Round Midnight', Geiriau a Cherddoriaeth gan Cootie Williams, Bernie Hanighen and Thelonious Monk. © 1944 WB Music Corp, Thelonious Music Corp a weinyddir gan Warner-Tamerlane Publishing Corp. Warner/Chappell North America Ltd, Llundain, W8 5DA. Atgynhyrchwyd â chaniatâd Faber Music Ltd. Cedwir Pob Hawl. [dyfyniad 4 bar]; T95: 'Take Five' (Paul Desmond), Hawlfraint © 1960 Derry Music Company (Y Byd ac eithrio UDA); Desmond Music Company (UDA), Hawlfraint y trefniant hwn © 2017 Derry Music Company (Y Byd ac eithrio UDA); Desmond Music Company (USA), Rheolir pob hawl ar gyfer y byd ac eithrio UDA, Canada & Japan gan Valentine Music Ltd. Dylid anfon unrhyw ymholiadau am y darn hwn, ac eithrio rhai sy'n ymwneud â'r arholiad, at Valentine Music Ltd, 26 Litchfield Street, Covent Garden, Llundain WC2H 9TZ. info@valentinemusic.co.uk; T117 The Good, The Bad And The Ugly (Thema). Cerddoriaeth gan Ennio Morricone © Hawlfraint 1966 EMI Music Publishing Italia SRL. EMI United Partnership Limited. Hawlfraint y trefniant hwn © 2016 EMI Music Publishing Italia SRL. Cedwir Pob Hawl. Sicrhawyd Hawlfraint Ryngwladol. Defnyddiwyd â Chaniatâd Music Sales Limited; T142 Thema James Bond, Cerddoriaeth gan Monty Norman, © Hawlfraint 1962 EMI United Partnership Limited. Cedwir Pob Hawl. Sicrhawyd Hawlfraint Ryngwladol. Defnyddiwyd â Chaniatâd Music Sales Limited; T160 The House Of The Rising Sun, Geiriau a Cherddoriaeth gan Alan Price. Hawlfraint © 1964 Keith Prowse Music Publishing Co., Ltd. Adnewyddwyd yr Hawlfraint. Hawlfraint y trefniant hwn © 2016 Keith Prowse Music Publishing Co., Ltd. Gweinyddir Pob Hawl gan Sony/ATV Music Publishing LLC, 424 Church Street, Suite 1200, Nashville, TN 37219. Sicrhawyd Hawlfraint Ryngwladol. Cedwir Pob Hawl. Ailargraffwyd â chaniatâd Hal Leonard LLC; T144 Thema Vertigo o VERTIGO, gan Bernard Hermann. Hawlfraint © 1958 Sony/ATV Music Publishing LLC. Adnewyddwyd yr Hawlfraint. Hawlfraint y trefniant hwn © 2016 Sony/ATV Music Publishing LLC. Gweinyddir Pob Hawl gan Sony/ATV Music Publishing LLC, 424 Church Street, Suite 1200, Nashville, TN 37219. Sicrhawyd Hawlfraint Ryngwladol. Cedwir Pob Hawl. Ailargraffwyd â chaniatâd Hal Leonard LLC; P170 My Sharona, Geiriau a Cherddoriaeth gan Douglas Fieger a Berton Averre, © Hawlfraint 1979 Wise Brothers Music LLC. Chester Music Limited yn masnachu fel Campbell Connelly & Co. Cedwir Pob Hawl. Sicrhawyd Hawlfraint Ryngwladol. Defnyddir â Chaniatâd Music Sales Limited a "My Sharona", Ysgrifennwyd gan Doug Fieger and Berton Averre. Eighties Music (ASCAP) / Small Hill Music (ASCAP) / Reach Global UK Ltd.

Mae gwefan i gyd-fynd â'r llyfr hwn, sef www.illuminate.digital/tgaucerddoriaeth. Ar y wefan gallwch wylio a gwrando ar nifer o'r enghreifftiau cerddorol sydd yn y llyfr. Hefyd mae cysylltau â thudalennau gwe sy'n mynd â chi at y perfformiadau cerddorol ar-lein sy'n cael eu ffafrio ac y bydd angen i chi wrando arnyn nhw i gwblhau'r Gweithgareddau a'r Tasgau. Dyma'r manylion mewngofnodi y bydd eu hangen arnoch i gael mynediad at y safle:
Enw defnyddiwr: cerddIlluminate
Cyfrinair: Cyfansoddwr

CYNNWYS

CYFLWYNIAD 4

ADRAN 1 — FFURFIAU A DYFEISIAU CERDDOROL 12

TESTUN 1 DATBLYGIAD CERDDORIAETH 12
Traddodiad Clasurol y Gorllewin

TESTUN 2 FFURF AC ADEILEDD CERDDOROL 14
Ffurfiau cerddorol

TESTUN 3 DYFEISIAU 22
Darn wedi'i baratoi – pwyntiau dysgu • Adeiledd a chyweiredd • Purcell: Rondeau o'r *Abdelazer Suite*

ADRAN 2 — CERDDORIAETH AR GYFER ENSEMBLE 52

TESTUN 1 SONIAREDD, ANSAWDD A GWEAD 54
Soniaredd ac ansawdd • Gwead • Sôn am wead • Dyfeisiau gweadeddol

TESTUN 2 ENSEMBLES CERDDOROL 63
Beth yw ystyr y term 'ensemble'?

TESTUN 3 CERDDORIAETH SIAMBR 64
Y cyfnod Baróc • Y cyfnod Clasurol • Y cyfnod Rhamantaidd

TESTUN 4 THEATR GERDD 74
Yr arddull • Y gerddoriaeth

TESTUN 5 JAZZ A'R BLUES 83
Yr arddulliau • Prif nodweddion cerddorol cerddoriaeth blues • Jazz

TESTUN 6 CERDDORIAETH WERIN GYMREIG 97
Yr arddull • Y gerddoriaeth • Pa alawon gwerin Cymreig sy'n enwog iawn? • Cerdd dant • Diwygiad modern • Gwefannau defnyddiol

ADRAN 3 — CERDDORIAETH FFILM 106

TESTUN 1 Y DIWYDIANT FFILM 106
Tarddiad cerddoriaeth ffilm • Y ffilmiau cyntaf gyda sain • Ffilmiau cyfoes • Cerddoriaeth mewn ffilmiau – beth yw ei swyddogaeth • Mathau gwahanol o ffilmiau

TESTUN 2 Y DEFNYDD O ELFENNAU CERDDOROL MEWN CERDDORIAETH FFILM 114
Alaw • Tempo, rhythm a mesur • Mathau gwahanol o ddyfeisiau rhythmig a phatrymau rhythmig • Harmoni • Ffanfferau • Cyweiredd • Ffurf ac adeiledd • Dynameg a distawrwydd • Gwead, ansawdd a lliw tôn

TESTUN 3 TECHNEGAU A DYFEISIAU CERDDOROL SY'N CAEL EU DEFNYDDIO MEWN CERDDORIAETH FFILM 137
Y leitmotiv • Minimaliaeth • Haenu • Defnydd o ostinato • Riffiau

TESTUN 4 CYFANSODDI CERDDORIAETH FFILM: YMATEB I YSGOGIAD NEU GOMISIWN 146
Ble mae dechrau?

TESTUN 5 ARFARNU CERDDORIAETH FFILM YN YR ARHOLIAD 150
Cerddoriaeth ffilm – yr arholiad • Gwefannau defnyddiol

ADRAN 4 — CERDDORIAETH BOBLOGAIDD 152

TESTUN 1 ROC A PHOP 152

TESTUN 2 NODWEDDION CERDDOROL CERDDORIAETH ROC A PHOP 157
Offerynnau • Lleisiau canu (prif leisiau a lleisiau cefndir) • Adeileddau • Alaw • Rhythm • Harmoni • Riffiau

TESTUN 3 CYFUNIAD 178

TESTUN 4 DYFYNIAD WEDI'I BARATOI AR GYFER ASTUDIAETH FANWL 180
Dyfyniad wedi'i baratoi – pwyntiau dysgu • Dyfyniad wedi'i baratoi – Stereophonics: Handbags and Gladrags

ADRAN 5 — TGAU CERDDORIAETH: CEFNOGAETH I FYFYRWYR 192

TESTUN 1 PERFFORMIO 193
Asesiad ymarferol • Ysgrifennu nodiadau rhaglen

TESTUN 2 CYFANSODDI 204
Sut i ddechrau • Cwblhau log yr ymgeisydd • Ysgrifennu gwerthusiad

TESTUN 3 ARFARNU 218
Gofynion sylfaenol

GEIRFA 228

MYNEGAI 230

Cofiwch: mae'r samplau cerddoriaeth ar-lein. Ewch at: www.illuminate.digital/tgaucerddoriaeth
Enw defnyddiwr: cerddIlluminate
Cyfrinair: Cyfansoddwr

CYFLWYNIAD

Mae'r llyfr hwn wedi'i gynllunio i gynorthwyo â chwrs TGAU Cerddoriaeth CBAC. Mae wedi'i rannu'n bum adran: un adran ar gyfer pob un o'r pedwar maes astudio – **Adran 1 Ffurfiau a Dyfeisiau Cerddorol**, **Adran 2 Cerddoriaeth ar gyfer Ensemble**, **Adran 3 Cerddoriaeth Ffilm** ac **Adran 4 Cerddoriaeth Boblogaidd** – a'r adran olaf, **Adran 5 TGAU Cerddoriaeth: Cefnogaeth i Fyfyrwyr** sy'n cynnwys deunydd penodol i fyfyrwyr.

Mae dilyn cwrs TGAU Cerddoriaeth CBAC yn golygu astudio amrywiaeth o genres ac arddulliau, ac mae'n gwrs sy'n annog dull integredig tuag at y tair disgyblaeth wahanol, sef perfformio, cyfansoddi ac arfarnu, er eu bod nhw'n cael eu hasesu'n unigol.

Nid yw'n llyfr theori, nac yn adnodd ffeithiol – mae'r llyfr wedi'i ysgrifennu i'ch arwain chi i werthfawrogi ac i ddeall y meysydd astudio. Gobeithio bydd y llyfr hefyd yn adnodd defnyddiol ar gyfer athrawon yn y dosbarth.

Bydd pob adran o'r llyfr yn amlinellu gwybodaeth gefndir, ac yn cynnwys awgrymiadau ar gyfer gweithgareddau ymarferol, tasgau estynedig, termau allweddol, arweiniad pellach ar gyfer astudio (a fydd efallai'n cynnig gwybodaeth ychwanegol sy'n berthnasol i'r testun) ac awgrymiadau defnyddiol ar gyfer y gwaith cwrs a'r arholiad gwrando. Bydd yr eiconau canlynol yn dangos beth sydd angen i chi ei wneud yn y gweithgareddau a'r tasgau:

Pa mor bwysig yw cerddoriaeth i chi?

Mae **cerddoriaeth** o'n cwmpas ym mhobman: yn y tŷ, wrth i ni deithio, wrth fynd i siopa. Rydym ni'n treulio oriau yn gwrando arni (weithiau heb hyd yn oed sylweddoli ei bod yn chwarae) ac yn gwario llawer o arian yn ei phrynu.

Rydym ni'n clywed cerddoriaeth ar y teledu, ar y Rhyngrwyd, ar gemau cyfrifiadurol, ar hysbysebion, yn y gampfa, yn y sinema, mewn tai bwyta. Mae cerddoriaeth wastad wedi cael ei defnyddio i gefnogi achlysuron cymdeithasol, i ddathlu digwyddiadau pwysig, gan gynnwys achlysuron teuluol fel penblwyddi a phriodasau, yn ogystal â mewn gwasanaethau crefyddol a gwyliau fel Ramadan, y Flwyddyn Newydd neu'r Pasg. Mae'n cael ei defnyddio mewn digwyddiadau chwaraeon mewn clybiau a stadiymau ar draws y byd, ar gyfer dathliadau gwleidyddol a dathliadau brenhinol pwysig, ac wrth gwrs, mewn digwyddiadau cerddorol pwrpasol fel cyngherddau a gwyliau cerddorol… mae'r rhestr yn ddiddiwedd.

Mae technoleg symudol newydd yn golygu bod mwy a mwy ohonom yn gwrando 'wrth fynd', yn aml, wedi ymgolli ym myd cerddoriaeth y tu ôl i'n clustffonau personol… rhywbeth sy'n mynd yn fwy cyffredin bob dydd.

Pam rydych chi wedi dewis y cwrs hwn?

Rydych chi wedi dewis astudio cerddoriaeth, yn ôl pob tebyg, oherwydd eich bod chi wedi mwynhau'ch profiad yng Nghyfnod Allweddol 3, ac yn awyddus i wella ac ehangu eich sgiliau a'ch gwybodaeth gerddorol. Mae'n siŵr eich bod chi hefyd yn teimlo bod gyda chi dalent a dawn yn y pwnc. Y gwaith ymarferol sy'n dod â'r pwnc yn fyw a dyma yw'r darn cyffrous i lawer. Mae'n bosibl eich bod eisoes wedi cyrraedd safon dda wrth berfformio (er, os nad ydych chi, dydy hi byth yn rhy hwyr i ddechrau). Bydd dilyn cwrs TGAU Cerddoriaeth CBAC yn ffocysu eich dealltwriaeth gerddorol ac yn eich cynorthwyo i gyrraedd eich potensial.

Beth bydd yn rhaid i mi ei wneud?

Bydd yn rhaid i chi arddangos eich gallu wrth **berfformio**, **cyfansoddi ac arfarnu**. Mae gwaith cwrs yn ofynnol a byddwch chi'n cael eich monitro a'ch cynghori drwy gydol y broses gan eich athro cerddoriaeth.

Gadewch i ni gael golwg fanylach ar beth mae hyn yn ei olygu.

Perfformio ...
fel eich bod chi'n dehongli ac yn cyfathrebu'r gerddoriaeth yn gywir ac yn feddylgar.

Cyfansoddi ...
fel eich bod chi'n creu ac yn datblygu syniadau cerddorol yn effeithiol drwy reoli ac arddangos dealltwriaeth o'r elfennau.

Arfarnu ...
fel eich bod chi'n ymateb i gerddoriaeth yn yr arholiad drwy adnabod elfennau cerddorol ac esbonio sut maen nhw'n cael eu defnyddio.

Perfformio

Os ydych chi'n gerddor jazz neu roc brwdfrydig, mae'n siŵr y byddwch chi'n falch o wybod bod chwarae'n fyrfyfyr yn dderbyniol ar gyfer yr uned hon – ac os ydych chi'n DJ ifanc addawol neu'n caru bît-bocsio, yna mwynhewch baratoi perfformiad yn seiliedig ar dechnoleg er mwyn arddangos eich sgiliau.

Fel rhan o'r asesiad, bydd gofyn i chi ysgrifennu nodiadau rhaglen ar un o'r darnau rydych chi wedi'i berfformio.

Mae angen i chi berfformio mewn ffordd sydd mor gywir â phosibl… ac yn hyderus. Mae angen i chi ymlacio er mwyn i chi allu arddangos eich talentau'n effeithiol. Cynllunio gofalus yw'r elfen allweddol fan hyn – gallai fod yn syniad da i chi baratoi amrywiaeth o ddarnau, ac yna gofyn i'ch athro am gyngor.

Y darn grŵp

Yn y darn grŵp, efallai y byddwch chi'n dewis perfformio gydag aelodau eraill o'r dosbarth, neu gerddorion o'r tu allan i'r wers… neu hyd yn oed gyda phobl sydd ddim yn eich ysgol chi, fel athrawon teithiol, neu ffrindiau o'ch côr lleol. Y flaenoriaeth yma yw sicrhau bod y gwaith wedi'i baratoi'n ofalus, fel bod pob rhan wedi'i ddysgu cyn i chi gwrdd i ymarfer. Mae'r canlyniadau gorau'n cael eu cyflawni pan fydd pawb yn perfformio'n hyderus, yn cyfathrebu'r gerddoriaeth yn effeithiol ac yn arddangos ymwybyddiaeth ac empathi gyda'r perfformwyr eraill.

Cynnydd

Wrth ddechrau cwrs TGAU Cerddoriaeth CBAC, byddwch yn ymwybodol o'r safon sy'n ofynnol ar gyfer yr uned hon. Bydd eich athro dosbarth yn eich helpu i osod targedau addas ar gyfer gwella'r safon. Mae hefyd yn bwysig i drafod y targedau hyn gyda'ch athro offerynnol neu leisiol, os oes gennych chi diwtor gwahanol. Bydd cynnydd dan oruchwyliaeth gyda heriau synhwyrol yn sicrhau'r canlyniadau gorau. Bydd rhai ohonoch eisoes wedi cyrraedd y safonau disgwyliedig, felly byddwch chi'n gallu mwynhau ehangu eich repertoire wrth i chi barhau i wella.

Ceisiwch wneud amser i berfformio gydag eraill – nid dim ond y myfyrwyr sydd yn eich dosbarth cerddoriaeth. Manteisiwch ar bob cyfle i gymryd rhan mewn gweithgareddau cerddorol, yn yr ysgol, yn y gymuned leol ac ar lefel sirol (os yw hyn yn bosibl). Lluniwch amserlen ymarfer synhwyrol fel nad ydych chi'n gorlethu'ch hun, a gallwch chi werthfawrogi a mwynhau'r broses wrth i chi ddatblygu, gan roi sylw bob amser i dechneg a dehongliad cerddorol. Y mwyaf y byddwch chi'n perfformio (yn enwedig o flaen cynulleidfa, a gallai hyn fod o flaen eich dosbarth, eich ffrindiau, eich teulu neu mewn cyngerdd), y mwyaf ymlaciol y byddwch chi'n ei deimlo, ac mae hyn yn fantais gadarnhaol iawn. Mwynhewch y profiadau.

Cyfansoddi

Yn yr uned hon, bydd angen i chi gyflwyno dau gyfansoddiad wedi'u cwblhau.

Yma, hefyd, mae'n bwysig eich bod chi'n deall gofynion y meini prawf asesu. Caiff pob darn ei asesu ar wahân, ac mae'r un nifer o farciau ar gyfer y ddau ddarn, felly does dim pwynt cyflwyno darn cyntaf hir iawn, os byddwch chi yna'n cyflwyno ail ddarn sydd wedi'i ruthro oherwydd prinder amser. Gan mai **gwaith cwrs** yw hwn, mae'n rhaid dilyn holl ganllawiau'r bwrdd arholi yn ofalus.

Fel rhan o'r asesiad, bydd gofyn i chi hefyd ysgrifennu gwerthusiad o'r darn sydd wedi'i gyfansoddi fel ymateb i'r briff a osodwyd gan CBAC.

Her

Yr uned gyfansoddi yn ôl rhai myfyrwyr yw'r un fwyaf heriol. Mewn llawer o ysgolion, bydd projectau cyfansoddi o gyfnodau allweddol cynharach wedi cael eu cyflawni fel gwaith grŵp, fwy na thebyg, ond nawr rhaid newid i weithio'n unigol ac yn annibynnol. Efallai y bydd hwn yn rhywbeth newydd i chi, ac y byddwch chi'n meddwl sut a ble i ddechrau.

Y peth pwysig i'w gofio yw nad oes raid i chi fod yn athrylith i gyfansoddi rhywbeth gwirioneddol dda. Gall sgiliau cyfansoddi gael eu haddysgu a chewch eich ysbrydoli gan eich projectau dosbarth, a'r gerddoriaeth y byddwch chi'n ei pherfformio ac yn gwrando arni. Unwaith y byddwch chi wedi penderfynu ar y briff a'r maes astudio, gallwch chi ymchwilio i syniadau ychwanegol. Dod yn gyfarwydd â cherddoriaeth pobl eraill oedd yr union ffordd y gwnaeth nifer o gyfansoddwyr enwog ddysgu'r grefft o gyfansoddi, felly dylech chithau wneud yr un peth. Cofiwch, does dim rhaid i chi greu rhywbeth allan o ddim byd; mae'n gwbl dderbyniol i chi ddefnyddio technegau cyfarwydd a dibynadwy. Unwaith y byddwch chi'n deall rhai o'r pethau sylfaenol, gallwch chi wedyn fod yn fwy creadigol a dechrau creu eich syniadau eich hunain a bod yn fwy gwreiddiol.

Mae'r cyfan yn fater o ddefnyddio blociau adeiladu cerddoriaeth a meddwl am y ffordd orau o adeiladu, cyflwyno a datblygu'r deunydd cychwynnol. Ysgrifennwch yr holl gyngor a gewch chi gan eich athro ynglŷn â chyfansoddi yn eich **llyfr nodiadau cerdd**, a hefyd unrhyw ddarnau pwysig eraill o wybodaeth o'r gwersi cerddoriaeth y tybiwch chi a allai fod o fudd i chi. (Mae'n bosibl, wrth gwrs eich bod chi am gadw hwn fel dogfen Word.) Gydag ymarfer ac ychydig o waith caled, byddwch chi'n darganfod eich 'llais' cerddorol eich hun a ffordd bersonol o gyfathrebu'ch syniadau cerddorol. Dylech chi bob amser fod yn cadw golwg allan am ysbrydoliaeth a syniadau – cofiwch, mae cerddoriaeth o'n cwmpas ym mhobman. Mae'n hwyl ac yn rhoi boddhad.

Gallwch chi gael mwy o gyngor am berfformio a chyfansoddi yn Adran 5 TGAU Cerddoriaeth: Cefnogaeth i Fyfyrwyr.

Arfarnu

Heblaw am y nodiadau rhaglen a'r gwerthusiad cyfansoddi, mae'r elfen arfarnu'n cael ei phrofi ar ffurf arholiad gwrando. Bydd dyfyniadau cerddorol amrywiol yn cael eu chwarae, a bydd yn rhaid i chi ateb y cwestiynau wrth wrando. Bydd y gerddoriaeth yn berthnasol i'r pedwar maes astudio, gyda dau gwestiwn ar bob un. Mae'r ffocws ar adnabod sut mae'r elfennau cerddorol wedi cael eu defnyddio yn y gerddoriaeth, a chofiwch, bydd eich holl waith project yn y dosbarth wedi cael ei ffocysu ar y cynnwys pynciol sy'n angenrheidiol ar gyfer hyn. Yn yr uned hon, dylech chi sicrhau eich bod chi'n canolbwyntio ar baratoi atebion sy'n cynnwys sylwadau cerddorol cywir a pherthnasol, ac osgoi cynnwys gormod o wybodaeth neu ddeunydd amherthnasol. Er mwyn ennill marciau da yma, mae angen i chi fod wedi cael digon o ymarfer yn ateb y mathau amrywiol o gwestiynau, gan ddefnyddio'r derminoleg a'r termau technegol cywir.

Wrth i eiriau newydd gael eu cyflwyno yn ystod y cwrs, dylech chi gadw **geiriadur personol**, er mwyn i chi allu cyfeirio'n ôl atyn nhw os bydd angen. Bydd sesiynau adolygu cyn yr arholiad gwrando yn help i'ch atgoffa chi o'r holl dermau hyn, ond y peth gorau yw ceisio eu defnyddio nhw yn eich iaith bob dydd, fel eich bod yn gyfarwydd â nhw.

Cadw llyfr nodiadau cerddorol

Bydd angen i chi fod yn drefnus iawn wrth gadw a threfnu eich gwaith. Byddwch chi'n cwblhau'r cwrs dros gyfnod o ddwy flynedd, neu dair efallai – bydd rhai ohonoch chi'n ceisio cwblhau'r cwrs o fewn blwyddyn. Gadewch i ni ystyried beth byddwch chi'n ei gasglu a'i gronni yn ystod y cwrs:

- Copïau o'r gerddoriaeth ar gyfer eich darnau ymarferol.
- Nodiadau drafft ar y log cyfansoddi.
- Nodiadau gwybodaeth gan yr athro o'ch gwersi.
- Gwybodaeth ategol ar y pedwar maes astudio.
- Tasgau gwaith cartref rydych chi wedi'u cwblhau yn ystod y cwrs, gan gynnwys gwrando estynedig a chwblhau cwestiynau ymarfer.
- Adborth a marciau oddi wrth yr athro ynglŷn â'r holl weithgareddau (ac yn ymwneud â'ch cynnydd) yn y tair uned wahanol gan gynnwys unrhyw dargedau a gafodd eu gosod ac unrhyw gyngor a gafodd ei roi.
- Adran 'dyddiadur', a ddylai fod wrth law ym **mhob** gwers er mwyn ysgrifennu nodiadau ac unrhyw syniadau ychwanegol sy'n codi wrth gwblhau projectau cyffredinol.
- Adran derminoleg: eich geirfa gerddorol eich hun, i gynnwys unrhyw eiriau neu eirfa arbenigol fyddwch chi'n dod ar ei thraws wrth fynd ymlaen. Gallwch chi wedyn fynd i chwilio am yr ystyr, neu ofyn i'r athro i esbonio yn y wers nesaf – ac yna'i gofnodi.

A fydd disgwyl i mi ddefnyddio TGCh?

Mae'r Rhyngrwyd wedi chwyldroi mynediad at gerddoriaeth. Gydag un clic, gallwn ni wrando ar berfformiadau cerddorol o unrhyw fath, o unrhyw le yn y byd, o unrhyw gyfnod. Gwnewch yn siŵr eich bod chi'n gwrando ar lawer o wahanol fathau o gerddoriaeth, gan nodi'ch ymatebion iddynt yn eich llyfr nodiadau bob amser. Rhowch darged i'ch hun i wrando ar o leiaf un darn o gerddoriaeth bob wythnos – efallai y gallech chi ofyn i'ch athro i gael hysbysfwrdd ar gyfer '*Awgrymiadau Gwrando*'. Os yw'r darnau ychwanegol yn gysylltiedig â'r gwaith rydych chi wedi bod yn ei wneud yn y dosbarth, yna bydd yr ymarfer hwn yn ymestyn ac yn cefnogi'ch dealltwriaeth hyd yn oed ymhellach.

Mae fel petai yna ddatblygiadau newydd ym maes technoleg cerddoriaeth bob wythnos, fwy neu lai. Yn sicr, allwn ni ddim gwadu'r gwahaniaeth aruthrol y mae'r newidiadau hyn wedi eu gwneud i gerddorion proffesiynol, yn nhermau perfformio, cyfansoddi a recordio – mae technoleg nawr yn rhan o fywyd pob dydd ac wedi trawsnewid y ffordd y mae cerddoriaeth yn cael ei chreu a'i rhannu gan bawb yn gyfan gwbl; mae cerddoriaeth ar-lein ar gael yn syth. Fel myfyriwr cerddoriaeth, efallai y byddwch chi'n mwynhau dysgu yn y ffordd draddodiadol (a does dim byd o'i le ar hynny); neu efallai eich bod chi'n teimlo'n angerddol am y dechnoleg ei hun.

Mae adrannau cerddoriaeth ar hyd a lled y wlad wedi gweithio'n ddiflino i brynu a defnyddio cyfarpar addas ar gyfer eu myfyrwyr. Mae cymaint o ddewis ar y farchnad, fel mae'n siŵr na fydd gan ddwy adran yr un system, ac mae yna ormod ohonyn nhw i sôn am y cyfan fan hyn. Mewn gwirionedd, dydy un rhaglen feddalwedd yn aml ddim yn addas i bawb. Bydd gwell gan rai ohonoch gyflwyno'ch syniadau gan ddefnyddio **Cubase**, **Logic** neu **GarageBand**; bydd eraill yn gwbl fodlon â phecyn nodiant fel **Sibelius**. Yn ogystal, bydd nifer o ddisgyblion wedi prynu eu cyfarpar a'u meddalwedd eu hunain… a fydd yn wahanol efallai i beth sy'n cael ei ddefnyddio yn yr adran gerdd. Y peth pwysig yw eich bod chi'n **cysylltu** eich gwaith yn yr ysgol ac yn y tŷ, fel bod eich syniadau'n datblygu'n raddol a bod eich athro hefyd yn gallu monitro eich gwaith.

Os ydych chi'n dibynnu ar ddefnyddio technoleg yr ysgol fel adnodd i gyfansoddi, bydd yr amser sydd ar gael yn ystod gwersi yn gyfyngedig, wrth reswm. Ceisiwch wneud defnydd llawn o adnoddau TGCh yr adran – efallai y bydd hi'n bosibl i chi ddefnyddio'r cyfarpar yn ystod yr awr ginio os yw ar gael.

A fydd angen i mi allu darllen ac ysgrifennu cerddoriaeth?

Efallai eich bod chi wedi sylwi bod rhai o'r myfyrwyr sydd yn eich dosbarth yn gallu 'darllen' ac 'ysgrifennu' cerddoriaeth yn well nag eraill. Nid yw hyn yn anarferol o gwbl. Mewn gwirionedd, ar yr adeg hon, byddai'n ddigon anghyffredin cael dau fyfyriwr sydd â'r un safon o ddealltwriaeth o ran sgiliau nodiannol – ac, yn wir, sgiliau clywedol, o ran hynny. Mae rhai cerddorion yn medru perfformio a chreu cerddoriaeth heb iddyn nhw fod yn gallu darllen ac ysgrifennu hen nodiant – maen nhw'n gallu cyfathrebu eu syniadau trwy 'deimlo' eu cerddoriaeth.

Yn yr arholiad TGAU Cerddoriaeth hwn, mae lefel sylfaenol o ddarllen ac ysgrifennu nodiant **yn** ofynnol. Bydd rhai o'r cwestiynau ar y papur gwrando yn gofyn am ymateb gan ddefnyddio'r iaith gerddorol, sef hen nodiant. Mae dysgu'r sgìl hwn, felly, yn bwysig.

Meddyliwch sut mae plentyn bach yn dysgu iaith. Mae siarad yn dod yn gyntaf, yna mae gwaith yn dechrau gyda lluniau ac adnabod geiriau unigol, cyn bod brawddegau'n cael eu ffurfio ac yn sicr bydd hyn i gyd yn digwydd cyn i'r plentyn allu darllen ac ysgrifennu'n eithaf rhugl. Mae'r un peth yn wir wrth ddysgu'r iaith gerddorol. Mwynhewch y gwaith ymarferol yn gyntaf – creu cerddoriaeth, chwarae'n fyrfyfyr, dysgu technegau perfformio mewn pob math o ffyrdd. Yna, fe ddaw amser pan fyddwch chi'n amlwg yn elwa o ddeall yr iaith gerddorol yn well. Does dim angen i chi fod wedi meistroli'r sgìl hwn cyn dechrau ar eich cwrs TGAU Cerddoriaeth, ond byddwch yn gadarnhaol gan dderbyn yr her. Y mwyaf y byddwch chi'n ei ddeall, gorau oll.

Mae pianyddion yn aml yn arddangos lefel eithaf uchel o ran sgiliau yn hyn o beth. Mae'r rheini ohonoch chi sy'n dysgu offerynnau sy'n defnyddio llinell y trebl (fel y ffliwt, y trwmped, yr obo, etc.) yn dueddol o arddangos gallu wrth ddefnyddio cleff y trebl, tra bod offerynwyr fel chwaraewyr sielo, o bosibl yn fwy rhugl wrth ddarllen cleff y bas. Mae'n bosibl bod gitarwyr yn dysgu drwy nodiant TAB yn hytrach na hen nodiant, a bod offerynwyr taro di-draw (e.e. chwaraewyr cit drymiau) yn canolbwyntio ar batrymau rhythmig wrth ddilyn eu sgorau. Mewn gwirionedd, mae llawer o offerynwyr yn dysgu 'ar y cof' neu drwy gopïo a dynwared – yn enwedig cantorion a cherddorion roc, sydd weithiau'n dysgu eu hunain, hyd yn oed, neu'n dysgu trwy wersi 'ar-lein' yn hytrach na derbyn gwersi gan athro arbenigol.

Byddwch chi'n dysgu am y gofynion hanfodol yn eich dosbarth cerddoriaeth, yn chwarae ac yn gwrando ar ddarnau addas a ddewiswyd gan eich athro, a bydd eich athro'n nodi ac yn esbonio pwyntiau theori cerddoriaeth i chi. Bydd gwaith ar lefel uwch, fwy na thebyg yn cael ei addysgu yn ôl y gofyn. Mae llawer o lyfrau ar gael ar theori cerddoriaeth; os ydych chi'n teimlo bod angen i chi wella'r agwedd hon, a'ch bod chi'n barod i dreulio mwy o amser arni, gofynnwch i'ch athro gymeradwyo llyfr addas neu ewch ar-lein i chwilio am gyngor. Peidiwch â phoeni a mynd i drafferth os nad yw'r wybodaeth yn gwneud synnwyr – weithiau mae esboniad ysgrifenedig am theori cerddoriaeth yn gallu bod yn gymhleth iawn. Dylech chi ofyn am gymorth a chefnogaeth bob amser, i'ch helpu chi i ddeall beth sydd angen i chi ei wybod.

Iaith cerddoriaeth

Er mwyn bod yn rhugl mewn **iaith cerddoriaeth**, bydd angen i chi ei defnyddio hi – yn aml. Gan fod yr iaith hon yn cael ei ffurfio gan yr elfennau cerddorol, fe fyddan nhw bob amser ar flaen eich meddwl. Allwedd llwyddiant yw mynd i'r afael â sut mae'r elfennau hyn yn cael eu defnyddio mewn arddulliau cerddorol gwahanol, ac yn y llyfr hwn fe welwch chi fod elfennau cerddoriaeth yn cael eu hystyried ym mhob un o'r meysydd astudio.

Gwrando ar-lein

Mae yna wefan bwrpasol sy'n mynd gyda'r llyfr hwn, ewch i:

www.illuminate.digital/tgaucerddoriaeth
Enw defnyddiwr: cerddIlluminate
Cyfrinair: Cyfansoddwr

Ar y wefan hon cewch weld a gwrando ar nifer o'r enghreifftiau o gerddoriaeth sydd yn y llyfr hwn.

Mae arni hefyd gysylltiadau i gryn dipyn o'r gerddoriaeth sy'n cael ei thrafod. Bydd y cysylltiadau'n mynd â chi at berfformiadau penodol sydd wedi eu dewis yn arbennig ar eich cyfer, er mwyn i chi allu ymateb i'r Tasgau a'r Gweithgareddau. Os nad oes perfformiad penodol yn cael ei grybwyll, ewch i chwilio ar y Rhyngrwyd er mwyn dod o hyd i un yr hoffech chi wrando arno.

Mae'r eicon yma: yn dangos pa rai o'r enghreifftiau o gerddoriaeth sydd ar gael ar y wefan bwrpasol i chi wylio a gwrando arnyn nhw, a pha rai o'r darnau o gerddoriaeth sydd wedi'u cymeradwyo sydd â chysylltiadau gwefan i berfformiadau penodol.

Mae'r llyfr hwn hefyd ambell waith yn cyfeirio at IMSLP (*International Music Score Library Project*). Gwefan yw IMSLP sydd â mynediad at nifer o sgorau o Draddodiad Clasurol y Gorllewin a thu hwnt.

Pa fath o wersi fyddan nhw?

Bydd y dosbarth cerddoriaeth yn eithaf gwahanol i bynciau eraill. Bydd gan y myfyrwyr safonau ymarferol gwahanol, byddan nhw'n perfformio ar offerynnau gwahanol ac yn aml, yn hoffi gwahanol fathau o gerddoriaeth. Bydd rhai ohonyn nhw'n mwynhau canu, a bydd yn well gan eraill chwarae offerynnau.

Mae gan bob myfyriwr cerdd eu hoffterau, a allai fod yn unrhyw fath o offeryn neu gerddoriaeth leisiol, sy'n amrywio mewn arddull o gerddoriaeth glasurol i electronig, sioeau cerdd, opera, jazz, roc neu bop. Yn amlwg fe fyddwch chi am ganolbwyntio ar beth sydd o ddiddordeb i chi, ond byddwch yn barod i ehangu'ch gorwelion. Cewch eich cyflwyno i ystod gyflawn o gerddoriaeth, o'r 17eg ganrif i ddarnau cyfoes o bob math o genres ac arddulliau. Cofiwch fod rhywbeth i'w ddysgu o bob un darn o gerddoriaeth rydych chi'n gwrando arno.

Yr hyn sy'n gyffredin i holl gerddoriaeth yw math arbennig iawn o gyfathrebu, iaith sy'n cyrraedd pawb, o bob oed ar draws y byd. Mae iaith cerddoriaeth yn iaith fyd-eang.

Drwy astudio llawer o wahanol fathau o brojectau (byddwch chi'n hoffi rhai yn well nag eraill) drwy gyfrwng y **meysydd astudio** penodol, cewch eich cyflwyno i'r genres amrywiol o gerddoriaeth. Bydd projectau, fwy na thebyg, yn dechrau gyda gweithgareddau i'r dosbarth cyfan (mae'n bosibl mai perfformio a/neu wrando bydd hyn) cyn i chi ddechrau gweithio ar dasgau ar eich pen eich hun.

Fodd bynnag, mae'r nod yn amlwg wedi newid o'ch profiadau cerddorol blaenorol yng Nghyfnod Allweddol 3. Mae'r canlyniad terfynol nawr yn rhywbeth personol, ac (fel gyda'r holl bynciau eraill) eich prif nod nawr yw llwyddo hyd gorau eich gallu ac ennill y radd uchaf bosibl. Mae dysgu sut i ymestyn eich diddordebau cerddorol a gweithio'n annibynnol yn hanfodol. I lawer o gerddorion ifanc, mae hon yn daith gyffrous, gan fod sgiliau a gwybodaeth well yn agor y drws i fyd hollol newydd, ac yn rhoi'r cyfle i chi werthfawrogi, perfformio a chreu cerddoriaeth mewn ffyrdd gwahanol a gyda dealltwriaeth ehangach.

Y broses ddysgu

Mae manyleb TGAU Cerddoriaeth CBAC yn annog dull integredig o ddysgu. Mae nifer o bethau i'w hystyried wrth astudio cerddoriaeth – meithrin a gwella'ch sgiliau technegol a'ch sgiliau gwrando, ennill dealltwriaeth o theori, dysgu am hanes y pwnc, ac yn y blaen… mae'n broses sy'n gofyn llawer, ond eto'n werth chweil.

Y ffordd draddodiadol o ddysgu yn y pwnc hwn yw ailymweld â chysyniadau cerddorol. Mae hyn yn sicrhau eich bod chi'n gyfarwydd â'r cysyniad, er, mae'n siŵr y byddwch chi'n gweithio gyda mwy o ddyfnder bob tro. Mae hon yn ffordd berffaith o atgyfnerthu'ch dealltwriaeth gerddorol a'ch sgiliau ymarferol (meddyliwch am y ffordd y byddwch chi neu'ch ffrindiau, yn symud ymlaen drwy'r graddau sydd ar gael yn arholiadau'r ABRSM (*Associated Board of the Royal School of Music*) neu arholiadau Rockschool).

Yn y math hwn o gwricwlwm, mae cysyniadau allweddol yn cael eu rhannu'n elfennau gwahanol, a bydd cyfeiriadau parhaus at elfennau cerddorol, cyd-destunau ac agweddau ar iaith gerddorol mewn arddulliau, cyd-destunau a genres amrywiol, yn atgyfnerthu'r dysgu blaenorol.

Felly, os ydych chi'n teimlo mewn unrhyw ffordd bod gwaith mewn rhyw wers yn gyfarwydd i chi a'ch ymateb cyntaf yw 'Ond… fe wnaethon ni hwn y tymor diwethaf…?' – arhoswch i weld beth fydd yr her fwy ymestynnol nesaf ar eich cyfer. Hynny yw, mae'r elfennau cerddorol yr un peth, ond **pryd** a **sut** maen nhw'n cael eu defnyddio mewn cerddoriaeth sy'n darparu'r amrywiaeth eang o genres ac arddulliau – o'r 16eg ganrif hyd at yr wythnos diwethaf.

Cyngor cyflym

Cofiwch yr hen ddywediad… gorau arf arfer!

ADRAN 1
FFURFIAU A DYFEISIAU CERDDOROL

Bydd deall sut mae cerddoriaeth yn cael ei chyflwyno a'i threfnu o gymorth aruthrol i chi yn eich cwrs TGAU, yn enwedig yn yr unedau gwaith Arfarnu a Chyfansoddi. Mae'r maes astudio arbennig hwn yn cefnogi pob un o'r lleill. Mae wedi ei gysylltu â Thraddodiad Clasurol y Gorllewin, gan fod llawer o'r ffurfiau a'r dyfeisiau cerddorol mwy cyffredin â'u gwreiddiau yn y math hwn o gerddoriaeth. Mae'n debyg, felly, mai dyna yw'r lle gorau i ddechrau.

Beth byddaf yn ei ddysgu?

- Ystyr 'Traddodiad Clasurol y Gorllewin' a pham y mae'n bwysig
- Y ffurfiau a'r adeileddau sy'n ofynnol yn y fanyleb
- Dyfeisiau cerddorol nodweddiadol sy'n cael eu defnyddio gan gyfansoddwyr, gydag enghreifftiau i'ch helpu chi i'w deall
- Gwybodaeth angenrheidiol am y darn wed'i baratoi sydd wedi'i osod ar gyfer astudiaeth fanwl

TESTUN 1 DATBLYGIAD CERDDORIAETH

Traddodiad Clasurol y Gorllewin

Mae'r term yn cael ei ddefnyddio i ddisgrifio cerddoriaeth y cyfnodau Baróc, Clasurol a Rhamantaidd. Yn gyffredinol, bydd angen i chi ddod yn ymwybodol o beth oedd ynghlwm â'r arddulliau hyn, pwy yw'r cyfansoddwyr mwyaf enwog a pha fath o gerddoriaeth roedden nhw'n ei chyfansoddi.

Y Cyfnod Baróc (1600–1750)

Prif gyfansoddwyr:

Bach, Handel, Vivaldi, Corelli, Lully, Purcell.

Prif fathau o gerddoriaeth:

Concerto Grosso, Cyfres, Sonata Drio, Agorawd Eidalaidd, Agorawd Ffrengig, Toccata, Preliwd a Ffiwg, Opera, Oratorio, Cantata, Corâl.

Prif nodweddion y gerddoriaeth:

- alawon syml ar ddechrau'r cyfnod, ond hefyd alawon hirfaith yn hwyrach ymlaen
- defnydd o addurniadau a dynameg teras (*terraced dynamics*), sef newid sydyn o *ff* i *pp* heb raddoli
- symudiad bywiog a symudiad rhythmig di-baid
- system gyweiriau mwyaf/lleiaf
- mathau gwahanol o wead, gydag adrannau homoffonig cryf, a gweithiau polyffonig a gwrthbwyntiol cymhleth
- roedd y gerddorfa'n cynnwys llinynnau yn bennaf, ond hefyd yn cynnwys offerynnau chwyth fel recorderau, ffliwtiau, oboi a chyrn
- defnydd o'r harpsicord/organ, basso continuo a bas rhifoledig
- ffurfiau fel dwyran, teiran (da capo), rondeau, amrywiadau, ritornello a ffiwg.

Cerddorion o'r cyfnod Baróc.

Y Cyfnod Clasurol (1750–1810)

Siâp ac adeiledd y gerddorfa yn y cyfnod Clasurol.

Prif gyfansoddwyr:
Haydn, Mozart, Beethoven.

Prif fathau o gerddoriaeth:
Symffoni, Concerto Unawdol, Pedwarawd Llinynnol, Serenâd, Divertimento, Sonata.

Yn ystod y cyfnod Clasurol cafodd siâp ac adeiledd y gerddorfa eu diffinio gan y ffaith bod yna bedair adran i'r gerddorfa, ond roedd yn dal i fod yn grŵp gymharol fach (gweler y diagram ar y dde).

Prif nodweddion y gerddoriaeth:

- alawon llai cymhleth gyda brawddegau glân, rheolaidd a chytbwys
- harmoni swyddogaethol (*functional*), gan fod yr adeileddau'n cael eu hadnabod drwy'r cyweiriau
- bas Alberti
- gwead homoffonig gan amlaf ond yn dal i ddefnyddio **gwrthbwynt**
- mwy o amrywiaeth a chyferbyniad, yn cynnwys ystod fwy eang o ddynameg a newidiadau aml o ran naws ac ansawdd
- llai o ddibyniaeth, yn raddol, ar yr harpsicord a'r basso continuo, wrth i'r gerddorfa dyfu o ran maint, a daeth yr adran chwythbrennau'n hunangynhaliol
- ffurf sonata, teiran, rondo, thema ac amrywiadau, miniwét a thrio
- arddull gain, osgeiddig a 'chymesur' (*symmetrical*).

Allweddair

Gwrthbwynt: pan fydd dwy neu fwy o alawon i'w clywed gyda'i gilydd.

Y Cyfnod Rhamantaidd (1810–1910)

Piano traws a gysylltir â'r cyfnod Rhamantaidd.

Prif gyfansoddwyr:
Schubert, Mendelssohn, Chopin, Schumann, Liszt, Wagner, Verdi, Brahms, Tchaikovsky, Dvořák.

Prif fathau o gerddoriaeth:
Cathl Symffonig, gweithiau Rhaglennol, Agorawd Cyngerdd, Opera, Lieder, gweithiau Corawl, Symffoni a Concerto estynedig, cerddoriaeth Siambr.

Allweddair

Leitmotiv: syniad cerddorol a gysylltir â chymeriad, gwrthrych, teimlad neu feddwl.

Prif nodweddion y gerddoriaeth:

- roedd alawon yn delynegol, gyda syniadau thematig penodol a defnydd o'r **leitmotiv**
- roedd cerddoriaeth yn fwy mynegiannol (*expressive*), gydag amrywiaeth gynyddol yn y ddynameg a rhyddid rhythmig ehangach
- cafodd y cynnwys harmonig ei ehangu gan ddefnyddio harmonïau cyfoethocach, cromatyddiaeth, cordiau atodol a thrawsgyweirio annisgwyl
- roedd dylanwadau cenedlaethol yn ymddangos yn y gerddoriaeth, gan ddefnyddio syniadau pentatonig a moddol
- twf pellach o ran y gerddorfa a'r offerynnau, gyda'r adran bres yn datblygu a defnydd nodedig o feistrolaeth dechnegol (*technical virtuosity*)
- datblygiadau o ran ffurf a chynllun, gyda cherddoriaeth ddisgrifiadol a chysylltau i'r celfyddydau eraill.

TESTUN 2 FFURF AC ADEILEDD CERDDOROL

Ffurfiau cerddorol

Yn y cwrs TGAU Cerddoriaeth, mae'n rhaid i chi allu adnabod y chwe ffurf ganlynol:

1. ffurf ddwyran
2. ffurf deiran
3. miniwét a thrio
4. ffurf rondo
5. ffurf amrywiad
6. ffurf stroffig.

Bydd angen i chi wybod sut mae cerddoriaeth yn cael ei threfnu i'r ffurfiau hyn (sydd hefyd yn cael eu galw'n adeileddau), a dylech chi wrando ar enghreifftiau nodweddiadol ohonyn nhw, fel yr awgrymiadau yn y llyfr hwn ac awgrymiadau gan eich athro cerddoriaeth. Fe fyddwch chi, cyn bo hir yn gallu adnabod pob ffurf wrth i chi wrando ar gerddoriaeth, chwarae neu ganu eich darnau unawdol, neu weithio a pherfformio mewn grŵp.

Gadewch i ni ystyried pob adeiledd yn ei dro, gan adnabod y prif nodweddion. Mae yna eithriad i'r rheol bob amser, ac mae'n debygol y dewch chi ar draws rhai darnau o gerddoriaeth sydd ychydig yn wahanol – felly, deall nodweddion cyffredinol pob un o'r adeileddau yw'r peth pwysicaf.

Mae cerddoriaeth yn cael ei chynllunio a'i chyflwyno mewn adrannau. Bydd rhai adrannau'n cael eu hailadrodd yn union yr un peth yn ystod y cyfansoddiad, tra bo eraill yn cael eu cyflwyno gydag ychydig o newidiadau. Yn aml, bydd cyfansoddwyr yn datblygu ac yn newid deunydd mewn adran, ac mae rhai darnau'n cynnwys adrannau sy'n cyferbynnu â'r syniadau gwreiddiol, neu'n gwbl wahanol, hyd yn oed.

Wrth geisio adnabod adeiledd cerddoriaeth, bydd adrannau'n cael eu nodi drwy ddefnyddio priflythrennau, h.y. **A B C**, etc.

Mewn darn o gerddoriaeth, caiff y deunydd agoriadol ei ddisgrifio fel Adran **A**. Os yw'n cael ei ailadrodd wedyn yn union yr un peth, byddwn yn dweud mai **A A** yw'r ffurf. Pe bai'n cael ai ailadrodd gyda rhai newidiadau, byddai'n cael ei labelu'n **A A1**. Mae hyn yn dweud wrthym ni bod ail adran y darn wedi'i seilio'n agos iawn ar yr adran gyntaf, ond bod yna rai gwahaniaethau cerddorol – efallai gydag addurn melodig, cywair gwahanol neu beth bynnag.

Mae modd labelu brawddegau alaw fel hyn hyd yn oed. Er enghraifft, gadewch i ni edrych ar drefn 'Ar Hyd y Nos', alaw werin draddodiadol Gymreig (gweler Enghraifft 1.1).

Enghraifft 1.1

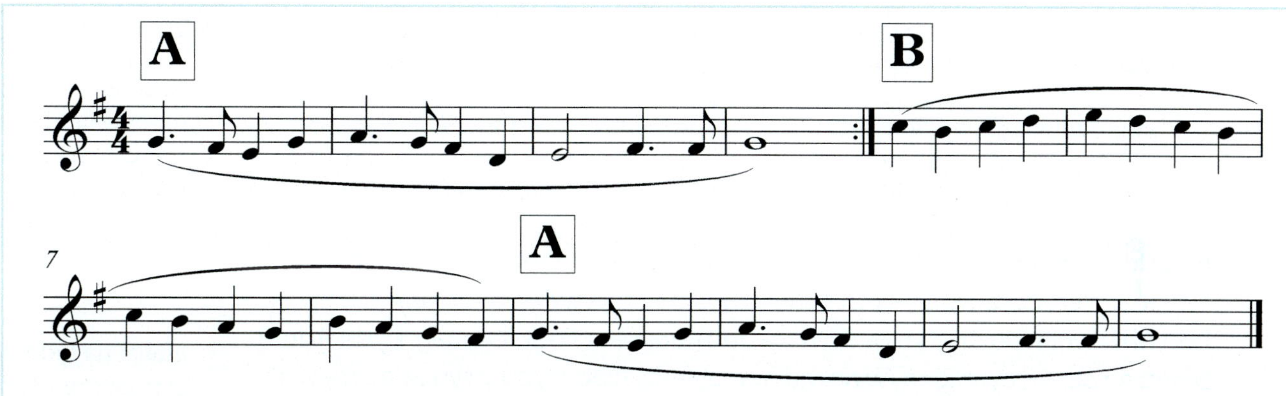

Gall brawddeg gyntaf yr alaw gael ei nodi fel A. Mae'r alaw bedwar bar hon yn cael ei hailadrodd cyn symud ymlaen i far 5 lle mae'r alaw'n newid. Gall y frawddeg bedwar bar gyferbyniol (barrau 5–8) gael ei nodi felly fel **B**. Mae brawddeg olaf yr alaw (barrau 9–12) yn ailadrodd y frawddeg agoriadol yn union yr un peth, unwaith eto. Felly, gallwn ni ddweud mai ffurf gyffredinol yr alaw yw **A A B A**.

Nawr edrychwch ar Enghraifft 1.2, lle mae rhai newidiadau wedi'u gwneud yn y frawddeg olaf (barrau 9–12). Oherwydd y newidiadau hyn, byddai adeiledd yr alaw nawr yn cael ei labelu'n **A A B A1**.

Enghraifft 1.2

Fodd bynnag, nid ailadrodd melodig a chyferbyniad yw'r unig bethau sy'n cyfrif, o bell ffordd. Mae sut rydym ni'n adnabod adeiledd darn hefyd yn dibynnu ar **GYWAIR**. Gadewch i ni edrych yn fanylach ar y ffurfiau cerddorol y mae angen i chi wybod amdanyn nhw ar gyfer yr arholiad hwn, gan gymryd i ystyriaeth agweddau amrywiol alaw a chyweiredd, sy'n ffordd o adnabod y gwahanol fathau o adeiledd.

1. Ffurf Ddwyran

Ffurf ddwyran yw pan fydd cerddoriaeth yn cael ei threfnu'n ddwy ran: adran A ac adran B, fel y gwelwch chi yn y tabl isod.

Adran A	Adran B
Mae'n dechrau yng nghywair y **tonydd**, ond yn trawsgyweirio i gywair perthynol (y llywydd, fel arfer) ar ddiwedd yr adran. Mae'r adran hon yn swnio'n anorffenedig os yw'n cael ei chwarae ar ei phen ei hun.	Mae'n dechrau yn yr un cywair â diwedd Adran A, h.y. y cywair perthynol, ond mae'r gerddoriaeth yn gweithio'i ffordd yn ôl i'r tonydd. Mae fel arfer yn hirach na'r adran A, ond yn cydbwyso'r darn.

Cynllun ffurf ddwyran

Allweddair

Tonydd: gradd gyntaf unrhyw raddfa a'r cord sy'n cael ei adeiladu ar y radd gyntaf.

Fel arfer, **caiff y ddwy adran eu hailadrodd** ac maen nhw'n rhannu'r un syniadau cerddorol. Rhywbeth eithaf pwysig i chi ystyried wrth wrando, yw eu bod nhw weithiau, hyd yn oed, yn rhannu'r un alaw. Fodd bynnag, bydd Adran B bob amser yn cynnig rhyw newid neu gyferbyniad. Bydd y syniadau mewn cywair gwahanol, ond hefyd, o bosibl, mewn rhan wahanol. Efallai bydd y syniadau yn uwch, yn is, wedi'u gwrthdroi neu'n cael eu clywed mewn dilyniant.

Mae diwedd pob adran yn debyg, heblaw am y **cywair**: mae adran A yn gorffen mewn cywair perthynol, fel y llywydd, tra bod adran B yn gorffen yn y tonydd.

Ffaith

Efallai na fydd darnau cynnar (neu sylfaenol iawn) mewn ffurf ddwyran yn cynnwys trawsgyweirio (newid cywair) neu ailadrodd.

Gweithgareddau

1. Mewn grŵp bach, gwrandewch ar yr enghreifftiau canlynol o ddarnau mewn ffurf ddwyran:
   - Miniwetau o *Music for the Royal Fireworks*, gan Handel (Baróc)
   - Ymdeithgan yn D fwyaf, o *Notebook for Anna Magdalena*, gan Bach (Baróc)
   - y thema a gaiff ei defnyddio ar gyfer yr amrywiadau yn *Symffoni Rhif 94* gan Haydn, symffoni 'Surprise' (Clasurol)
   - Unrhyw un o'r 'Ecossaises', a ysgrifennwyd gan Schubert ar gyfer y piano (Rhamantaidd).
2. Nawr trafodwch ffurf ac arddull yr adrannau gwahanol o'r gerddoriaeth rydych chi wedi bod yn gwrando arni yn y Gweithgaredd hwn. Nodwch eich sylwadau am unrhyw nodweddion eraill sydd o ddiddordeb i chi. (Fe ddewch o hyd i'r sgorau ar IMSLP.)

Joseph Haydn (1732–1809)

Tasg

Cyfansoddwch alaw fer mewn ffurf ddwyran. Ceisiwch gynnwys trawsgyweiriad i G fwyaf ar ddiwedd adran A ac ar ddechrau adran B. I wneud hyn, mae angen i chi gynnwys F# yn symud i fyny i G yn llinell yr alaw, gyda chordiau addas yn cefnogi.

2. Ffurf Deiran

Ffurf deiran yw pan fydd cerddoriaeth yn cael ei threfnu'n dair adran. Mae'r adran gyntaf yn cyflwyno'r prif ddeunydd, mae'r ail adran yn darparu cyferbyniad ac mae'r adran olaf yn ailadrodd y deunydd o'r adran agoriadol, h.y. adeiledd **A B A** (gweler y tabl isod).

Adran A	Adran B	Adran A
Mae'r syniadau gwreiddiol yn cael eu cyflwyno. Mae'r adran hon *fel arfer* yn gorffen gyda diweddeb berffaith yng nghywair y tonydd.	Adran gyferbyniol sy'n cael ei galw weithiau yn atgan. Mae'r cyferbyniad yn cael ei gyflawni drwy gynnwys unrhyw un neu bob un o'r canlynol: • alaw newydd • cyweiriau gwahanol • tempo gwahanol • patrymau rhythmig a dynameg wahanol • offerynnau a gwead gwahanol.	Mae naill ai'n ailadrodd yr adran gyntaf yn union, neu'n fersiwn sydd wedi newid ychydig. Os yw'r gerddoriaeth yma'n ailadrodd A yn union fel mae, yna mae'n bosibl na fydd y cyfansoddwr wedi ysgrifennu'r cyfan allan am yr ail waith: gallen nhw'n syml fod wedi rhoi cyfarwyddyd **da capo** (DC) ar ddiwedd adran B. Bydd y gair *FINE* i'w weld ar ddiwedd adran A. Mae hyn yn cael ei alw'n ffurf da capo.

Gweithgaredd

Gwrandewch ar yr enghreifftiau canlynol o ddarnau mewn ffurf deiran:

- 'He Was Despised' o'r *Messiah*, gan Handel (Baróc – aria da capo)
- Bagatelle yn G i'r piano, gan Beethoven (Clasurol)
- 'Lacrimosa' o'r *Requiem*, gan Mozart (Clasurol)
- 'Waltz' o *New Lyric Pieces*, gan Grieg (Rhamantaidd)
- 'Little Folk Song' o *Album for the Young*, gan Schumann (Rhamantaidd).

▲ Edward Grieg (1843–1907)

Tasgau

1. Chwiliwch am ddarn mewn ffurf deiran i ganu neu i chwarae i'r dosbarth (gall hwn fod yn ddarn unawdol neu'n ddarn ensemble). Gofynnwch i'ch athro am gymorth i ddewis rhywbeth addas. Ar ôl y perfformiad, gweithiwch mewn grwpiau i drafod sut mae adran B yn wahanol i'r adrannau A allanol.

   Oes yna unrhyw nodweddion cerddorol roeddech chi'n hoffi'n benodol yn y darn hwn? Nodwch unrhyw syniadau defnyddiol yn eich llyfr nodiadau cerddoriaeth.

2. Ysgrifennwch gyfansoddiad unawdol byr mewn adeiledd A B A ar gyfer eich offeryn (neu eich llais). Defnyddiwch rai o'r syniadau wnaethoch chi eu nodi pan oeddech chi'n gwrando ar y dyfyniadau a awgrymwyd yn gynharach.

▲ Robert Schumann (1810–1856)

3. Miniwét a Thrio

Mae'r miniwét yn fath o ddawns ffurfiol a gosgeiddig (*graceful*) a gafodd ei sefydlu yn Ewrop yn yr 17eg ganrif a'r 18fed ganrif. Mae mewn amser triphlyg ac yn moderato. Mae'r trio fel ail finiwét, ond mae'n cyferbynnu mewn rhyw ffordd. Mae'r ddau mewn ffurf ddwyran.

Mae'r tabl isod yn dangos sut mae'r cynllun cyffredinol yn edrych os ydyn nhw'n cael eu cyflwyno gyda'i gilydd.

▼ Cynllun cyffredinol ffurf miniwét a thrio

Miniwét		Trio		Miniwét	
Adran A	Adran B	Adran A	Adran B	Adran A	Adran B
(ailadrodd)	(ailadrodd)	(ailadrodd)	(ailadrodd)	Chwarae heb ailadrodd	
Mae yng nghywair y tonydd ac yn gorffen gyda thrawsgyweiriad i gywair perthynol (y llywydd fel arfer).	Mae'n dechrau yn y cywair perthynol ond yn symud yn ôl i gywair y tonydd (cartref) erbyn diwedd yr adran.	Mae'n darparu mwy o gyferbyniad mewn rhyw ffordd – fel arfer mewn cywair newydd a gyda newid o ran yr offeryniaeth. Mae unwaith eto'n gorffen gyda thrawsgyweiriad i gywair perthynol.	Mae'n dechrau yn y cywair perthynol, ond yn gweithio'i ffordd yn ôl i gywair agoriadol y trio.	Mae'r cyweiriau yr un peth â'r chwarae cyntaf.	

Weithiau, byddai rhywbeth i'ch 'atgoffa' o adran A ar ddiwedd pob adran B (a gaiff ei hadnabod fel 'ffurf ddwyran orffenedig', fel bod gan y miniwét a'r trio nodweddion ffurf **deiran** (gweler y tabl isod).

▼ Cynllun 'ffurf ddwyran orffenedig'.

Miniwét		Trio		Miniwét	
Adran A	Adran B (+A)	Adran A	Adran B (+A)	Adran A	Adran B (+A)
(ailadrodd)	(ailadrodd)	(ailadrodd)	(ailadrodd)	Chwarae heb ailadrodd	

Gweithgaredd

Gwrandewch ar y miniwetau a'r trios canlynol:

- Miniwetau I a II o ddiweddglo *Music from the Royal Fireworks*, gan Handel (Baróc)
- Miniwét a thrio o bedwarawd llinynnol yr 'Emperor', gan Haydn (Clasurol)
- Symudiad III o *Symffoni Rhif 36 yn C fwyaf*, y 'Linz', gan Mozart (Clasurol)
- Symudiad III o *Symffoni Rhif 94*, symffoni 'Surprise', gan Haydn (Clasurol)
- Scherzo a thrio o 3edd symffoni Beethoven, *Eroica*. Hefyd, scherzo a thrio o *Sonata i'r Piano Rhif 2*, gan Beethoven.

Ffaith

Yn y cyfnod Baróc roedd cyfansoddwyr yn ysgrifennu miniwetau mewn parau, ac roedd yr ail finiwét yn aml wedi'i ysgrifennu ar gyfer tri offeryn – felly dyna'r rheswm dros yr enw 'trio'.

Ffaith

Roedd Haydn a Mozart, y ddau wedi cynnwys miniwetau a thrios fel y trydydd symudiad yn eu symffonïau.

Ffaith

Yn y cyfnod Clasurol hwyr/Rhamantaidd cynnar, cafodd y miniwét ei drawsnewid i scherzo a thrio mwy bywiog. Cyfieithiad llythrennol scherzo yw 'jôc'.

Tasg

Defnyddiwch TGCh i gyfansoddi alaw fer â brawddegau rheolaidd (*regular*) y byddai modd ei defnyddio fel adran A ar gyfer cyfansoddiad miniwét. Ysgrifennwch yng nghywair G fwyaf ac, ar ddiwedd yr adran, trawsgyweiriwch i gywair y **llywydd** (i wneud hyn, mae angen i chi ychwanegu hapnod C# yn symud i fyny i D yn llinell yr alaw).

Allweddair

Llywydd: pumed radd unrhyw raddfa a'r cord sy'n cael ei adeiladu ar y pumed radd.

4. Ffurf Rondo

Ffurf rondo yw pan fydd cerddoriaeth yn cael ei threfnu i adeiledd fel **A B A C A**. Mae adran agoriadol y cyfansoddiad (h.y. adran A) yn dychwelyd drwy gydol y darn, yn union fel cytgan. Rhwng yr adrannau hyn, mae yna adrannau cyferbyniol o'r enw 'atganau' (*episodes*) (gweler y tabl isod).

Adran A	Adran B	Adran A	Adran C	Adran A
Mae hon yn cyflwyno'r brif thema yng nghywair y tonydd.	Mae hon yn adran gyferbyniol, mewn cywair perthynol, ac yn cynnwys syniadau gwahanol.	Mae'r brif thema yng nghywair y tonydd, (er gall yr adran fod yn amrywiol neu'n fyrrach).	Ail adran gyferbyniol.	Mae'r brif thema yng nghywair y tonydd.

Cynllun cyffredinol ffurf rondo.

Ffaith

Roedd darn cynnar o gerddoriaeth yn y ffurf hon yn cael ei alw'n rondeau, a ddaeth i gael ei alw'n rondo yn ddiweddarach.

Gweithgaredd

Gwrandewch ar y darnau canlynol sydd mewn ffurf rondo:

- Rondeau o *The Fairy Queen*, gan Purcell (Baróc)
- Rondeau o *Abdelazer*, gan Purcell (Baróc). Y gwaith hwn yw'r darn gosod ar gyfer arholiad CBAC
- Rondo o *Sonata i'r Piano Rhif 37*, gan Haydn (Clasurol)
- Symudiad IV o *Concerto i'r Corn Rhif 4*, gan Mozart (Clasurol)
- 3ydd symudiad o *Concerto i'r Piano Rhif 5*, yr 'Emperor', gan Beethoven (Clasurol)
- Preliwd i *Carmen*, gan Bizet (Rhamantaidd)
- 3ydd symudiad o'r *Concerto i'r Sielo yn B leiaf*, gan Dvořák (Rhamantaidd).

Awgrym

Mae'r ffurf hon yn ddefnyddiol i'ch cynorthwyo chi i ddeall pwysigrwydd **AILADRODD** a **CHYFERBYNIAD**. Mae ailadrodd syniadau yn gymorth i roi hunaniaeth (*identity*) a chydlyniad (*coherence*) i gyfansoddiad, ac mae'r syniad cyferbyniol yn darparu diddordeb a chymeriad.

Tasg

Ceisiwch chwarae rhan gyntaf yr alaw o'r preliwd i *Carmen* ar allweddellau. 'A' yw'r nodyn cyntaf – mae'r darn yng nghywair A fwyaf, felly'r nodyn hwn yw nodyn y tonydd.

Tasg

Dychmygwch eich bod chi'n trefnu cyngerdd sy'n rhoi sylw i sonatau piano Joseph Haydn.

Ysgrifennwch **nodiadau rhaglen** sy'n rhoi manylion cefndirol a pheth gwybodaeth am y **Rondo o *Sonata Rhif 37***, a fydd yn cael ei chwarae yn y cyngerdd.

Arweiniad pellach

Mae ysgrifennu nodiadau rhaglen yn ofynnol ar gyfer cwrs TGAU Cerddoriaeth CBAC. Cewch fanylion pellach yn Adran 5 TGAU Cerddoriaeth: Cefnogaeth i Fyfyrwyr.

5. Ffurf Amrywiad

Mae ffurf amrywiad yn cyflwyno thema gychwynnol wedi'i dilyn gan nifer o adrannau (sef yr amrywiadau), sy'n trawsnewid ac yn datblygu'r thema mewn ffyrdd gwahanol a dychmygus (gweler y tabl isod).

Cynllun cyffredinol ffurf thema ac amrywiad

Thema	Amrywiad 1	Amrywiad 2	Amrywiad 3
Gall hon fod ag adeiledd arbennig – ffurf ddwyran neu deiran efallai.	Mae llawer o ffyrdd o drawsnewid neu amrywio'r thema, drwy: • addurno a harddu • newid offeryniaeth, tempo, cywair, harmoni, mesur, rhythm • datblygu'r thema gan ddefnyddio amrywiaeth o ddyfeisiau fel efelychiant, gwrthdro, dilyniant, cywasgiad, estyniad • cyflwyno'r thema ar draw gwahanol • datblygu harmonïau a rhythmau heb alaw • cyflwyno alawon ychwanegol neu alawon newydd • amrywio'r arddull.		

Ffurf amrywiad yw un o'r mathau hynaf o adeiledd – roedd yn boblogaidd mor bell yn ôl â'r 16eg ganrif.

Gweithgaredd

Gwrandewch ar y darnau canlynol sydd mewn ffurf amrywiad:

- Alaw ac Amrywiadau ('The Harmonious Blacksmith') o *Gyfres Rhif 5 yn E fwyaf*, gan Handel; Amrywiadau Goldberg, gan Bach (Baróc)
- Amrywiadau Diabelli gan Mozart; Amrywiadau ar 'Twinkle Twinkle Little Star', er enghraifft 'Ah, vous dirai-je, Maman', gan Mozart; Symudiad 2, Thema ac Amrywiadau Andante o *Symffoni Rhif 94* (symffoni 'Surprise'), gan Haydn (Clasurol)
- Preliwd Bizet i *La Arlésienne* (mae'r rhan gyntaf yn thema gyda phedwar amrywiad); Symudiad 4 o *Bumawd y Brithyll*, gan Schubert (Rhamantaidd).

Awgrym

Er mwyn sicrhau'r canlyniadau gorau wrth i chi gyfansoddi, byddwch yn ddychmygus (*imaginative*). Defnyddiwch rai o'r syniadau uchod fel man cychwyn, ond dylech chi osgoi cyfansoddi drwy ddilyn 'cynllun gosod' oherwydd bydd y canlyniadau'n teimlo'n fecanyddol.

Tasg

Cyfansoddwch alaw syml mewn ffurf deiran, ac yna ysgrifennwch dau neu dri amrywiad ar yr alaw.

Mae cyfansoddi mewn adeiledd thema ac amrywiadau yn eich annog chi i 'amrywio' a 'datblygu' eich syniadau cerddorol. Mae'n ddull ardderchog, gan y byddwch chi'n ennill marciau ychwanegol am ddangos eich bod yn gallu gwneud hyn yn eich gwaith.

Arfer Gorau

Dewiswch ffocws cerddorol ar gyfer pob amrywiad, gan gofio dau beth: mae angen **cadw** o leiaf *un* elfen o'r thema a'i defnyddio ym mhob amrywiad, ac mae angen **newid** o leiaf *un* elfen ym mhob amrywiad. Hefyd, dylech chi osgoi cyfansoddi mewn arddull sy'n gwbl groes i'ch thema, oherwydd mae'n annhebygol y bydd y canlyniad yn argyhoeddi neu'n gyson o ran arddull.

6. Ffurf Stroffig

Y symlaf, yn ôl pob tebyg o'r holl ffurfiau cerddorol, mae ffurf stroffig yn adeiledd sy'n cael ei ddefnyddio mewn llawer o ganeuon – mae'n hawdd ei hadnabod oherwydd y ffordd y mae'r un gerddoriaeth yn cael ei hailadrodd ar gyfer pob pennill. Mae'r gân yn defnyddio'r un alaw dro ar ôl tro, gyda geiriau gwahanol bob tro mae'r alaw'n cael ei hailadrodd. Mae'n cael ei hadnabod hefyd fel ffurf 'ailadrodd-pennill' neu ffurf 'cytgan'.

O ran labelu, caiff yr adeiledd ei ddadansoddi fel **A A A** (ac yn y blaen).

Mae ffurf stroffig wedi'i haddasu yn digwydd pan fydd yr adeiledd yn cael ei amrywio neu'n cael ei newid mewn rhyw ffordd, neu efallai bod y cyfeiliant wedi newid er mwyn darparu ychydig o gyferbyniad.

Yn Nhraddodiad Clasurol y Gorllewin, mae'r mathau canlynol o weithiau wedi'u hysgrifennu mewn ffurf **stroffig**:

- emynau, **baledi**, caneuon gwerin, a **coralau** sylfaenol (e.e. Baróc)
- caneuon byr, o'r enw canzonettas ac ariettas, i'w cael mewn operâu cynnar (Baróc)
- rhai caneuon celf Clasurol a chaneuon cysegredig, e.e. *Sehnsucht nach dem Frühlinge*, gan Mozart (Clasurol)
- llawer o ganeuon Schubert, e.e. 'Heidenröslein', 'Das Wandern' ac 'Ungeduld' o'i **gylch o ganeuon** *Die Schöne Müllerin* (Clasurol)
- Cân Rhif 1 o *Dichterliebe*, gan Schumann (Rhamantaidd)
- 'Wiegenlied' ('Suo-gân neu 'Hwiangerdd'), gan Brahms (Rhamantaidd).

Allweddeiriau

Baled: yn yr 16eg ganrif, cân ar gyfer llais unawdol oedd hon. Yn y cyfnod modern, mae eto'n gân, naill ai mewn arddull lafar (sy'n adrodd stori fesul pennill) neu'n fath o gân sentimental, araf.

Corâl: emyn-dôn â'i gwreiddiau yn Eglwys Brotestannaidd yr Almaen. Cyfansoddodd Bach lawer o'r rhain.

Cylch o ganeuon: cyfres o ganeuon sydd wedi'u cyfansoddi ar thema gyffredin.

Gweithgaredd

Trefnwch gyngerdd dosbarth i 'w gynnal yn ystod un o'ch gwersi cerddoriaeth. Mae'n rhaid i unigolion a grwpiau ddewis ffurf stroffig mewn unrhyw arddull i berfformio o flaen y dosbarth. Cyn pob perfformiad rhowch esboniad byr o'r rheswm dros ddewis y gân, a'i ddilyn gan drafodaeth ar adeiledd y gân.

Tasg

Cyfansoddwch gân fer, mewn unrhyw arddull, ar gyfer llais (lleisiau) a chyfeiliant, a'i seilio ar ffurf stroffig. (Gallwch chi ychwanegu rhagarweiniad byr a phontydd rhwng y penillion.)

Cofiwch

Yn eich cyfansoddiad byddwch chi'n ennill marciau am ddatblygu eich syniadau ac am ddefnyddio amrywiaeth o elfennau cerddorol. Yn hyn o beth, gallai defnyddio ffurf stroffig eich cyfyngu. Gweler Adran 5 TGAU Cerddoriaeth: Cefnogaeth i Fyfyriwr.

TESTUN 3 DYFEISIAU

Wrth wrando ar gerddoriaeth, yn eich gwers ddosbarth, mewn grŵp fel tasg osod, neu ar eich pen eich hun wrth i chi wneud eich gwaith cartref, bydd angen i chi wybod am rai dyfeisiau cerddorol penodol, ac mae'n rhaid i chi fanteisio ar bob cyfle i'w hadnabod a nodi sut maen nhw'n cael eu defnyddio. Bydd gofyn i chi hefyd eu defnyddio nhw wrth i chi greu a datblygu eich cyfansoddiadau eich hunain.

Mae manyleb arholiad TGAU Cerddoriaeth yn nodi'n glir pa ddyfeisiau y mae disgwyl i chi wybod amdanyn nhw a'u deall. Er mwyn eich cynorthwyo chi â hyn, bydd y llyfr hwn yn mynd drwy bob dyfais, yn esbonio beth yw'r ddyfais a sut mae'n gweithio. Mae'r enghreifftiau sydd yn yr adran hon yn adlewyrchu cerddoriaeth Traddodiad Clasurol y Gorllewin, ond mae adrannau eraill yn nes ymlaen yn y llyfr yn cynnwys enghreifftiau o'r ffordd y mae'r dyfeisiau hyn yn cael eu defnyddio ym mhob maes astudio.

Mae'r enghreifftiau canlynol yn seiliedig ar gywair D – naill ai D leiaf neu D fwyaf. Y gobaith yw, y byddwch chi'n deall yr esboniad yn syth drwy edrych ar y dyfyniadau cerddorol a ddefnyddir fel enghreifftiau ym mhob achos, ond y peth gorau i'w wneud yw gwrando ar yr enghreifftiau hefyd. Mae nifer o'r enghreifftiau cerddorol ar gael ar-lein – dangosir nhw â'r eicon yma: a gallwch chi gael mynediad iddyn nhw ar y wefan TGAU Cerddoriaeth CBAC sy'n cyd-fynd â'r llyfr hwn, neu efallai bydd eich athro'n gallu helpu drwy chwarae'r enghreifftiau.

Mae Enghraifft 1.3 yng ngraddfa **D fwyaf**. Nodwch yr arwydd cywair o ddau lonnod, h.y. F# ac C#. Mae nodau'r raddfa yr un peth wrth fynd i fyny (**esgyn**) ac wrth ddod i lawr (**disgyn**). Chwaraewch y raddfa hon os nad ydych chi'n gyfarwydd â hi. Mae TAB wedi'i gynnwys ar gyfer gitarwyr.

Cofiwch

Os bydd angen i chi wrando ar ddarn o gerddoriaeth dros y Rhyngrwyd (ar YouTube neu Soundcloud fwy na thebyg) mae eicon hefyd yn dangos bod modd i chi gael mynediad drwy gyswllt gwe i'r perfformiad arbennig y dylech chi wrando arno.

Enghraifft 1.3

Mae nifer o'r enghreifftiau canlynol yng nghywair **D leiaf**. Bydd hyn yn atgyfnerthu eich dealltwriaeth o gyweiriau lleiaf, sy'n gallu bod ychydig yn fwy cymhleth na chyweiriau mwyaf. Fe fydd hefyd, o bosibl, yn eich helpu chi i ddeall y gwahaniaeth mewn sain rhwng cywair mwyaf a chywair lleiaf.

Efallai eich bod eisoes yn gwybod bod yna ddau fath gwahanol o raddfa leiaf. Enw un ohonyn nhw yw'r **LLEIAF HARMONIG**, ac enw'r llall yw'r **LLEIAF FELODIG**.

Allweddair

Lleiaf harmonig: math o raddfa leiaf, sy'n defnyddio pob nodyn o'r raddfa leiaf, heblaw am y 7fed (y nodyn arweiniol), sy'n cael ei lonnodi (yn codi hanner tôn). Mae yr un peth wrth esgyn ac wrth ddisgyn. Mae'n cael ei defnyddio ar gyfer ysgrifennu harmonïau.

Allweddair

Lleiaf felodig: math o raddfa leiaf sy'n codi'r 6ed a'r 7fed radd wrth esgyn, h.y. yn codi'r 6ed a'r 7fed radd hanner tôn. Mae'n cael ei defnyddio ar gyfer ysgrifennu alawon.

Mae Enghraifft 1.4 yn dangos **graddfa leiaf harmonig D leiaf**.

Enghraifft 1.4

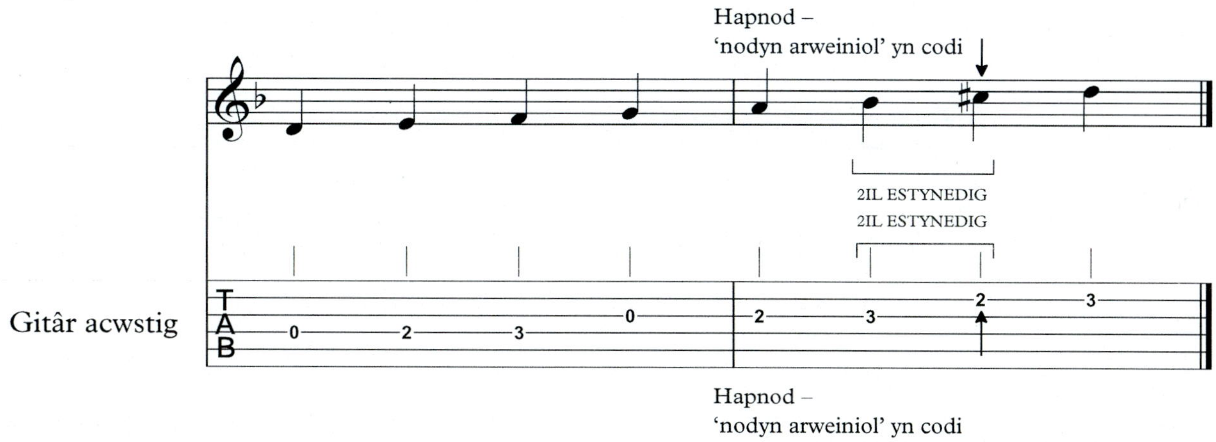

Mae'r raddfa hon yn fwy addas ar gyfer **harmoneiddio** alawon yn hytrach na'i defnyddio fel alaw.

Nodwch:

- yr hapnod rhwng y nodyn arweiniol a'r tonydd uchaf. Mae hwn bob amser yn cael ei ychwanegu fel hapnod ac ni fydd byth yn ymddangos yn yr arwydd cywair ar gyfer cywair lleiaf
- y **cyfwng** 2il leiaf sy'n swnio braidd yn lletchwith, y mae hyn yn ei greu.

Mae'r 2il estynedig yn gyfwng sy'n gallu swnio ychydig yn rhyfedd mewn llinell felodig, h.y. o ran symudiad fertigol y nodau. I ymdrin â hyn, mae gennym fersiwn arall o'r raddfa leiaf. Enw hon yw'r raddfa leiaf felodig, sydd â fersiwn gwahanol yn mynd i fyny (h.y. esgyn) i'r hyn sy'n dod nôl lawr (h.y. disgyn).

Mae Enghraifft 1.5 yng **ngraddfa leiaf felodig D leiaf**.

Allweddair

Cyfwng: y pellter rhwng unrhyw ddau nodyn, yn cynnwys y nodau sy'n ffurfio'r cyfwng, e.e. y cyfwng rhwng C ac F yw 4ydd (C D E F).

Enghraifft 1.5

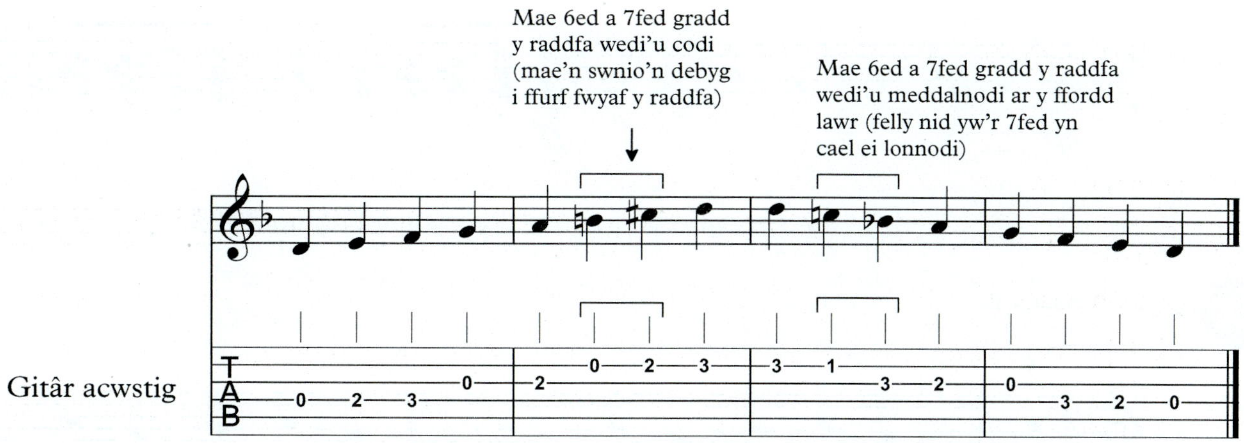

Mae'r newid drwy'r hapnodau yn golygu bod cyfwng yr 2il estynedig wedi'i dynnu o'r llinell, felly mae'r nodau'n gweddu'n well i linell felodig. Does dim camau lletchwith yma.

Amcan yr adran hon yw deall **dyfeisiau cerddorol** – felly i ddechrau, gadewch i ni greu **motiff** melodig syml yn D leiaf. Fe ddefnyddiwn ni'r syniad hwn sydd, fel y gwelwch yn Enghraifft 1.6, wedi'i seilio ar y pum nodyn cyntaf yn y raddfa.

Enghraifft 1.6

Bydd y motiff hwn yn cael ei ddefnyddio i arddangos y dyfeisiau cerddorol gwahanol sydd angen i chi eu deall. Weithiau, mae wedi cael ei addasu er mwyn gweddu i'r harmonïau.

AILADRODD – ailadrodd syniad cerddorol yn union (Enghraifft 1.7).

Enghraifft 1.7

CYFERBYNIAD – newid yn y cynnwys cerddorol (Enghraifft 1.8).

Enghraifft 1.8

ANACRWSIS – nodyn (neu nodau) cyn y curiad cryf cyntaf (Enghraifft 1.9).

Enghraifft 1.9

EFELYCHIANT – pan fydd syniad cerddorol yn cael ei efelychu mewn rhan arall (Enghreifftiau 1.10a a b).

Enghraifft 1.10a

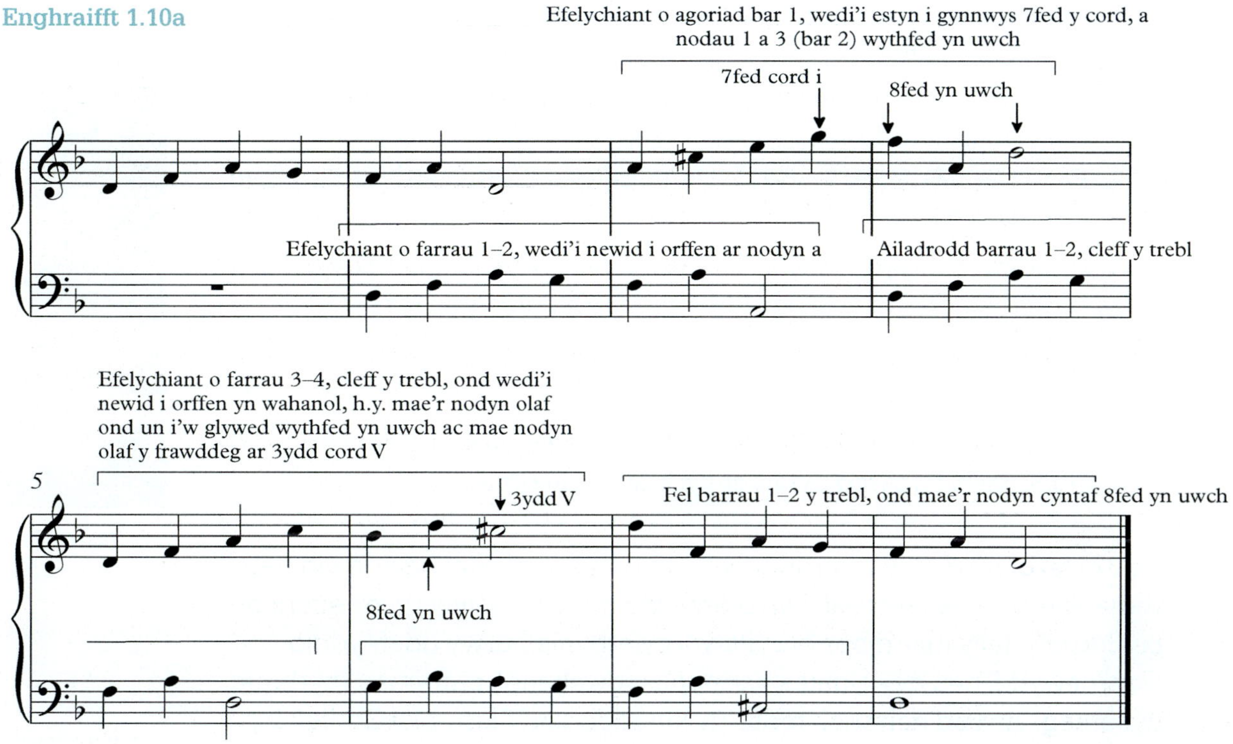

Enghraifft 1.10b

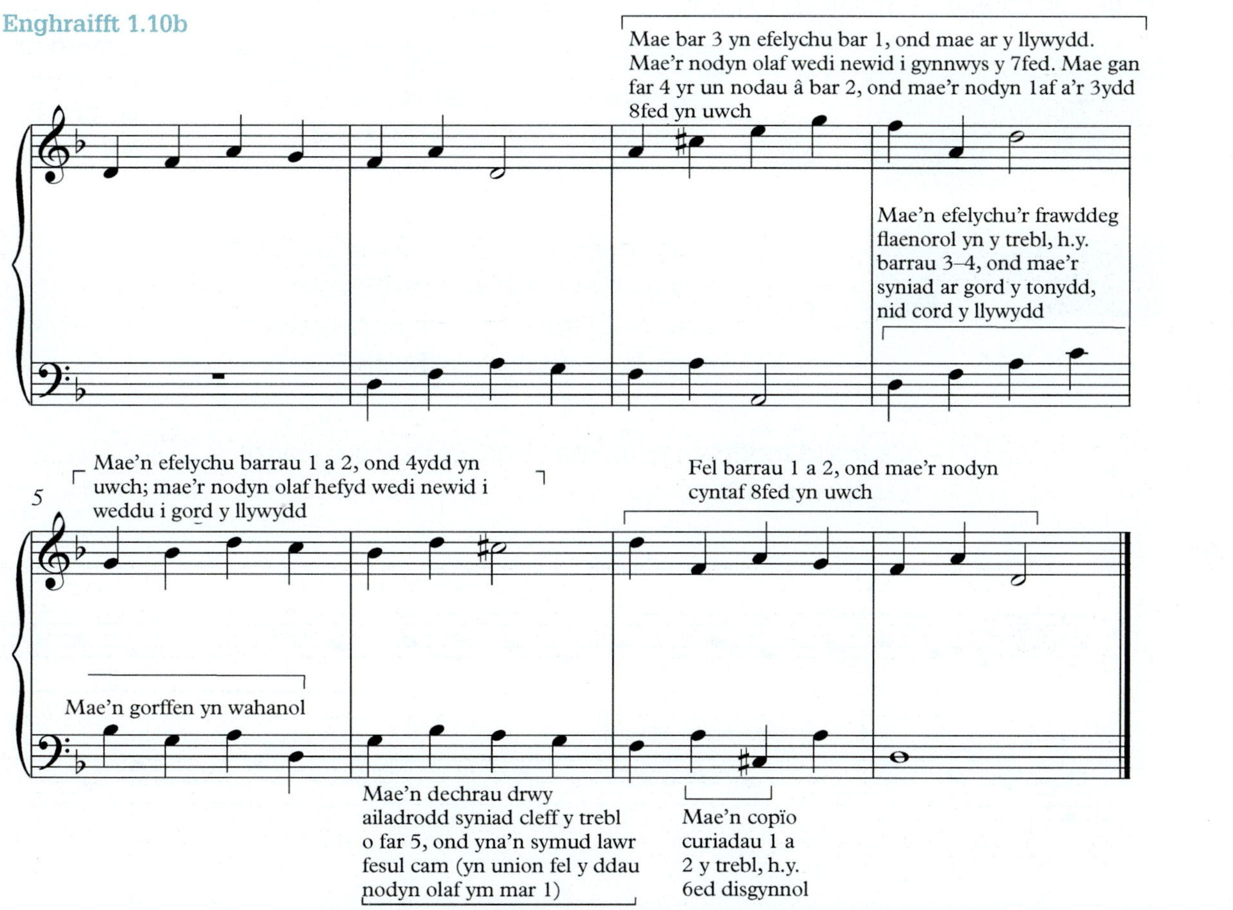

Tasgau

1. Mae ailadrodd yn bwysig iawn mewn cerddoriaeth. Gall ailadrodd adran yn union yr un peth gael ei ddangos gan farciau ailadrodd (gweler Enghraifft 1.11).
   a) Meddyliwch am ddarn rydych chi wedi'i berfformio sy'n defnyddio marciau ailadrodd.
   b) Pam mae ailadrodd yn ddyfais mor bwysig mewn cerdddoriaeth yn eich barn chi?
2. Gwrandewch ar 3ydd symudiad *Electric Counterpoint*, gan Steve Reich, sy'n ddarn modern. Ai ailadrodd syniadau'n union yw hyn?
3. Faint o alawon gallwch chi feddwl amdanyn nhw sy'n dechrau gydag anacrwsis? (gweler enghraifft 1.9)?
4. Gwrandewch ar unrhyw Breliwd a Ffiwg i'r seinglawr a gyfansoddwyd gan J.S. Bach, i glywed dyfais efelychiant ar ei gorau.

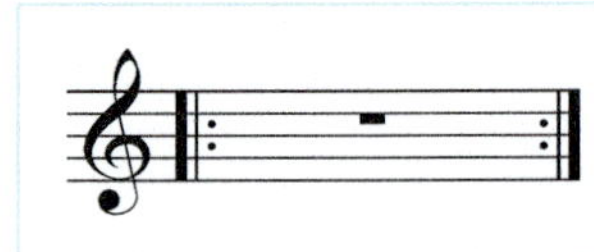

▲ Enghraifft 1.11

▲ Johann Sebastian Bach (1685–1750)

Mae **cyferbyniad** mewn cerddoriaeth yn cael ei gyflawni gan newid neu wahaniaeth o ryw fath. Gall hyn ddigwydd mewn unrhyw un o'r elfennau cerddorol – felly mae'n bosibl cyflawni cyferbyniad drwy ddefnyddio alaw newydd, neu gyweiriau a harmonïau gwahanol, patrymau rhythmig, dynameg, **gwead** neu soniaredd. Yn Nhraddodiad Clasurol y Gorllewin, mae cyferbyniad yn aml yn cael ei gyflawni mewn dwy adran wahanol – un yn gryf ac yn egnïol, a'r llall yn fwy addfwyn a thelynegol.

Allweddair

Gwead: y rhannau neu'r llinellau gwahanol mewn cyfansoddiad, a'r ffordd y maen nhw'n perthyn i'w gilydd.

▲ Ludwig van Beethoven (1770–1827)

Gweithgaredd

Mewn grwpiau, ystyriwch sut mae'r cyfansoddwr Beethoven yn cyflawni cyferbyniad yn symudiad agoriadol ei 5ed symffoni. Gwyliwch a gwrandewch ar y perfformiad ar-lein yna trafodwch eich sylwadau gyda gweddill y dosbarth.

DILYNIANT – ailadrodd motiff yn yr un rhan ond ar draw gwahanol (Enghraifft 1.12).

▼ Enghraifft 1.12

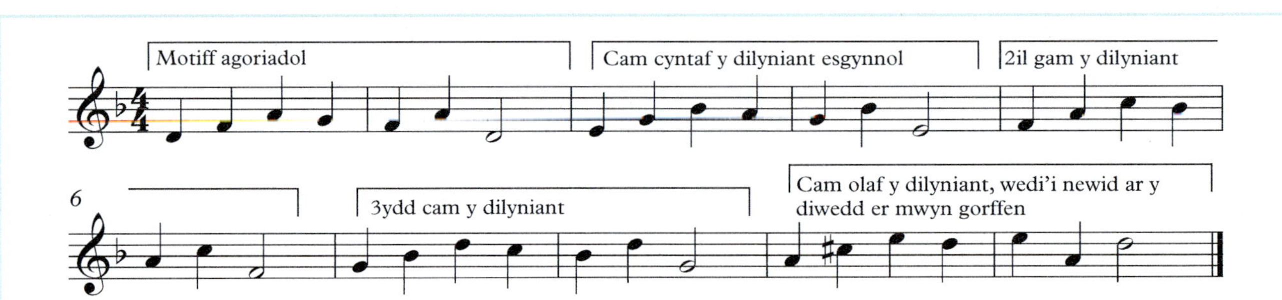

OSTINATO – patrwm cerddorol sy'n cael ei ailadrodd nifer o weithiau, mae hefyd yn cael ei alw'n rìff mewn cerddoriaeth fodern (Enghraifft 1.13).

Enghraifft 1.13

TRAWSACENNU – 'oddi ar y curiad' ('*off beat*') (nodau **acennog** ar y curiadau gwan) (Enghraifft 1.14)

Enghraifft 1.14

Allweddair

Acennog: pan fydd acen neu bwyslais ychwanegol yn cael ei roi ar nodau penodol.

RHYTHMAU DOT – mae dot wedi'i osod ar ôl nodyn yn cynyddu ei werth o hanner eto (fel ei fod ychydig yn hirach) sy'n rhoi math o effaith 'herciog' i'r rhythm (Enghraifft 1.15).

Enghraifft 1.15

Tasgau

1. Cyfansoddwch fotiff un bar yn F fwyaf. Ar allweddellau neu gitâr, ceisiwch weld sut mae'n swnio fel:
   a) dilyniant esgynnol
   b) dilyniant disgynnol.
2. Gwrandewch ar recordiad o *Boléro* gan Ravel, sydd fwy na thebyg yn un o'r darnau mwyaf enwog gydag ostinato (fel yn Enghraifft 1.13).
3. Gweithiwch gydag un aelod arall o'ch dosbarth cerddoriaeth i berfformio'r trawsacennu sydd yn Enghraifft 1.14.

Ffaith

Fel y soniwyd yn gynharach, mae dot ar ôl nodyn yn cynyddu ei werth o hanner eto. Felly, mae:

- crosiet dot yn para am un crosiet a hanner
- cwafer dot yn para am un cwafer a hanner.

Gweithgareddau

1. Fel grŵp, perfformiwch yr enghraifft gerddorol o rythmau dot sydd yn Enghraifft 1.15.
2. Gwrandewch ar y darnau hyn sy'n cynnwys rhythmau dot:
   a) 'Death and the Maiden' o *Bedwarawd Llinynnol Rhif 14*, gan Schubert (symudiad olaf)
   b) 'March to the Scaffold' o *Symffoni Fantastique*, gan Berlioz (o tua 1'30").

Cofiwch

Mewn AMSER CYFANSAWDD (3/8, 6/8, 9/8, 12/8) mae pob CURIAD yn nodyn dot.

Mae Enghraifft 1.16 yn dangos rhan o'r concerto enwog, sef *Concerto i'r Corn Rhif 4*, gan Mozart, sydd mewn amser 6/8.

Enghraifft 1.16

Gwyliwch a gwrandewch arno'n cael ei berfformio ar-lein.

DRÔN – nodyn neu nodau ailadrodd sy'n cael eu dal drwy gydol cymal o gerddoriaeth (Enghraifft 1.17).

Enghraifft 1.17

PEDAL – nodyn dal neu nodyn ailadrodd gyda harmonïau newidiol i'w clywed yn erbyn y nodyn (Enghreifftiau 1.18a a b).

Enghraifft 1.18a

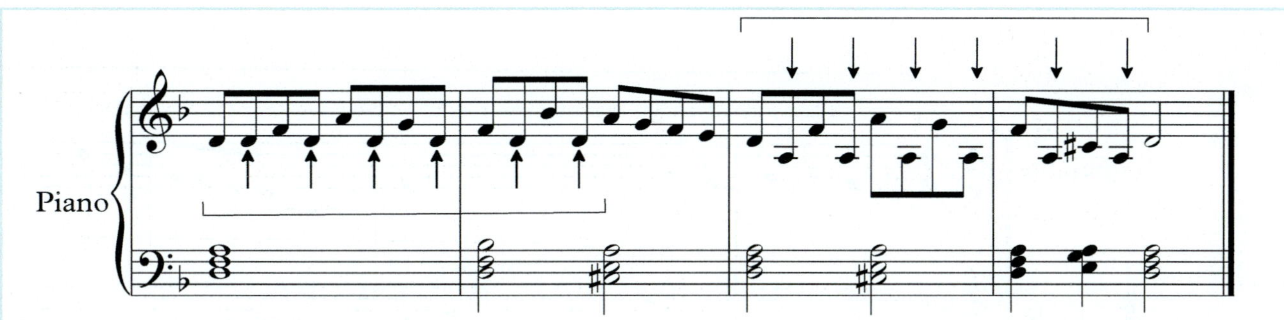

Enghraifft 1.18b

Gweithgaredd

Cydweithiwch â ffrindiau i drefnu perfformiad o'r enghraifft gerddorol uchod ar gyfer y feiolin a'r piano. Gallwch ddefnyddio unrhyw offeryn ar gyfer rhan y feiolin, a gallai rhan y piano gael ei chwarae gan ddau berfformiwr – un yn chwarae rhan y trebl ac un yn chwarae llinell y bas. Recordiwch ddilyniant y cordiau drwy ddefnyddio TGCh.

CANON – dyfais gyfansoddi lle mae alaw yn cael ei hailadrodd yn union mewn rhan arall tra bod yr alaw gychwynnol yn dal i gael ei chwarae. Mae Enghraifft 1.19a yn dangos canon mewn dwy ran, tra bod enghraifft 1.19b yn dangos canon mewn tair rhan.

Enghraifft 1.19a

Enghraifft 1.19b

Efallai eich bod chi wedi canu dau ganon syml pan oeddech chi'n ifanc, sef 'Frère Jacques' a 'Ble mae Daniel?'. Gallwch chi feddwl am unrhyw rai eraill?

Pam mae datganiad olaf yr alaw yn y bas ym mar 9 wedi newid, yn eich barn chi?

SYMUDIAD CYSYLLTIOL – pan mae'r alaw yn symud gan mwyaf, fesul cam (Enghraifft 1.20).

▼ Enghraifft 1.20

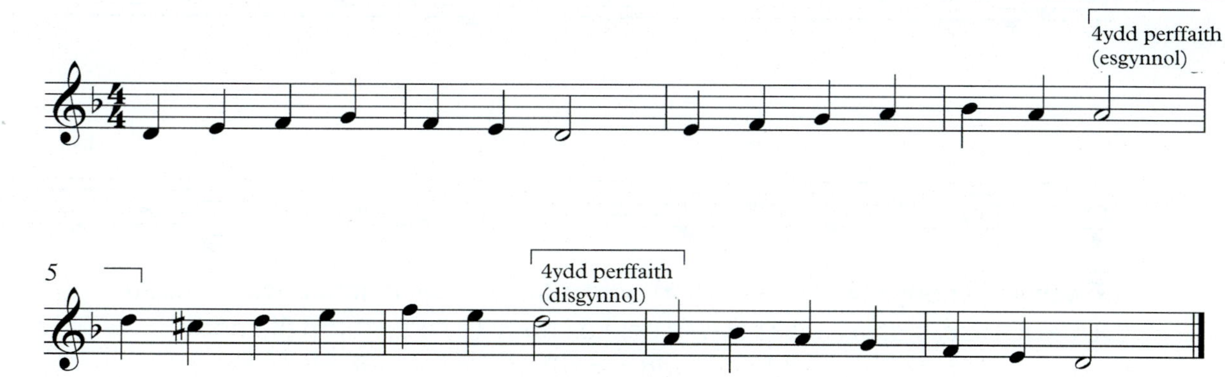

Nodwch: mae'r motiff D leiaf gwreiddiol wedi ei newid, i gynnwys symudiad cysylltiol (fesul cam) gan mwyaf. Sylwch fod un cyfwng, 4ydd perffaith, wedi ei ddefnyddio i roi ychydig o gyferbyniad. Mae hyn wedi'i gydbwyso'n dda yn y frawddeg – mae'n esgyn (codi) y tro cyntaf ac yn disgyn (syrthio) yr ail dro.

Mae Enghraifft 1.21 yn dangos sut byddai'r un alaw sylfaenol yn edrych yng nghywair D fwyaf, h.y. y modd cyferbyniol (*opposite mode*).

▼ Enghraifft 1.21

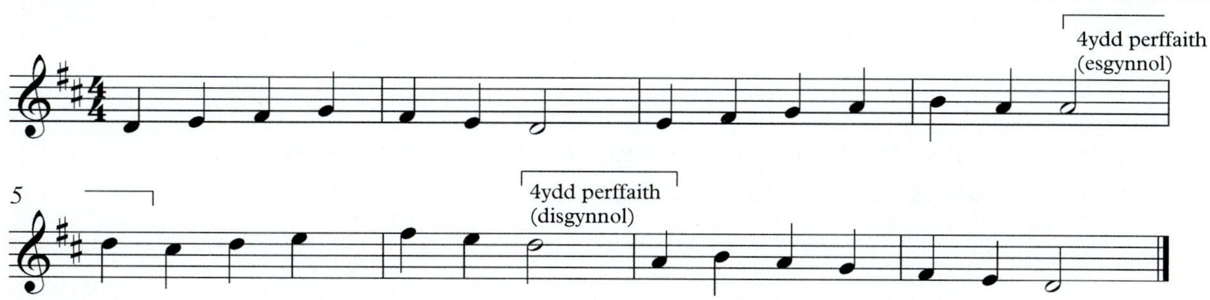

Chwaraeewch Enghreifftiau 1.20 ac 1.21 i ddeall y gwahaniaeth rhwng MWYAF a LLEIAF.

SYMUDIAD DIGYSWLLT – pan mae'r alaw yn neidio o un nodyn i'r llall (Enghraifft 1.22).

Enghraifft 1.22

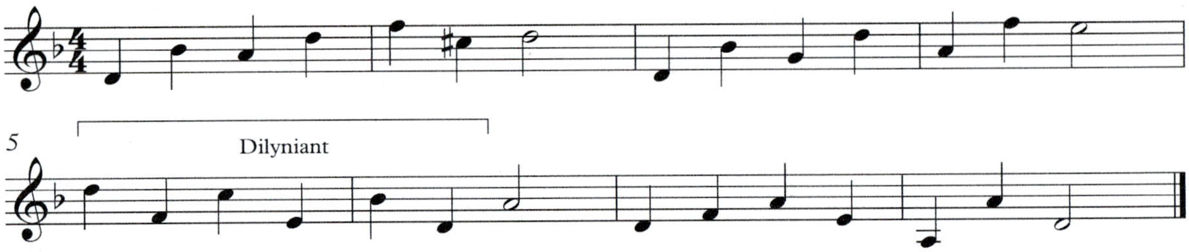

Mae'r math yma o alaw 'herciog' ddim ond yn gweithio pan fydd yr harmonïau cefnogol yn gryf ac yn gwneud synnwyr o fewn y cywair. Edrychwch ar y cordiau yn Enghraifft 1.23 ac fe welwch chi sut mae nodau'r alaw yn gweddu.

Enghraifft 1.23

Nodwch yr 2il nodyn (wedi'i farcio â ★) sydd ddim yn rhan o gord D leiaf – mae'n ADDURNOL (*decorative*). Mae'r alaw'n neidio i nodyn sy'n 'syrthio'n ôl' i nodyn o'r cord (yn yr achos hwn, yr A ar y 3ydd curiad). Mae'n creu effaith gref ac yn ychwanegu ychydig o liw harmonig. Mae ychwanegu 7fed y cord ar ddechrau bar 8 hefyd yn creu diddordeb harmonig.

Er mwyn cyfeirio:

Cordiau	Nodau yn y cord	Cordiau	Nodau yn y cord
Dm	D, F, A	A	A, C#, E
Gm	G, B♭, D	A7	A, C#, E, G
C	C, E, G	B♭	B♭, D, F

Siart gwybodaeth o'r cordiau (ar gyfer Enghraifft 1.23)

Perfformiwch hwn fel grŵp, gyda rhai ohonoch chi'n chwarae'r alaw ac eraill yn chwarae cordiau'r cyfeiliant ar y gitâr neu'r allweddellau.

CORD GWASGAR/ARPEGGIO – cord sy'n cael ei chwarae fel nodau ar wahân, pan fydd nodau cord yn cael eu chwarae un ar ôl y llall, naill ai i fyny neu i lawr (gweler Enghreifftiau 1.24a–b).

Enghraifft 1.24a

Enghraifft 1.24b

Tasg

Gwrandewch ar-lein ar agoriad y 'Moonlight Sonata' gan Beethoven, sy'n cael ei ddangos yn Enghraifft 1.25. Mae hwn yn defnyddio arpeggios, sydd yna'n parhau fel cyfeiliant drwy gydol y darn.

Enghraifft 1.25

BAS ALBERTI – math o gyfeiliant cord gwasgar (Enghraifft 1.26).

▼ Enghraifft 1.26

Beth byddai ei angen ar Enghraifft 1.26 er mwyn ei newid o gywair D leiaf i gywair D fwyaf?

BRAWDDEGU RHEOLAIDD – rhannau cytbwys alaw (yn union fel cymalau mewn brawddeg) (Enghraifft 1.27).

▼ Enghraifft 1.27

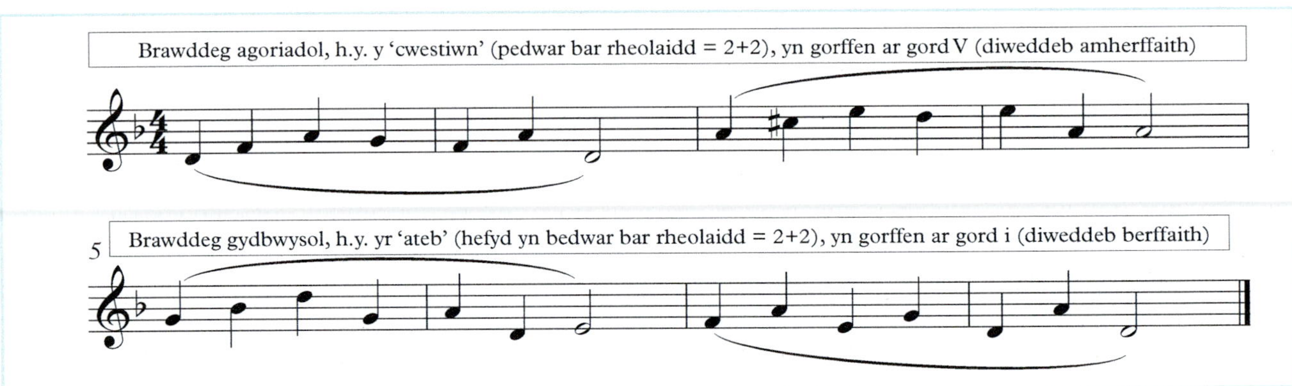

- Mae rhif Rhufeinig fel priflythyren yn dynodi cord **mwyaf**
- Mae rhif Rhufeinig fel llythyren fach yn dynodi cord **lleiaf**

Tasg

Cyfansoddwch alaw mewn pedair brawddeg gytbwys, reolaidd fel sydd yn Enghraifft 1.27. Ysgrifennwch ar gyfer offeryn BAS, fel y sielo neu'r gitâr fas. Ysgrifennwch yng nghywair E leiaf, a chynllluniwch y diweddebau fel sydd yn yr enghraifft, h.y. diweddeb amherffaith ym mar 4 a diweddeb berffaith ym mar 8.

MOTIFFAU – syniad melodig neu rythmig byr sy'n cynnwys nodwedd benodol (Enghraifft 1.28).

Enghraifft 1.28

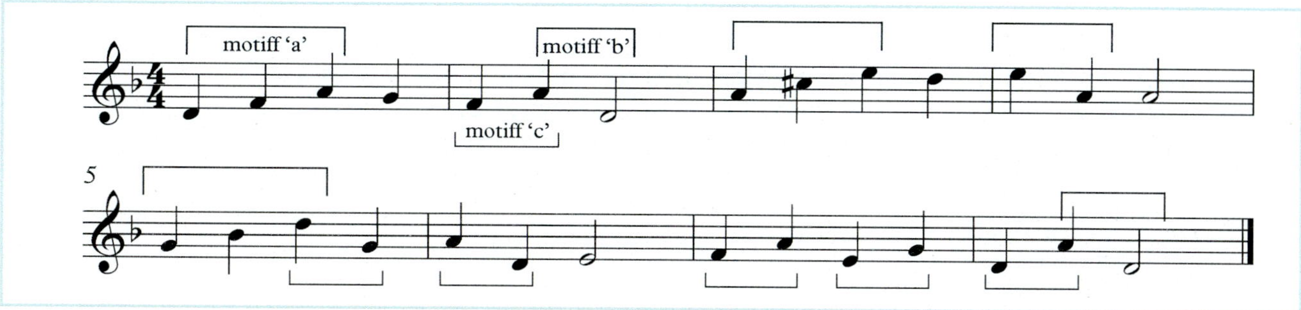

Tasg

Atebwch y cwestiynau canlynol am y motiffau melodig yn Enghraifft 1.28.

1. Pa fotiff a ddefnyddir ym mar 4? Sut mae wedi newid?
2. Pa fotiff sydd i'w glywed ym mar 7?
3. Sawl gwaith y defnyddir motiff 'b' yn yr alaw hon?
4. Pa ddyfais gerddorol a ddefnyddir ym marrau 5/6 a bar 7?
5. Beth sydd gan fotiff 'c' yn gyffredin â motiff 'b'?
6. Sut mae'r ddau nodyn cyntaf ym mar 8 yn dangos cysylltiad â motiff 'b'? Pa ddyfais sydd wedi ei defnyddio yma?

Arweiniad pellach

Byddwn ni'n sôn dipyn mwy am fotiffau mewn adrannau eraill o'r llyfr hwn, yn enwedig ym maes CERDDORIAETH FFILM. Mae'r math hwn o gerddoriaeth yn defnyddio motiffau sy'n gysylltiedig â syniadau, cymeriadau a symudiad er mwyn creu'r effaith a ddymunir ac i gefnogi'r ddrama.

Gwrandewch ar y ddau ddarn enwog yma sy'n dechrau gyda motiffau cyfarwydd:

- agoriad Symffoni Rhif 5 Beethoven
- agoriad Symffoni Rhif 40 Mozart.

DILYNIADAU CORDIAU – cyfres o gordiau sy'n perthyn i'w gilydd mewn cywair penodol.

Mae dilyniad cordiau yn diffinio'r cywair. Mae'n defnyddio cordiau a adeiladwyd ar nodau graddfa'r cywair. Mae dilyniad cordiau cryf yn amlwg pan fydd yna amrywiaeth o gordiau sy'n swnio'n dda gyda'i gilydd, a chaiff ei glywed yn y ffordd y mae'r gerddoriaeth yn mynd ymlaen o un cord i'r un nesaf.

Mae dilyniad cordiau hefyd yn cynnwys **diweddebau**. Mae diweddebau'n cynnwys dilyniad dau gord, ac maen nhw i'w cael ar ddiwedd brawddeg, ac ar ddiwedd adran neu ddarn.

Allweddair

Diweddeb: dilyniad o ddau gord sydd i'w gael ar ddiwedd brawddeg mewn cerddoriaeth, er mwyn cwblhau brawddeg.

Mae angen i chi wybod pedwar math gwahanol o ddiweddeb – gweler y tabl isod.

Ffaith

Bydd eich athro yn esbonio'r theori ynglŷn â ffurfio cordiau a gwahanol fathau o raddfeydd a chyweiriau yn y dosbarth – ac mae'n bwysig deall sut mae'r cyfan yn gweithio. Gallwch chi edrych hefyd ar dudalennau 39–43.

Mathau o ddiweddebau

Diweddeb Berffaith	Mae'n swnio'n 'derfynol' – 'diwedd' darn. Mae'n defnyddio cordiau V → I.
Diweddeb Eglwysig	Mae hefyd yn swnio'n 'derfynol' ond mae'n feddalach – yn aml i'w gweld ar ddiwedd emyn-donau; mae weithiau'n cael ei galw'n 'ddiweddeb Amen'. Mae'n defnyddio cordiau IV → I.
Diweddeb Amherffaith	Mae'n swnio'n anorffenedig – ddim i'w chael ar ddiwedd darn (ond mae i'w chael yn aml ar ddiwedd brawddeg). Mae'r ddiweddeb hon yn gorffen ar gord V, e.e. ii → V; I → V; IV → V; vi → V.
Diweddeb Annisgwyl	Mae'n gorffen braidd yn annisgwyl ar gord lleiaf – felly mae weithiau'n cael ei galw'n ddiweddeb 'syrpreis'. Mae'n defnyddio cordiau V → vi.

Mae Enghraifft 1.29 yn dangos y diweddebau mewn harmoni pedair rhan sydd i'w cael yng nghywair D fwyaf. (Mae'n bosibl yr hoffech chi gyfeirio at y raddfa (Enghraifft 1.3) a chordiau D fwyaf wrth edrych ar hwn.

Enghraifft 1.29

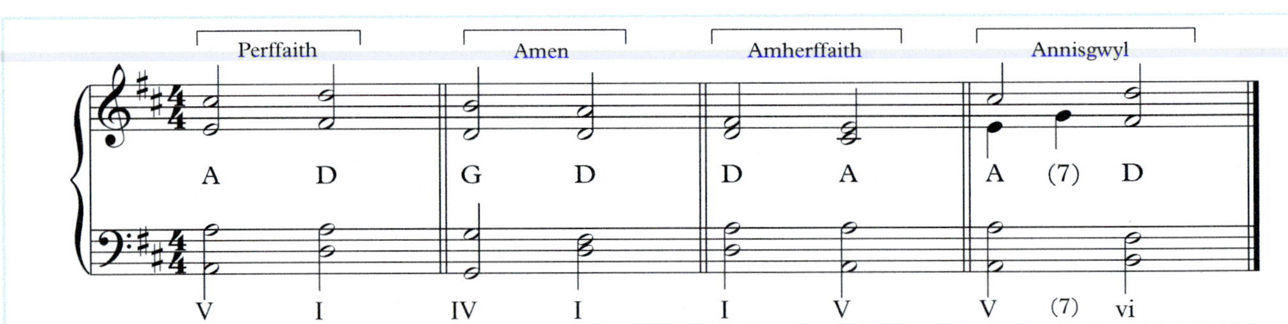

TRAWSGYWEIRIO – y broses o newid cywair.

Mae trawgyweirio'n digwydd pan fydd 'hapnod' i'w weld (a'i glywed) yn y gerddoriaeth. Mae hwn yn nodyn sydd wedi'i newid (h.y. wedi'i wneud yn uwch neu'n is) – ac mae'n estron i'r cywair 'gwreiddiol'. Mewn geiriau eraill, y mae wedi newid y cynnwys harmonig ac wedi mynd â chi i gywair gwahanol.

Yn Enghraifft 1.30, y G# ym mar 4 yw'r nodyn sy'n 'estron' i'r cywair gwreiddiol, D fwyaf. Wrth newid y nodyn hwn a'r harmonïau cysylltiedig, mae'r gerddoriaeth wedi trawsgyweirio i'r A fwyaf. Dyma gywair perthynol y llywydd sydd â thri llonnod – F#, C#, ac G#.

Enghraifft 1.30

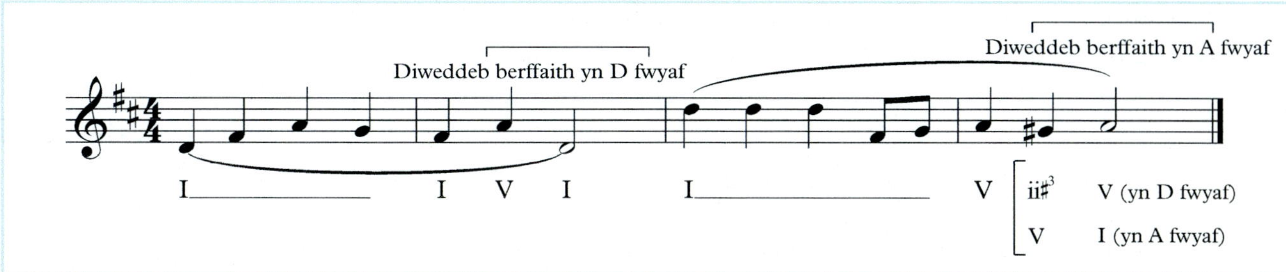

Nid yw'r ddiweddeb olaf yn ddiweddeb amherffaith arferol, h.y. ii–V yn D fwyaf, oherwydd y G#. Felly, mae'r gerddoriaeth wedi 'trawsgyweirio' drwy ddefnyddio diweddeb berffaith i gywair y llywydd, A fwyaf.

Tasg

Gwrandewch ar YouTube ar 30 eiliad cyntaf *Für Elise*, sydd yn ddarn a gyfansoddwyd ar gyfer y piano.

O'r clip YouTube, gallwch chi wylio'r sgôr gerddorol wrth i chi wrando, sydd o gymorth. Mae yng nghywair A leiaf, ond sylwch ar **hapnodau** D# sydd ddim yn perthyn i'r cywair. Fodd bynnag, maen nhw'n swnio'n dda iawn, gan eu bod nhw'n ychwanegu diddordeb ac yn symud yn gyflym yn ôl i'r nodyn E, sydd yng nghord y tonydd.

Ffaith

Mae trawsgyweiriad yn digwydd pan fydd diweddeb yn dod â newid o ran cywair. Fodd bynnag, caiff rhai hapnodau eu defnyddio'n syml fel addurn mewn alaw, ac nid yw'r gerddoriaeth yn newid cywair. Er enghraifft, nid yw'r hapnodau a welir ar ddechrau *Für Elise* gan Beethoven yn effeithio ar gywair y gerddoriaeth agoriadol. Addurn yn unig ydyn nhw.

Darn wedi'i baratoi – pwyntiau dysgu

O fewn y maes astudio hwn, mae yna ddyfyniad wedi'i baratoi y bydd yn rhaid i chi ei astudio'n fanwl.

Bydd y 'Cynghorion cyflym' canlynol yn cynnig gwybodaeth werthfawr ar gyfer eich gwaith adolygu.

Mae'r ffordd y cafodd y darnau gosod eu strwythuro, neu eu trefnu, yn dibynnu ar y cywair, yr harmonïau, a'r themâu a'r motiffau sy'n deillio o'r harmonïau.

Allweddair

Hapnod: 'arwydd' cerddorol sy'n effeithio traw'r nodyn.

Cynghorion cyflym

- Dylech chi ymarfer darllen sgôr syml cyn astudio'r gwaith gosod. Mae hyn yn bwysig os nad ydych chi'n rhugl wrth ddarllen cerddoriaeth.
- Dylech chi wybod am y cleffiau gwahanol a ddefnyddiwyd yn y gwaith gosod – yn enwedig cleff y fiola.
- Dylech chi ddysgu am yr offerynnau gwahanol a ddefnyddiwyd yn y darn.
- Dylech chi weithio gyda'r sgôr gerddorol bob amser.
- Dylech chi wrando ar y gerddoriaeth bob amser cyn astudio gyda'r sgôr.
- Mae ysgrifennu nodiadau ar eich copi chi o'r sgôr yn arfer ardderchog, er mwyn i chi fod yn benodol wrth adnabod yr holl fanylion cerddorol angenrheidiol. Defnyddiwch ysgrifbinnau gwahanol liw i wneud y nodiadau hyn. (Gallwch chi gael mwy o wybodaeth a chyngor ar hyn yn Adran 5 TGAU Cerddoriaeth: Cefnogaeth i Fyfyrwyr.)

Arweiniad pellach

Mae cleff yn dod o'r gair Ffrengig *clef* sy'n golygu 'allwedd'.

cleff y trebl | cleff yr alto | cleff y bas

Y gwaith wedi'i baratoi yw'r **Rondeau** o'r ***Abdelazer Suite II***, gan **Purcell**. Dangosir y sgôr yn Enghraifft 1.31 (hefyd ar gael ar IMSLP)

Enghraifft 1.31

Cyn i chi ddechrau astudio'r symudiad hwn gan Purcell yn fanylach, mae yna rai gofynion theori y mae'n rhaid i chi wybod ynglŷn â'r adeiledd, y cywair, y cordiau a'r diweddebau.

Ffaith

Cleff yr alto yw'r cleff y mae'r fiola yn ei ddefnyddio.

Adeiledd a chyweiredd

Cywair gwreiddiol y symudiad hwn yw D leiaf. Os ydym ni'n cyfeirio'n ôl at amlinelliad ffurf y rondeau, a nodwyd yn gynharach yn y bennod hon, bydd adeiledd cyweiriau'r Rondeau yn edrych fel yr hyn sydd yn y tabl isod.

Adran A	Adran B	Adran A	Adran C	Adran A
D leiaf	F fwyaf	D leiaf	A leiaf (yn gorffen ar gord A fwyaf)	D leiaf

Adeiledd cyweiriau'r Rondeau

Bydd angen i chi fod yn gyfarwydd, felly, â chyweiriau a chordiau:

- D leiaf, cywair y tonydd
- F fwyaf, y cywair perthynol mwyaf, ac
- A leiaf, cywair lleiaf y llywydd.

Cywair D leiaf

Mae Enghraifft 1.32 yn dangos graddfa D leiaf, gydag enwau technegol pob nodyn o'r raddfa.

Enghraifft 1.32

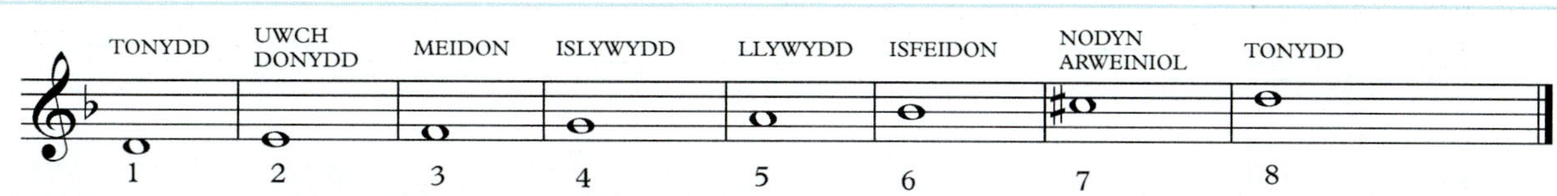

Pan rydym ni'n ychwanegu'r triadau sylfaenol i bob nodyn o'r raddfa, rydym ni'n gallu gweld pa gordiau sydd yn y cywair hwn. Yn Enghraifft 1.33 mae rhifau Rhufeinig yn cael en defnyddio ochr yn ochr â'r enwau technegol a ddefnyddir hefyd i ddisgrifio'r cordiau yn Enghraifft 1.32.

Enghraifft 1.33

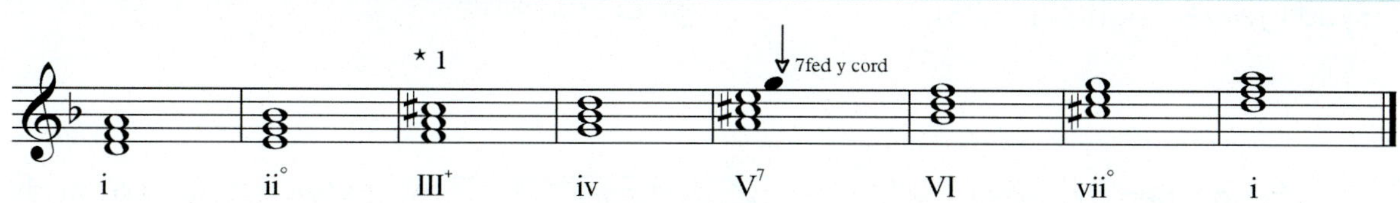

* 1 Mae'r C# wedi'i gynnwys yn y triad hwn oherwydd ein bod yng nghywair D leiaf (sydd â hapnod C#). Mae'n newid y cord hwn i gord ESTYNEDIG, oherwydd ei fod wedi cael ei ymestyn hanner tôn. Yr arwydd ar gyfer cord estynedig mewn harmoni rhifoledig yw arwydd 'plws' bach, e.e. +

Wrth edrych yn ôl ar Enghraifft 1.33, gallwch weld bod:

- rhif Rhufeinig fel priflythyren yn dynodi cord **mwyaf**
- rhif Rhufeinig fel llythyren fach yn dynodi cord **lleiaf**
- cylch bach ar ôl y cord yn dynodi cord **cywasg**.

Felly, yn y rondeau, mae'r triadau a welwn ni'n cael eu hadeiladu i fyny ar bob gradd o'r raddfa leiaf harmonig, mewn gwirionedd yn darparu set o gordiau sy'n ymddangos yn fwy cymhleth na'r rhai sydd i'w gweld mewn cywair mwyaf:

- Cordiau i a iv yw'r triadau **lleiaf**.
- Cordiau V a VI yw'r triadau **mwyaf**.
- Mae cordiau ii° a vii° yn driadau **cywasg**.

Sylwch: y nodyn ychwanegol (G) uwchben cord y llywydd V yw seithfed nodyn y cord. Caiff ei labeli fel **V7** a'i alw'n 7fed y llywydd. Mae'n gord poblogaidd iawn.

Pan fydd cyfansoddwyr yn ysgrifennu eu harmonïau, mae'r cordiau'n aml yn cael eu defnyddio mewn gwahanol safleoedd, neu mewn **gwrthdroeon** gwahanol. Mae hyn yn golygu bod unrhyw un o nodau'r cord yn gallu bod yn y bas, neu'n gallu seinio isaf yn yr harmoni.

Mae gan y safleoedd gwahanol hyn ffigurau sydd yn disgrifio'r cyfyngau a ddefnyddir wrth adeiladu cord. Er enghraifft, mae triad D leiaf yn ei safle cyntaf (sy'n cael ei alw'n **safle gwreiddiol**) yn cael ei wneud allan o ddau gyfwng sy'n mynd i fyny o'r **gwreiddyn** (*root*), sef D – 3ydd a 5ed (gweler Enghraifft 1.34).

Allweddair

Gwreiddyn: nodyn traw sy'n rhoi'r enw i driad, e.e. gwreiddyn triad C yw C. Gwreiddyn cord y llywydd yn C fwyaf yw G (gan mai G yw cord y llywydd).

Tasg

Dewiswch rai o'r cordiau a restrwyd ar y chwith (e.e. cord i – iv – V7) i weld sut maen nhw'n swnio pan maen nhw'n cael eu chwarae yn y drefn hon.

Cyfansoddwch rai dilyniadau cordiol gan ddefnyddio cordiau gwahanol o D leiaf.

Cadwch eich holl syniadau. Mae'n bosibl y byddan nhw'n ddefnyddiol ar gyfer cyfansoddiad.

Enghraifft 1.34

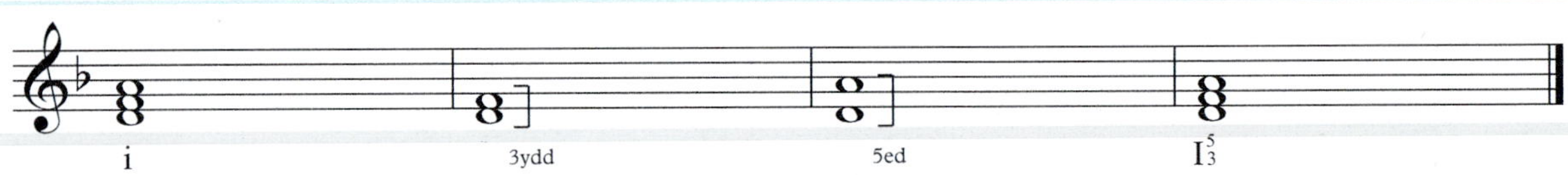

Oherwydd hyn, caiff ei adnabod fel cord I^{5}_{3}.

Pan fydd 3ydd y cord yn cael ei glywed fel y nodyn isaf mae'n cael ei alw'n gord **gwrthdro cyntaf**, a'i adnabod fel cord $^{6}_{3}$ oherwydd mae'n cynnwys cyfwng o 6ed a 3ydd (gweler Enghraifft 1.35).

Mae'r rhifolion a ddefnyddiwyd yn Enghraifft 1.34 yn cael eu hadnabod fel bas rhifoledig; maen nhw'n dangos y cyfyngau sydd uwchben y nodyn yn y bas, neu ar waelod y cord. Gallwch ddod o hyd i esboniad manylach o'r arfer hwn yn Adran 2 Cerddoriaeth ar gyfer Ensemble.

Enghraifft 1.35

Cyfwng o 6ed o'r nodyn gwaelod i'r nodyn uchaf.

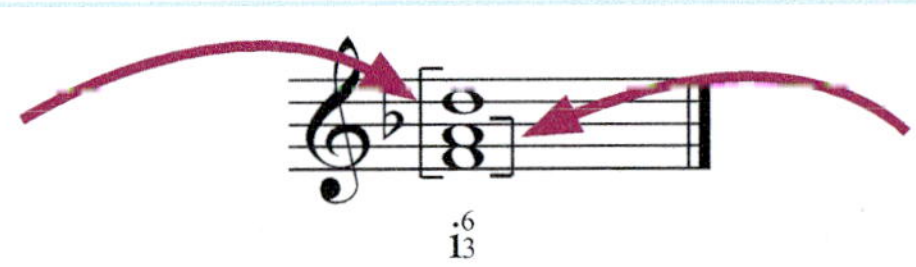

Cyfwng o 3ydd o'r nodyn gwaelod i'r nodyn canol.

Pan mae 5ed y cord i'w glywed fel y nodyn isaf ei sain, mae'n cael ei alw'n gord **ail wrthdro** a chaiff ei adnabod fel cord $^{6}_{4}$ oherwydd ei fod yn cynnwys cyfwng o 6ed a 4ydd (gweler Enghraifft 1.36).

Enghraifft 1.36

Cyfwng o 6ed o'r nodyn gwaelod i'r nodyn uchaf.

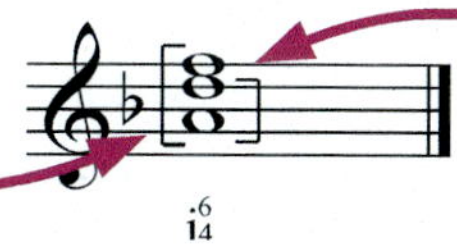

Cyfwng o 4ydd o'r nodyn gwaelod i'r nodyn canol.

Sylwch: mae cord **7fed y llywydd** yn wahanol o ran y rhifoli. Oherwydd bod yna bedwar nodyn yn y cord hwn (h.y. triad y llywydd, ond gyda'r 7fed wedi'i ychwanegu), mae un gwrthdro (safle) arall ac mae'r cyfyngau'n wahanol.

Gadewch i ni edrych ar y gwrthdroeon a'r labeli ar gyfer cord 7fed y llywydd yn D leiaf (h.y. A, C#, E, G). Mae'r cyfyngau sydd yng nghynnwys y cord yn cael eu dangos yn Enghraifft 1.37.

Enghraifft 1.37

Safle gwreiddiol	Gwrthdro 1af	2il wrthdro	3ydd gwrthdro
Mae'n cynnwys cyfyngau o 7fed, 5ed, a 3ydd. Mae'r rhifoli'n cael ei fyrhau i V7 er hwylustod.	Mae'n cynnwys cyfyngau o 6ed, 5ed, a 3ydd. Mae'r rhifoli'n cael ei fyrhau i V^6_5.	Mae'n cynnwys cyfyngau o 6ed, 4ydd, a 3ydd. Mae'r rhifoli'n cael ei fyrhau i V^4_3.	Mae'n cynnwys cyfyngau o 6ed, 4ydd, ac 2il. Mae'r rhifoli'n cael ei fyrhau i V^4_2.

Tasg

Chwaraewch a gwrandewch ar safleoedd gwahanol y cordiau yn Enghraifft 1.37. Profwch nhw ar eich ffrindiau i weld sawl un maen nhw'n ei gael yn gywir.

Mae gwrthdroeon gwahanol yr holl gordiau yn D leiaf (wedi'i seilio ar raddfa D leiaf) yn cael eu dangos yn Enghraifft 1.38.

Enghraifft 1.38

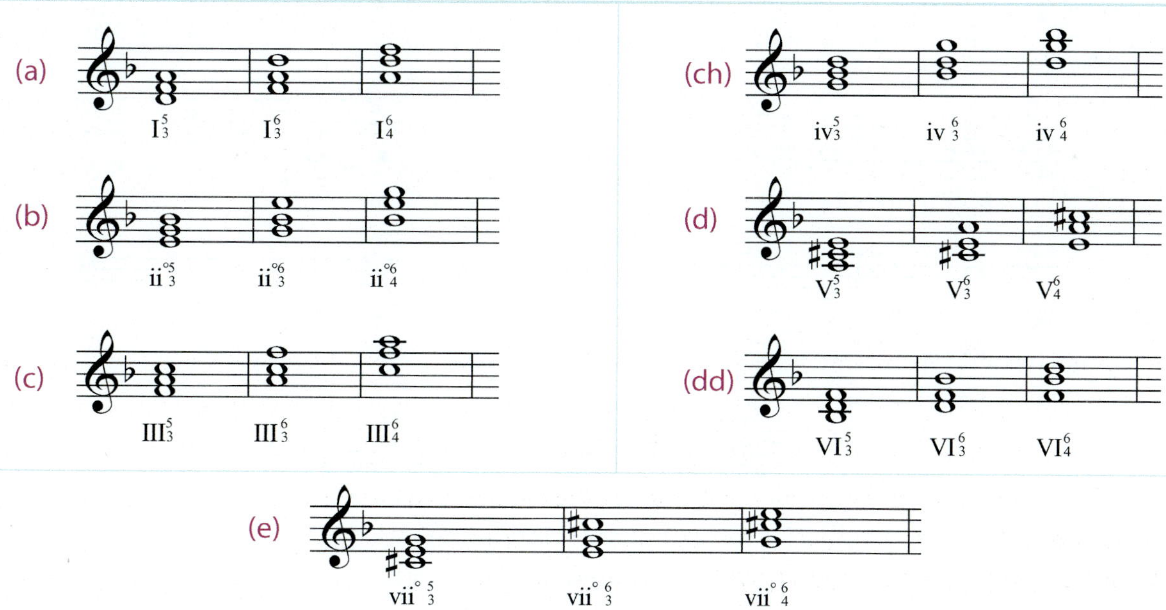

Gweithgaredd

Gyda ffrind, treuliwch beth amser yn chwarae'n fyrfyfyr o gwmpas detholiad o'r cordiau hyn. I ddechrau, dylai un ohonoch ailadrodd cord y tonydd (h.y. D F A), gan amrywio a newid y gwrthdro, tra bod un ohonoch yn chwarae alaw'n fyrfyfyr i gydweddu â'r cord hwn. Yna, symudwch ymlaen i gord gwahanol, neu ddau gord bob yn ail (e.e. i – V – i – V etc.), neu ddilyniant o gordiau sy'n ailadrodd, e.e. i – VI – V, etc.

Cywair F fwyaf

Mae'r un rheolau ar gyfer G fwyaf yn berthnasol ar gyfer y cywair hwn hefyd – er bod nodau'r raddfa a'r triadau, yn amlwg, ar drawiau gwahanol. Er mwyn cyfeirio, mae graddfa F fwyaf yn cael ei dangos eto yn Enghraifft 1.39.

Enghraifft 1.39

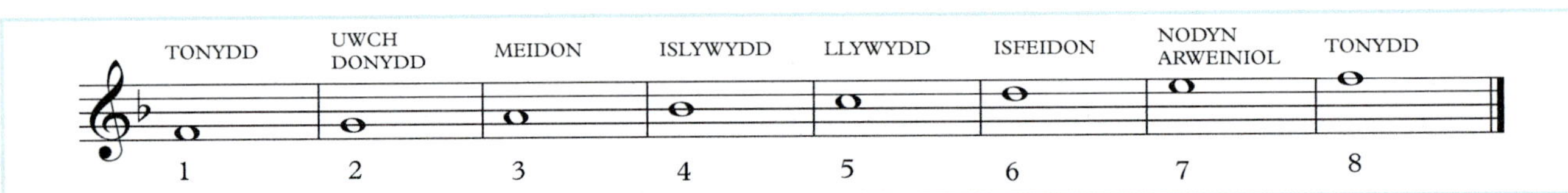

Mae Enghraifft 1.40 yn dangos triadau sylfaenol F fwyaf.

Enghraifft 1.40

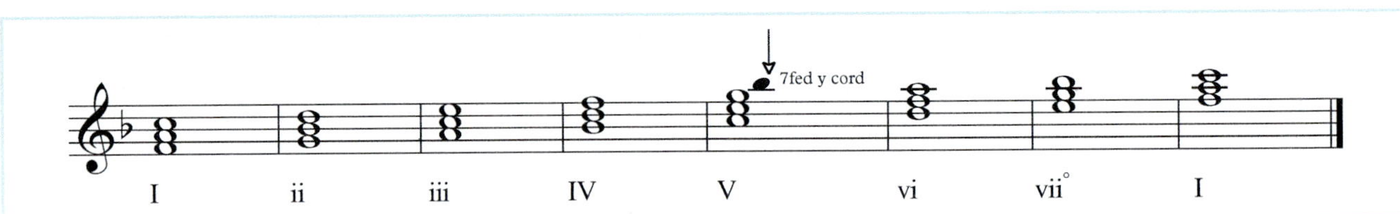

Mae Enghraifft 1.41 yn dangos gwrthdroeon y cordiau yn F fwyaf.

Enghraifft 1.41

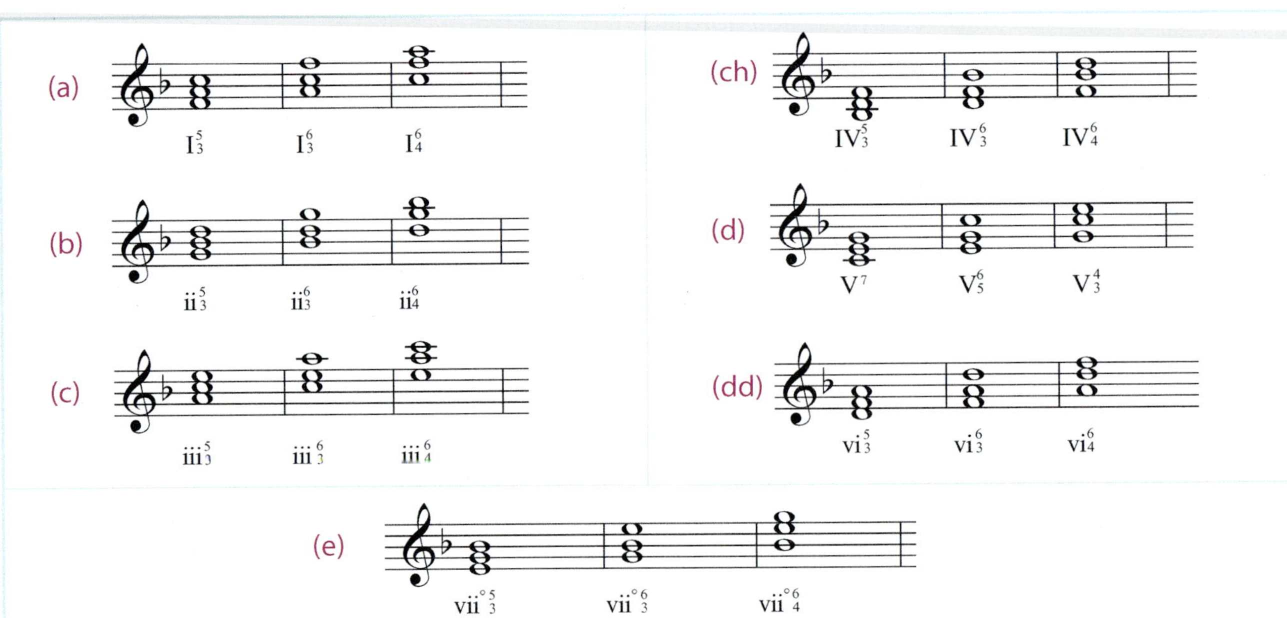

Cywair A leiaf

Yn olaf, ar gyfer eich gwaith ar y Rondeau, gan Purcell, mae angen i chi wybod am gywair A leiaf. Er mwyn cyfeirio, mae Enghraifft 1.42 yn dangos graddfa A leiaf harmonig.

Enghraifft 1.42

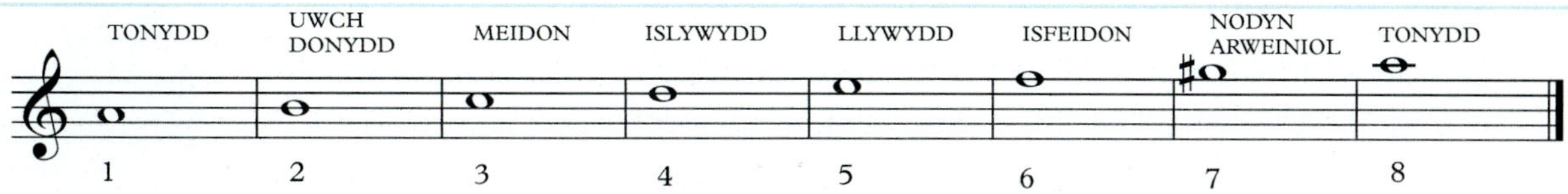

Mae Enghraifft 1.43 yn dangos triadau sylfaenol A leiaf.

Enghraifft 1.43

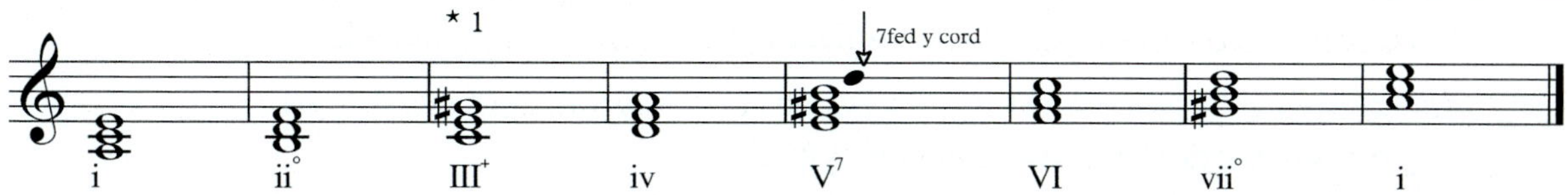

* 1 Mae'r G# wedi'i gynnwys yn y triad hwn oherwydd ein bod yng nghywair A leiaf (sydd â hapnod G#). Mae'n newid y cord hwn i gord ESTYNEDIG, oherwydd ei fod yn cael ei ymestyn gan hanner tôn. Yr arwydd ar gyfer cord estynedig mewn harmoni rhifoledig yw arwydd 'plws' bach, e.e. +

Mae Enghraifft 1.44 yn dangos gwrthdroeon y cordiau yn A leiaf.

Enghraifft 1.44

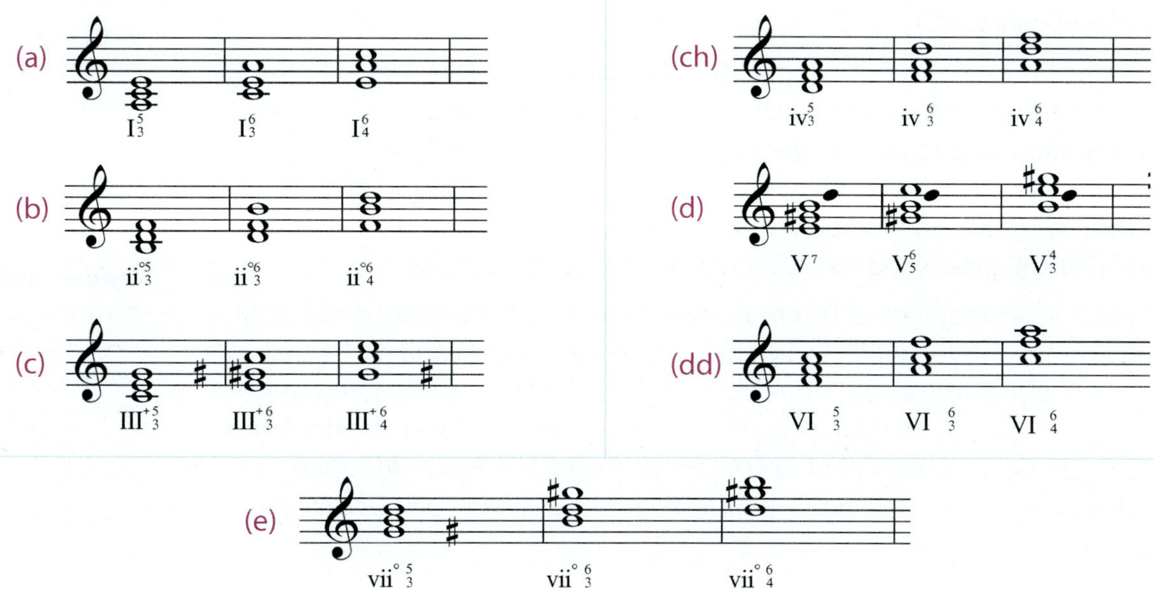

Purcell: Rondeau o'r *Abdelazer Suite*

Y cyfansoddwr

- Henry Purcell – ganwyd yn Lloegr yn 1659, a bu farw'n ifanc yn 36 mlwydd oed yn 1695.
- Cafodd ei ddylanwadu gan gerddoriaeth Ffrengig ac Eidalaidd, ond caiff ei gofio fel crëwr ffurf 'hollol Seisnig' o gerddoriaeth Baróc.
- Fe wnaeth gynhyrchu gweithiau i gorws a cherddorfa, cantatau, caneuon, anthemau, sonatau siambr, gweithiau i'r seinglawr a cherddoriaeth achlysurol (*incidental*) i 49 o ddramâu, gan ysgrifennu cerddoriaeth ar gyfer yr Eglwys (h.y. cerddoriaeth gysegredig) ac ar gyfer achlysuron nad oedden nhw mewn eglwys (h.y. cerddoriaeth seciwlar).
- Cyfansoddwr o gyfnod cerddoriaeth Baróc (1600–1750); caiff ei ystyried yn un o'r cyfansoddwyr mawr Seisnig cyntaf.
- Er iddo farw'n ifanc, mae cerddoriaeth Henry Purcell wedi cael dylanwad dros gyfnod o ganrifoedd o gerddoriaeth Glasurol Seisnig, ac mae ei gerddoriaeth hefyd wedi ennill ei lle ym myd diwylliant poblogaidd gan iddi gael ei haddasu gan gyfansoddwyr eraill neu ei defnyddio mewn ffilmiau.

Henry Purcell (1659–1695)

Y gerddoriaeth

Dyddiad cyfansoddi: 1695

Er bod opera, fel y cyfryw, wedi datblygu'n araf yn Lloegr yn yr 17eg ganrif, roedd cerddoriaeth yn sicr yn chwarae rhan bwysig yn y theatr. Yn 1695, ysgrifennodd Henry Purcell gerddoriaeth achlysurol ar gyfer adfywiad o ddrama *Abdelazer*. Roedd hon yn ddrama a ysgrifennwyd yn 1676 gan Aphra Behn, dramodydd benywaidd blaengar. Hon oedd un o'r dramâu olaf i Purcell gyfansoddi cerddoriaeth achlysurol ar ei chyfer.

Cafodd y gerddoriaeth ei threfnu'n naw symudiad. Y Rondeau oedd yr ail un, a'r unig un sydd wedi dod yn boblogaidd. Ar ôl marwolaeth Purcell, arhosodd ei gerddoriaeth *Abdelazer*, ynghyd â'i holl gerddoriaeth theatr, heb eu cyhoeddi, ond ddwy flynedd yn ddiweddarach fe ymddangosodd y gerddoriaeth mewn cyfrol deyrnged, ynghyd â **chyfresi** a ddaeth o weithiau dramatig eraill dan y teitl *A Collection of Ayres, Compos'd for the Theatre*.

Ffaith

Gall *Abdelazer* gael ei sillafu hefyd fel *Abdelazar* a chaiff ei hadnabod hefyd fel *The Moor's Revenge*.

Allweddair

Cyfres: casgliad o symudiadau cerddorol byr. Yn ystod cyfnod y Baróc, mathau o ddawnsiau oedden nhw'n bennaf.

▼ Gwybodaeth gyffredinol ar Rondeau Purcell

Offeryniaeth (ansawdd)	Tempo*	Dynameg	Cyweiredd
Ensemble Siambr llinynnol (pedair rhan fel pedwarawd llinynnol).	Heb ei ddynodi ar bob sgôr, ond yn gyffredinol (Allegro) Moderato – a chanddo naws dawns bibgorn fywiog.	Heb ei dynodi ar sgorau fel arfer. Ystod gyfyng, yn aml yr un peth drwy'r darn cyfan.	D leiaf.
Rhythm	**Gwead**	**Alaw a thraw**	**Harmoni**
Rhythmau syml, sy'n cynnwys amrywiaeth o werthoedd nodau, ond gan amlaf cwaferau i hanner brifiau. Rhai rhythmau dot. Amser triphlyg (wedi'i ysgrifennu fel 3/2 = 3 churiad minim i'r bar).	Homoffonig: alaw a chyfeiliant.	Yn cynnwys symudiad cysylltiol a symudiad digyswllt, sydd wedi'u cydbwyso'n berffaith. **Ystod** eithaf cyfyng, h.y. ystod llinell feiolin 1 yw: 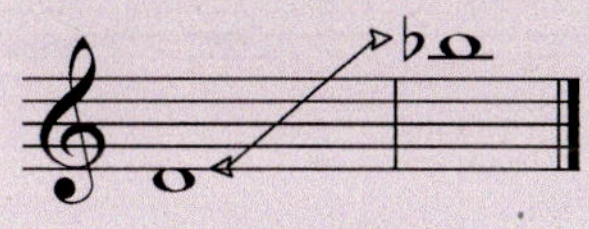	Diatonig: gan gynnwys cylch o 5edau yn yr adran A cylchol (*recurring*), gyda'r adrannau sydd rhwng pob adran A, etc.

* Enghraifft o gerddoriaeth gynnar sydd yma. Mae'r sgôr wedi'i hysgrifennu ar gyfer pedwarawd llinynnol, ond caiff weithiau ei pherfformio heddiw gan gerddorfeydd llinynnol. Mewn cerddoriaeth Baróc o'r cyfnod hwn, nid oedd marciau dynameg a thempo yn cael eu dynodi'n fanwl ar y sgôr, a bydd rhai recordiadau o'r gwaith hwn yn teimlo'n gyflymach nag eraill.

Ffurf ac adeiledd

Ffurf gynnar iawn o farddoniaeth Ffrengig yw rondeau, sydd wedi'i strwythuro ar batrwm sefydlog o ailadrodd deunydd sy'n cynnwys byrdwn (*refrain*). Cafodd y teitl ar gyfer y symudiad hwn ei ddefnyddio yn ystod y cyfnod yma i ddisgrifio cyfansoddiad cerddorol oedd â phrif adran neu thema bob yn ail ag isadrannau neu themâu. Yn ystod cyfnod cerddoriaeth Glasurol, cafodd y rondeau ei ehangu i ddatblygu'n ffurf gerddorol y rondo.

Y cynllun cyffredinol yw **A B A C A** ac mae pob adran yn wyth bar o hyd. Mae yna beth amrywiaeth o ran y cwestiwn o ailadrodd pob un o'r adrannau – mae'n bosibl y gall hyn gael ei adael i ddewis a doethineb y golygydd, y perfformwyr neu'r arweinydd.

Mewn nifer o recordiadau sydd ar gael, mae'r adran gyntaf yn cael ei hailadrodd, ond nid yw'r adrannau eraill – ac ambell waith, dim ond yr adrannau cyntaf a'r adrannau olaf sy'n cael eu hailadrodd mewn perfformiad.

Ffaith

Mae'n debyg mai adeiledd mwyaf cyffredin y rondeau:

Adran A – ailadrodd
Adran B – ailadrodd
Adran A – dim ailadrodd
Adran C – ailadrodd
Adran A – dim ailadrodd

Allweddair

Ystod: y pellter rhwng y nodyn uchaf a'r nodyn isaf mewn cyfansoddiad.

Dadansoddiad cerddorol

Mae'r darn hwn mewn **pum** adran: **A B A C A.**

Adran A: D leiaf: 1–8 (wyth bar)

D leiaf yw'r cywair ac mae'r gwead, yn gyffredinol, yn homoffonig, h.y. alaw a chyfeiliant. Mae'r alaw'n cael ei chwarae drwy'r adran gan y feiolin gyntaf. Mae'n cynnwys nifer o fotiffau cerddorol sy'n cael eu defnyddio drwy'r symudiad cyfan (gweler Enghraifft 1.45).

Enghraifft 1.45

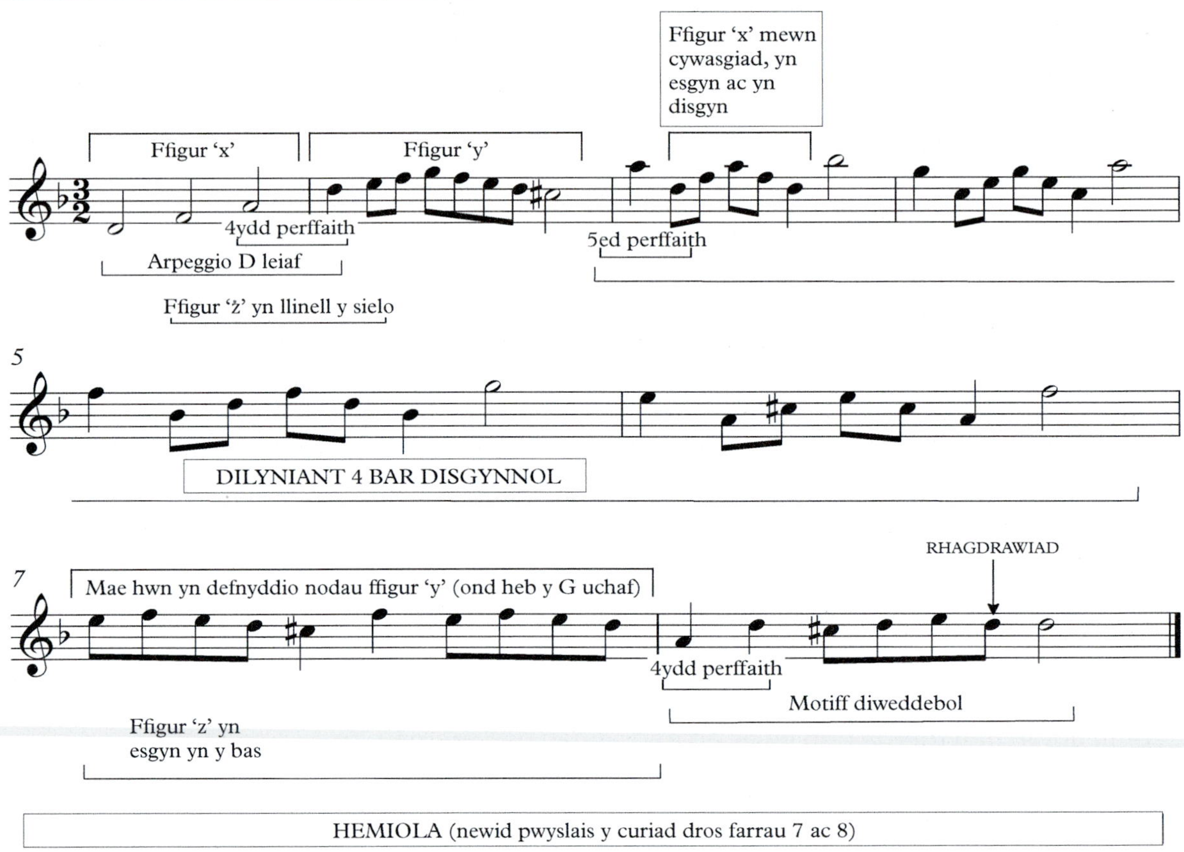

Mae ffigur 'x' (bar 1) yn enghraifft o symudiad **digyswllt**, tra bod ffigur 'y' (bar 2) yn cyferbynnu'n syth gyda symudiad **cysylltiol**. Mae'r syniad triadig o ffigur 'x', sydd i'w glywed mewn **cywasgiad**, ac sy'n esgyn ac yn disgyn, yn cael ei drin mewn dilyniant o farrau 3–6, h.y. dilyniant pedwar bar. Mae ffigur 'z' yn syniad tri nodyn fesul cam, sydd i'w glywed am y tro cyntaf yn y sielo ym marrau 1^2–2^1 (gweler Enghraifft 1.46).

Allweddair

Cywasgiad: byrhau gwerthoedd nodau alaw.

Enghraifft 1.46

Yn gyffredinol, mae'r harmoni yn Adran A yn **ddiatonig**, ac mae'r frawddeg gyntaf hon yn cynnwys diweddeb amherffaith ar ddiwedd bar 2, ac yn gorffen gyda diweddeb berffaith yng nghywair y tonydd ym mar 8 (Enghraifft 1.47).

Enghraifft 1.47

Adran B: F fwyaf: 9–16 (wyth bar)

Mae'r deunydd thematig nawr i'w glywed yng nghywair F fwyaf, sef cywair perthynol mwyaf y cywair gwreiddiol. Mae'r ddau far cyntaf (h.y. barrau 9–10) yr un peth â barrau 1–2 yn adran A, ond maen nhw wedi cael eu trawsnodi i'r cywair newydd. Dyma yw'r brif ffurf o gyflawni cyferbyniad ar ddechrau'r adran hon.

Mae barrau 9–15 yn cynnwys syniad dilyniannol sy'n seiliedig ar y syniad tri nodyn a nodwyd yn gyntaf fel ffigur 'z' – ond sydd i'w glywed nawr mewn **cywasgiad**, h.y. mae gwerthoedd y nodau'n fyrrach. Mae ychydig yn hirach na'r hyn a glywir yn Adran A, gan ei fod yn para am bum bar, nid pedwar. Caiff y syniad ei chwarae bron yn gyfan gwbl unwaith eto gan y feiolin gyntaf, er y dylech chi nodi bod gan yr 2il feiolin dameidiau o'r motiff dilyniannol ym marrau 13^3,14^3 ac 15^3 wrth iddi ymuno â'r feiolin gyntaf mewn 6edau (gweler Enghraifft 1.48).

Cyngor cyflym

Nodwch: Mae bar 13^3 yn golygu trydydd curiad bar 13; mae bar 14^3 yn golygu trydydd curiad bar 14 (etc.).

Enghraifft 1.48

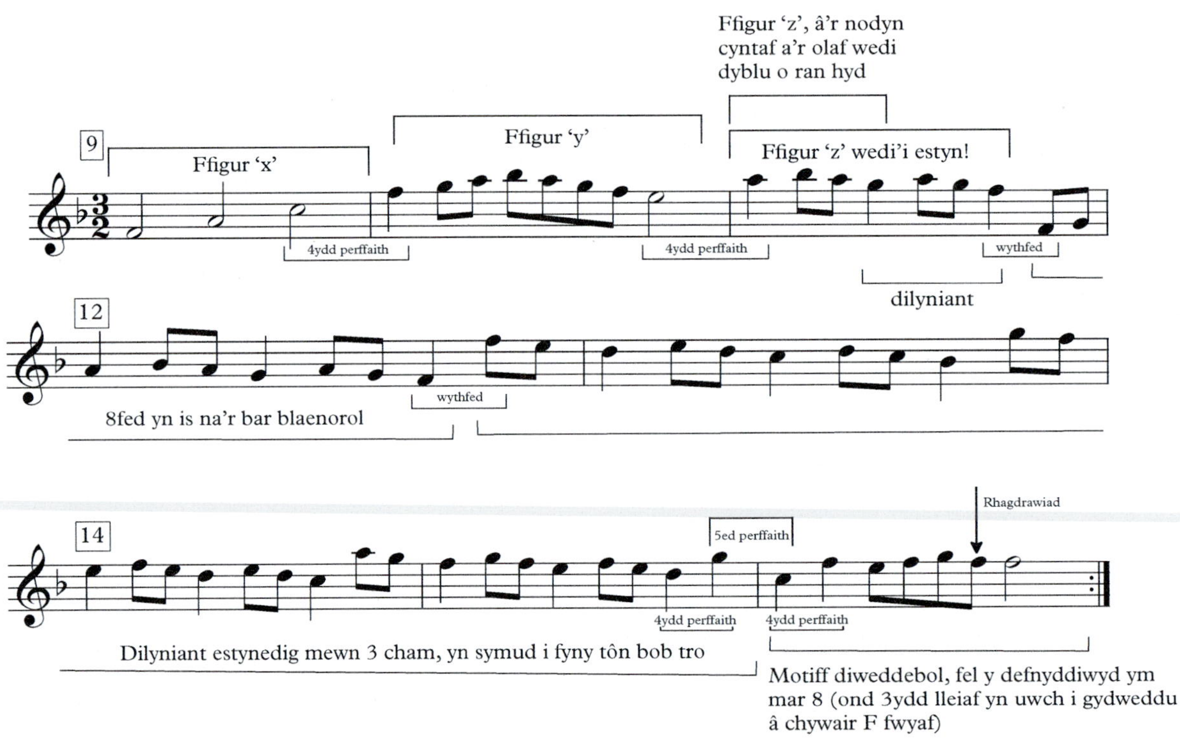

Mae fersiwn gwreiddiol ffigur 'z' i'w glywed yn helaeth yn rhan y sielo (y bas) wrth iddo gynnal yr harmoni. Mae'r adran yn gorffen gyda'r motiff diweddebol sydd i'w glywed yn feiolin 1 uwchben diweddeb berffaith yn F fwyaf (gweler Enghraifft 1.49).

Enghraifft 1.49

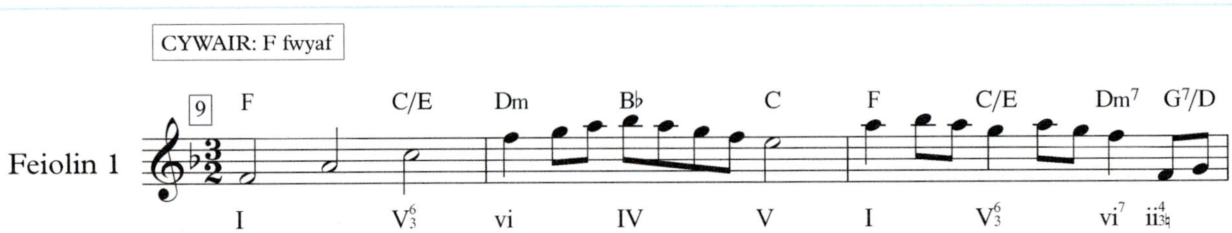

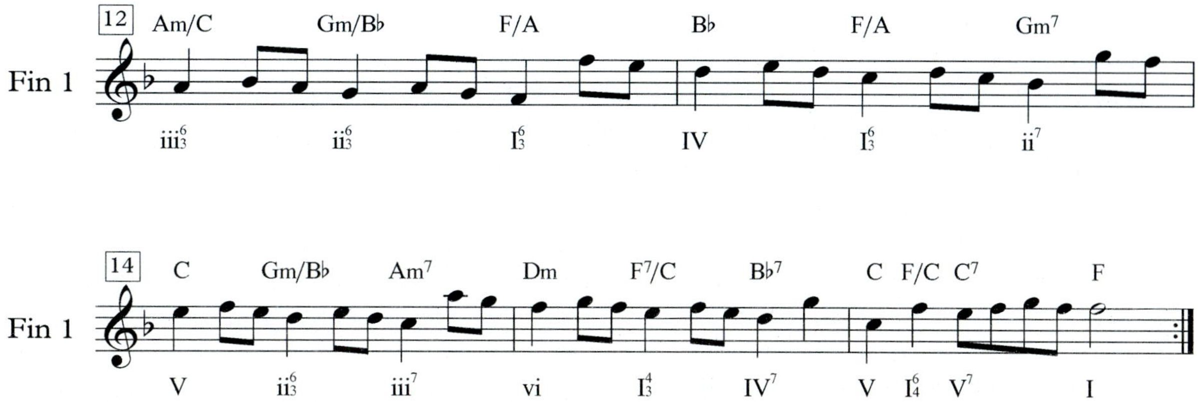

Adran A: D leiaf: 17–24 (wyth bar)

Ailadrodd barrau 1–8 yn union.

Adran C: A leiaf/D leiaf: Barrau 25–32 (wyth bar)

Dyma'r ail 'atgan' gyferbyniol. Y tro hwn, y cywair yw A leiaf – **y llywydd lleiaf**. Mae'n cyflwyno deunydd thematig newydd, sy'n dal â'r un 'naws' yn perthyn iddo: mae'r ystod yn gyfyng ac mae'r cynnwys dau far gwreiddiol yn cyflwyno syniad rhythmig dotiog newydd, er bod yr alaw fel arall yn symud fesul cam ac yn ein hatgoffa o ffigur 'y'. Mae bar 27 yn dechrau drwy ailadrodd bar 25, ond mae'n newid ar ddiwedd y frawddeg, gan gynnwys patrwm disgynnol, yn debyg i ffigur 'z' (gweler Enghraifft 1.50).

Enghraifft 1.50

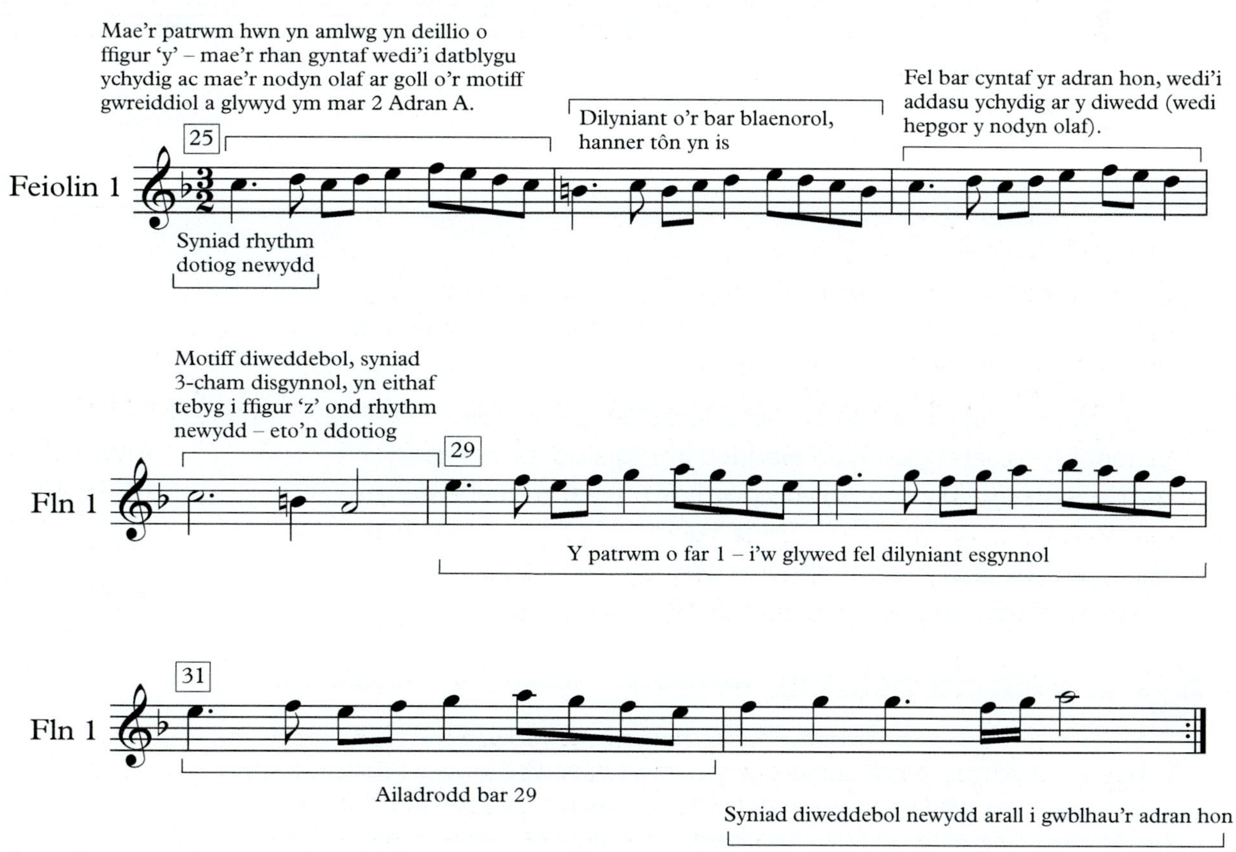

Ym mar 29 mae cynnwys melodig o far 25 yn cael ei glywed 3ydd yn uwch, mae yna gam dilyniannol arall yn dilyn wedyn, cyn iddo gael ei ailadrodd gyda chefnogaeth harmonig wahanol. Nodwch y trawsgyweiriad yn ôl i'r cywair gwreiddiol D leiaf ym mar 30. Mae yna ffigur diweddebol olaf yn feiolin 1, sy'n gorffen yr adran hon â diweddeb amherffaith (gweler isod) ac yn adfer ar gord A fwyaf (Enghraifft 1.51).

Enghraifft 1.51

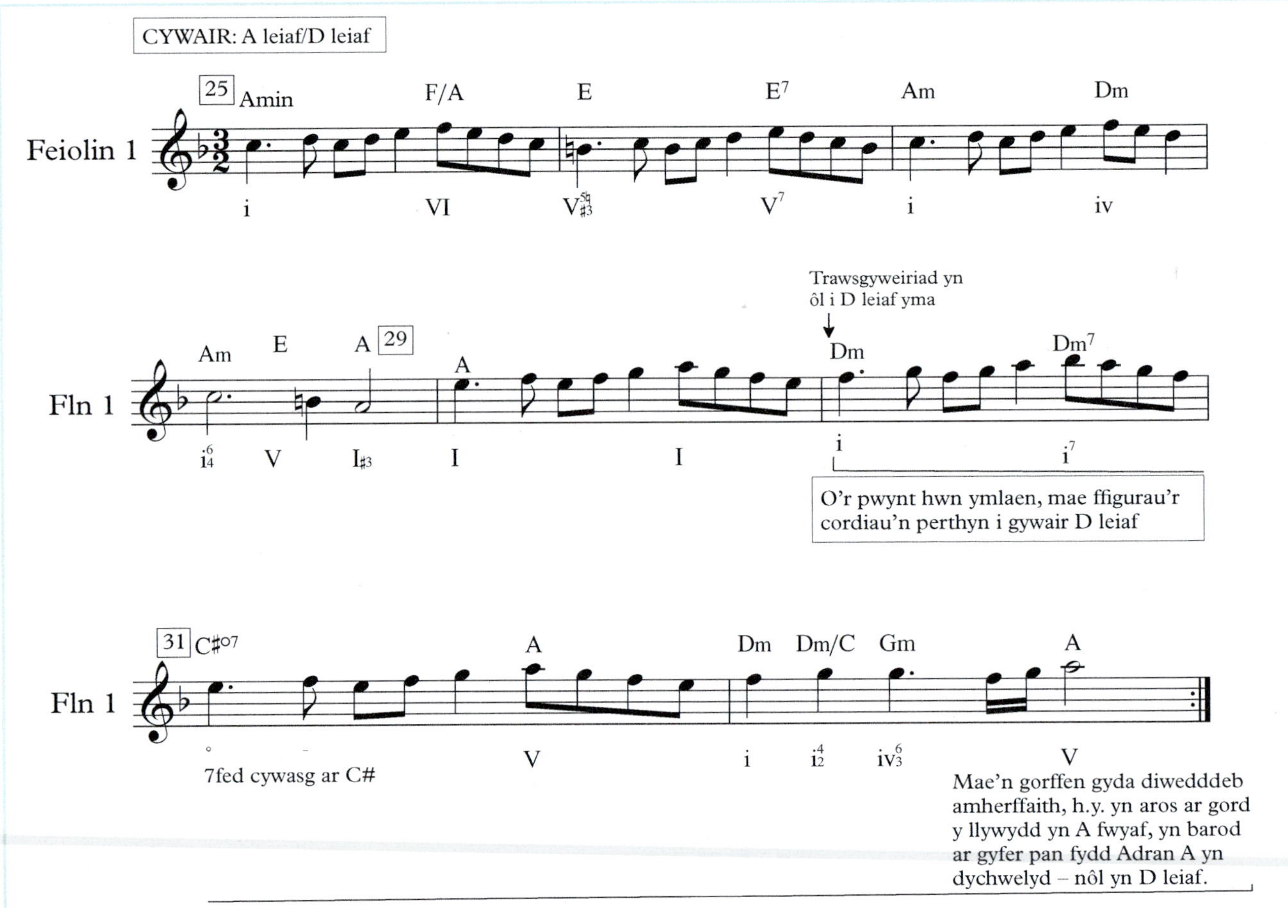

Gan mai hwn hefyd yw cord y llywydd yn y cywair gwreiddiol, mae hyn yn ein paratoi ni'n llawn ar gyfer dychwelyd i Adran A (a chywair gwreiddiol D leiaf) am y tro olaf.

Mae diweddeb olaf yr adran hon yn ddiweddeb amherffaith benodol sy'n cael ei galw'n **ddiweddeb phrygiaidd**, sef pan fydd cord yr **islywydd** (h.y. cord iv) yn y gwrthdro cyntaf yn cael ei ddilyn gan gord y llywydd, h.y. $IV^6_3 \rightarrow V$. Dyna'n union sy'n digwydd fan hyn. Mae'r gerddoriaeth yn symud lawr at wreiddyn y cord olaf o hanner tôn uwch ei ben (yn yr achos hwn, mae'r B♭ yn symud lawr i'r A).

Allweddair

Islywydd: pedwaredd radd unrhyw raddfa, a'r cord sy'n cael ei adeiladu ar y bedwaredd radd.

Arweiniad pellach

Mewn recordiadau a pherfformiadau o'r darn hwn, byddwch chi fwy na thebyg yn sylwi ar ychydig o rallentando cyn y ddiweddeb olaf. Nid yw wedi'i farcio ar y sgôr ond dyna sydd yn arferol wrth berfformio darn o gerddoriaeth Baróc.

Adran A: 33–40 (wyth bar)

Ailadrodd barrau 1–8 yn union.

Pedwarawd llinynnol

Gweithgareddau

Ewch i chwilio ar YouTube am 'Henry Purcell: Rondeau from *Abdelazer*, Voices of Music; performed on original instruments'.

1. Mewn grŵp, trafodwch: beth rydych chi wedi'i ddysgu o'r darn wedi'i baratoi a allai fod yn ddefnyddiol i chi wrth gyfansoddi?
2. Ewch i ymarfer perfformiad grŵp o'r Rondeau gyda ffrindiau. Trefnwch berfformiad ar gyfer y dosbarth, a chofiwch sôn am yr heriau y mae'n ei gyflwyno wrth berfformio.
3. Mae'n bosibl bod Purcell fwyaf enwog am ei opera, *Dido and Aeneas*. Ewch i ddarganfod beth allwch chi am y gwaith hwn, a gwrandewch ar 'When I am Laid', sy'n cael ei chanu gan Dido bron ar ddiwedd y gwaith. Beth rydych chi'n sylwi am y gerddoriaeth yma?

Tasg

Mae'r Rondeau wedi cael ei ddefnyddio mewn cyfnodau mwy modern:

- Defnyddiodd Benjamin Britten thema'r Rondeau yn ei gyfansoddiad enwog 'Variations and Fugue on a Theme of Purcell', sy'n fwy adnabyddus fel 'The Young Person's Guide to the Orchestra'.
- Trefnodd Dario Marianelli thema'r Rondeau ar gyfer y ffilm *Pride and Prejudice* yn 2005 mewn trac o'r enw 'A Postcard to Henry Purcell'.

Gwrandewch ar y ddau waith yma ar-lein a chymharwch y gerddoriaeth.

ADRAN 2
CERDDORIAETH AR GYFER ENSEMBLE

Mae'r arholiad TGAU Cerddoriaeth yn rhoi'r cyfle i chi astudio nifer o wahanol fathau o arddulliau. Wrth i chi geisio penderfynu ar y math o gerddoriaeth i'w berfformio, bydd digonedd o ddewis ar gael, yn sicr. Un peth pendant sy'n ofynnol ar y cwrs yw bod yn rhaid i chi berfformio fel rhan o ensemble. A dweud y gwir, gallai pob un o'ch darnau ar gyfer yr asesiad ymarferol fod yn ensemble os ydych chi a'ch athro'n teimlo mai dyna fyddai orau i chi.

Beth byddaf yn ei ddysgu?

- Ystyr soniaredd, ansawdd a gwead
- Beth yw ystyr y term 'ensemble'
- Ensembles cerddoriaeth siambr
- Ensembles mewn theatr gerdd
- Ensembles jazz a'r blues
- Ensembles mewn cerddoriaeth werin Gymreig

Mae perfformio fel rhan o grŵp yn sgìl bwysig wrth greu cerddoriaeth. Trwy fod yn rhan o brojectau dosbarth a darnau grŵp llai, byddwch chi'n dysgu sut i berfformio'n annibynnol, gan hefyd ddangos empathi a sgiliau rhyngweithio â pherfformwyr eraill yn y grŵp. Eich her gyda gwaith ymarferol yw cynnal rhan unigol mewn perfformiad grŵp. Yn eich gwaith cyfansoddi, mae angen i chi arddangos eich dealltwriaeth o sut mae defnyddio dyfeisiau cyfansoddi er mwyn dangos y rhannau'n rhyngweithio â'i gilydd ac mae angen i chi gyflawni amrywiaeth ddiddorol o ran gwead wrth gyflwyno'ch syniadau. Bydd deall sut mae cyfansoddwyr yn trefnu ac yn cyflwyno'u cerddoriaeth yn y maes astudio hwn yn adnodd gwerthfawr i chi wrth wneud hyn.

Ensemble jazz

Gweithgaredd

A allwch chi gofio'r tro cyntaf i chi ganu tôn gron mewn cerddoriaeth? Yn yr ysgol gynradd, siŵr o fod. I'ch atgoffa chi o'r her y mae 'dal eich tir' yn ei gyflwyno yn nhermau ensemble, ymunwch â dau ffrind i berfformio un – neu'r ddwy – dôn gron yn Enghraifft 2.1. ('Daw Hyfryd Fis) ac Enghraifft 2.2 ('Dona Nobis Pacem'). Gallwch chi eu canu neu eu chwarae, ond gyda dim ond un person i bob rhan.

1. Ydych chi'n gwybod beth yw cywair y gân werin Gymreig 'Daw Hyfryd Fis' (gweler Enghraifft 2.1)?
2. Beth yw cywair gwreiddiol 'Dona Nobis Pacem', y Lladin am 'Dyro inni Heddwch' (gweler Enghraifft 2.2)?
3. Nodwch un peth sy'n gyffredin i'r ddwy dôn gron.
4. Nodwch ddau wahaniaeth rhwng y ddwy dôn gron.
5. Pam fod alawon y ddwy dôn gron yn cydweddu â'i gilydd yn eich barn chi, pan fo'r perfformwyr mewn gwirionedd yn dechrau ar amserau gwahanol?

Enghraifft 2.1

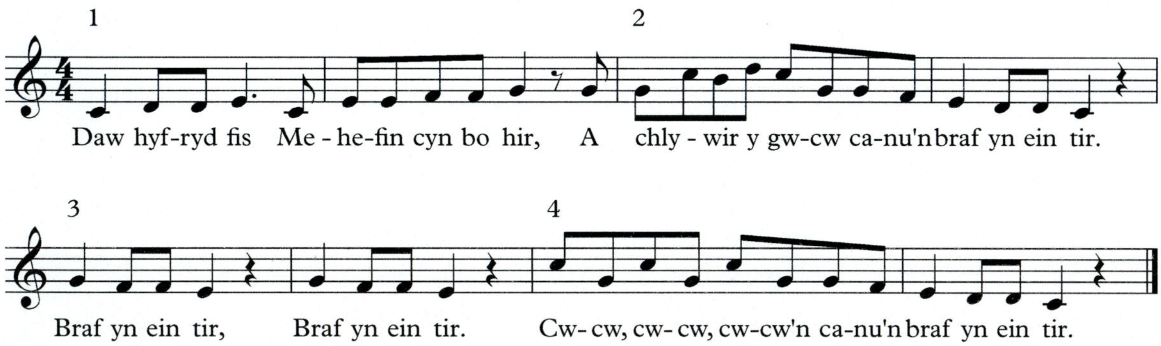

Mae 'Daw Hyfryd Fis' yn gân draddodiadol Gymreig, sy'n dathlu dyfodiad yr haf.

Enghraifft 2.2

Tasg

Cyfansoddwch dôn gron eich hun, ar gyfer offerynnau neu leisiau.

Gallech chi fewnbynnu'r rhannau ar raglen gerddoriaeth Sibelius i weld os yw'r rhannau'n 'ffitio' yn iawn, neu gallwch chi berfformio'r dôn gron gyda ffrindiau.

Gallwch chi seilio eich syniad ar un gord yn unig, os hoffech chi. Bydd yr alawon yn ffitio gyda'i gilydd yn haws.

TESTUN 1 SONIAREDD, ANSAWDD A GWEAD

Prif ffocws y dysgu yn y maes astudio hwn yw **ansawdd a gwead**.

Soniaredd ac ansawdd

Pan fyddwn ni'n trafod **soniaredd** neu **ansawdd** mewn cerddoriaeth, yr ystyr fel arfer yw'r 'lliw tôn' unigol neu 'ansawdd y tôn' sy'n gysylltiedig ag offeryn arbennig neu seiniau cerddorol gwahanol. (Cymharwch soniaredd ffliwt gyda soniaredd sacsoffon.) Gall lliw tôn cyfuniadau gwahanol o offerynnau greu effeithiau gwahanol iawn. (Cymharwch sain clarinét a chyfeiliant piano gyda sain trombôn, trwmped neu gorn Ffrengig.) **Soniaredd** sain yw'r cryfder cymharol a'r 'teimlad' o'i gymharu â seiniau eraill.

Mae angen i chi ddeall ac adnabod seiniau nodweddiadol y gwahanol offerynnau, pa fathau o grwpiau sy'n perfformio, unrhyw dechnegau perfformio a ddefnyddir mewn darn, ac a ydy technoleg wedi'i ddefnyddio wrth greu'r sain.

Trish Clowes gyda'i sacsoffon soprano.

Gwead

Pan fyddwn ni'n trafod **gwead** mewn cerddoriaeth, nid ydym ond yn golygu os yw'r gerddoriaeth yn teimlo'n 'denau' neu'n 'drwchus'. Mae'n bosibl mai dyma sut rydych chi wedi disgrifio darn o gerddoriaeth lle mae cyferbyniad wedi'i gyflawni rhwng un adran ag un arall; efallai bod gan ran gyntaf darn, un neu ddau o offerynnau neu leisiau yn perfformio, ond bod adran arall yn cynnwys mwy o berfformwyr o lawer.

Yn y bôn, ac yn fwy technegol efallai, mae angen i ni ystyried **nifer** y rhannau mewn darn o gerddoriaeth a nodi'r ffordd y maen nhw'n perthyn i'w gilydd: sut mae'r alaw, y rhythm a'r harmoni wedi'u cyfuno i gyflawni'r effaith gyflawn o ran sain.

Mae'r tabl isod yn dangos y tri prif fath o wead:

Gwead Monoffonig	Pan fydd llinell felodig sengl ar gyfer unawdydd offerynnol neu leisiol, heb gyfeiliant. Gallai hefyd fod **pan fydd lleisiau ac offerynnau'n cael eu chwarae neu eu canu gyda'i gilydd mewn unsain**. Cofiwch: cerddoriaeth ar gyfer ensemble yw'r maes astudio hwn.
Gwead Homoffonig	Pan fydd un brif alaw i'w chlywed gyda **chyfeiliant cordiol** harmonig (neu efallai cordiau gwasgar). Gallai hefyd gyfeirio at adran sydd mewn **cordiau bloc**.
Gwead Polyffonig	Pan fydd nifer o linellau melodig i'w clywed yn annibynnol o'i gilydd. Mae **efelychiant** a **gwrthbwynt** yn enghreifftiau o ddyfeisiau a ddefnyddir yn y math hwn o wead.

Tri prif fath o wead

Cyngor cyflym

Cofiwch mai ystyr gwead yw:

- y nifer o haenau cerddorol
- y mathau o haenau cerddorol
- sut mae'r haenau'n gweithio gyda'i gilydd.

Allweddair

Efelychiant: pan fydd un llais neu ran offerynnol yn copïo un arall.

Sôn am wead

Gadewch i ni edrych yn fanylach ar ran gyntaf alaw werin Gymreig enwog, a gaiff ei chyflwyno mewn nifer o ffyrdd gwahanol o ran y gwead. Efallai y gallech chi eu perfformio nhw yn y dosbarth, drwy rannu'r dosbarth yn dri grŵp. Neu, fe allech chi eu perfformio nhw gyda dau ffrind, gydag un ohonoch chi'n chwarae pob rhan – gwaith ensemble go iawn.

Enw'r alaw werin yw 'Dafydd y Garreg Wen'.

Yn enghraifft 2.3a, mae'r tair rhan yr un peth. Maen nhw'n cael eu chwarae mewn **unsain** (h.y. gwead **monoffonig**).

Yn enghraifft 2.3b, mae'r brif alaw i'w chlywed yn y rhan uchaf tra bo'r ddwy ran arall yn darparu cyfeiliant cordiol (h.y. gwead **homoffonig**).

Yn enghraifft 2.3c, mae'r alaw i'w chlywed yn bennaf yn y rhan isaf (llinell y bas), tra bod y rhan ganol yn efelychu'r alaw. Nid yw'n efelychiant union, fel y gwelwch chi. Mae cyfalaw gan y rhan uchaf, sy'n cydweddu â'r ddwy ran arall (h.y. gwead **polyffonig**).

Allweddair

Unsain: pob rhan yn chwarae neu'n canu'r un nodau.

Ffaith

Am fwy o wybodaeth ar unsain gweler tudalen 58.

▼ Enghraifft 2.3a

Enghraifft 2.3b

Enghraifft 2.3c

1. Beth yw'r cywair ar ddechau Enghreifftiau 2.3a–2.3c?
2. Beth yw'r cywair ar ddiwedd yr enghreifftiau hyn?
3. Enwch y ddyfais harmonig sydd wedi digwydd.

Dyfeisiau gweadeddol

Yn y maes astudio hwn, bydd angen i chi feddwl am sut mae'r rhannau mewn darn grŵp yn **rhyngweithio**. Mae deall y gwahanol fathau o wead yn bwysig iawn, er mwyn gwerthfawrogi sut mae cyfansoddwyr yn cyfuno llinellau cerddorol yn eu cyfansoddiadau – a hefyd i gynnwys gwead tebyg yn eich cyfansoddiadau eich hun.

Fel y gwnaethom yn Adran 1 Ffurfiau a Dyfeisiau Cerddorol, gadewch i ni edrych ar bob un o'r dyfeisiau gweadeddol hyn yn eu tro. Y tro hwn byddwn ni'n gweithio yng nghywair G fwyaf.

Mae enghraifft 2.4 yn dangos graddfa G fwyaf.

Enghraifft 2.4

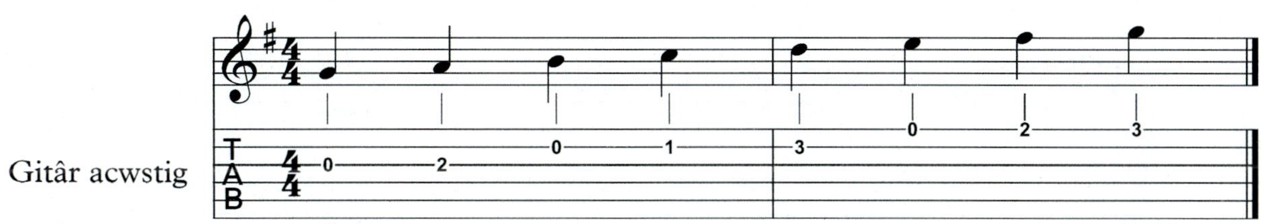

Byddwn ni'n defnyddio'r alaw werin Gymreig draddodiadol 'Llwyn Onn' i arddangos y dyfeisiau gweadeddol y mae angen i chi eu hadnabod. Byddai'n syniad da i chi ddysgu rhan agoriadol yr alaw hon, a ddangosir yn Enghraifft 2.5.

Enghraifft 2.5

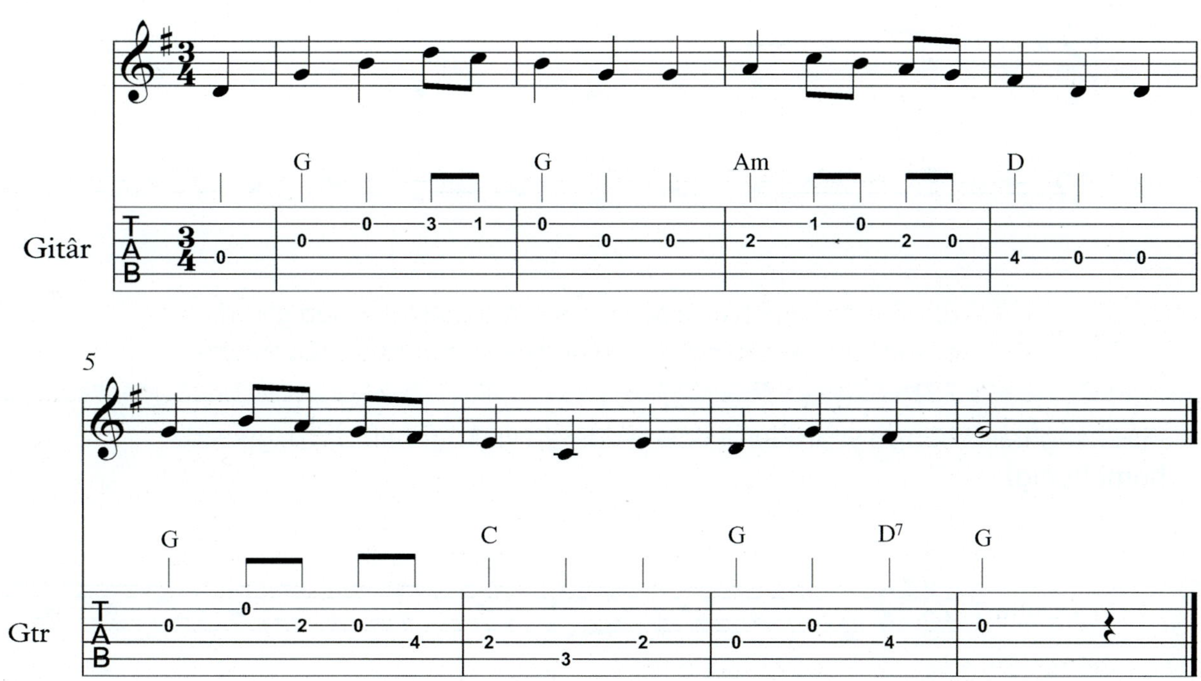

Cofiwch

Cofiwch fod modd newid alaw wreiddiol 'Llwyn Onn' lle bo'n briodol (ac yn ôl yr angen) i arddangos ac esbonio'r pwyntiau a'r dyfeisiau gwahanol.

I'ch helpu chi i ddeall pob un o'r enghreifftiau cerddorol canlynol, chwaraewch nhw gyda'ch ffrindiau neu gyda'ch athro cerdd yn y dosbarth. Gallech chi chwarae dim ond yr alaw bob tro. Y peth pwysig yw eich bod chi'n clywed yr effaith gyflawn.

UNSAIN – pan mae dwy neu fwy o rannau cerddorol yn seinio'r un traw ar yr un pryd (Enghraifft 2.6). (Gallen nhw hefyd fod wythfed ar wahân).

Mae'r gwead hwn yn union yr un peth â'r gwead yn Enghraifft 2.3a (gwead monoffonig).

Enghraifft 2.6

CORDIOL – disgrifiad o'r math o wead lle mae'r rhannau'n symud gyda'i gilydd i gynhyrchu cyfres neu ddilyniad o gordiau. (Enghraifft 2.7).

Mae'r enghraifft hon yn yr arddull a ddefnyddiwyd yn Enghraifft 2.3b (gwead homoffonig).

Enghraifft 2.7

HAENOG – pan mae mwy o rannau'n cael eu hychwanegu ('haenu') ar ben ei gilydd, i ychwanegu mwy o lawnder at y sain a chynhyrchu gwead mwy cyfoethog. Yn Enghraifft 2.8, mae'r alaw yn rhan y feiolin.

Enghraifft 2.8

Gweithgaredd

Rhowch gynnig ar berfformio'r trefniant byr yn Enghraifft 2.8 mewn grŵp o bedwar.

ALAW A CHYFEILIANT – pan mai'r alaw yw prif ffocws diddordeb a phwysigrwydd, ac mae'n cael ei 'chyfeilio' gan ran (neu rannau) eraill, sy'n cefnogi'r alaw (fel mae Enghreifftiau 2.9a a b yn eu dangos).

Enghraifft 2.9a

Enghraifft 2.9b

Yn Enghraifft 2.9a, 'cordiau bloc' yw'r cyfeiliant. Yn Enghraifft 2.9b, mae'r cyfeiliant wedi amrywio'r cordiau drwy eu cyflwyno mewn ffordd wahanol.

CANON – dyfais lle bydd yr alaw'n cael ei hailadrodd yn union mewn rhan arall, tra bod yr alaw wreiddiol yn dal i gael ei chwarae (Enghraifft 2.10).

Enghraifft 2.10

DIFFINIAD

Math o ganon yw **TÔN GRON** lle mae lleisiau gwahanol yn canu yn union yr un alaw ond yn dechrau ar adegau gwahanol, mewn efelychiant union; mae gwahanol rannau'r alaw yn cyd-daro yn y lleisiau gwahanol, ond yn dal i ffitio'n dda gyda'i gilydd, gan fod yr harmoni yr un peth. Mae'r gerddoriaeth yn mynd 'rownd a rownd': gall barhau i ailadrodd yn ddi-ben-draw. Ydych chi'n cofio'r Gweithgaredd ar dudalen 52?

Mae'r alaw wedi cael ei newid ychydig yn yr enghraifft hon, i wneud iddi 'ffitio' ac i weithio fel canon/tôn gron.

Nodwch fod y diweddglo wedi'i newid ychydig.

CYFALAW – pan fydd alaw newydd i'w chlywed ar yr un pryd ag alaw flaenorol.

Enghraifft 2.11

Cyngor cyflym

Ceisiwch gynnwys amrywiaeth o weadau yn eich cyfansoddiadau i godi'ch marciau.

Tasgau

1. Gwrandewch ar y Miniwét yn G fwyaf o *Little Notebook for Anna Magdalena*, gan J.S.Bach. Ceisiwch weithio allan beth yw alaw'r rhan gyntaf, dim ond trwy wrando arni. D yw'r nodyn cyntaf. Mae hon yn alaw syml iawn sydd wedi'i chydbwyso'n dda iawn. Pam fod yr alaw mor effeithiol yn eich barn chi?
2. Ysgrifennwch gerddoriaeth mewn gwead homoffonig.
   a) Lluniwch ddilyniad o gordiau wyth bar o hyd, gydag un cord i bob bar. Gallai'r cord cyntaf a'r cord olaf fod yn driad o C, fel y dangosir isod.

Barrau	1	2	3	4	5	6	7	8
Cordiau	C (C E G)							C

   Gallwch chi ddefnyddio unrhyw nodau yn eich cordiau (ond byddai'n syniad da siŵr o fod i beidio â chael mwy na thri neu bedwar ym mhob cord). Recordiwch eich syniadau ar y cyfrifiadur.

   b) Ychwanegwch alaw i'r cordiau ar drac ar wahân. Seiliwch eich syniadau melodig ar y cordiau a roddwyd, ond peidiwch â bod ofn ychwanegu nodau eraill hefyd. Bydd hyn yn gwneud eich alaw'n fwy diddorol.

Gwaith estynedig

3. Ychwanegwch ail linell felodig at y patrwm cordiol, h.y. cyfalaw. Ceisiwch ddefnyddio rhythmau gwahanol, fel bod gan y ddwy alaw gymeriad amlwg eu hunain.

TESTUN 2 ENSEMBLES CERDDOROL

Beth yw ystyr y term 'ensemble'?

Mae'r gair 'ensemble' yn cyfeirio at y nifer o gantorion neu chwaraewyr (neu'r ddau efallai) sy'n perfformio mewn grŵp. Os oes llawer o berfformwyr mewn ensemble mae'n troi'n gôr neu'n gerddorfa.

Ar gyfer uned berfformio'r arholiad hwn, mae'n orfodol eich bod chi'n perfformio fel rhan o ensemble – sy'n gorfod cynnwys rhwng **dau** ac **wyth** o berfformwyr byw. Felly, bydd angen i chi ddewis un math o grŵp o'r tabl isod i chi berfformio yn eich arholiad.

Diffiniad

Grŵp o bobl sy'n perfformio cerddoriaeth offerynnol neu leisiol gyda'i gilydd yw ensemble cerddorol.

Deuawd	Darn i **2** berfformiwr
Triawd	Darn i **3** pherfformiwr
Pedwarawd	Darn i **4** berfformiwr
Pumawd	Darn i **5** perfformiwr
Chwechawd	Darn i **6** pherfformiwr
Seithawd	Darn i **7** perfformiwr
Wythawd	Darn i **8** perfformiwr

Dominic Norcross ar y sacs bariton, gyda'i fand Organic.

Gall ensemble grwpio ynghyd:

- **gwahanol** offerynnau (e.e. pedwarawd i feiolin, clarinét, piano a gitâr fas) neu leisiau (e.e. soprano, alto, tenor neu fas)
- yr **un** mathau o offerynnau, o'r un teuluoedd (e.e. offerynnau llinynnol i gyd, neu sacsoffonau i gyd) neu leisiau (e.e. lleisiau dynion i gyd, grŵp merched i gyd)
- grŵp o offerynnau a/neu leisiau sydd wedi'i seilio'n addas ar **arddull** y gerddoriaeth y maen nhw'n ei pherfformio (e.e. mewn arddull jazz – drymiau, bas, trwmped a sacs).

Sylwch: **nid** yw un offeryn neu un llais unigol yn perfformio yn gwneud ensemble.

Yn y cwrs TGAU Cerddoriaeth hwn, mae'n rhaid i chi allu adnabod a deall beth yw ystyr amrywiaeth o grwpiau gwahanol, gan gynnwys y canlynol:

- Basso continuo
- Ensembles lleisiol: deuawdau, triawdau, lleisiau cefndir
- Adran rhythm
- Triawdau jazz a blues
- Pedwarawd llinynnol
- Cerdd dant

TESTUN 3 CERDDORIAETH SIAMBR

Cerddoriaeth siambr

Y cyfnod Baróc

Yn y cyfnod **Baróc**, roedd cerddoriaeth yn cael ei dosbarthu (*classified*) yn nhermau ei swyddogaeth (*function*), ac yn cael ei gweld yn addas ar gyfer naill ai'r Eglwys, y theatr neu'r 'siambr'. Dechreuodd y bobl fonedd gyflogi cerddorion proffesiynol fel rhan o staff y tŷ, a deallir mai ystyr 'cerddoriaeth siambr' oedd unrhyw gyfansoddiadau a oedd wedi 'u hysgrifennu ar gyfer ystafell gyngerdd fach neu ar gyfer cynulleidfa fach. Mae cerddoriaeth siambr yn defnyddio un chwaraewr i bob rhan, ac yn cael ei pherfformio heb arweinydd.

Yn ystod y cyfnod hwn fe ddaeth y **basso continuo** yn beth cyffredin. Ystyr y term hwn mewn gwirionedd yw 'bas parhaus', ac roedd yn un o'r prif nodweddion o gerddoriaeth offerynnol yn y cyfnod Baróc a'r cyfnod clasurol cynnar, gan iddo gael ei ddefnyddio i gyfeilio i offerynnau a chantorion unawdol yn ogystal â'r grwpiau offerynnol amrywiol. Roedd sain 'ddelfrydol' cerddoriaeth Baróc yn cynnwys llinell fas ac alaw gref; byddai cyfansoddwyr yn ysgrifennu'r rhannau ar gyfer y grŵp basso continuo ond **ddim** yn ysgrifennu'r harmoni. Felly, er mwyn 'llenwi'r' cordiau bydden nhw'n defnyddio system o'r enw **bas rhifoledig**, a oedd yn cynnwys ffigurau bychain a hapnodau wedi'u hysgrifennu ar y sgôr i ddangos pa gordiau roedd angen eu chwarae.

Mae Enghraifft 2.12 yn dangos sut byddai'r gerddoriaeth yn edrych.

Enghraifft 2.12

Mae'n bwysig cofio nad llinell fas yn unig yw'r basso continuo. Mae'n ffordd law-fer o ddangos pa gordiau sydd angen eu chwarae. Y prif offeryn a ddefnyddiwyd i chwarae'r cordiau oedd y seinglawr (*keyboard*) – harpsicord, offeryn llawfwrdd neu organ fel arfer – neu liwt hyd yn oed.

Byddai'r liwt yn chwarae'r basso continuo.

Does dim angen i chi ddeall pob un o'r ffigurau yn Enghraifft 2.12 – am nawr, dim ond cofio sut maen nhw'n edrych ar y sgôr sydd ei angen, a'u bod nhw'n dangos pa gordiau ddylai gael eu chwarae.

Gan nad yw'r offerynnau seinglawr yn arbennig o bwerus yn nhermau lefel eu sain, mae llinell y bas wedi'i gefnogi hefyd gan offeryn bas arall, fel sielo, basŵn neu fas gamba.

Sielo	Baswn	Bas gamba
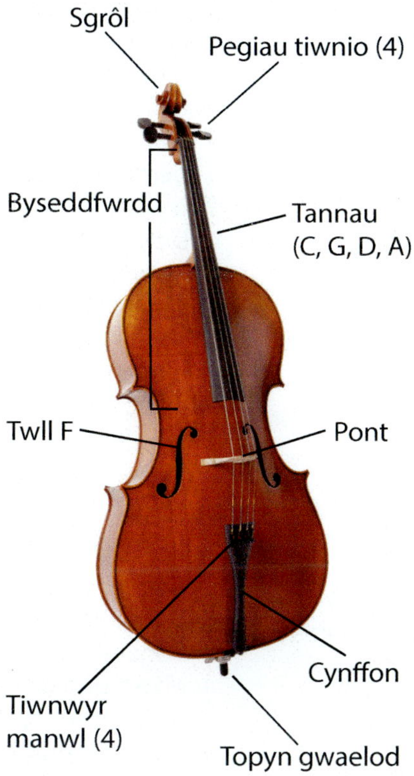	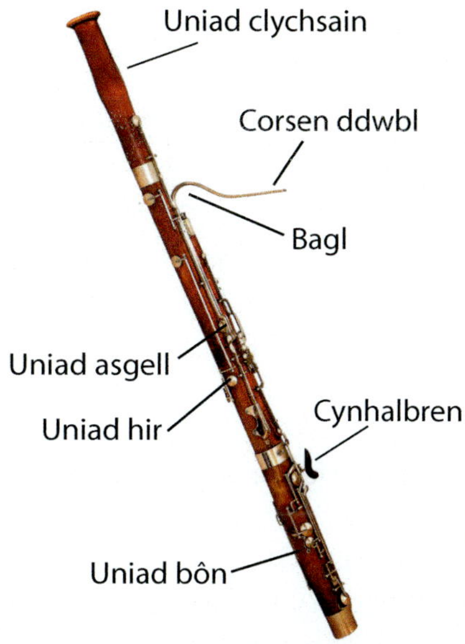	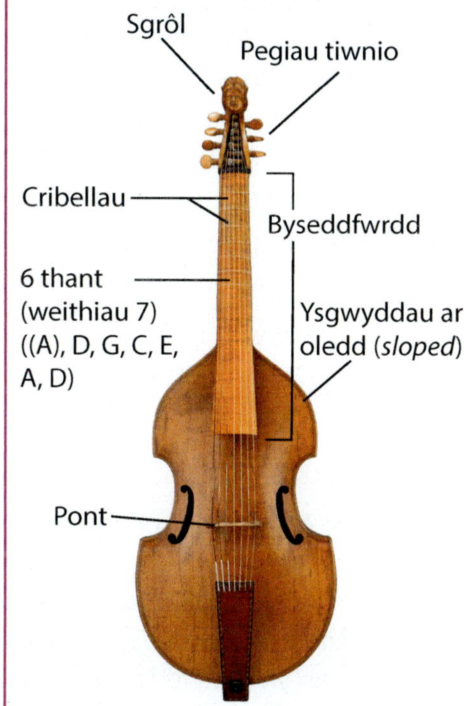
Y sielo yw'r ail offeryn mwyaf yn y teulu llinynnol. Mae ganddo bedwar tant a chaiff ei chwarae gyda bwa.	Y baswn yw'r offeryn mwyaf yn nheulu'r chwythbrennau. Caiff ei chwarae gyda chorsen ddwbl.	Y bas gamba yw'r offeryn llinynnol isaf o deulu'r fiols (offerynnau llinynnol poblogaidd iawn mewn cerddoriaeth gynnar). Mae ganddo chwe thant fel arfer, cefn gwastad a chaiff ei chwarae gyda bwa.

Edrychwch ar y llun isod ar y dde o ensemble Baróc nodweddiadol, gyda'r harpsicord a'r sielo yn ffurfio'r **basso continuo**, sy'n cyfeilio i'r offerynnau eraill.

Tasg

Chwiliwch am y Concerto i ddwy feiolin a basso continuo yn A leiaf, gan Nicolo Fiorenza, ar y Rhyngrwyd.

Gwrandewch ar agoriad y darn ac ystyriwch y canlynol:

1. Ym mha drefn daw'r offerynnau i mewn?
2. Pa nodweddion diddorol eraill ydych chi'n eu nodi yn nhermau'r elfennau cerddorol a'r dyfeisiau?

▲ Ensemble Baróc

Y 'sonata' Baróc

Yn ystod y cyfnod Baróc, ysgrifennwyd llawer o sonatau. Roedd y gair 'sonata' yn ystod y cyfnod hwn, yn golygu darn o gerddoriaeth i'w 'chwarae' yn hytrach na'i 'ganu'. Roedd yn cyfeirio at weithiau offerynnol bach.

Tasg

Er nad yw'n ddarn ensemble, gwrandewch ar Sonata Rhif 2 yn A leiaf i feiolin unawdol, gan J.S.Bach. Mae hwn mewn gwead monoffonig yn bennaf, ond nodwch sut mae'n cyflawni 'cordiau' yn y gerddoriaeth.

Beth yw'r term a ddefnyddir i ddisgrifio techneg chwaraewr llinynnol sy'n chwarae dau neu fwy o nodau ar yr un pryd?

Ffaith

Sonata da Camera yw'r enw Eidaleg am 'sonata siambr'. Mae'n dod o gyfnod y Baróc, ac fe'i bwriadwyd ar gyfer perfformiad seciwlar h.y. perfformiad sydd **ddim** mewn eglwys. Mae'n fath o sonata unawdol neu sonata drio ar gyfer offerynnau mewn tri neu bedwar symudiad, fel arfer.

Sonatau trio

Ar ôl tua 1650, roedd y gair 'sonata' fel arfer yn golygu gwaith mewn sawl symudiad ar gyfer un neu ddau o unawdwyr (feiolinau fel arfer) ynghyd â basso continuo. **Sonatau trio** oedd enw'r rhain. Mae'r term sonata drio yn awgrymu tri offeryn ond roedd y basso continuo (h.y. yr harpsicord ynghyd â'r chwaraewr bas) yn cyfrif fel un, felly roedd tair llinell o gerddoriaeth.

Un cyfansoddwr sonatau trio enwog oedd y cyfansoddwr a'r feiolinydd Eidalaidd, Arcangelo Corelli – dylanwadodd ei gerddoriaeth ef ar ei gyfoeswyr ac ar gyfansoddwyr diweddarach. Roedd J.S.Bach a Handel hefyd yn ysgrifennu sonatau trio. Mae Enghraifft 2.13 yn dangos agoriad ei ***Sonata da Chiesa*** Op. 1.

Allweddair

Sonata da chiesa: Yr enw Eidaleg am 'sonata eglwysig'. Mae'n dod o'r cyfnod Baróc ac yn cynnwys pedwar symudiad.

Enghraifft 2.13

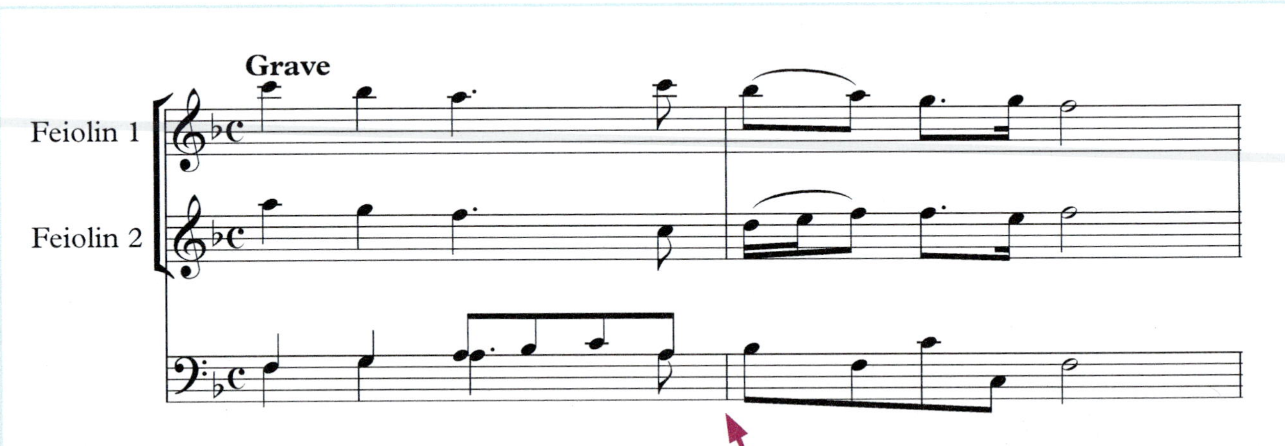

Pa ddau offeryn sy'n chwarae o'r llinell fas waelod hon?

Tasg estynedig

Gwrandewch ar rai o'r sonatau trio gan Georg Phillipp Telemann, a oedd o bryd i'w gilydd yn ysgrifennu ar gyfer ffliwtiau, oboi a recorderau.

Georg Philipp Telemann (1717–1765)

Y cyfnod Clasurol

Yn y cyfnod clasurol, ymddangosodd math symlach o alaw a harmoni, ac roedd cerddoriaeth siambr yn ffynnu – hwn oedd 'oes aur' cerddoriaeth siambr. Ysgrifennwyd llawer o weithiau i ensembles cymysg yn ystod y cyfnod hwn, gan gynnwys deuawdau, triawdau, pedwarawdau, pumawdau a'u tebyg, ac yn raddol fe wnaeth y defnydd o'r basso continuo leihau, gan wneud lle i'r pianoforte newydd.

Cyfansoddodd Wolfgang Amadeus Mozart lawer iawn o gerddoriaeth siambr, yn cynnwys divertimentau a serenadau.

Wolfgang Amadeus Mozart (1756–1791)

Y pedwarawd llinynnol

Y pedwarawd llinynnol yw un o'r mathau mwyaf poblogaidd o ensembles. Mae'n cynnwys pedwar perfformiwr llinynnol, a'r cyfuniad safonol fel arfer yw dwy feiolin, fiola a sielo. Er mai dim ond un offeryn sydd i bob rhan, mae'r offerynnau'n gweithio gyda'i gilydd fel tîm – 'sgwrs gerddorol rhwng cydraddolion'. Mae'r gwead cerddorol mewn pedwarawd llinynnol yn amrywiol. Mae'r cyfan yn dibynnu ar y prif ddeunydd thematig, sy'n cael ei gyflwyno mewn ffyrdd gwahanol a'i rannu rhwng yr offerynnau.

Mewn perfformiad, roedd y pedwarawd llinynnol clasurol yn dilyn yr adeiledd pedwar symudiad (yn debyg o ran arddull i'r symffoni), h.y.:

- **Symudiad 1** – symudiad **cyflym** (allegro) mewn **ffurf sonata** fel arfer.
- **Symudiad 2** – symudiad **araf** yn aml mewn ffurf A B A neu thema ac amrywiadau.
- **Symudiad 3** – symudiad dawns **cymedrol**, h.y. miniwét a thrio.
- **Symudiad 4** – symudiad olaf **cyflym** naill ai mewn ffurf sonata neu rondo.

Allweddair

Ffurf Sonata: adeiledd cerddorol a ddatblygodd yn ystod y cyfnod Clasurol, a ddefnyddir yn aml ar gyfer y symudiad cyntaf mewn gwaith mwy, fel symffoni, sonata neu gonsierto.

Roedd Joseph Haydn (neu Papa Haydn fel yr oedd yn cael ei alw weithiau) yn gyfansoddwr Awstriaidd enwog o'r cyfnod Clasurol a ysgrifennodd lawer iawn o gerddoriaeth siambr. Ymysg pethau eraill, ysgrifennodd nifer o bedwarawdau llinynnol. Yn ôl rhai, os ydych chi'n astudio pob un o'r pedwarawdau llinynnol, byddwch chi'n deall holl ddatblygiad arddull gerddorol Haydn, o'r dyddiau cynnar iawn hyd nes iddo ysgrifennu ei gyfansoddiadau olaf.

Joseph Haydn (1732–1809)

Roedd pedwarawdau Haydn yn cynnwys nifer o weadau **alaw a chyfeiliant**.

Er enghraifft, edrychwch ar agoriad ei Bedwarawd Llinynnol yn F fwyaf (Op. 17, Rhif 2, symudiad 1) yn Enghraifft 2.14:

Enghraifft 2.14

Sylwch sut mae'r feiolin gyntaf yn arwain gyda'r alaw, ac mae'r tri offeryn arall (h.y. 2il feiolin, fiola a sielo) yn cyfeilio. Mae llawer o symudiadau'n dechrau fel hyn, er, roedd y cyfansoddwr ar fin dechrau gwneud pethau'n fwy diddorol cyn bo hir yn y darn hwn.

Mae Enghraifft 2.15 yn dangos sut dechreuodd wneud hyn: edrychwch ar y cyfeiliant o far 5.

Enghraifft 2.15

Mae'r enghraifft hon yn dal i fod yn gynnar iawn ar ddechrau'r pedwarawd – ond a allwch chi adnabod pa ddyfeisiau ddefnyddiodd y cyfansoddwr i wneud y cyfeiliant yn fwy diddorol? Dewiswch o'r dyfeisiau isod:

- Dilyniant
- Cydsymud
- Bas Alberti
- Hapnodau
- Nodau hir yn bennaf
- Arpeggios
- Patrymau graddfaol
- Tripledi
- Canon
- Gwaith rhythmig mwy cymhleth
- Addurniad
- Nodau addurnol ychwanegol
- Trawsacennu

Tasgau

1. Gwrandewch ar symudiad cyntaf y pedwarawd o'r enw 'The Lark' gan Haydn.
   a) Sut byddech chi'n disgrifio gwead yr agoriad?
   b) Sut mae'r cyfansoddwr yn datblygu'r thema yn nes ymlaen yn y symudiad?
2. Ymchwiliwch i rai pedwarawdau eraill o'r cyfnod hwn, a ysgrifennwyd gan gyfansoddwyr fel Mozart a Beethoven.

Cyngor cyflym

Gwrandewch ar symudiadau araf y pedwarawdau y buoch chi'n ymchwilio iddyn nhw yn Nhasg 2 (ar y chwith) fel bod modd i chi ganolbwyntio ar y gwead a sut mae'r cyfansoddwyr wedi ysgrifennu ar gyfer yr offerynnau.

Weithiau, roedd y thema wedi'i rhannu'n fwy cyfartal rhwng pedair rhan y pedwarawd llinynnol nag oedd mewn enghreifftiau blaenorol.

Mae'r enghraifft ganlynol (o symudiad olaf pedwarawd llinynnol Haydn yn F leiaf, Op. 20, Rhif 5) yn enghraifft dda o wead **polyffonig**.

Sylwch sut mae'r brif thema gan bob un o'r pedair rhan yn eu tro. Mae llawer o efelychiant yn digwydd, ac o ganlyniad i'r amrywiaeth rhwng y rhannau a'r soniareddau gwahanol, mae gwead diddorol a phrysur iawn i'r cyfan.

Mae Enghraifft 2.16 yn dangos sut mae agoriad y symudiad yn edrych mewn nodiant.

Mae'r sgôr lawn i'w chael ar IMSLP.

Enghraifft 2.16

Gwrandewch ar y symudiad cyfan i weld sut mae popeth yn troi mas.

Tasg estynedig

Mae enghraifft o ganon o'r cyfnod Clasurol i'w gweld yn y Miniwét ym Mhedwarawd Llinynnol Haydn yn D leiaf, Op.76, Rhif 2. Mae'n dechrau'n ddigon syml ond, fel y gallwch chi glywed pan rydych chi'n gwrando ar y symudiad, mae wedyn yn mynd yn fwy cymhleth yn nhermau'r harmoni. Mae hwn yng nghywair D leiaf (sy'n cynnwys C# yng nghord y llywydd). Fodd bynnag, mae'r G# yn y feiolinau ar ddiwedd bar 4 (ac yn y rhannau is ym mar 5 wrth iddo efelychu) yn hapnodau sy'n achosi trawsgweiriad i A fwyaf, cywair y llywydd mwyaf.

Mae'r rhannau'n cael eu dangos yn Enghraifft 2.17, wedi'u sgorio ar ddwy linell. **Perfformiwch** nhw gyda ffrind.

Enghraifft 2.17

Yn yr enghraifft hon yr arwyddion **llonnod** (h.y. '#') yw'r hapnodau. Mae trawsgyweiriad yn digwydd, yn yr enghraifft hon, pan fo'r G# yn perthyn i gywair y llywydd, ond nid i gywair y tonydd D leiaf.

Tasg

Cyfansoddwch ddarn byr o gerddoriaeth sy'n cynnwys amrywiaeth o weadau. Sicrhewch nad yw'r cynnwys melodig yn rhy gymhleth, a gweithiwch gordiau'r cyfeiliant allan yn ofalus.

Trefnwch eich syniadau ar gyfer unrhyw dri offeryn, gan sicrhau eich bod yn cynnwys darn unsain, adran homoffonig ac adran sy'n cynnwys efelychiant a haenu (*layering*).

Gweithgaredd

Gyda ffrind, gwyliwch y clip o Op. 77, Rhif 2 yn F fwyaf, gan Haydn, a thrafodwch yr amrywiaeth o weadau sydd i'w clywed yn rhan gyntaf y symudiad hwn o bedwarawd llinynnol.

Awgrymiadau ar gyfer gwrando pellach

Mae'r ddau ddarn canlynol yn enghreifftiau o sut y defnyddir amrywiaeth o offerynnau mewn cerddoriaeth siambr glasurol:

- Pumawd Clarinét Mozart yn A fwyaf – K.581. Mae hwn mewn pedwar symudiad ac wedi'i sgorio i glarinét a phedwarawd llinynnol. Mae'n un o'r gweithiau cynharaf a'r mwyaf enwog ar gyfer y clarinét.
- Seithawd Beethoven yn E meddalnod mwyaf, Op. 20. Mae hwn mewn chwe symudiad ac wedi'i sgorio i'r clarinét, corn, basŵn, feiolin, fiola, sielo a'r bas dwbl. Mae'n cyflwyno enghraifft ardderchog o sut mae'r mathau gwahanol o weadau yn cael eu creu gan ddefnyddio soniareddau ac ansoddau gwahanol yr offerynnau cyferbyniol.

Y cyfnod Rhamantaidd

Yn ystod y cyfnod hwn, roedd creu cerddoriaeth 'ddomestig' yn parhau i fod yn boblogaidd, ond roedd cerddoriaeth siambr hefyd yn cael ei chwarae mewn cyngherddau cyhoeddus mwy. Roedd y pedwarawd llinynnol yn dal i fod yn gyfrwng poblogaidd, er bod y **pianoforte** newydd, gwell yn ymddangos yn aml.

Mae'r ddau waith canlynol yn sicr werth gwrando arnyn nhw. Mae'r sgorau ar gael ar IMSLP.

- Pedwarawd Llinynnol Schubert yn A leiaf, Op. 29, 1824, mewn pedwar symudiad.
- Pedwarawd Llinynnol Mendelssohn yn F leiaf, 1847, mewn pedwar symudiad.

▲ Mendelssohn (1809–1847)

1. Enwch y gwahanol fathau o weadau sydd i'w clywed ym mhob symudiad. Bydd rhai yn hawdd i'w hadnabod – bydd eraill yn anoddach. Ydy'r offerynnau'n efelychu ei gilydd (h.y. gwead polyffonig)? Oes adrannau yn seiliedig ar gordiau (h.y. gwead homoffonig)?
2. Nodwch sut mae'r offerynnau'n cael eu defnyddio e.e. ydy'r sielo'n cynnal yr harmoni – neu ydy'r alaw gyda'r sielo weithiau? Ydy'r 2il feiolin yn cynnal feiolin 1? Ydy'r feiolinau weithiau'n chwarae gyda'i gilydd mewn harmoni? A gaiff yr alaw ei chlywed o gwbl yng nghanol y gwead – wedi'i chwarae gan y fiola, er enghraifft?

Nid yw'n beth hawdd i'w wneud – ond ceisiwch nodi cyfraniad pob offeryn o fewn y darnau hyn. Cofiwch – bydd gan bob symudiad rywbeth gwahanol i'w gynnig.

Cyngor cyflym

Bydd y syniadau hyn yn werthfawr iawn pan fyddwch chi'n meddwl am amrywio'r gwead a datblygu syniadau cerddorol yn eich cyfansoddiad eich hun. Cofiwch y byddan nhw'n ennill marciau ychwanegol i chi.

Yn y cyfnod Rhamantaidd, bu cyfansoddwyr hefyd yn arbrofi â chyfuniadau gwahanol o offerynnau, gan fod datblygiadau mewn adeiladwaith (yn enwedig mewn offerynnau chwyth) wedi gwella'r ansawdd lliw a'r sain yn gyffredinol. Roedd cynnwys cerddorol y darnau hyn yn aml yn gymhleth ac yn gofyn am berfformiad proffesiynol o safon uchel, ac mae'r tabl isod yn dangos enghreifftiau o hyn.

▼ Enghreifftiau o gerddoriaeth siambr Rhamantaidd

Schubert – Pumawd y Brithyll Op. 114	Schumann – Pumawd Piano yn E meddalnod	Brahms – Triawd Corn yn E meddalnod mwyaf
Ysgrifennwyd: ar gyfer piano a phedwarawd llinynnol (h.y. feiolin, fiola, sielo a bas dwbl). Mae pwyntiau o ddiddordeb gweadeddol i'w gweld yn y ffordd y mae'r cyfansoddwr yn ysgrifennu ar gyfer yr offerynnau – mae ei bwysigrwydd yn deillio o'r cyferbyniadau **ansawdd** diddorol sydd wedi'u cyflawni yn y gerddoriaeth. Am adrannau helaeth o'r gwaith, clywir rhan y piano yn y gwmpasran uchaf, yn aml gyda'r ddwy law wedi'u hysgrifennu wythfed ar wahân. Oherwydd bod yr ensemble llinynnol fan hyn yn cynnwys sielo a bas dwbl, roedd Schubert wedi gallu archwilio cwmpasran uwch y piano.	Ysgrifennwyd: ar gyfer piano a phedwarawd llinynnol (h.y. dwy feiolin, fiola, a sielo). Pwyntiau o ddiddordeb gweadeddol: mae'r brif thema yn symudiad 2 yn ymdeithgan (gwead homoffonig) tra bod yr ail thema'n cael ei chyflwyno mewn arddull alaw a chyfeiliant (eto'n homoffonig). Mae yna ddau driawd yn symudiad 3 – **canon** yw'r un cyntaf. Yn symudiad 4, mae'r deunydd thematig yn cael ei gyflwyno mewn ffiwg ddwbl. Mae'r ddau yma'n enghreifftiau o weadau **polyffonig**.	Ysgrifennwyd: ar gyfer corn, feiolin a phiano. Mae pwyntiau o ddiddordeb gweadeddol i'w gweld yn y ffordd y mae'r cyfansoddwr yn cyflwyno'r deunydd thematig mewn gweadau sgyrsiol cyfoethog. Mae Brahms yn archwilio'r lliwiau offerynnol ar wahân a gyda'i gilydd, gan ddefnyddio **haenu** syniadau, **efelychiant** a **rhyngweithio** yn yr ysgrifennu cerddorol. Mae'n creu amrywiaeth a chydbwysedd o ansoddau diddorol sy'n cydweddu'n berffaith yn nhermau'r gweadau.

Nid yw deall ffiwg yn ofynnol ar gyfer TGAU Cerddoriaeth.
Er gwybodaeth yn unig, mae'n fath arbennig a chymhleth o wead polyffonig. Felly mae'n ddefnyddiol i wrando arni. Mae un llais yn dechrau gyda'r thema, sydd yna'n cael ei chwarae gan y rhannau eraill yn eu tro – nid o reidrwydd ar yr un traw.

TESTUN 4 THEATR GERDD

Yr arddull

Mae nifer o ysgolion nawr yn mwynhau cymryd rhan mewn sioe ysgol a llwyddiant y sioe. Efallai y buoch chi mewn un ohonyn nhw. Mae'r genre hwn yn ffenomen o'r 20fed ganrif sydd â'i wreiddiau mewn opera. Mae'r sioe gerdd fodern yn apelio at bawb, ac yn ymdrin â phob math o destunau.

Mewn theatr gerdd, mae'r gerddoriaeth yn help i adrodd a chefnogi'r stori a'r gymeriadaeth. Bydd y gynulleidfa'n gweld rhediad y stori neu'r cynllun yn datblygu drwy'r gerddoriaeth, yr actio a'r ddawns, a fydd wedi'u cefnogi gan y gerddorfa, sy'n cyfeilio, a llwyfannu, effeithiau a gwisgoedd trawiadol iawn yn aml.

Cwmni Opera Cenedlaethol Cymru yn perfformio Pagliacci (Trwy garedigrwydd WNO, © Bill Cooper)

O Broadway yn Efrog Newydd i'r West End yn Llundain, mae cynyrchiadau cerddorol o bob math yn cael eu gwylio a'u mwynhau gan filiynau o bobl. Yng Nghaerdydd, Canolfan Mileniwm Cymru yw cartref Opera Cenedlaethol Cymru ynghyd â nifer o fudiadau celfyddydol eraill ac mae wedi ennill enw da i'w hun ac yn destun edmygedd fel lleoliad rhagorol ar gyfer y llwyddiannau theatr gerdd diweddaraf, gan gynnwys cynyrchiadau sydd yn yr iaith Gymraeg. Ond yn sicr, nid yw poblogrwydd theatr gerdd yn cael ei gyfyngu i leoliadau fel rhain: mae ysgrifenwyr newydd yn troi'u golygon at ddefnyddio perfformwyr proffesiynol i arddangos eu gwaith mewn lleoliadau ymylol (*fringe venues*), theatrau ar hyd a lled y wlad a pherfformiadau gweithdy: mae cynyrchiadau amatur, ieuenctid ac ysgolion weithiau o safon eithriadol.

WNO WELSH NATIONAL OPERA CENEDLAETHOL CYMRU

Er gwaethaf y cynnwys a'r deunydd pwnc amrywiol, mae yna nodweddion cerddorol sy'n gyffredin i bron pob sioe gerdd: y preliwd neu'r agorawd, caneuon agoriadal a finales nodweddiadol, corysau mawr, eitemau dawns a chaneuon 'cast cyfan', anterliwtiau offerynnol (*instrumental interludes*), unawdau lleisiol, math o ysgrifennu melodig nodweddiadol o'r enw 'adroddgan' yn y sioeau canu drwodd ac yn olaf, ond nid y lleiaf, yr ensembles.

Mathau gwahanol o sioeau cerdd

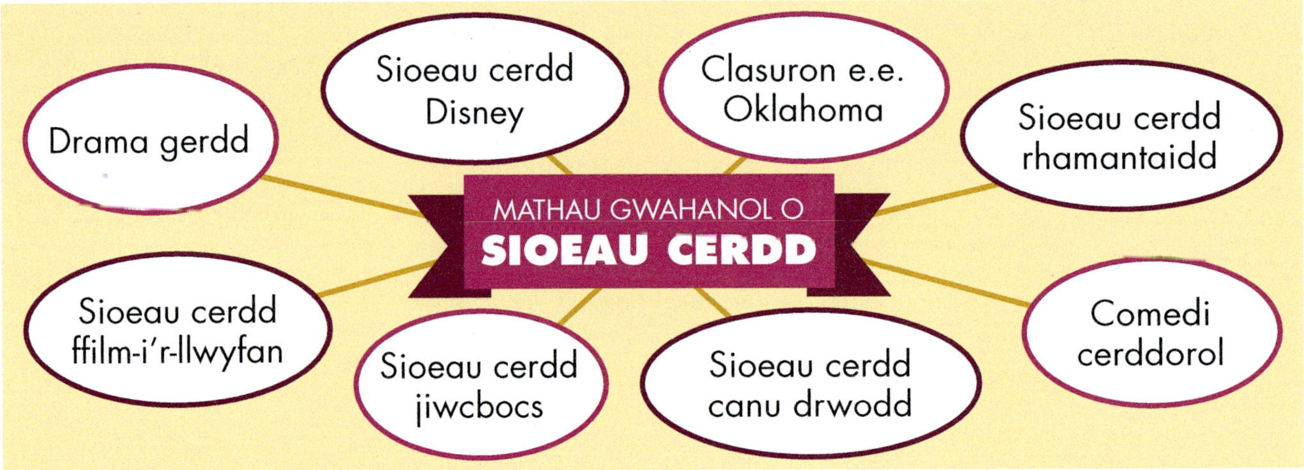

Y Gerddoriaeth

Mae'n amhosibl ymdrin â phob ensemble o'r holl sioeau fan hyn. Gallai fod yn hwyl i berfformio rhai o'r ensembles mwyaf adnabyddus allan o rai o'r sioeau, fel project yn y dosbarth – y mwyaf o gerddoriaeth y byddwch chi'n gwrando arni ac yn ei pherfformio, y mwyaf y byddwch chi'n ei ddysgu a'i ddeall. O ran yr arholiad ysgrifenedig, er mai soniaredd, ansawdd a gwead yw ffocws y maes astudio, cofiwch y bydd y cwestiynau yn yr arholiad hefyd yn profi eich gwybodaeth a'ch dealltwriaeth o'r elfennau cerddorol, y cyd-destunau cerddorol a'r iaith gerddorol. Felly, y mae bob amser yn fuddiol i archwilio'r gerddoriaeth yn fanwl, gan wrando ar unrhyw ddyfyniadau sydd ar gael ac edrych ar y nodiant cerddorol pryd bynnag y bo'n bosibl.

Gadewch i ni edrych ar rai darnau ensemble o sioeau enwog, er mwyn ystyried rhai enghreifftiau o'r gwahanol weadau, soniareddau ac ansoddau. Yr ensembles mwyaf cyffredin sydd i'w clywed mewn sioeau cerdd, siŵr o fod, yw deuawdau, triawdau a phedwarawdau – ond mae amrywiaeth y gwead yn drawiadol.

Godspell

Gwrandewch ar agoriad y sioe Godspell, sioe gerdd gan Stephen Schwartz a agorodd yn Broadway yn 1971. Mae'r gân agoriadol yn cael ei chanu gan gymeriad Ioan Fedyddiwr wrth iddo alw ar y bobl 'Paratowch y ffordd i'r Arglwydd' ('*Prepare Ye the Way of the Lord*').

▲ *Godspell*

Yn recordiad y cast gwreiddiol fe sylwch fod yr agoriad yn eithaf gwag; yn lleisiol, mae'r dechreuad yn cael ei gyflwyno gan lais unawdol digyfeiliant (h.y. gwead **monoffonig**). Mae'r cwmni yn ymuno â'r unawd yn y pen draw **mewn unsain**, ac mae'n cael ei ehangu'n fuan gan **gyfalaw fyrfyfyr** gitâr roc, cyn i'r corws ddarparu diddordeb harmonig pellach hyd at ddiwedd y gân (h.y. gwead **homoffonig**).

West Side Story

Un o'r sioeau cerdd enwocaf erioed yw *West Side Story*. Mae'r gerddoriaeth wedi'i hysgrifennu gan Leonard Bernstein, a'r geiriau gan Stephen Sondheim. Sioe gerdd Americanaidd yw hi sydd wedi'i seilio ar stori *Romeo and Juliet* gan Shakespeare. Mae drama serch enwocaf y byd wedi'i lleoli yn Efrog Newydd yn yr 20fed ganrif. Mae'r cariadon ifanc yn cael eu dal yng nghanol rhagfarn a rhyfela gangiau stryd rhwng yr 'American Jets' a'r 'Puerto Rican Sharks'. Cyflwynwyd y fersiwn Broadway gwreiddiol yn 1957 ond mae'r darn yn parhau i fod yn un o'r gweithiau pwysicaf yn hanes theatr gerdd.

Gadewch i ni ystyried dwy o'r deuawdau o'r sioe.

'One Hand, One Heart'

Mae 'One Hand, One Heart' yn ddeuawd serch adnabyddus rhwng y ddau brif gymeriad, Tony a Maria. Maen nhw'n canu'r ddeuawd hon wrth iddyn nhw gynnal priodas ddychmygol – priodas symbolaidd a fyddai'n amhosibl yn gymdeithasol mewn gwirionedd.

Yn sgôr lawn y sioe, mae'r ddeuawd hon yng nghywair G meddalnod mwyaf gyda'r pennill olaf yn A meddalnod mwyaf. Mae mewn amseriad 3/4, mae'r tempo yn **andante** (ar gyfer yr isgerddoriaeth) → adagio (ar gyfer y ddeuawd), ac mae'r cynnwys melodig yn syml, ond yn hyfryd o effeithiol ac wedi'i sgorio â sensitifrwydd.

Allweddair

Andante: arwydd tempo sy'n dynodi 'cyflymder cerdded; ddim yn rhy araf'.

Gwrandewch ar y ddeuawd ar YouTube.

Mae'r gân hon yn cynnwys adran gerddorfaol ragarweiniol, sy'n isgerddoriaeth ar gyfer y ddeialog rhwng y ddau gymeriad, wedi'i dilyn gan dri phennill. Mae ffurf ac adeiledd y ddeuawd i'w gweld yn y tabl isod.

Ffurf ac adeiledd 'One Hand, One Heart'

Offeryniaeth	Gwead	Dynameg
CORSENNAU (V) – ffliwt, obo, clarinét ×2, baswn CYRN – 2 yn F CELESTA (allweddell) FIBRAFFON LLINYNNAU – adran feiolinau fawr, sieloau a bas dwbl (Mae'r grymoedd cerddorfaol yn fawr am sioe gerdd)	Adran 1: dyma'r gerddoriaeth ragarweiniol sy'n cael ei chwarae gan offerynnau wrth i Tony a Maria wneud eu 'haddunedau priodas', sy'n cael ei chwaeae gan y gerddorfa, yn ysgafn ac yn dyner, llinynnau a chwythbrennau'n bennaf. **Isgerddoriaeth** yw'r enw ar hyn. Mae Tony'n canu pennill 1 (**alaw a chyfeiliant**, h.y. **homoffonig**). Mae Maria'n dechrau pennill 2, gyda Tony'n ymuno hanner ffordd drwodd, pan maen nhw'n canu gyda'i gilydd mewn **unsain**. Mae'r ddau gymeriad yn canu pennill 3 gyda'i gilydd, mewn unsain yn bennaf, er, mewn **harmoni** ar gyfer llinell 3.	Mae'n ddisgybledig drwy gydol, yn ôl y disgwyl mewn cân serch. *p* yn bennaf ac wedi'i farcio'n dolce i leisiau; forte yn ystod uchafbwynt y gân gyda'r nodau uchaf pan maen nhw'n canu mewn harmoni ym mhennill 3. Mae'n gorffen yn *pp*.

Tasg

Mae pob cwestiwn yn ymwneud â'r adran sy'n cael ei chanu, nid ei llefaru. Mae'r adran hon yn dechrau ar 1'24" yn y dyfyniad.

Cyngor cyflym

Os ydych chi'n dewis canu deuawd ar gyfer eich asesiad perfformio, byddwch yn ymwybodol bod darn fel hwn, lle mae gan yr unawdwyr adrannau unawdol, ddim yn addas.

1. Atebwch y cwestiynau canlynol ynglŷn â'r ddeuawd hon.
   a) Awgrymwch farc **tempo** addas ar gyfer y gerddoriaeth hon.
   b) Sawl curiad sydd ym mhob bar?
   c) Enwch yr offerynnau sy'n cyfeilio i'r llinell unawdol sy'n cael ei chanu gan Tony ar ddechrau'r ddeuawd.
   ch) Ai'r cywair mwyaf neu'r lleiaf yw'r cyweiredd ar ddechrau'r ddeuawd yn eich barn chi?
   d) Pa fath o lais sydd gan gymeriad Tony? BARITON / BAS / TENOR
   dd) Pa fath o lais sydd gan gymeriad Maria? ALTO / SOPRANO / MEZZO – SOPRANO
2. Nawr canolbwyntiwch ar y darn pan mae'r lleisiau'n canu gyda'i gilydd. Mae'r darn hwn yn dechrau tua 2'10" yn y dyfyniad a awgrymwyd. Yma, mae'r lleisiau'n cydganu mewn harmoni. Mae'r gwead yn homoffonig. Efallai y sylwch chi fod y gerddoriaeth yn dechrau arafu ychydig yn fwy ar y geiriau 'one heart' – byddai hyn yn cael ei ddisgrifio fel 'ritardando'. Mae'r ddau gymeriad yn canu'n dyner iawn fan hyn ac, o ran y dyn, gellir disgrifio hyn fel canu gan ddefnyddio 'llais y pen' neu 'falsetto'. Mae'r ddau yn canu yr un nodyn A♭ i orffen, er bod soniareddau ac ansoddau pellach yn cael eu hychwanegu hefyd yn ysgafn iawn, gan linynnau a chwythbrennau'r gerddorfa sy'n cyfeilio. Mae gan rai offerynnau linellau unawdol byr – allwch chi adnabod pa offerynnau ydyn nhw?

Tasg

Ysgrifennwch draethawd byr i ddisgrifio'r ffordd y mae offerynnau'r gerddorfa'n cael eu defnyddio i gyfeilio i'r gân, fel maen nhw i'w clywed yn y dyfyniad hwn. Mae'n bosibl y byddwch chi am drafod eich sylwadau gyda ffrindiau yn gyntaf, ond dylech chi gwblhau'r traethawd fel tasg unigol.

'A Boy Like That'

Mae 'A Boy like that' yn ddeuawd ar gyfer Maria ac Anita – y ddau brif gymeriad benywaidd yn *West Side Story*. Mae Anita, ar ôl darganfod bod ei chariad (Bernardo) wedi'i ladd, yn cyrraedd flat Maria. Mae'n gweld bod Tony wedi bod gyda Maria, ac yn hyrddio llond ceg o ddicter yn ei erbyn. Mae Maria'n canu am ei gwir deimladau tuag at Tony ac mae Anita'n sylweddoli bod Maria'n caru Tony… cymaint ag yr oedd hithau wedi caru Bernardo.

Yn sgôr lawn y sioe, mae'r ddeuawd hon yn dechrau yng nghywair B meddalnod lleiaf. Mae'n dechrau mewn amser 3/2, ond yn amrywio'n gyson, e.e. 3/2, yna amser cyffredin 4/4, yn ôl i 3/2, yna 3/4 – ac yn y blaen. Mae hyn yn atgyfnerthu'r aflonyddwch yn y gerddoriaeth. Mae'r gerddoriaeth yn newid cywair ac awyrgylch pan mae'n symud i mewn i'r gân gyswllt ganlynol 'I have a love' wedi'i labelu'n '*Andante sostenuto*' ac mae yng nghywair G fwyaf. Yn lleisiol, mae hon yn ddeuawd anodd iawn, a chafodd beth ohoni ei hepgor o'r ffilm oherwydd ei bod mor gymhleth.

Gwrandewch ar y ddeuawd ar YouTube, yna chwaraewch raddfa G fwyaf ar allweddellau neu ar gitâr. Nawr gwrandewch ar yr alaw sy'n cael ei chanu gan Maria ar y geiriau 'I have a love, and it's all I have…'. Y nodyn cyntaf yw nodyn y tonydd G. Ceisiwch weithio allan sut i chwarae gweddill y llinell, ac yna ysgrifennwch y llinell mewn nodiant cerddorol. Ceisiwch weithio hi allan gyda phedwar curiad ym mhob bar.

Mae ffurf ac adeiledd y ddeuawd i'w gweld yn y tabl isod.

Cyngor pellach

Mae 3/2 yn arwydd amser triphlyg, sy'n golygu tri churiad minim ym mhob bar.

Fel arwydd cywair, mae pum meddalnod gan B meddalnod lleiaf – nid yw'n un sydd angen i chi wybod ar gyfer yr arholiad TGAU Cerddoriaeth hwn. Dim ond y graddfeydd mwyaf a lleiaf sydd â hyd at bedwar meddalnod a phedwar llonnod y mae gofyn i chi wybod.

Mae gan G fwyaf un llonnod – F#.

▼ Ffurf ac adeiledd 'A Boy Like That'

Offeryniaeth (ansawdd)	Gwead	Dynameg
CORSENNAU (V) – ffliwt, obo, clarinét ×2, baswŵn PRES – corn yn F ×2, trwmpedau ×2, trombonau ×2 OFFERYNNAU TARO – timpani, symbalau, drwm ochr etc. PIANO GITÂR DRYDAN a LLINYNNAU – adran feiolinau fawr, sieloau a bas dwbl Grymoedd pwerus am sioe gerdd – symffonig ei naws	Mae'r gân yn dechrau gydag unawd grac gan Anita. Mae'r ddadl gerddorol yn datblygu wrth i Maria wneud ei theimladau'n glir, ac mae'r ddwy linell alaw yn nodedig ac yn gryf o ran gwead. Ar y cyfan, mae'r gwead yn gyfoethog wrth i'r gerddorfa bwerus gefnogi'r llinellau lleisiol, ac eto'n llawn o syniadau motiffaidd. Mae llawer o ddefnydd o efelychiant a chyfalawon. Mae'r cyfeiliant yn gwneud tipyn yn fwy na chefnogi'r lleisiau. Mae'n ddarn o gerddoriaeth cymhleth gyda gwead prysur. Mae gwir gyferbyniad yn adran olaf y gân wrth i'r cymeriadau gydnabod eu teimladau. Mae'r adran olaf yn delynegol, yn adlewyrchol ac yn dyner – mae'r arddull leisiol wedi newid, ac mae'r cyfeiliant yn cefnogi hyn.	Amrywiol iawn – ynghyd â'r cyfarwyddiadau perfformio. Mae'r gân hon yn ddarn anodd iawn ac yn gofyn am dechneg leisiol ardderchog gan y perfformwyr.

'Somewhere'

Efallai mai un o'r caneuon enwocaf o *West Side Story* yw 'Somewhere'. Mae wedi cael ei recordio gan amrywiaeth o enwogion dros y blynyddoedd, gan gynnwys P.J. Proby (1964), Shirley Bassey (1965), fersiwn mewn albwm teyrnged gan Aretha Franklin a Phil Collins (1996), a hefyd Len Barry (1966), Matt Monro (1964) a Barbra Streisand (1985).

Tasg

Gwrandewch ar y gân yn cael ei pherfformio gan Reri Grist, soprano a ganodd yr unawd hon yn y cynhyrchiad gwreiddiol yn 1957 – gallwch chi ddod o hyd iddi ar-lein.

Mae'r tempo'n araf iawn, B♭ meddalnod mwyaf yw'r arwydd cywair, ac mae'r arwydd amser mewn amser rhanedig cyffredin (*cut common time*), sy'n golygu dau guriad minim ym mhob bar. (Wrth i chi wrando, mae'n bosibl y byddwch chi'n cyfrif pedwar curiad i'r bar.) Gwrandewch yn ofalus ar yr alaw agoriadol, sy'n wyth bar o hyd. Mae'n cynnwys syniadau syml sydd wedi'u rhoi gyda'i gilydd yn berffaith, wrth i syniadau esgynnol sydd wedi'i ffurfio'n ofalus gael eu cydbwyso â phatrymau disgynnol ac mae symudiad cysylltiol yn cael ei ddefnyddio i gydbwyso symudiad anghysylltiol. Gwrandewch am:

- y cyfwng agoriadol (h.y. mae'r pellter rhwng y ddau nodyn cyntaf yn 7fed, o B♭ – A♭)
- pedwar bar sydd wedi'u seilio ar ffigurau triadol, h.y. bar 2 (G E♭ C), bar 4 (G E♭ C), bar 6 (B♭ G E♭), a bar 7 (C A♭ F).
- mae'r tri bar sydd ar ôl yn cynnwys symudiad fesul cam (cysylltiol).

Ceisiwch gael gafael ar gopi o'r alaw – efallai y gallai eich athro cerdd eich helpu. Ceisiwch ei pherfformio ar offeryn o'ch dewis chi eich hun, neu ei chanu. Gallech chi wrando arni ychydig mwy o weithiau a cheisio ei meistroli. (Cofiwch ddechrau gyda B♭ yn neidio i fyny at A♭.)

Tasg

Ysgrifennwch draethawd byr i ddisgrifio'r ffordd y defnyddir offerynnau'r gerddorfa i gyfeilio i'r gân fel mae i'w chlywed yn y dyfyniad hwn. Mae'n bosibl y byddwch chi am drafod eich sylwadau gyda ffrindiau yn gyntaf, ond cwblhewch y traethawd fel tasg unigol. Does dim dwywaith – mae hwn yn baratoad ardderchog ar gyfer y math hwn o gwestiwn, a fydd i'w weld yn yr arholiad arfarnu.

Mae'n ddiddorol nodi bod rhai yn gweld tebygrwydd rhwng 'Somewhere' a rhai motiffau o agoriad 2il symudiad y Concerto i'r Piano Rhif 5 yn E♭ fwyaf, Op. 73 gan Beethoven (a gaiff ei adnabod fel concerto'r *Ymerawdwr*) (gweler Enghraifft 2.18).

Enghraifft 2.18

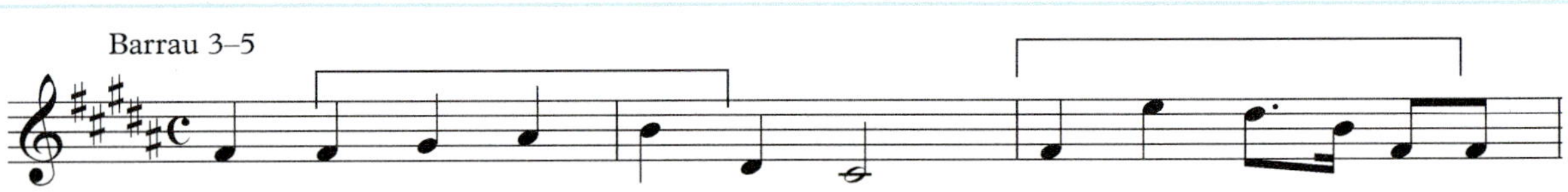

Nodwch hefyd y tebygrwydd gyda rhan o thema *Swan Lake* gan Tchaikovsky (gweler Enghraifft 2.19).

Enghraifft 2.19

Mae 'Somewhere' yn enghraifft berffaith o **alaw a chyfeiliant**, er nad yw'n ddarn ensemble. Mae i'w chlywed yn y sioe yn Act II, ar ddiwedd yr olygfa gyntaf. Yn ddiddorol, mae yna adran gerddorol yn union ar ôl yr unawd sy'n cyflwyno'r gerddoriaeth mewn ffordd sydd ychydig yn wahanol yn nhermau'r gwead.

Gwrandewch ar y gerddoriaeth o'r 'Procession and Nightmare' ar ddiwedd Act II: Golygfa 1 o *West Side Story*.

Mae'n effeithiol iawn yn ddramatig wrth i'r cymeriadau ganolbwyntio ar eu breuddwydion a'r dyfodol. Mae'r gerddoriaeth wedi'i labelu'n 'Più Mosso', sy'n golygu 'mwy o symud', a rhoddwyd marc metronom o (♩ = 40) arni. Mae hyn ychydig bach yn gyflymach na'r adran flaenorol (h.y. diwedd y gân), ond mae'n dal i fod yn dempo araf; 4/8 yw'r arwydd amser (pedwar cwafer mewn bar) ac mae'n eithaf rhwydd i wahaniaethu'r pedwar curiad wrth wrando.

Ystyriwch y cwestiynau canlynol:

1. Pa offerynnau chwyth sy'n cael lle amlwg yn saith bar cyntaf yr adran gerddorfaol hon?
2. Allwch chi enwi'r offeryn taro sydd i'w glywed yn yr adran saith bar hon?
3. Ai mwyaf neu leiaf yw'r cyweiredd agoriadol?
4. Beth yw'r marc dynameg ar gyfer yr adran hon yn eich barn chi?

Mae'n adeg hynod o deimladwy (*poignant*) yn y darn. Fodd bynnag, ym mar 8 mae'r cyfeiliant cerddorfaol yn llenwi i wead mwy cyfoethog, pan mae dau far cyntaf y gân i'w clywed mewn **efelychiant** pur, fel **canon**. Wrth i'r corws cyfan ymuno â'r syniad hwn, allwch chi adnabod pa rannau sy'n ymuno, ac ym mha drefn?

Mae'r deunydd hwn i'w glywed uwchben pedal F# yn y gerddorfa. Mae'r nodyn pedal yn cynnal yr harmoni ac yn darparu mwy o ddiddordeb gyda syniad trawsacennog rhythmig a fu'n fotiff pwysig arall a ddefnyddiwyd gan y cyfansoddwr drwy gydol y sioe. Mae dod â syniadau cerddorol ynghyd yn y ffordd yma'n effeithiol iawn, gan ei fod yn atgoffa'r gwrandäwr, mewn ffordd gynnil, o ryw awyrgylch arall, neu o ryw adegau neu gymeriadau eraill.

Tasg estynedig

Yn dilyn yr adran adlewyrchol hon, mae'r adran nesaf (h.y. yr 'Hunllef') yn cyferbynnu'n llwyr yn nhermau cynnwys cerddorol. Ysgrifennwch draethawd byr i ddisgrifio pa elfennau a dyfeisiau sydd wedi cael eu defnyddio, a sut maen nhw wedi cael eu trin gan Bernstein er mwyn cyflawni'r cyferbyniad hwn.

Jesus Christ Superstar

Mae *Jesus Christ Superstar* yn 'opera roc' a ysgrifennwyd yn 1970. Cyfansoddwyd y gerddoriaeth gan Andrew Lloyd Webber ac ysgrifennwyd y geiriau gan Tim Rice. Does dim deialog lafar rhwng y cymeriadau yn y sioe hon – mae'n cael ei disgrifio fel sioe gerdd 'canu drwodd' (*sung-through*). Mae nifer o adegau diddorol i'w nodi yn nhermau'r gwead a'r soniareddau, gan mai dim ond un prif gymeriad benywaidd sydd (Mair Magdalen); mae'r sioe wedi'i dominyddu gan y cymeriadau gwrywaidd, yn arbennig yr Iesu, Jwdas, Caiaffas, Peilat, Herod a'r disgyblion. Hefyd, mae'r cyfeiliant wedi'i ysgrifennu ar gyfer cerddorfa a band roc.

Mae gan y sioe amrywiaeth wych o weadau yn enwedig yn nhermau'r ysgrifennu cerddorol ar gyfer y corws. Mae yna lawer o adegau harmonig, adrannau unsain a darnau tebyg i adroddgan (*recitative-like*) sy'n cyflwyno'r 'ddeialog'. Mae enghreifftiau o'r rhain i'w gweld yn yr enghreifftiau isod: mae Enghraifft 2.20 yn dangos thema *Jesus Christ Superstar*; mae Enghraifft 2.21 yn dangos syniad unsain, ac mae Enghraifft 2.22 yn dangos golygfa'r Deml (darn tebyg i adroddgan).

Gweithgaredd

Mae yna lawer o adegau diddorol yn *Jesus Christ Superstar*. Efallai y gallai eich dosbarth ddysgu'r gerddoriaeth ar gyfer 'Everything's Alright', cân sy'n cael ei chanu gan gymeriad Mair Magdalen i'r Iesu. Tuag at ddiwedd y gân, mae bechgyn a merched y cast yn canu alawon gwahanol, y cyfan wedi'i haenu a'u hailadrodd wrth i Mair orffen y gân. Mae'n effaith ddiddorol iawn. Mae arwydd amser 5/4 i'r gân hefyd.

Thema *Jesus Christ Superstar*

Enghraifft 2.20

Adrannau unsain

Enghraifft 2.21

Golygfa'r Deml – darn tebyg i adroddgan

Enghraifft 2.22

Guys and Dolls

Sioe Broadway yw *Guys and Dolls* (cerddoriaeth a geiriau gan Frank Loesser) sy'n cynnwys straeon am serch, gamblo a diwygio crefyddol. Mae wedi'i lleoli yn Efrog Newydd yn ystod cyfnod y gwaharddiad, â chenhadaeth debyg i Fyddin yr Iachawdwriaeth yn gefndir iddi.

Mae modd gwrando ar y gân agoriadol ar YouTube, cân a oedd yn cael ei chanu gan dri chymeriad – Nicely-Nicely, Benny a Rusty – sy'n dadlau am enillydd tebygol ras geffylau.

Yn y sioe, mae'r gân yng nghywair D meddalnod mwyaf. Mae mewn **amseriad rhanedig cyffredin**, (*cut common time*), mae'r tempo wedi'i labelu yn 'Steady Medium Bounce', ac mae'r cynnwys yn fympwyol (*quirky*) ac yn fachog gan gynnwys rhai cyfyngau nodedig yn y llinellau melodig (h.y. defnydd o 5ed a hanner tonau).

Allweddair

Amser rhanedig cyffredin: arwydd amser 2/2, h.y. dau guriad minim mewn bar (weithiau'n cael ei alw'n *alla breve*).

Canon ar gyfer tri llais yw'r gân. Ei theitl yw 'Fugue for Tin Horns' ac mae ffurf ac adeiledd y gân i'w gweld yn y tabl isod.

Ffurf ac adeiledd 'Fugue for Tin Horns'

Offeryniaeth (ansawdd)	Gwead	Dynameg
CORSENNAU (V) – ffliwt/piccolo (un chwaraewr), clarinetau/clarinét fas, sacs alto/tenor/bariton PRES – trwmpedau ×3, trombôn LLINYNNAU – feiolinau, sielo, bas llinynnol OFFERYNNAU TARO Sain gerddorfaol lawn iawn, er bod llinellau'r trwmped a'r clarinét yn amlwg yn y cyfeiliant	Mae pob llais yn canu'r brif alaw dair gwaith, yna mae pob llais yn ymuno i orffen y gân. Gwead ysgafn/tenau i ddechrau wrth i un llais (Nicely) ganu'r brif alaw. Mae'r gwead fan hyn yn homoffonig, h.y. alaw a chyfeiliant cordiol. Mae'r gwead yn adeiladu i fyny gyda phob cydiad lleisiol nes ei fod yn **wrthbwyntiol** ac yn ddwys, wrth i'r tri llais gydganu'r alaw ar wahanol amserau. Mae'r gwead fan hyn yn **bolyffonig**. Reit ar ddiwedd y darn, yn y **diweddglo**, mae pob llais yn ymuno gyda chydiadau darwahan (*staggered entries*) ar gyfer y diweddglo mawr. Mae'r frawddeg olaf yn cael ei chyflwyno fel gwead **homoffonig**.	*mf* yn bennaf trwy gydol y darn. Mae'r diweddglo'n cynnwys rhai nodau acennog **sforzando** (sfz) ac yn cynyddu gyda chydiadau darwahan ar gyfer diweddglo *ff*.

Phantom of the Opera

Allweddair

Sforzando: yn cael ei ddangos gan sfz – acen sydyn a grymus ar nodyn neu gord.

Cyfansoddwyd *The Phantom of the Opera* yn 1986 gan Syr Andrew Lloyd Webber. Mae'r darn yn adrodd hanes athrylith gerddorol sydd â nam corfforol – y 'Phantom' – sy'n colli'i ben dros soprano ifanc o'r enw Christine Daaé.

Mae golygfa'r 'Prima Donna' yn ddarn ensemble sy'n brysur ac yn gymhleth iawn yn nhermau'r gwead.

Mae Madame Giry (meistres bale yr opera) yn cyflwyno nodyn wedi'i ysgrifennu gan y Phantom, sy'n mynnu bod Christine yn cymryd lle Carlotta yn yr opera newydd (*Il Muto*), neu fe fydd trychineb ofnadwy 'y tu hwnt i'r dychymyg' ('Notes'). Mae Firmin ac André (rheolwyr y tŷ opera) yn sicrhau Carlotta, sy'n gynddeiriog, mai hi fydd yn parhau i fod yn seren ('Prima Donna').

Mae yna nifer o gymeriadau'n cymryd rhan yn yr ensemble hwn: Madame Giry, Firmin, André, Raoul, Carlotta, Piangi a Meg. Felly, mae'n ensemble lleisiol **saith** rhan, gyda chyfeiliant y gerddorfa.

Gwyliwch a gwrandewch ar *The Phantom of the Opera*, Act 1, Golygfa 7 a Golygfa 8 ar YouTube.

Mae'r rhan gyntaf, 'Notes' yn arbennig o heriol fel ensemble lleisiol. Mae'n anodd yn rhythmig ac yn dechnegol, gyda **colla voce**, **adroddgan** ac **ysgrifennu areithiol** i lais wrth i'r drafodaeth rhwng y cymeriadau ddigwydd. O tua 7'45" mae'r 'Prima Donna' sy'n fwy telynegol yn cyflwyno'r alawon amrywiol mewn arwydd amser 3/4 mwy sefydlog, a gydag arddull felodig llai prysur i bawb sy'n cymryd rhan.

Allweddeiriau

Colla voce: pan mae'n rhaid i'r cyfeiliant ddilyn rhan y llais, heb lynu'n gaeth i'r tempo.

Adroddgan: math o arddull leisiol sy'n efelychu rhythmau ac acenion yr iaith lafar; caiff ei alw weithiau'n 'llafar ganu'.

Ysgrifennu areithiol: math o ysgrifennu lleisiol, yn debyg i adroddgan gan fod iddo ansawdd areithiol.

Ffurf ac adeiledd 'Notes' a 'Prima Donna'.

Offeryniaeth (ansawdd)	Gwead	Dynameg
CORSENNAU (V) – ffliwt/piccolo, clarinét/clarinét fas/clarinét E meddalnod, obo/cor anglais, baswn PRES – cyrn ×3, trwmpedau ×2, trombôn LLINYNNAU – feiolinau, fiolâu, sieloau, bas dwbl, telyn OFFERYNNAU TARO – amrywiaeth ALLWEDDELLAU – piano a syntheseiddydd	Cyfoethog iawn, dwys a chymhleth. Yn 'Notes' mae llawer o ryngweithio ac ysgrifennu gwrthbwyntiol wrth i gymeriadau leisio'u barn a chyfathrebu â'i gilydd gan ddefnyddio'u pytiau o'u halawon eu hunain. Mae'r ffordd y mae'r alawon yn rhyngweithio yma yn effeithiol iawn, yn enwedig sut mae syniadau melodig yn cael eu haenu o ran y gwead. Mae 'Prima Donna' yn llai cymhleth o ran rhythm, ond yn parhau gyda haenu melodig a rhannau'n rhyngweithio â'i gilydd. Mae'r gwead yn **homoffonig** yn ystod diweddglo'r gân, wrth i rannau ymuno â'i gilydd ar y geiriau: *'Light up the stage with that age-old rapport! Sing, prima donna, once more!'* Wrth i'r ensemble ddal y nodau olaf, mae'r cyfeiliant yn defnyddio leitmotiv cromatig nodweddiadol y Phantom wrth iddo rybuddio am y drychineb sydd i ddod.	Mae'r ddynameg yn amrywiol, gyda defnydd helaeth o rai nodau acennog cryf, patrymau hanner cwaferau ffyrnig a sforzando. Ar adegau yn dawelach (e.e. wrth ddarllen y llythyron oddi wrth y Phantom). Mae'r ddynameg yn cryfhau yn ôl yr emosiwn sy'n cael ei ddangos gan y cymeriadau yn yr olygfa hon. Mae'r ddynameg yn adeiladu trwy gydol yr adrannau 'Prima Donna' wrth i'r holl leisiau ganu gyda cherddorfa lawn.

Gweithgareddau

1. Gweithiwch mewn grŵp i berfformio darn ensemble o un o'ch hoff sioeau cerdd. Gwyliwch a gwrandewch ar recordiad ohoni – yna ceisiwch weithio allan sut i'w chwarae.
1. Cyfansoddwch ddarn o gerddoriaeth ar gyfer dau gymeriad (h.y. deuawd), gyda'r bwriad iddi fod yn rhan o sioe gerdd. Mae'r olygfa yn un o wrthdaro. Dewiswch un o'r sefyllfaoedd canlynol:
   a) Mae'r ddau gymeriad, fel rhieni, yn anghytuno ynglŷn â'u merch neu eu mab sydd yn eu harddegau.
   a) Mae un cymeriad yn cyhuddo'r llall o gam-ymddwyn.

   Meddyliwch am sut y byddwch chi'n portreadu'r cymeriadau a beth fydd yr olygfa, a beth fydd y geiriau. Dylech chi ganolbwyntio ar linellau'r alaw'n unig, a cheisio sicrhau bod y rhannau'n rhyngweithio'n gerddorol.

Gallwch chi recordio eich gwaith ar gyfrifiadur.

TESTUN 5 JAZZ A'R BLUES

Yr arddulliau

Mae **jazz** a'r **blues** yn arddulliau a ymddangosodd yn America ar ddechrau'r ugeinfed ganrif. Nid ydym yn gwybod yn union sut, pryd a ble y dechreuon nhw, ond mae'n cael ei chydnabod mai alltudio pobl ddu o Affrica i America i weithio fel caethweision ar blanhigfeydd yn y 'Deep South' yw ffynhonnell y genre. Roedd y caethweision yn canu caneuon gwaith, caneuon ysbrydol (*spirituals*) a siantiau (*chants*), yn ogystal â chaneuon serch a baledi mwy myfyriol. Roedd y gerddoriaeth yn syml ac eto'n emosiynol; roedd y caneuon yn cael eu canu heb gyfeiliant, ac yn sylfaenol o ran eu siâp a'u hadeiledd. Mae'n debyg y byddai cerddoriaeth werin Affrica wedi defnyddio'r raddfa **bentatonig**, ond trawsnewidiwyd y cynnwys cerddorol gan ddylanwad cerddoriaeth Ewropeaidd i gynhyrchu arddull Americanaidd arbennig a fyddai'n dylanwadu ar ddiwylliant cerddorol poblogaidd mewn ffordd na allai unrhyw un fod wedi'i ragweld na'i werthfawrogi – ac mae'r canlyniad yn dal i fod gyda ni heddiw.

Allweddair

Pentatonig: graddfa sy'n cynnwys pum nodyn.

Roedd caethweision Affricanaidd yn aml yn canu'r blues wrth weithio ar blanhigfeydd.

Dyddiau cynnar jazz a'r blues

Yn 1865, ar ôl diwedd Rhyfel Cartref America, enillodd y caethweision eu rhyddid. Daeth hyn â chaledi newydd a marwolaethau oherwydd clefydau a newyn. Cafodd nifer eu gadael tra bod eraill, gan nad oedd unrhyw beth arall ar gael, wedi dychwelyd i weithio ar y planhigfeydd, ond yn parhau i ddioddef triniaeth greulon gan berchnogion y planhigfeydd.

Cafodd beth o'r gerddoriaeth y gwnaethon nhw ei chreu ar yr adeg honno ei mynegi yn y **blues**. Roedd y caneuon cynnar yn rhyw fath o gymysgedd rhwng y caneuon gwaith a'r caneuon ysbrydol – a hyd yn oed heddiw, mae'r ymadrodd 'having the blues' yn cyfleu tristwch ac iselder ysbryd. Mae'n debyg mai casglwyr cotwm, gweithwyr y dociau neu ddynion y rheilffordd fyddai'r cantorion cyntaf wedi bod, a oedd yn canu er mwyn cael rhyddhad emosiynol – dyna oedd eu ffordd nhw o wynebu bywyd. Mae dylanwad eu cerddoriaeth, â'i nodweddion cerddorol nodedig, yn hawdd i'w adnabod trwy holl hanes jazz.

Roedd rhai cantorion yn sylweddoli bod modd iddyn nhw ennill bywoliaeth drwy ganu, gan ddechrau perfformio mewn salwnau, sioeau-pabell teithiol a'u tebyg. Cyn bo hir, aeth y gerddoriaeth yn fwy poblogaidd a dechreuodd yr arddull esblygu. Tyfodd y cyfeiliant o fod yn un offeryn, fel y gitâr neu'r piano, i fod yn sefyllfa lle byddai'r perfformwyr blues mwy proffesiynol yn defnyddio grwpiau bach o offerynnau. Cyn bo hir, roedd yr arddull gerddorol dipyn yn fwy soffistigedig.

Hyd at ran gyntaf yr ugeinfed ganrif, nid oedd unrhyw enghreifftiau ysgrifenedig o'r gerddoriaeth yn bodoli, ac roedd y perfformwyr yn dibynnu ar ganu'n **fyrfyfyr** a gwaith cof. Fodd bynnag, yn y pen draw, roedd rhai o'r caneuon hyn yn dechrau cael eu cyhoeddi gan ddiwydiant cyhoeddi cerddoriaeth ddalen America, ac roedd y cyhoeddiad cyntaf o gerddoriaeth ddalen y blues yn 1908. Roedd y cyfansoddwr Affro-Americanaidd W. C. Handy yn gerddor poblogaidd a oedd yn ei alw ei hun yn 'Tad y Blues'. Mae ei gân enwog 'St Louis Blues' (a gyhoeddwyd yn 1914) yn parhau i fod yn rhan bwysig o repertoire jazz.

Allweddair

Chwarae'n fyrfyfyr/ byrfyfyrio: pan gaiff cerddoriaeth ei chreu wrth iddi gael ei pherfformio, h.y. mae'n cael ei chyfansoddi yn y fan a'r lle.

Dyma rai o berfformwyr nodedig cerddoriaeth blues gynnar:

- Sonny Boy Williamson
- Ma Rainey
- Bessie Smith
- Big Bill Broonzy
- Blind Lemon Jefferson.

Sonny Boy Williamson

Gweithgaredd

Gwrandewch ar berfformiad gwreiddiol o 'Saint Louis Blues' gan W.C. Handy

1. Enwch gymaint o'r offerynnau ag y gallwch.
2. Meddyliwch am y gair mwyaf addas i ddisgrifio tempo'r darn hwn.
3. Gweithiwch gyda myfyriwr arall i drafod unrhyw nodweddion sy'n arbennig o ddiddorol yn y gerddoriaeth.
4. Nawr perfformiwch y brif thema gyda grŵp o ffrindiau. Caiff y nodiant ei chynnwys yn Enghraifft 2.23.

Enghraifft 2.23

Nodwch fod y dyfyniad:

- yn 12 bar o hyd
- ag ystod eithaf cyfyngedig (h.y. y cyfan o fewn wythfed)
- yn cynnwys rhai hapnodau, sy'n ychwanegu cymeriad i'r gerddoriaeth
- angen cael ei berfformio mewn **arddull swing** i swnio'n gywir.

Allweddair

Arddull swing: arddull gerddorol sy'n tarddu o'r 1920au/30au. Perfformiad anghyfartal o'r nodau (e.e. cwaferau swing) ydyw, sy'n nodweddiadol o bob math o jazz. Mae'n rhoi teimlad rhythm dot/tripled i'r curiad.

Prif nodweddion cerddorol cerddoriaeth blues

Adeiledd

Yr adeiledd mwyaf arferol yw patrwm 12-bar – yn union fel mae adeiledd 'Saint Louis Blues' yn adeiledd 12-bar. (Mae yna adeileddau eraill, sy'n 8 bar ac 16 bar o hyd.)

Y trefniant o gordiau mwyaf sylfaenol a phoblogaidd mewn unrhyw gywair yw:

Cord I	Cord I	Cord I	Cord I
Cord IV	Cord IV	Cord I	Cord I
Cord V	Cord IV	Cord I	Cord I\V

Yn G fwyaf, fel hyn y byddai:

G	G	G	G
C	C	G	G
D	C	G	G/D

Mae'r adeiledd hwn wedi darparu sylfaen ar gyfer caneuon blues a chaneuon pop di-rif, hyd at heddiw.

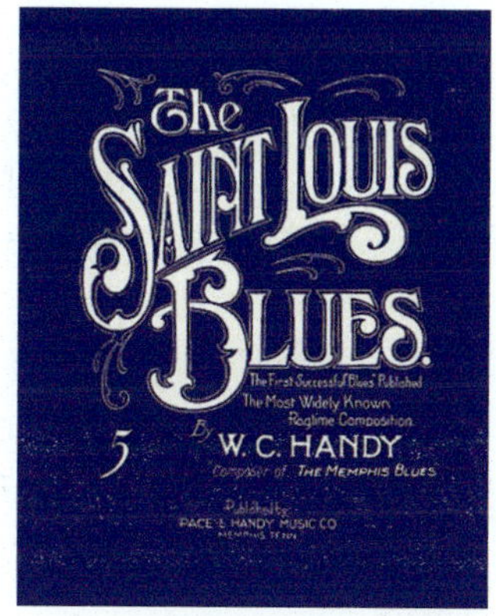

'Saint Louis Blues'

Tasg

Cymharwch y trefniant o gordiau ar y chwith gydag adeiledd cordiau 'Saint Louis Blues'. Ai'r un peth ydyw, neu a yw'n wahanol?

Cordiau a dilyniadau

Y cordiau mwyaf, h.y. I (tonydd), IV (islywydd), a V (llywydd) oedd y cordiau mwyaf cyffredin mewn adeileddau blues. Fodd bynnag, roedd yna amrywiadau i'r patrwm hwn, ac roedd 7fed yn aml yn cael ei ychwanegu at y cordiau. Nodwch nad oes gan yr adeiledd blues 12-bar a ddangosir uchod ddiweddeb berffaith ar y diwedd – diweddeb amen/eglwysig sydd yn ei lle (IV – I). Gall cord V gael ei ailadrodd ar ddiwedd yr adeiledd er mwyn caniatáu ar gyfer ailadrodd y dilyniad llawn.

Geiriau

Roedd geiriau'r caneuon blues cynnar yn cynnwys pedair llinell, wedi'u hailadrodd. Adeiledd pennill mwy cyffredin yw pennill tair llinell, lle mae llinellau un a dau yr un peth. Mae gan y drydedd linell eiriau gwahanol ond mae'n odli gyda'r ddwy linell gyntaf.

Er enghraifft, gweler isod ddau bennill olaf cân o'r enw 'Statesboro Blues', gan Blind Willie McTell, y mae modd gwrando arni hefyd ar YouTube:

You know I loved that woman better than any woman I'd ever seen.
Yes I loved that woman better than any woman I'd ever seen.
She treat me like a king, I treat her like she was a doggone Queen.

Wake up mama, turn your lamp down low.
Wake up mama, turn your lamp down low.
Have you got the nerve to drive papa Taj from your door?

Blind Willie McTell (1898–1959)

Galw ac ateb

Mae galw ac ateb yn nodwedd o'r caneuon gwaith yr oedd blues yn tarddu ohonyn nhw. Mae arweinydd yn galw/canu llinell, gyda gweddill y grŵp yn ateb drwy ganu/chwarae'r un frawddeg.

Graddfa Blues

Y raddfa bentatonig leiaf yw graddfa'r blues, gyda nodyn ychwanegol: sef y 5ed wedi'i feddalu – G meddalnod, fel a ddangosir yn Enghraifft 2.24.

Ffaith

Mae gan y raddfa bentatonig leiaf ar C y pum nodyn yma: C, E ♭, F, G a B♭.

Enghraifft 2.24

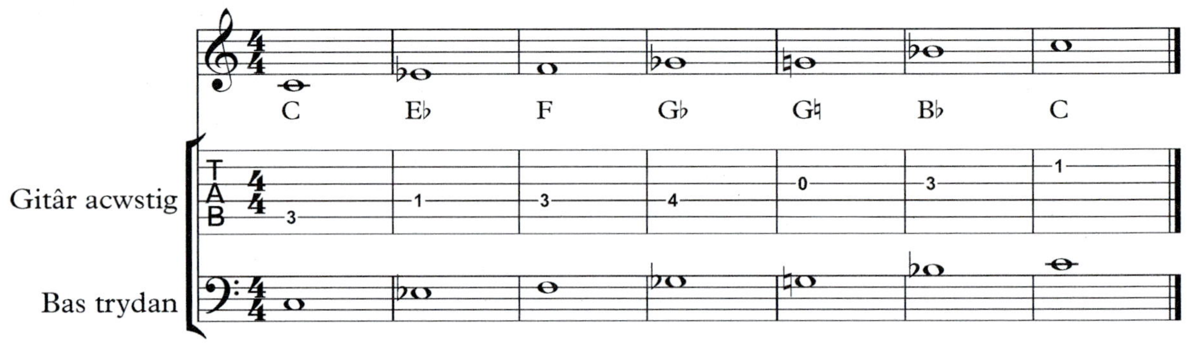

Nodau Blues

Mae nodau blues yn rhan bwysig a llawn mynegiant o 'sain' y blues. Weithiau mae'r nodau hyn yn cael eu galw'n 'nodau pryderus'. Caiff y nodau eu 'plygu' gan hanner tôn neu, mewn rhai achosion, hyd yn oed yn llai na hynny. Fel arfer, maen nhw i'w cael ar 3ydd, 5ed neu 7fed y raddfa. (Edrychwch ar y raddfa blues yn Enghraifft 2.24.)

Gweithgaredd

Gwrandewch ar recordiad gwreiddiol Robert Johnson o 'Crossroads' ar YouTube. Mae Enghraifft 2.25 yn dangos nodiant yr alaw, gyda saethau'n dangos y nodau 'blues' wedi'u meddalu.

Enghraifft 2.25

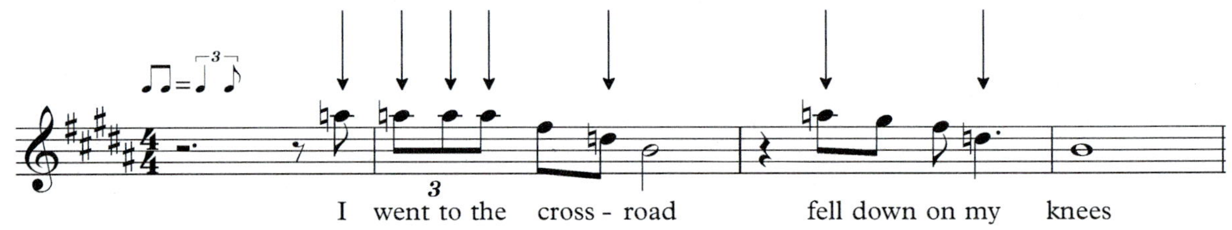

Nawr gwrandewch ar fersiwn Eric Clapton, a gafodd ei recordio dipyn yn hwyrach yn yr 1980au.

Tasg

Cymharwch y ddau fersiwn o 'Crossroads', gan roi sylwadau ar y ffyrdd y mae fersiwn Clapton yn wahanol i'r un gwreiddiol.

Chwarae'n fyrfyfyr

Chwarae'n fyrfyfyr yw pan mae perfformwyr yn 'creu' cerddoriaeth yn ystod perfformiad. Nid yw'r nodau'n rhai ysgrifenedig – maen nhw'n creu llinell felodig ddigymell (*spontaneous*) uwchben y cylch o newidiadau cordiol sydd wedi'i ddarparu gan y cyfeiliant.

> *'In jazz, improvisation isn't a matter of just making any ol' thing up. Jazz, like any language, has its own grammer and vocabulary. There's no right or wrong, just some choices that are better than others.'*
> (Wynton Marsalis, quoted on 'A Passion for Jazz!')

Wynton Marsalis: cerddor ac addysgwr jazz Americanaidd

Nodweddion rhythmig

Y prif nodweddion yw 'rhythmau swing' a thrawsacennu (h.y. acenion oddi ar y curiad). Mae'r rhythmau swing yma'n nodwedd wirioneddol bwysig mewn jazz. Mae'r gerddoriaeth mewn gwirionedd yn cael ei hysgrifennu mewn cwaferau syth, gyda'r ddealltwriaeth eu bod yn cael eu perfformio gyda theimlad 'swing'.

Fel enghraifft, gwrandewch ar 'Satin Doll', gan Duke Ellington a'i Gerddorfa.

Nawr edrychwch ar sgôr prif alaw 'Satin Doll' (Enghraifft 2.26), wrth i chi wrando ar y gân. Nodwch y cyfarwyddyd **tempo** ar ddechrau'r gerddoriaeth. Mae hyn yn dweud wrthym ni fod yr alaw'n cael ei chwarae mewn rhythm 'swing'.

Allweddair

Tempo: yn cyfeirio at gyflymder y gerddoriaeth.

Enghraifft 2.26

Riffiau

Motiff neu batrwm byr yw rìff cerddorol fel arfer a gaiff ei ailadrodd yn y gerddoriaeth. A dweud y gwir, hwn yw sylfaen y cyfansoddiad. Mewn jazz a blues fel arfer, gall y rìff gynnal yr unawd fyrfyfyr.

Mae riffiau hefyd yn gyffredin iawn mewn cerddoriaeth bop (gweler Adran 4 Cerddoriaeth Boblogaidd).

Tasgau

1. Defnyddiwch gord A leiaf (A C E) i wneud syniad rhythmig byr a allai gael ei ddefnyddio fel rìff. Gallwch chi gynnwys nodau eraill os hoffech chi, ond seiliwch eich prif syniad ar y cord hwn.
2. Ysgrifennwch rìff melodig. Dewiswch allan o'r nodau A, C, D, E ac G. Recordiwch eich rìff, gan ailadrodd y rìff gymaint o weithiau ag yr hoffech. Nawr ychwanegwch alaw arall uwchben y patrwm hwn, gan seilio eich syniadau o gwmpas yr un nodau.
3. Gwnewch ddetholiad o riffiau gan ddefnyddio cordiau gwahanol.

Jazz

Fel un o ffurfiau celf gwreiddiol America, mae tarddiad jazz â chysylltiad agos gyda cherddoriaeth y blues. Mae'r genre yn ymwneud ag ystod eang o gerddoriaeth a, dros y blynyddoedd, mae nifer o arddulliau wedi cael eu nodi, fel y gweler isod.

Project Remi Harris gyda Deborah Rose mewn cyngerdd.

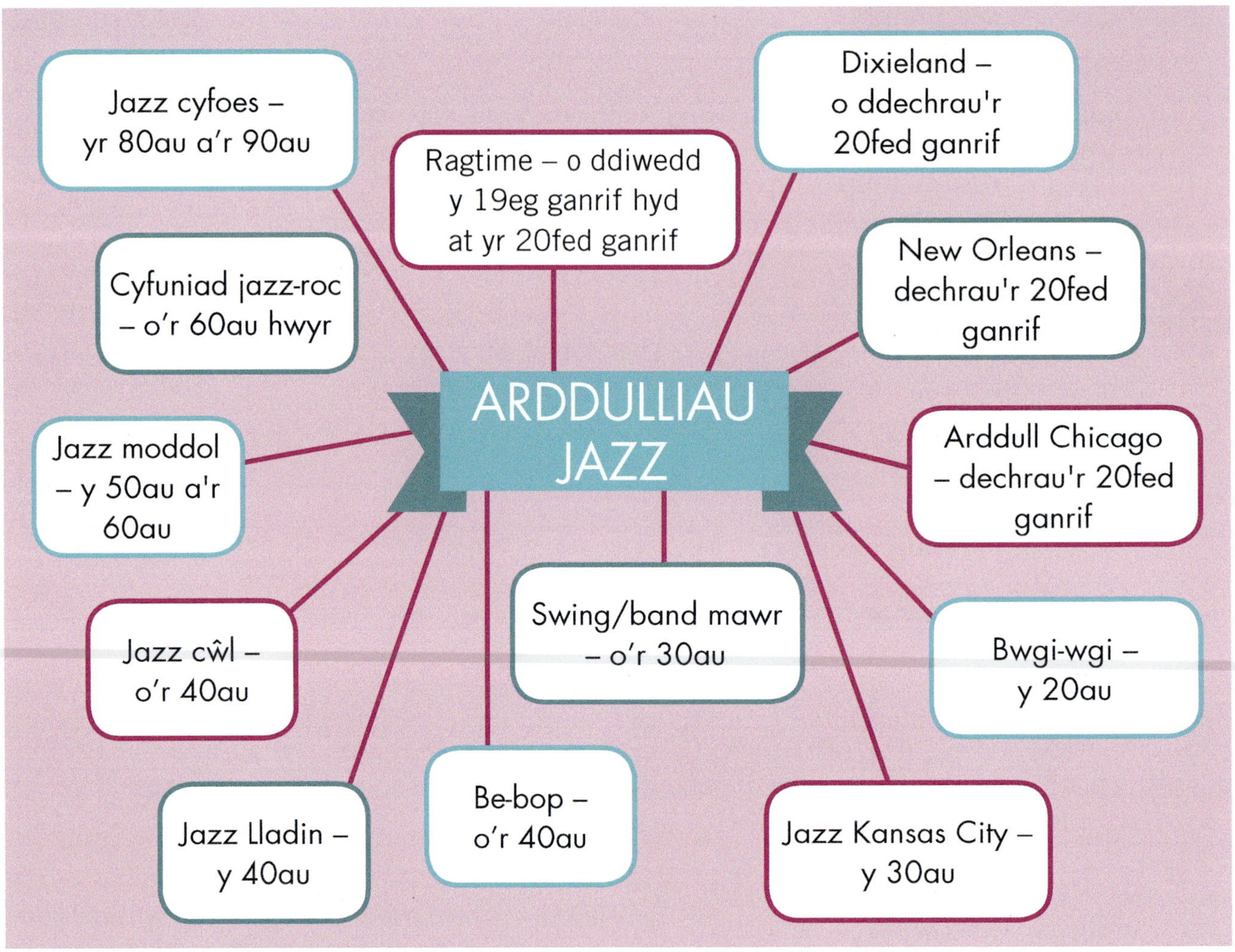

Nid oes disgwyl i chi wybod popeth am yr arddulliau jazz hyn. Mae yna gymaint o wahanol fathau o jazz, fel bod ymwybyddiaeth gyffredinol yn ddigonol ar gyfer yr arholiad hwn. Roedd nifer o'r 'mawrion jazz' eiconig (… ac mae yna lawer ohonyn nhw) yn aml yn croesi rhwng nifer o arddulliau jazz gwahanol yn ystod eu gyrfaoedd, gan berfformio gyda cherddorion jazz enwog eraill ar hyd y daith. Mor bell yn ôl ag 'Oes Aur Jazz' yn yr 1920au, ac ar ôl cyfnod y band swing poblogaidd, roedd perfformio'u cerddoriaeth mewn ensembles llai, mwy personol yn rhywbeth yr oedd y rhan fwyaf o fawrion jazz yn ei fwynhau.

Un grŵp y mae'n hanfodol eich bod chi'n ei ddeall yn y genre hwn, fodd bynnag, yw'r **adran rhythm**. Mewn jazz, mae hyn fel arfer yn cynnwys chwaraewr bas, drymiwr a rhywun yn chwarae'r cordiau – fel arfer chwaraewr allweddellau neu gitarydd. Mewn arddulliau jazz mwy modern, gall rhan y bas gael ei chwarae ar gitâr fas drydan.

▲ Triawd jazz

Dyma'r offerynnau sy'n darparu'r 'curiad' (y drymiau), y 'grŵf' (y bas) a'r cyfeiliant cordiol i gynnal yr alaw (piano neu gitâr). Yn gyffredinol, yr adran rhythm sy'n darparu'r cyfeiliant, neu'r cefndir i'r prif syniadau melodig. Weithiau, bydd aelodau'r adran rhythm hefyd yn chwarae'n fyrfyfyr ac yn chwarae rhai unawdau.

Mewn perfformiad ensemble jazz, bydd y chwaraewr bas a'r chwaraewr allweddellau yn cael **dalen ganllaw** sy'n cynnwys yr alaw (y 'blaen' neu'r brif thema) y dilyniadau cordiol (yr harmoni) a'r geiriau, os yw'n gân. Bydd disgwyl i'r adran rhythm ddarparu rhannau'r rhythm, llinellau bas a chord-leisio (*chord-voicings*) sy'n addas i'r gân. Weithiau, caiff rhan y bas a rhan y drymiau eu nodiannu.

▼ Alison Rayner yn chwarae bas dwbl.

Mae ganddyn nhw i gyd swydd bwysig i'w wneud:

- Mae'r **drymiwr** yn cadw curiad cyson, yn ychwanegu cyffro i'r perfformiad, yn gweithio gyda'r chwaraewr bas i osod y 'grŵf', yn cynnal y chwarae byrfyfyr yn yr adrannau unawdol ac yn ychwanegu 'llenwadau' (*fills*) rhwng brawddegau ac adrannau.
- Mae'r **chwaraewr bas** yn gosod y 'grŵf', yn sefydlu curiad y gerddoriaeth gyda'r drymiwr, yn chwarae gwreiddyn y cordiau ac yn cynnal yr harmonïau. Byddai'r grwpiau jazz cynnar iawn o bosibl wedi defnyddio tiwba yn lle bas dwbl.
- Mae'r **chwaraewr allweddellau** (neu'r **gitarydd**) yn chwarae'r cordiau mewn ffordd ddiddorol ac yn cyfeilio i'r alaw. Caiff ei ddisgrifio fel 'comping' (sy'n amlwg yn dod o'r gair 'accompany'). Pan mae pianyddion yn 'byrfyfyrio', maen nhw'n dal i 'gyfeilio' gyda'r llaw chwith. Byddai'r grwpiau cynnar iawn o bosibl wedi defnyddio banjo yn lle gitâr.

▼ Cerddorfa Count Basie

Roedd rhai bandiau swing fel **Cerddorfa Count Basie** yn defnyddio pedwarawd fel yr adran rhythm, h.y. drymiau, bas, nodau (piano) a gitâr. Wrth i amser fynd yn ei flaen, daeth adrannau rhythm yn fwy amrywiol. Roedd grwpiau llai yn ymdopi â dim ond bas a drymiau, roedd rhai ddim yn cynnwys y gitâr, tra bod offerynnau unawdol grwpiau eraill weithiau'n cefnogi'r adran rhythm gydag offerynnau taro ychwanegol, fel oedd yn addas i'r arddull.

i Ffaith

Roedd Jimmy Giuffre yn gerddor jazz Americanaidd creadigol a ysgrifennodd drefniannau a oedd yn caniatáu ar gyfer chwarae byrfyfyr rhydd rhwng y perfformwyr – mewn ambell ddarn o'i gerddoriaeth grŵp byddai'r gitâr, y trombôn a'r clarinét yn newid rhwng chwarae'n unawdol a chael rôl fel offeryn cynhaliol yn yr adran rhythm.

Bydd y diffiniadau isod yn ddefnyddiol i chi, gobeithio, er mwyn cyfeirio atyn nhw yn eich astudiaeth o ensembles jazz.

Diffiniadau

Clasur (*standard*) – caiff cân jazz ei galw'n glasur pan fydd yn boblogaidd iawn.

Blaen – enw'r brif thema neu'r rìff.

Cytgan – sut mae cerddorion jazz yn cyfeirio at newidiadau cordiau a dilyniadau cordiau mewn darn o gerddoriaeth.

Estyniadau cordiau – pan fydd nodau ychwanegol yn cael eu hychwanegu at y triad sylfaenol (h.y. gwreiddyn, 3ydd a 5ed y cord), i gyflawni sain wahanol a chymhlethdod; er enghraifft 6ed, 7fed, 9fed, 11eg, ♭9, ♭7, ac yn y blaen. Mae hwn yn bwnc anodd, ond efallai bydd yr esboniad yn Enghraifft 2.27 yn help.

Y rhifau yn Enghraifft 2.28 yw'r cyfyngau uwchben y gwreiddyn. Mae'r enghraifft hon yn dangos cord C fwyaf gyda'i gyfyngau o 3ydd a 5ed uwchben y gwreiddyn C.

Enghraifft 2.27

5ed yw'r cyfwng rhwng C ac G.

3ydd yw'r cyfwng rhwng C ac E.

Nawr edrychwch ar rai **estyniadau cordiau** a adeiladwyd ar C (Enghraifft 2.28).

Enghraifft 2.28

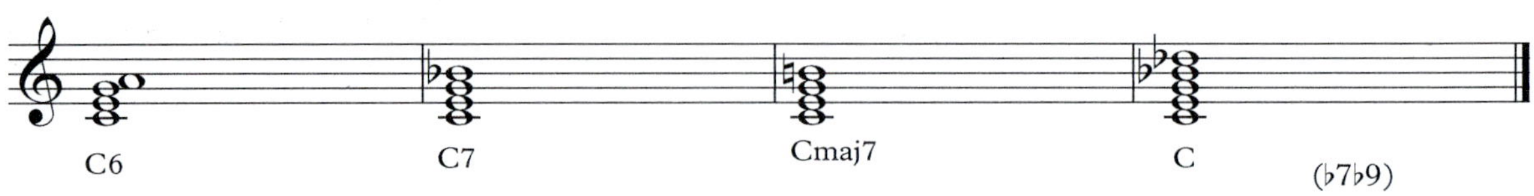

Diffiniadau

Toriad – unawd fer, math o frawddeg gysylltiol fer i'r gytgan. Adran fer gyda gwead monoffonig a oedd yn aml yn cael ei chwarae'n fyrfyfyr.

Cordiau stop (*stop chords*) – i'w clywed pan na fydd yr adran rhythm yn chwarae; er ei bod yn ddyfais rythmig sy'n cael ei chwarae yn ystod (neu cyn) yr unawd.

Bas sy'n cerdded (*walking bass*) – arddull symudiad y bas yn y cyfeiliant, sy'n cynnal rhythm a 'theimlad' cyson i'r gerddoriaeth. Mae'n 'cerdded drwy' nodau'r cordiau neu'r raddfa. Yr enw ar yr effaith ailadroddus yw'r 'grŵf', fel yn Enghraifft 2.29.

Tasg

Er mwyn gwrando ar rai llinellau bas sy'n cerdded, chwiliwch am y darnau canlynol gan Miles Davies ar YouTube: 'Milestones' (1958) a 'So what' a 'Freddie Freeloader' (y ddau o 1959).

Gweithgaredd

Perfformiwch y bas sy'n cerdded o Enghraifft 2.29 gyda grŵp o ffrindiau, gan gynnal y llinell gyda chit drymiau, efallai.

Enghraifft 2.29

Enghraifft o linell fas sy'n cerdded mewn 'BWGI-WGI'

Back-ups – motiffau a syniadau cerddorol byr sydd i'w clywed, o bosibl y tu ôl i ran yr unawd, ac sy'n ychwanegu at y gwead a'r cyfeiliant.

Cics – motiffau neu ffigurau cerddorol sy'n cael eu chwarae'n uchel (yn acennog) gyda chefnogaeth y drymiau.

Lics – cyfres fer o nodau (neu batrwm) sy'n ffitio i mewn i'r newidiadau cordiau. Maen nhw i'w gweld yn unrhyw le mewn darn jazz – yn yr unawdau, y blaen neu'r cyfeiliant.

Tro yn ôl (*turnaround*) – darn byr gyda chordiau (neu syniad melodig weithiau), sydd i'w weld ar ddiwedd adran, sy'n help i ddod â'r gerddoriaeth yn ôl i gywair y tonydd, neu i fan cychwyn. Mae weithiau'n cael ei alw'n ***turnback***.

Dalen ganllaw – taflen sy'n cael ei rhoi i berfformwyr sy'n cynnwys yr alaw a chordiau. Nid yw'n sgôr lawn – mae'n ganllaw sy'n arwain y perfformwyr drwy'r newidiadau cordiau a'r cytganau wrth iddyn nhw chwarae unawd a/neu gyfeilio. Mae'n fersiwn llaw fer o'r sgôr.

Offerynnau blaen (*front line*) – mae'n cyfeirio at yr offerynnau sy'n chwarae'r thema, h.y. pob offeryn sydd ddim yn yr adran rhythm, fel arfer y trwmpedau, y sacsoffonau a'r trombonau. Weithiau, maen nhw'n cael eu galw'n 'cyrn'.

Cytgan gweiddi (*shout chorus*) – yr enw ar gytgan terfynol, sy'n cael ei chwarae'n uchel, gan yr holl offerynnau blaen. Mae'r un peth ag adran tutti mewn cerddoriaeth glasurol.

Cyngor cyflym

Mae cynnwys *back-ups* bob amser yn syniad da os ydych chi'n cyfansoddi darn mewn arddull jazz.

Allweddair

Tutti: cyfarwyddyd sy'n golygu 'pawb'.

Yr unig ffordd y gallwch chi wir werthfawrogi'r ffordd yr oedd y chwaraewyr jazz hyn yn gweithio yn eu grwpiau, yw trwy wrando ar y recordiadau – mae'n rhwydd cael mynediad atyn nhw ar-lein, i chi gael eu mwynhau. O gofio mai ffocws y maes astudio hwn yw **soniaredd**, **ansawdd** a **gwead**, ar y tudalennau canlynol mae yna rai awgrymiadau o fawrion jazz sydd yn werth gwrando arnyn nhw.

Louis Armstrong

Tasg

Gwrandewch ar 'West End Blues', gan Louis Armstrong a'i Hot Five.

Mae'r dudalen YouTube 'West End Blues Video Score' yn ddefnyddiol iawn gan eich bod yn gallu dilyn y sgôr gerddorol wrth i'r gerddoriaeth chwarae. **Cadenza** unawdol yw'r adran agoriadol sy'n cael ei chwarae gan Louis Armstrong fel rhagarweiniad. Mae gwead cadenza yr unawd yn **fonoffonig**.

Pan mae'r adran 'A tempo' yn dechrau, y trwmped sy'n cynnal y diddordeb melodig, gyda chynhalieth agos gan y clarinét ar adegau. Mae hwn yn wead **homoffonig**.

Trafodwch:

a) Y nodweddion rhythmig sydd i'w gweld a'u clywed yn y darn hwn, sy'n nodweddiadol o gerddoriaeth jazz.

b) Yr ysgrifennu ar gyfer rhan y piano.

c) Unrhyw 'effeithiau' cerddorol anarferol neu ddiddorol.

Louis Armstrong a'i Hot Five.

Allweddair

Cadenza: cyfle i arddangos meistrolaeth dechnegol perfformiwr unawdol.

Gweithgaredd

Ceisiwch weld os ydych chi'n gallu perfformio'r alaw a'r cordiau o 'West End Blues' gyda grŵp o ffrindiau (un person i bob rhan). Mae'n bosibl y bydd angen help eich athro arnoch chi i chwarae llinell yr alaw. Mae'r sgôr i'w gweld yn Enghraifft 2.30.

Enghraifft 2.30

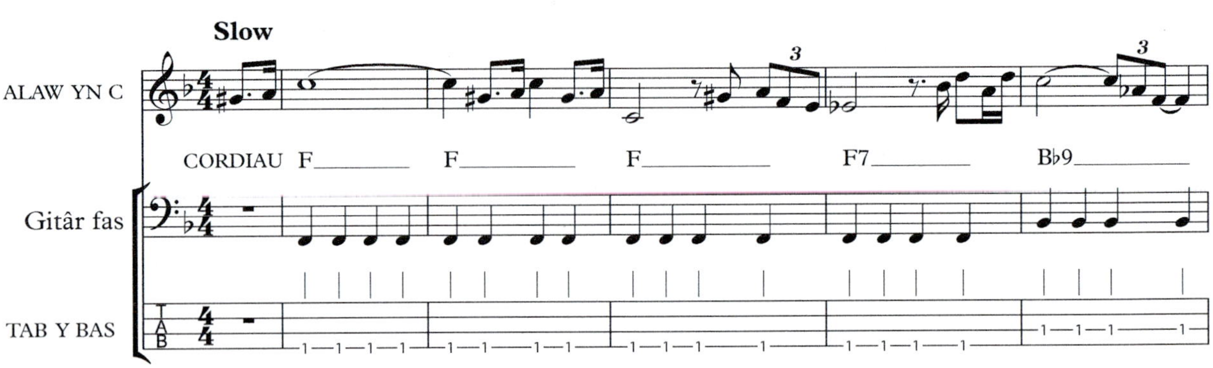

Mae cordiau'r gitâr ar gyfer 'West End Blues' i'w gweld isod.

Cordiau ar gyfer 'West End Blues'

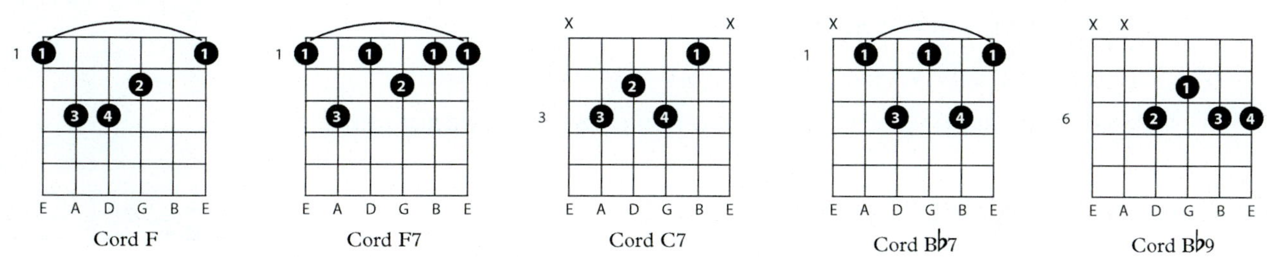

Gwrandewch ar recordiad cynnar iawn (1927) o Louis Armstrong a'i Hot Seven yn perfformio 'Wild Man Blues' ar YouTube.

Louis Armstrong oedd un o'r perfformwyr cyntaf i gael ei recordio'n chwarae'n unawdol, ac roedd ei chwarae byrfyfyr yn sicr wedi gadael ei farc. Roedd yn arddangos ymdeimlad cryf tuag at arddull y blues ac yn dangos techneg aruthrol wrth berfformio – enghraifft o **virtuoso** jazz go iawn.

Allweddair

Virtuoso: perfformiwr sydd â disgleirdeb technegol cydnabyddedig – perfformiwr penigamp.

Roedd yr ensemble hwn – **seithawd** – yn cynnwys Louis Armstrong ar y trwmped, ynghyd â chlarinét, piano, banjo/gitâr, drymiau, tiwba a thrombôn. Yn y recordiad hwn, mae'n bosibl gwerthfawrogi pwysigrwydd ac effeithiolrwydd ei waith trwmped **unawdol** ef.

Ar ôl cord agoriadol byr gan y band, mae Armstrong yn cyflwyno'r thema yn ddigyfeiliant – (gwead **monoffonig**) mewn unedau o ddau far ar y tro, wedi'i atalnodi'n unig gan weddill y band yn chwarae cordiau byr yn y tawnodau ar ddechrau bar 1 a bar 3. O far 5, mae'r gwead yn cynyddu am bedwar bar wrth i'r band llawn gyfeilio a gellir adnabod **cyfalawon** cryf. Fodd bynnag, cyn hir caiff y gwead hwn ei gwtogi. Ym mar 9 mae **unawd fyrfyfyr** hir yn dechrau ar y trwmped sy'n cyflwyno llinellau digyfeiliant bob yn ail â brawddegau sydd wedi'u cyfeilio gan strymio banjo/gitâr ar y prif guriadau. Mae hyn yn parhau hyd at far 40, y pwynt lle mae'r unawd clarinét i'w chlywed. Mae'r darn yn gorffen gyda ffrwydrad gan bob offeryn – sy'n para am 12 eiliad olaf y darn.

Pumawd Charlie Parker

Gweithgaredd

Gwrandewch ar **Bumawd Charlie Parker** yn chwarae 'Ornithology'. Y pum offeryn yn y pumawd hwn yw trwmped, sacs alto, piano, bas a drymiau.

Mewn grwpiau o bedwar neu bump, trafodwch y recordiad hwn, gan ddefnyddio'r cwestiynau canlynol i lywio'ch trafodaeth:

1. Sut mae'r darn wed'i adeiladu?
2. Pa 'nodweddion jazz' nodweddiadol sydd i'w clywed ac a gaiff eu defnyddio yn y gerddoriaeth?
3. Sut mae pob offeryn yn cyfrannu at y darn cyfan?
4. Pa fath o weadau ydych chi'n sylwi arnyn nhw yn y gerddoriaeth?

Thelonious Monk (1917–1982)

Pedwarawd Thelonious Monk

Roedd Thelonious Monk yn bianydd ac yn gyfansoddwr jazz dawnus a rhaid ei ystyried yn un o arloeswyr jazz modern.

Gwrandewch ar 'Round Midnight', gan Bedwarawd Thelonious Monk. Mae wedi cael ei ddisgrifio fel y 'clasur jazz a gyfansoddwyd gan gerddor jazz, sydd wedi cael ei recordio fwyaf erioed'.

Yn recordiad YouTube o 'Round Midnight' mae Thelonious Monk yn chwarae'r piano ynghyd â bas, drymiau a sacs. Mae'r unawd fyrfyfyr estynedig agoriadol ar gyfer y piano yn cyflwyno'r perfformiad, ac yn arddangos arddull chwarae unigryw Monk ar y piano, a oedd yn aml yn ergydiol (*percussive*) gyda throeon melodig lletchwith, harmonïau **anghyseiniol**, rhai 'stops' amlwg, a defnydd o ddistawrwydd.

Mae'r sacs yn chwarae trwy ddau bennill o'r thema (Enghraifft 2.31) i gyfeiliant brwsio tawel ar y drymiau a bas sy'n cerdded nodedig a chyson.

Allweddair

Anghyseiniol: pan fydd dau neu fwy o nodau'n seinio gyda'i gilydd i greu effaith ansefydlog yn nhermau'r harmoni, h.y. sain 'aflafar' sy'n gwrthdaro. Mae hefyd yn cael ei ddisgrifio fel sain anghytgordiol.

Enghraifft 2.31

Fel y gwelwch, mae'r cordiau wedi'u nodi uwchben y llinell felodig. Does dim angen i chi ddeall rhain i gyd – maen nhw'n eithaf cymhleth. Ond sylwch eu bod nhw'n newid yn aml – weithiau ar bob curiad yn y bar.

Mae'r gwead yn 'Round Midnight' wedi'i gyfoethogi gan chwarae byrfyfyr ar y piano, cyn i'r piano a'r sacs ymuno i orffen pennill 2. Yn dilyn llenwad gan y drymiau, mae'r piano'n ymuno â'r adran rhythm i ddarparu **cyfeiliant cordiol** i'r trydydd pennill ar sacs (gwead **homoffonig**), ond cyn hir yn troi at chwarae byrfyfyr pellach. Yn y chwarae sacs byrfyfyr sy'n dilyn, mae'r rhyngweithio rhwng y sacs a'r piano yn arddangos **math o chwarae byrfyfyr sy'n fwy polyffonig** wrth iddyn nhw berfformio ochr yn ochr. Cyn hir mae'r piano'n cael ei adael i fyrfyfyrio'n unawdol yn erbyn y drymiau a'r bas. Mae'r darn yn gorffen gydag un pennill olaf ar y sacs.

Cyngor cyflym

Os oes diddordeb gyda chi, gallwch chi ofyn i'ch athro i esbonio'r arwyddion a'r ffigurau yn Enghraifft 2.31 i chi.

Pedwarawd Dave Brubeck

Tasg

Gwrandewch ar 'Take Five' gan Bedwarawd Dave Brubeck.

Pedwarawd Dave Brubeck

Pianydd a chyfansoddwr jazz oedd Dave Brubeck, a oedd yn adnabyddus am ysgrifennu gan ddefnyddio arwyddion amser anarferol. Mae'r darn penodol hwn mewn amser 5/4 (mae yna gliw yn y teitl!). Fe oedd un o brif hyrwyddwyr jazz 'cŵl'.

Mae recordiad 'Take Five' yn arddangos adeiledd clasurol mewn perfformiad jazz – y blaen, chwarae'n fyrfyfyr ac ailadrodd y blaen i orffen. Felly mae dechrau a diwedd y trac yn **homoffonig** gan fod y thema'n cael ei chwarae gan y sacs, gyda chyfeiliant 'clasurol' (*classic*) yr adran rhythm. Mae chwarae byrfyfyr y sacs i'w glywed am y tro cyntaf wrth i'r patrwm cordiol nodedig barhau ar y piano (Enghraifft 2.32).

Enghraifft 2.32

Beth sy'n dilyn wedyn yw adran estynedig o ddrymio'n fyrfyfyr – does dim cyfeiliant yma, ac mae'n ddiddorol nodi, wrth wylio'r perfformiad ar YouTube, bod y perfformwyr eraill yn gwylio'r drymiwr yn angerddol wrth iddo chwarae'n fyrfyfyr.

Gwrandewch ar ddarnau eraill gan Dave Brubeck sydd ag arwyddion amser anarferol.

- 'Pick up Sticks' (6/4)
- 'Unsquare Dance' (7/4/)
- 'World's Fair' (13/4).

▼ Dave Brubeck (1920–2012)

Tasgau

1. Cyfansoddwch fotiff rhythmig mewn arwydd amser anarferol ac yna ychwanegwch gordiau.
2. Perfformiwch y motiff i weddill y dosbarth.
3. Beth weithiodd yn dda?
4. Oedd hon yn dasg anodd?

Ensembles jazz eraill i'w hystyried

▲ Oscar Peterson ar y piano

- **Deuawd Ray Brown ac Oscar Peterson**
- **Triawd Oscar Peterson** (e.e. 'C Jam Blues', 'Golden Striker').
- **Triawdau piano** – sef y math mwyaf poblogaidd o driawd jazz, siŵr o fod – ar gyfer piano, bas a drymiau, gan gynnwys:
  - Triawd Bill Evans
  - Triawd Mark Kramer
  - Triawd Brad Mehldau
  - Triawd Jeff Hamilton.
- Roedd **The Modern Jazz Quartet** yn chwarae arddull jazz yn yr 1950au a oedd dan ddylanwad y blues, be-bop, cool jazz a cherddoriaeth glasurol.

Dyma gerddorion ac ensembles jazz diddorol eraill:

- **Triawd Jazz Codona** – trwmped a dau offerynnwr taro
- **Clusone 3** – sacs/clarinét, drymiau a sielo
- **Stephan Grapelli** – feiolin
- **Triawd Jazz Guitar**
- **Catrin Finch** – telyn.

Gwyliwch a gwrandewch ar **The Hot Sardines** yn perfformio ar *Later with Jools Holland* (BBC 2) ar YouTube.

Gwrandewch ar Jazz FM.

Mae yna sin jazz bywiog yng Nghymru hefyd – ewch i edrych am Brecon Jazz, Jazz Heritage Wales, North Wales Jazz a blog Jazz in Wales.

Pen-blwydd 30 Gŵyl Jazz Aberhonddu
Ar y llwyfan mae Faby Lafertin (gitâr) a'r band. ▶

TESTUN 6 CERDDORIAETH WERIN GYMREIG

Yr arddull

Caiff Cymru ei hadnabod ar hyd a lled y byd fel 'gwlad y gân'. Mae ganddi draddodiad a threftadaeth gerddorol gyfoethog sy'n cwmpasu **cerddoriaeth gorawl**, cerddoriaeth offerynnol a cherddoriaeth werin, gyda'i hofferyniaeth nodedig. Yn eich astudiaeth o gerddoriaeth werin Gymreig, byddwch chi'n dod ar draws geiriau fel **twmpath** (math o sesiwn dawnsio gwerin a digwyddiad cymdeithasol sy'n debyg i'r *céilidh* Gaeleg), **gŵyl werin** a **noson lawen** (noson o adloniant amrywiol). Un o ddigwyddiadau artistig pwysicaf Cymru yw'r **Eisteddfod**, sy'n un o wyliau diwylliannol mwyaf Ewrop, ac sy'n cynnal cystadlaethau mewn barddoniaeth, dawns a cherddoriaeth ar gyfer pob oedran. Fel cenedl gerddorol, mae Cymru'n falch o'r corau cymysg, y corau meibion, y traddodiad cryf o fandiau pres (yn enwedig yng nghymoedd De Cymru), a hefyd o'i chantorion unawdol a'i pherfformwyr.

Yn yr adran hon, mae'n rhaid i'ch dysgu chi ganolbwyntio ar **gerddoriaeth werin Gymreig** – ei nodweddion gwahaniaethol a'r mathau o grwpiau sy'n perfformio'r gerddoriaeth hon.

Mae nifer o berfformwyr gwerin heddiw dan ddylanwad cerddoriaeth y gorffennol, ac mae'r sin werin fodern yng Nghymru wedi'i seilio ar arddulliau, hanesion ac alawon sy'n mynd yn ôl dros nifer o flynyddoedd.

Fel man cychwyn da, a allai ddarparu gwybodaeth ddefnyddiol i chi er mai adnodd Cyfnod Allweddol 3 ydyw, llwythwch y ddogfen hon gan CBAC i lawr o'r Rhyngrwyd: *Cyfansoddi yn CA3: 12 project creadigol yn gysylltiedig â'r LNF: Caneuon Gwerin Cymreig*.

Allweddair

Cerddoriaeth gorawl: cerddoriaeth a ysgrifennwyd ar gyfer côr.

Allweddair

Eisteddfod: gŵyl ddiwylliannol Gymreig – gŵyl o gerddoriaeth, dawns a llenyddiaeth.

Yr Eisteddfod Genedlaethol

Cerddoriaeth werin Gymreig draddodiadol

Mae caneuon gwerin Cymru yn rhan o hunaniaeth genedlaethol Gymreig y wlad. Mae'r arfer o ganu ac o chwarae mewn grwpiau yn rhan annatod o ddiwylliant Cymreig, ac mae'r hen alawon wedi cael eu trosglwyddo drwy'r cenedlaethau, ar gof gan gymunedau a theuluoedd. Fel sydd wedi digwydd mewn nifer o wledydd, mae'r alawon hefyd wedi'u casglu a'u cofnodi, ac mae hyn wedi bod o gymorth i ddiogelu llawer ohonyn nhw. Mae caneuon gwerin adnabyddus yn cael eu canu mewn digwyddiadau chwaraeon, ac mae'r Eisteddfodau'n cynnwys cystadlaethau canu gwerin. Ffurfiwyd Cymdeithas Alawon Gwerin Cymru yn ystod hanner cyntaf yr 20fed ganrif ac mae yna hen draddodiad o ganu carolau, hyd yn oed, sef 'y plygain', sy'n cyflwyno penillion mewn trefniannau ar gyfer tri neu bedwar llais (sy'n gysylltiedig â chanolbarth Cymru). Weithiau, mae dau berson yn eu canu, fel yn y llun ar y dde.

Trefor Pugh a Rhiannon Ifans yn canu yng ngwasanaeth y Plygain yn Eglwys Sant Silin, Llansilin.

Nid yw rhai o'r offerynnau traddodiadol a ddefnyddiwyd i berfformio ac i gyfeilio i'r alawon gwerin yn cael eu defnyddio'n gyffredin heddiw, er y mae'n bosibl bod perfformwyr cerddoriaeth werin ymroddgar yn dal i'w defnyddio. Maen nhw'n cynnwys:

- y **crwth** – offeryn llinynnol cynnar a chwaraewyd gyda bwa
- y **pibgorn** – offeryn corsen syml
- **chwystl tin**
- y **tabwrdd** – math o ddrwm gwifrau cludadwy (*portable snare drum*)

O'r chwith i'r dde: crwth, chwystl tin, tabwrdd, pibgorn

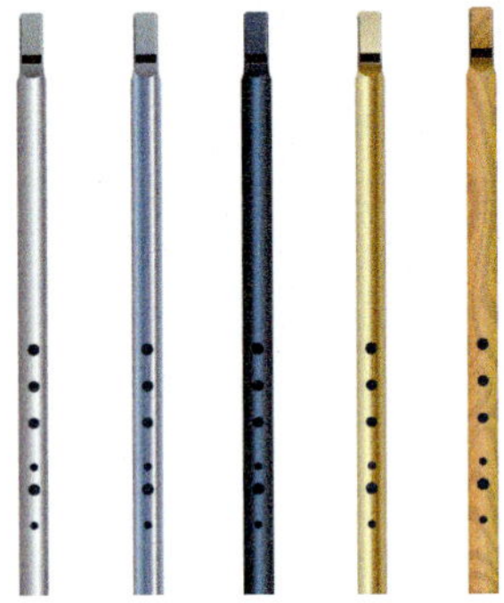

Offerynnau eraill a ddefnyddiwyd gan gerddorion Cymreig traddodiadol yw **ffidlau** (feiolinau) ac, wrth gwrs, y delyn.

Y delyn yw offeryn cenedlaethol Cymru. Mewn cerddoriaeth werin draddodiadol, mae'n cael ei defnyddio i ddarparu'r cyfeiliant i ganu ac i ddawnsio ac roedd hi'n cael ei defnyddio (ac mae'n parhau i wneud) fel offeryn unawdol. Y math cynharaf o delyn a fyddai'n cael ei defnyddio mewn cerddoriaeth werin oedd y delyn Geltaidd (telyn fach a oedd yn cael ei dal ar y pengliniau) gan ei bod hi'n fwy cludadwy (*portable*). Telyn arall a oedd yn boblogaidd iawn oedd y delyn deires. Y dyddiau hyn, y delyn gyngerdd gaiff ei defnyddio fwyaf aml, er bod y delyn drydan yn dod yn fwy a mwy poblogaidd.

Gall cerddoriaeth werin fodern yng Nghymru hefyd gynnwys gitarau, acordiynau ac offerynnau taro eraill.

Y delyn deires Gymreig

Y gerddoriaeth

Beth yw nodweddion cân werin Gymreig?

Mae nodweddion cân werin Gymreig yn gyffredin i ganeuon gwerin nifer o wledydd eraill. Fe fydden nhw'n gofiadwy, gydag alawon anghymleth fel arfer, mewn arddull syml, yn **foddol** fwy na thebyg (neu'n **donaidd**), ac mewn ffurf **stroffig**. Byddai ailadrodd wedi bod yn ddyfais bwysig, a fyddai'n cynnwys patrwm neu gyfwng arbennig efallai. Byddai siâp yr alaw yn dibynnu'n bennaf ar symudiad **fesul cam** (h.y. symudiad **cysylltiol**). Gyda llawer o gerddoriaeth werin gynrychiadol heddiw, mae'r sain Gymreig yn tueddu i fod braidd yn drist a myfyriol, yn y modd lleiaf a gyda chyfeiliant amrywiaeth o offerynnau, ond wedi'i dominyddu gan y delyn, y ffidl a'r acordion.

Allweddair

Moddol: disgrifiad o system raddfa a oedd yn bodoli cyn i'r system mwyaf–lleiaf esblygu. Mae'n cael ei defnyddio mewn cerddoriaeth werin, jazz a roc/pop.

Ar ddechrau'r chwedegau, apwyntiwyd Dr Roy Saer i Sain Ffagan Amgueddfa Werin Cymru, ac ers hynny, y mae wedi treulio llawer o flynyddoedd yn casglu caneuon gwerin Cymreig a recordiadau. Mae rhai caneuon (recordiadau a sgorau) ar gael ar wefan Amgueddfa Genedlaethol Cymru (Amgueddfa Cymru). Fe fydd yn ddefnyddiol i chi wrando ar rai o'r rhain. Mae'r rhan fwyaf yn ddigyfeiliant, nifer fawr yn D leiaf (e.e. 'Rhyfeddod ar Foreuddydd'), neu yn y modd Doriaidd (e.e. 'Cob Malltraeth). Mae rhai'n arddangos rhythm melodaidd 6/8 (e.e. 'Dydd Llun, Dydd Mawrth, Dydd Mercher'), tra bod eraill yn cynnwys peth amrywiaeth yn yr arwyddion amser (e.e. 'Os Daw fy Nghariad i Yma Heno'). Mae rhai yn cynnwys 'geiriau nonsens' (e.e. 'Bwmba, Hen Ladi Fowr Benfelen') sydd hefyd yn un o nodweddion cyffredin y gân werin draddodiadol. Caiff un ei chyfeilio gan y **tabwrdd** ('Y Gaseg Ddu'), ac mae un arall yn cynnwys deuawd leisiol. Mae'r gerddoriaeth ar gyfer y gân hon, 'Y Sguthan', i'w gweld yn Enghraifft 2.33. Mae'r recordiad ar wefan Amgueddfa Cymru mewn dwy ran, ond yn aml mae llinell fas yn cael ei hychwanegu pan fydd y gân yn cael ei chanu gan grŵp.

Cywair: F fwyaf Gwead: homoffonig

Enghraifft 2.33

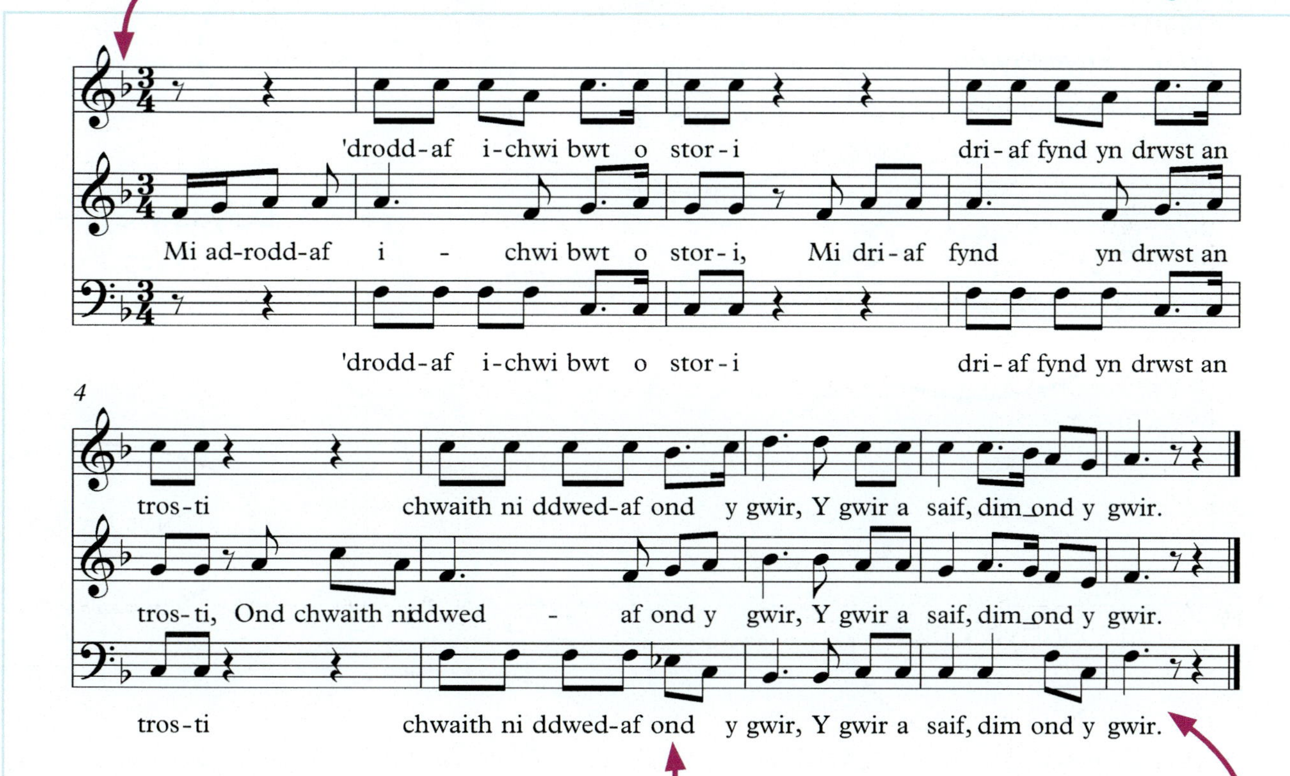

Mae'r hapnod E meddalnod yn y llinell fas yn golygu bod y cywair wedi newid am ychydig i B meddalnod mwyaf.

Nodwch fod yr adran yn gorffen gyda diweddeb berffaith nôl yng nghywair y tonydd F fwyaf.

Byddai'r darn hwn yn cael ei ganu'n ddigyfeiliant (h.y. **a cappella**). Yn nhermau'r gwead, sylwch sut mae'r llais canol yn arwain yn y tair brawddeg gerddorol gyntaf, wedi'i adleisio gan y lleisiau allanol mewn cwaferau syth, cyn iddyn nhw ymuno â'i gilydd yn yr un rhythmau a'r un cordiau i orffen y frawddeg. Ar wahân i'r diddordeb ychwanegol hwn, mae'r rhannau i'w clywed mewn arddull **homoffonig**, a dywedir bod y darnau lleisiol mewn **harmoni clòs**.

Allweddair

A cappella: cerddoriaeth gorawl ddigyfeiliant.

Mae nifer o unigolion Cymreig wedi gweithio gydag angerdd i ddiogelu ac i hyrwyddo cerddoriaeth werin Gymreig, gan gynnwys (o ddyddiau cynnar iawn, hyd at y presennol): John Lloyd Williams, Meredydd Evans, Dafydd Iwan, Meic Stevens, Sian James – i enwi dim ond ychydig o bobl nodedig ymysg llawer.

Pa alawon gwerin Cymreig sy'n enwog iawn?

Mae yna gymaint o wahanol fathau o alawon gwerin Cymreig, gan gynnwys: baledi, caneuon serch, ymdeithganau, caneuon gwaith, caneuon hwyl a chaneuon plant. Mae'r rhestr yn ddiddiwedd.

Ydych chi'n gyfarwydd ag unrhyw rai o'r **alawon gwerin** a nodwyd isod? Ewch i weld os allwch chi gael gafael mewn rhai o'r perfformiadau o'r alawon hyn, naill ai'n cael eu canu neu'n cael eu chwarae gan grŵp.

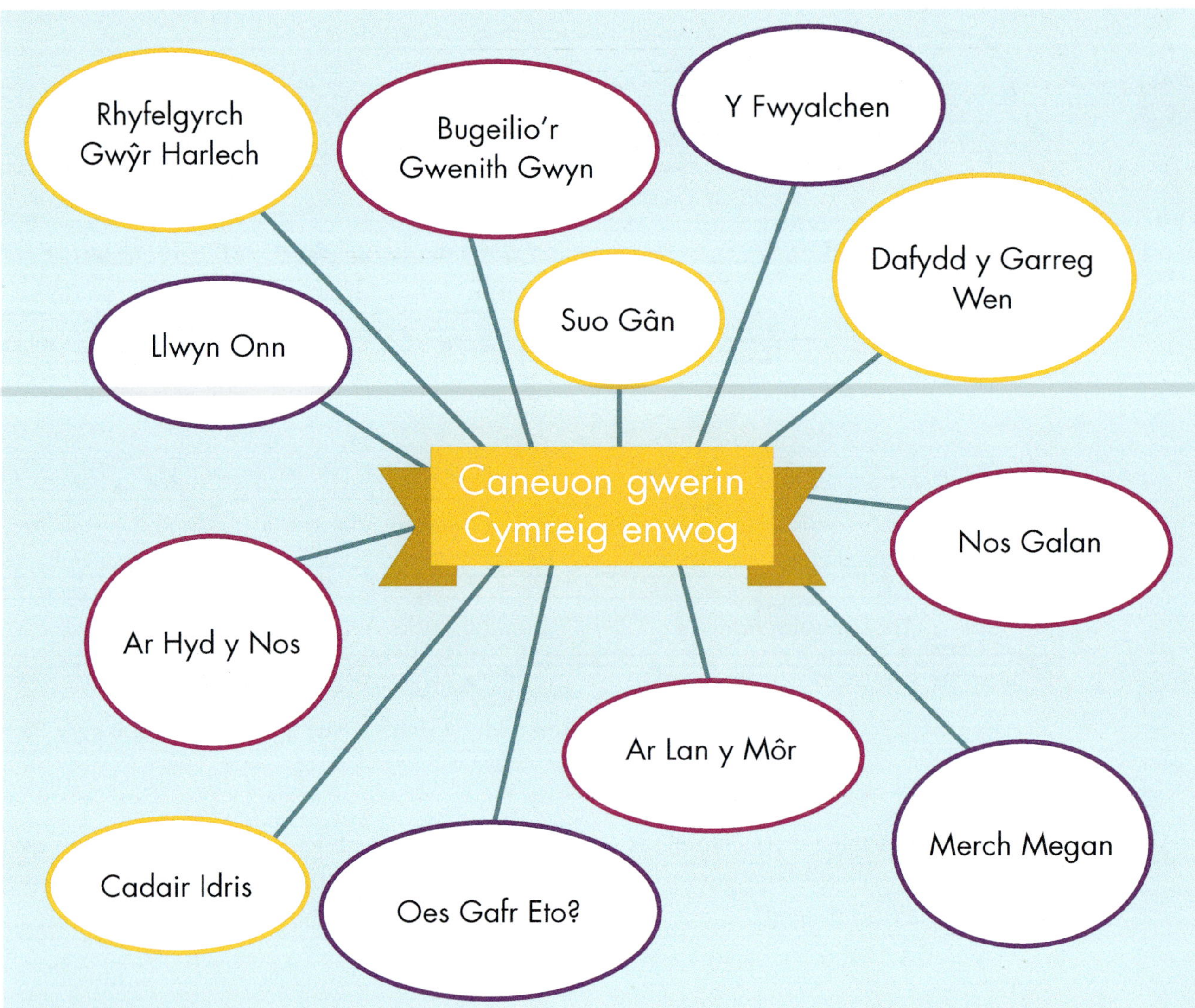

Gweithgaredd

Trefnwch ymarfer grŵp gyda thri o ffrindiau i berfformio'r trefniant o 'Sospan Fach' yn Enghraifft 2.34. Un person i bob rhan.

Enghraifft 2.34

Gweithgaredd

Fel grŵp, trafodwch ac atebwch y cwestiynau hyn ynglŷn â threfniant 'Sospan Fach':

1. Beth yw cywair y darn hwn?
2. Ar ba **dempo** y penderfynoch chi berfformio'r darn hwn?
3. Pa **ddynameg** ddefnyddioch chi?
4. Allwch chi esbonio gwead y darn?
5. Beth yw'r **gwerth nodyn** byrraf yn y darn?
6. Beth yw'r nodyn uchaf yn y darn?
7. Beth yw'r nodyn isaf yn y darn?
8. Ble rydych chi'n aml yn debygol o glywed y gân werin hon yn cael ei chanu?

Allweddair

Gwerth nodyn: hyd a churiad nodyn yn ôl yr arwydd amser, e.e. crosiet, minim, cwafer etc.

Cerdd dant

Cerdd dant yw'r grefft o ganu neu berfformio barddoniaeth i alaw osod neu **gainc** ar y delyn – naill ai cân werin draddodiadol, neu alaw a ysgrifennwyd mewn arddull cân werin draddodiadol. Yn yr hen ddyddiau, byddai'r cerddi'n cael eu canu mewn **mesur** caeth o'r enw **cynghanedd**, sydd yn seiliedig ar gyflythreniad ac mae ganddi reolau cymhleth iawn ynglŷn â'r mesur a'r odl. Y dyddiau hyn, fodd bynnag, mae'r mesur yn fwy rhydd.

Yn draddodiadol, y delyn sy'n dechrau yn gyntaf, gan chwarae'r gainc, sef y gân werin osod. Mae'r canwr yn aros am rai barrau (felly mae alaw'r delyn yn teimlo fel rhagarweiniad byr) ac yna mae'n perfformio'r geiriau dewis drwy ganu **cyfalaw** yn fyrfyfyr. Mae'n rhaid i acenion y geiriau gyd-fynd â'r gerddoriaeth. Mae gan y ddau berfformiwr alawon gwahanol, ond mae'n rhaid iddyn nhw orffen gyda'i gilydd, gyda gair olaf pob pennill yn dod ar brif acen y bar olaf yn alaw'r delyn.

Mae'n sgìl perfformio anodd i'r canwr, sy'n gorfod cyfathrebu ystyr y geiriau yn ogystal â harmoneiddio'r gyfalaw ar yr un pryd.

O ran yr adeiledd, mae'r gosodiadau cerdd dant traddodiadol yn **gyfansoddiadau di-dor**, tra bod gan cainc y delyn siâp **ddwyran** ar y cyfan, mewn ffurf stroffig.

Cafodd yr Ŵyl Gerdd Dant gyntaf ei chynnal yn y Felinheli yn 1947. Heddiw, mae cystadlaethau cerdd dant hefyd yn rhan boblogaidd o'r Eisteddfod Genedlaethol, yr Eisteddfodau llai ac Eisteddfodau'r Urdd.

Dros y blynyddoedd, mae arddull gerddorol ffurf **cerdd dant** wedi esblygu ac yn ystod yr 20fed ganrif, bu nifer o newidiadau:

- I ddechrau, dim ond cantorion unigol oedd yn perfformio cerdd dant gyda'r telynor, ond ymhen amser daeth deuawdau a grwpiau bach fel triawdau a phedwarawdau yn fwy poblogaidd. Ers yr 1970au, mae hyd yn oed corau bach yn perfformio gosodiadau cerdd dant gyda chyfeiliant y delyn.
- Dynion oedd yn canu yn bennaf i ddechrau – heddiw, merched yn bennaf sy'n canu.
- Mae rhai ceinciau 'anhraddodiadol' wedi cael eu cyfansoddi.
- Mae 'rheolau' caeth nawr ynglŷn â'r grefft a'r perfformiad – nid oedd hyn yn wir flynyddoedd yn ôl.
- Roedd y canu'n arfer bod yn fyrfyfyr, ond bellach mae'r cyfalawon yn cael eu cyfansoddi a'u dysgu cyn y perfformiad.
- Yn wreiddiol, roedd y pwyslais mwyaf ar y geiriau; bellach, rhoddir mwy o amlygrwydd i'r gerddoriaeth.
- Heddiw, mae llawer mwy o geinciau ar gyfer y delyn ar gael i ddewis ohonyn nhw, ac mae rhai ceinciau'n fwy cromatig nag oedden nhw'n arfer bod.
- Yn ddiweddar, bu hyd yn oed mwy o ymdrechion i fod yn arloesol drwy newid a moderneiddio'r cynnwys. Ond nid yw hyn yn cael ei groesawu bob amser gan y bobl draddodiadol.

Arweiniad pellach

Cyflythreniad yw pan fydd y gytsain gyntaf mewn cyfres o eiriau yr un peth.

Allweddair

Mesur: trefn y curiad mewn cerddoriaeth a gynhyrchwyd gan batrymau o acenion/curiadau cryf a gwan.

Allweddair

Cyfansoddiad di-dor: pan fydd y gerddoriaeth yn barhaus drwyddi draw, gyda cherddoriaeth wahanol ar gyfer pob adran.

Arweiniad pellach

Defnyddir y termau canlynol mewn cerdd dant:

Cyfalaw – y gwrthalaw.

Gosodwr – y person sy'n gosod y farddoniaeth i gerddoriaeth.

Gosod – y grefft o gyfansoddi'r gyfalaw gan wneud yn siŵr bod y geiriau i gyd wedi'u hacennu'n gywir.

Alaw neu gainc – alaw'r delyn; gallai fod yn alaw Gymreig adnabyddus neu wedi'i hysgrifennu'n arbennig ar gyfer yr achlysur.

Tasg

Gwrandewch ar 'Bûm yn Caru' (Cainc y Datgeiniad) gan Einion Edwards (ar SoundCloud). Nid yw'n enghraifft o'r delyn yn cyfeilio i'r unawdydd, o bell ffordd. Yna, ystyriwch y cwestiynau canlynol:

a) Ydy'r gerddoriaeth mewn cywair mwyaf neu gywair lleiaf?
b) Beth yw tempo'r gerddoriaeth yn eich barn chi?
c) Sawl perfformiwr sydd?
ch) Pa fath o lais sy'n canu?
d) Sut byddech chi'n disgrifio'r gwead?
dd) Sut mae'r holl ddarnau'n cydweddu â'i gilydd?

Y delyn yn cael ei chwarae yn Eisteddfod Genedlaethol Cymru.

Tasg

Gwrandewch ar y cerdd dant o Eisteddfod yr Urdd, 2007, ar YouTube. Yna, ystyriwch y cwestiynau canlynol:

a) Pa gân werin sy'n cael ei chanu gan y delyn?
b) Pwy sy'n perfformio'r gyfalaw?
c) Beth yw'r disgrifiad am dri canwr sy'n perfformio mewn grŵp?
ch) Beth yw'r math o wead sydd i'w glywed yn y trefniant lleisiol?
d) Pam fod y delyn yn dechrau'n gyntaf yn eich barn chi?

Mae'r Eisteddfod yn ddathliad gwych o gerddoriaeth, barddoniaeth a dawns, sy'n apelio at bob oedran.

Gweithgaredd

Gwyliwch a gwrandewch ar y dyfyniad o'r 'Ŵyl Gerdd Dant' ar YouTube. Yna, mewn grwpiau:

a) Trafodwch arddull gerddorol y recordiad hwn.
b) Trafodwch gyfraniad y cantorion a'r offerynnau.
c) Ystyriwch yr elfennau cerddorol, gan gynnwys y cynnwys harmonig, gwead, tempo, cyweiredd a dynameg.
ch) Yn eich tro, cyflwynwch eich sylwadau i'r dosbarth.

Diwygiad modern

Yn ystod yr 1960au a'r 1970au, gwelwyd cynnydd ym mhoblogrwydd cerddoriaeth Geltaidd, a barhaodd hyd at yr 1980au ac wedi hynny. Bu llawer o'r diddordeb hwn oherwydd bod perfformwyr wedi cael eu dylanwadu gan gerddoriaeth werin Gymreig ac yn awyddus i ddehongli traddodiadau'r gorffennol yn eu ffyrdd nhw eu hunain.

Dyma rai enghreifftiau o fandiau sydd wedi gweithio i hyrwyddo Cymru a'i cherddoriaeth draddodiadol.

Allan yn y Fan

Ar Log

Mae Ar Log, band gwerin rhyngwladol cyntaf Cymru, wedi'u dylanwadu gan bob math o alawon Cymreig, o alawon dawns a chaneuon serch, i siantiau môr, etc. Fe wnaethon nhw gychwyn adfywiad o ran chwarae'r ffidl a chanu'r delyn. Maen nhw wedi gweithio i ailddarganfod alawon gwerin Cymreig, ac yna wedi parhau drwy gyflwyno'r alawon yn eu ffordd unigryw eu hunain, gan gyfuno'r seiniau traddodiadol gyda thechnoleg a mwyhad (*amplification*) i gyflawni'r effaith a ddymunir.

Mynediad Am Ddim

Mae Mynediad Am Ddim yn fand gwerin poblogaidd sy'n canu cymysgedd o gerddoriaeth draddodiadol a cherddoriaeth wreiddiol. Maen nhw wedi gwneud nifer o drefniannau lleisiol i ddynion o alawon gwerin Cymreig.

Allan yn y Fan

Mae Allan yn y Fan yn fand traddodiadol sydd wedi cael eu disgrifio fel un o 'fandiau Celtaidd gorau'r unfed ganrif ar hugain'. Maen nhw'n cyfansoddi cerddoriaeth wreiddiol yn arddull y gerddoriaeth werin draddodiadol, ond hefyd wedi recordio traciau gan ddefnyddio caneuon gwreiddiol fel 'Ar Hyd y Nos', 'Lisa Lân' a 'Si Hei Lwli Mabi'.

Jac y Do

Mae Jac y Do yn adnabyddus fel un o fandiau gwerin mwyaf blaenllaw Cymru, yn perfformio mewn **twmpathau** ar hyd a lled y wlad ar gyfer digwyddiadau cymdeithasol a digwyddiadau cyhoeddus. Fe'i ffurfiwyd yn 1987.

Fernhill

Mae Fernhill yn fand gwerin Cymreig sydd ag arddull unigryw iawn, sy'n ysgrifennu yn y Gymraeg a'r Saesneg, ac yn cynhyrchu cerddoriaeth sy'n adlewyrchu'r dreftadaeth Gymreig.

Bandiau eraill

Ers 2000, mae bandiau eraill wedi gweithio i ail-ddehongli cerddoriaeth Gymreig draddodiadol gan ddod â'r dreftadaeth a'r cymeriad gerbron cynulleidfaoedd newydd, ifancach. Wrth i chi ymchwilio a gwrando ar draciau o'r byd gwerin mwy cyfoes yng Nghymru, dylech chi ganolbwyntio ar:

- os oes cân werin Gymreig go iawn wedi cael ei defnyddio yn y gerddoriaeth neu os yw'r grŵp wedi cyfansoddi alaw yn **arddull** y caneuon traddodiadol
- yr offerynnau sy'n cael eu chwarae a sut maen nhw'n cael eu defnyddio
- y mathau o weadau a ddefnyddiwyd yn y gerddoriaeth.

Cyngor pellach

Gallech chi hefyd ymchwilio i'r bandiau canlynol:

- 9Bach
- Calan
- Cilmeri
- Plu
- Alaw

Gwefannau defnyddiol

- Cerdd Cymru: www.cerddcymru.com
- trac datblygu traddodiadau gwerin: www.trac.cymru
- Tŷ Cerdd: www.tycerdd.org
- Amgueddfa Cymru: www.amgueddfa.cymru.ac.uk
- SAIN: www.sainwales.com
- S4C: www.s4c.co.uk
- Folk Wales: www.folk.wales
- Cymdeithas Cerdd Dant Cymru: www.cerdd-dant.org
- Tŷ Siamas: www.tysiamas.com
- Cymdeithas Alawon Gwerin Cymru: www.canugwerin.com

ADRAN 3 CERDDORIAETH FFILM

Cerddoriaeth ffilm ... yw cerddoriaeth a ysgrifennwyd ar gyfer ffilm. Mae yna nifer o wahanol fathau o ffilm – a nifer o wahanol fathau o gerddoriaeth ffilm. Dim ond ychydig o gerddoriaeth sydd mewn rhai ffilmiau, ac mae gan eraill gerddoriaeth drwy'r ffilm i gyd. Mae cerddoriaeth yn cyflawni rôl bwysig wrth gefnogi'r stori ac wrth gyfoethogi'r ystyr; mae'n siŵr na fyddai rhai darnau o ffilm heb gerddoriaeth ynddyn nhw mor effeithiol ag y bydden nhw petai'r gerddoriaeth briodol yn cael ei hychwanegu. Mae gan ffilmiau themâu dramatig gwahanol, a gall pob thema ddramatig gael ei thema gerddorol ei hun.

Beth byddaf yn ei ddysgu?

- Tarddiad cerddoriaeth ffilm
- Sut mae cerddoriaeth ar gyfer ffilm yn cael ei chreu a'i datblygu
- Cerddoriaeth mewn ffilmiau – beth yw ei swyddogaeth?
- Y defnydd o elfennau cerddorol i greu naws ac effeithiau gwahanol mewn cerddoriaeth ffilm
- Rhai dyfeisiau a thechnegau cerddorol sydd i'w gweld yn aml mewn cerddoriaeth ffilm
- Sut i ymateb i symbyliad neu gomisiwn
- Arfarnu cerddoriaeth ffilm yn yr arholiad

TESTUN 1 Y DIWYDIANT FFILM

Mae angen i gyfansoddwyr ffilm allu cyfansoddi'n fyrfyfyr a chyfansoddi mewn arddulliau gwahanol, arddangos ymdeimlad da â'r ddrama a'r naratif, bod yn llawn dychymyg, ac arddangos empathi a dealltwriaeth wrth gydweddu eu cerddoriaeth â'r symudiadau a'r delweddau gweledol. Mae'n rhaid i'r gerddoriaeth adlewyrchu'r themâu dramatig yn y ffilm a thrwy wneud hynny, helpu i gynhyrchu cyfanwaith cydlynol.

Os nad yw'r gerddoriaeth wedi'i chydweddu'n llwyr â'r elfen weledol, gall hyn ddinistrio'r effaith. Dychmygwch olygfa o ddinistr mewn ffilm ryfel, gyda chyfeiliant alaw hapus. Tra bod modd i hyn fod yn rhywbeth bwriadol weithiau gan gyfarwyddwr, am reswm dramatig penodol, os nad yw'n fwriadol, mae'n debygol y bydd y canlyniad yn gwbl anaddas. Nid oes modd peidio â sylweddoli pwysigrwydd cerddoriaeth mewn ffilmiau, ac mae'n ddiwydiant enfawr, yma yn y Deyrnas Unedig ac yng ngweddill y byd.

Mae'r pwnc hwn bob amser wedi bod yn un poblogaidd yn y cwrs TGAU Cerddoriaeth. Drwy gyfrwng y maes astudio hwn, byddwch chi'n datblygu dealltwriaeth o sut mae cerddoriaeth yn cael ei defnyddio mewn ffilmiau o bob math, a hefyd yr effaith a gaiff ar gynulleidfaoedd. Mae yna gyfleoedd i chi berfformio a chyfansoddi cerddoriaeth yn y genre hwn, os ydych chi'n dymuno. Gallwch chi ddysgu sut i greu awyrgylch a naws, drwy ymgysylltu â stori'r ffilm. Fodd bynnag, mae'n destun enfawr, felly yn yr adran hon byddwn ni'n ystyried rhai o brif nodweddion y genre, a fydd o gymorth i chi yn eich gwaith cwrs ac yn yr arholiad gwrando.

Pan ewch chi i'r sinema, gwnewch ymdrech arbennig i ganolbwyntio ar y gerddoriaeth rydych chi'n ei chlywed. Yn aml, mae wedi'i chydblethu mor agos i mewn i'r ddrama, nes eich bod chi braidd yn sylwi arni. Mae syntheseiddwyr a samplau nawr yr un mor bwysig ag offerynnau cerddorfaol, gyda'r defnydd o dechnoleg cerddoriaeth hefyd yn bwysig i gyflawni'r effeithiau angenrheidiol.

Felly, ble a sut dechreuodd y cyfan? Beth am fynd yn ôl i'r dechrau.

Tarddiad cerddoriaeth ffilm

O gwmpas troad y 19eg ganrif, roedd dyfeisio lluniau symudol ar sgrin yn rhywbeth a fyddai'n chwyldroi adloniant ar gyfer y bobl gyffredin. Ystyr y disgrifiad 'ffilmiau mud' oedd yn union hynny – doedd dim deialog a dim trac sain. Fodd bynnag, ym Mharis yn 1895, dangoswyd cyfres o ffilmiau byr i gynulleidfa, gyda chyfeiliant pianydd, a oedd yn chwarae'n fyrfyfyr mewn ymgais i greu'r awyrgylch neu'r naws bwrpasol. Ar yr adeg honno, mae'n bosibl y byddai hyn hefyd wedi bod yn angenrheidiol er mwyn cuddio unrhyw sŵn cefndirol o'r peirianwaith a oedd yn cael ei ddefnyddio. Fe wnaeth yr arfer hwn barhau trwy gydol cyfnod y 'ffilm fud', hyd yn oed pan agorwyd theatrau ffilm bach a 'nickelodeons' i ymdopi â nifer y dangosiadau.

▲ Harold Lloyd yn y ffilm fud *Safety Last!*

Cyn bo hir, roedd offerynnau eraill, fel offerynnau taro ac organ hefyd yn cael eu defnyddio, ac roedd rhain yn fwy llwyddiannus wrth greu'r 'effeithiau arbennig' pwrpasol. Byddai theatrau ffilm mawr yn defnyddio ensembles, gyda rhai yn gallu cynnal hyd at 14 neu 15 o berfformwyr. Yn y pen draw, roedd hyd yn oed cerddorfeydd symffonig a chantorion yn cael eu defnyddio gan rai gwneuthurwyr ffilmiau ar gyfer eu prif ffilmiau (*feature films*) arbennig.

Diffiniad

Theatr fach oedd **Nickelodeon** a oedd yn dangos y ffilmiau cynnar – cafodd yr enw hwn oherwydd mai *nickel* oedd cost tocyn mynediad fel arfer.

Roedd y gwahanol fathau o gerddoriaeth a oedd yn cael eu defnyddio i gyfeilio i'r ffilmiau hyn yn dod o dair ffynhonnell:

Cerddoriaeth newydd a ysgrifennwyd yn arbennig ar gyfer y ffilm (roedd hyn yn cynyddu o hyd).

Cerddoriaeth glasurol a oedd yn bodoli eisoes ac a oedd yn addas.

Cerddoriaeth boblogaidd o'r cyfnod.

Roedd cyfarwyddwyr cerdd yn cael eu hapwyntio i'r swydd o drefnu'r holl weithdrefnau cerddorol; bydden nhw'n nodi awyrgylch a naws y golygfeydd, yn casglu'r gerddoriaeth ac yn ymarfer y cerddorion.

Tasg

Gwyliwch y clip YouTube o olygfa'r 'Funny Barber' yn y ffilm o'r 1940au *The Great Dictator*, a gwrandewch ar y gerddoriaeth. Mae Charlie Chaplin yn serennu yn y ffilm hon, un o berfformwyr enwocaf cyfnod y 'ffilm fud'. Ysgrifennwyd y gerddoriaeth gan Meredith Wilson a chafodd y ffilm ei henwebu am Academy Award am y gerddoriaeth orau.

Sut mae'r gerddoriaeth yn adlewyrchu beth sy'n digwydd ar y sgrin?

Y ffilmiau cyntaf gyda sain

Daeth datblygiad pwysig nesaf y diwydiant ffilm pan ddaeth hi'n bosibl cyflwyno sain gyda lluniau. Yn 1926, torrwyd tir newydd yn wyddonol o ran sain, gyda thechnoleg 'ar-ddisg'. 'Vitaphone' oedd enw hwn ac roedd yn cael ei ddefnyddio gan Warner Bros. Roedd y cyfarpar yn lletchwith ac yn fawr, ac roedd canlyniadau'r arbrofion cynnar yn anghyson yn nhermau ansawdd y sain.

Don Juan oedd y brif ffilm gyfan gyntaf fawr i'w rhyddhau gan ddefnyddio'r system hon, yn 1926. Roedd ganddi sgôr gerddorol ac effeithiau sain a oedd yn cyd-ddigwydd; ail-ryddhau ffilm fud oedd hyn, mewn gwirionedd, ond gyda thrac sain a oedd wedi'i recordio gan Gerddorfa Ffilharmonig Efrog Newydd.

Yn 1927, cafodd *The Jazz Singer* ei rhyddhau gan gwmni Warner Bros ac roedd yn cael ei chyfrif fel yr un gyntaf o'r ffilmiau 'siarad' (*'talkie' films*). Sioe gerdd Americanaidd oedd hi a oedd yn defnyddio deialog cydamserol (*synchronised*) ac yn cynnwys chwe chân gan Al Jolson, gan gynnwys 'Mammy' ac 'April Showers'. Dyma oedd dechrau'r diwydiant ffilmiau yr ydym ni yn ei adnabod heddiw.

Yn yr 1930au, ar ôl rhai blynyddoedd o brofi a methu, ysgrifennwyd mwy a mwy o gerddoriaeth yn benodol ar gyfer ffilmiau. Dyma rai o'r cyfansoddwyr a oedd yn bwysig yn ystod y cyfnod hwn:

- Roedd **Erich Korngold** o Fienna, wedi ei eni yn Awstria-Hwngari (y Weriniaeth Tsiec bellach) yn 1897, a chael ei niwtralu yn Americanwr yn 1943. Roedd yn ysgrifennu mewn arddull operatig a darluniadol cyfoethog, ac mae rhai o'i sgorau enwog yn cynnwys *The Adventures of Robin Hood, The Sea Hawk, The Private Lives of Elizabeth and Essex*, a *Captain Blood*.
- Roedd **Alfred Newman** yn gyfansoddwr Americanaidd (a anwyd yn 1901) a ysgrifennodd dros 200 o sgorau ffilm, gan gynnwys *Wuthering Heights, How Green Was My Valley, The Hunchback of Notre Dame* ac *All About Eve*. Fe wnaeth hefyd gefnogi a meithrin talentau nifer o gyfansoddwyr ffilm ifanc, addawol.
- Cyfansoddwr Americanaidd oedd **Max Steiner** a gafodd ei eni yn Awstria yn 1888. Ysgrifennodd swm aruthrol o gerddoriaeth a gomisiynwyd ar gyfer ffilm, ac roedd yn aml yn cynhyrchu sgorau a oedd yn defnyddio cerddorfeydd enfawr. Dyma rai enghreifftiau o'i sgorau enwog: *King Kong, Gone with the Wind, The Informer* a *Casablanca*.

Ffaith

Mae'n debyg mai'r cyfansoddwr Ffrengig Camille Saint-Saëns ysgrifennodd y sgôr ffilm wreiddiol gyntaf yn 1908. Enw'r ffilm oedd *L'Assassinat du duc de Guise*.

Ffaith

Un o gyfansoddwyr pwysicaf cerddoriaeth ffilmiau mud oedd Joseph Carl Briel. Ef oedd un o'r Americanwyr cynharaf i ysgrifennu cerddoriaeth benodol ar gyfer ffilmiau. Enw ei ffilm gyntaf oedd *Les amours de la reine Ėlisabeth*.

Al Jolson oedd seren *The Jazz Singer*.

Casablanca

Yn gynyddol, roedd cyfansoddwyr ar draws y byd yn sylweddoli bod yna gyfle i ysgrifennu ar gyfer ffilmiau, ac aethant i mewn i'r diwydiant yn eu niferoedd – yn enwedig yn Ewrop a Rwsia. Yn eu mysg roedd **Arthur Honegger** (cyfansoddwr Ffrengig, â'i rieni'n dod o'r Swistir, a anwyd yn 1892) a ysgrifennodd gerddoriaeth ar gyfer ffilmiau Saesneg a Ffrengig (yn cynnwys *Les Misérables* a *Napoléon*), y Sofiet **Dmitri Shostakovich** (ganwyd yn 1906; *The Great Citizen* a *The Gadfly*) a **Sergei Prokofiev** (*Lieutenant Kijé* ac *Ivan the Terrible*). Roedd cyfansoddwyr ffilm Prydeinig yn cynnwys **Ralph Vaughan Williams** (*Scott of the Antarctic*) a **Malcolm Arnold** (ganwyd yn 1921; *The Bridge on the River Kwai*).

Ffilmiau cyfoes

Ar ôl yr Ail Ryfel Byd, roedd angen i nifer o wneuthurwyr ffilm gymryd cost sgorau symffonig mawr i ystyriaeth. Daeth cyfansoddwyr ffilm hefyd i fod dipyn yn fwy arbrofol ac awyddus i archwilio natur amrywiol cerddoriaeth fwy modern yn eu sgorau ffilm. Wrth i'r diwydiant dyfu, roedd hyn yn caniatáu gwreiddioldeb ac ehangu, ac roedd angen i gyfansoddwyr ysgrifennu mewn pob math o arddulliau cerddorol. Mae camau enfawr ymlaen wedi'u gwneud yn gynyddol yn nhermau'r cyfarpar technegol sy'n cael ei ddefnyddio i wneud ffilmiau a'u cerddoriaeth. Y dyddiau hyn, mae yna rai cynhyrchwyr a chyfarwyddwyr ffilm cyfoes sy'n ddigon lwcus i gael cyllideb ddigonol i'w galluogi nhw i gomisiynu cyfansoddwyr i ysgrifennu cerddoriaeth wreiddiol; maen nhw'n gallu gweithio'n agos gyda'r cyfansoddwr i sicrhau bod y gerddoriaeth wedi'i theilwra'n berffaith i'w gofynion. Mae cynhyrchwyr eraill yn dewis defnyddio cerddoriaeth sydd eisoes yn bodoli; a dweud y gwir, mae hyn bellach yn ymarfer digon cyffredin. Efallai mai cerddoriaeth glasurol sy'n addas i'w gofynion, neu efallai mai cerddoriaeth fwy poblogaidd fel cerddoriaeth roc neu bop sy'n addas. Nid yw'r dewis hwn bob amser oherwydd rhesymau ariannol – mae'n bosibl mai'r math hwn o gerddoriaeth sydd fwyaf addas.

> *Rwyf am ysgrifennu a theimlo'r ddrama. Yn y bôn, iaith emosiynol yw cerddoriaeth, felly rydych chi am deimlo rhywbeth o berthynas y cymeriadau ac adeiladu'r gerddoriaeth ar y teimladau hynny.*
>
> ***HOWARD SHORE, CYFANSODDWR O GANADA (1946–)***

RHAI CYFANSODDWYR FFILM ENWOG

- **Dmitri Tiomkin** (1894–1979)
- **Miklós Rózsa** (1907–1995)
- **Bernard Herrmann** (1911–1975)
- **Leonard Bernstein** (1918–1990)
- **Elmer Bernstein** (1922–2004)
- **Ron Goodwin** (1925–2003)
- **Jerry Goldsmith** (1929–2004)
- **John Barry** (1933–2011)
- **Howard Shore** (1946–)
- **James Horner** (1953–2015)
- **Danny Elfman** (1953–)
- **Thomas Newman** (1955–)

Ni fyddai hanes cerddoriaeth ffilm yn gyflawn heb sôn am John Williams, cyfansoddwr ffilm enwocaf Hollywood. Ar ôl cyfnod pan oedd arddulliau electronig ac arddulliau mwy modern fel pop a jazz yn gyffredin ar draws y diwydiant ffilm, dechreuodd ysgrifennu sgorau ffilm a oedd yn adlewyrchu seiniau'r cyfnod Rhamantaidd. Roedd ef ei hun yn ffan mawr o Wagner, Tchaikovsky, Stravinsky, Orff a Holst.

Igor Fyodorovich Stravinsky (1882–1971)

Pyotr Ilyich Tchaikovsky (1840–1893)

Tasg

I glywed enghraifft o rai o ddylanwadau John Williams, gwrandewch ar beth o gerddoriaeth Wagner ar gyfer ei 'Valkyries' trawiadol, thema serch brydferth Tchaikovsky o *Swan Lake*, symudiad 'Mars' gan Holst o gyfres *Y Planedau*, ac 'O Fortuna' o'r *Carmina Burana* gan Carl Orff.

Fel cyfansoddwr yn genre'r ffilm, roedd John Williams am greu argraff, a chreu sain bwerus. Roedd pobl yn adnabod ei themâu agoriadol (*theme tunes*), hyd yn oed pan nad oedden nhw wedi gweld y ffilmiau.

Yn syml, nid oes modd peidio â sylweddoli ei bwysigrwydd, ei boblogrwydd a dylanwad ei gerddoriaeth a'i arddull gerddorol. Mae'n enwog am:

- ysgrifennu ar gyfer cerddorfeydd symffonig mawr
- isgerddoriaeth emosiynol a sensitif
- defnyddio dyfais y leitmotiv
- themâu cofiadwy a defnydd o gyfalawon
- ffanfferau pres
- adrannau llinynnol rhamantaidd
- sgorio cyflym, prysur yn y dilyniannau cyffro (*action sequences*).

Arweiniad pellach

Am fwy o wybodaeth ar ffanfferau gweler tudalen 129.

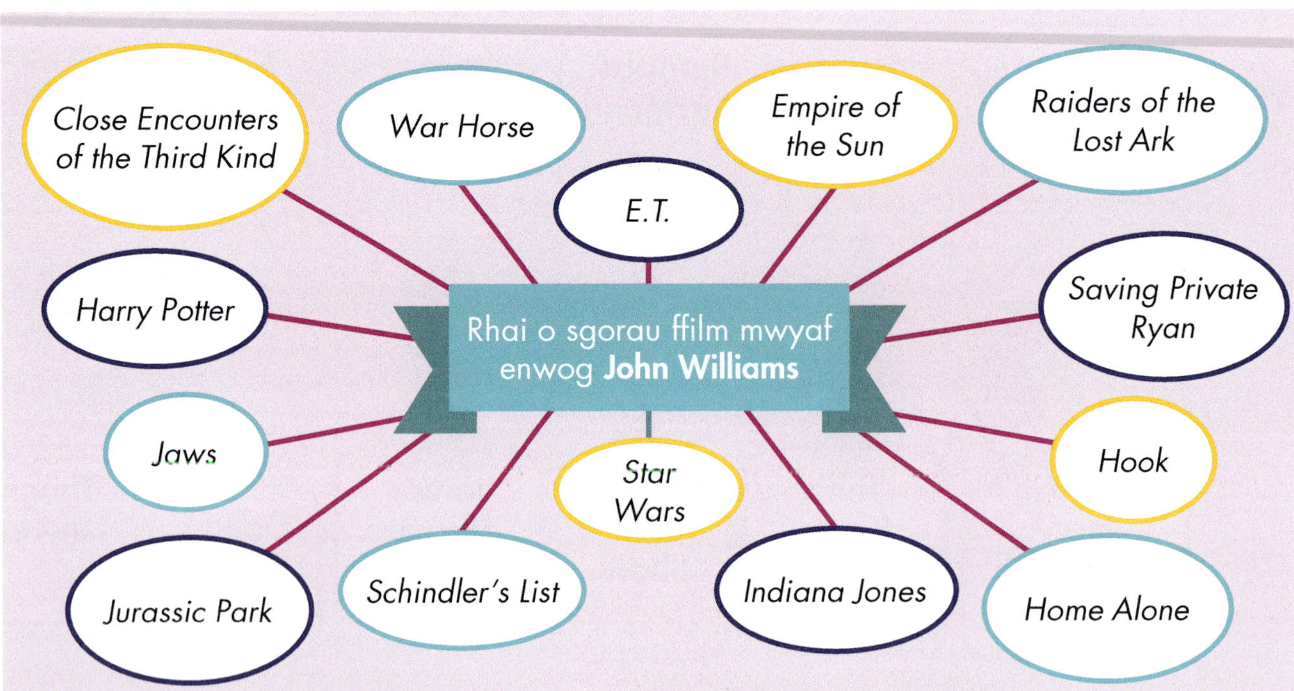

Yn nhermau eich astudiaethau, mae'n dipyn o her i wybod ble i ddechrau – mae yna gymaint o ffilmiau a chyfansoddwyr enwog. Byddai'n gwbl amhosibl ymdrin â'r holl destunau a'r genres gwahanol, yn enwedig gan fod cyfansoddwyr a chyfarwyddwyr yn dewis delio â'u deunydd pwnc mewn ffyrdd cyferbyniol sydd bob amser yn wahanol. Yn y tudalennau canlynol, byddwn ni'n edrych ar rai o'r rhai mwyaf arwyddocaol.

Cerddoriaeth mewn ffilmiau – beth yw ei swyddogaeth?

Meddai'r cyfansoddwr Americanaidd Aaron Copland unwaith:

> Byddwn i'n dwlu gallu cael cynulleidfaoedd i wylio ffilm gyda'r gerddoriaeth, yna ei gwylio am yr ail dro gyda'r gerddoriaeth wedi'i diffodd, ac yna ei gwylio am y trydydd tro gyda'r gerddoriaeth wedi'i throi ymlaen. Wedyn, rwy'n meddwl y bydden nhw'n cael syniad mwy penodol o lawer o beth mae'r gerddoriaeth yn gwneud ar gyfer ffilm.

Mae yna ddau brif gategori o gerddoriaeth ffilm:

1. Cerddoriaeth **GYNEFIN** (*diegetic*). Cerddoriaeth sy'n cael ei chyfyngu o fewn y weithred e.e. canwr clwb yn perfformio i gynulleidfa mewn clwb nos; cerddoriaeth sydd i'w chlywed ar chwaraewr CD mewn golygfa; cerddoriaeth sy'n chwarae ar deledu tra bod cymeriadau'r olygfa yn gwylio; cymeriadau mewn cyngerdd cerddorol lle mae cerddoriaeth yn cael ei chwarae, ac yn y blaen. Cerddoriaeth sydd i'w chlywed gan y cymeriadau ar sgrin, yn ogystal â'r cynulleidfaoedd ffilm. Mae'n rhan annatod o'r ddrama.
2. Cerddoriaeth **ANGHYNEFIN** (*non-diegetic*). Cerddoriaeth gefndirol sy'n cefnogi'r hyn sy'n digwydd ar sgrin, e.e. i gefnogi'r ddrama, cynrychioli'r naws, ac i gynorthwyo ac adlewyrchu'r hyn sy'n digwydd. Mae'n gerddoriaeth sydd ddim yn cael ei chlywed gan y cymeriadau ar sgrin, ond sydd yn cael ei chlywed gan y cynulleidfaoedd ffilm.

Aaron Copland (1900–1990)

Weithiau, mae yna gymysgedd o'r ddau fath o gategori.

Tasg

Gwyliwch a gwrandewch ar agoriad y ffilm *Atonement* ar YouTube. Cyfansoddwyd y gerddoriaeth gan Dario Marianelli.

Mae'r ffilm yn dechrau gyda seiniau teipiadur (i'w clywed gan y cymeriad ar sgrin), sain sydd yna'n cael ei chynnwys yn gynnil i mewn i gerddoriaeth agoriadol y ffilm (sydd ddim i'w chlywed gan y cymeriadau ar sgrin).

Nawr atebwch y cwestiynau canlynol:

1. Enwch yr offeryn sydd i'w glywed yn chwarae ar ddechrau'r gerddoriaeth.
2. Pa syniad cerddorol sydd i'w glywed?
3. Nodwch ddwy ddyfais gerddorol yn y gerddoriaeth.
4. Disgrifiwch sut mae'r gerddoriaeth yn adeiladu. Ystyriwch y defnydd o offerynnau, dynameg, gwead, alaw a rhythm.

Sut mae cerddoriaeth yn cael ei defnyddio mewn ffilmiau?

Mewn cymaint o ffyrdd, mae cerddoriaeth yn well na geiriau…

I greu lleoliad penodol neu ddaearyddol, e.e defnydd o gerddoriaeth acordion (Paris) neu bacbibau (yr Alban).

I greu awyrgylch.

I adlewyrchu'r delweddau ar y sgrin, e.e. tempo cyflym, rhythmau cymhleth, defnydd o ailadrodd a churiadau'n curo'n drwm ar gyfer golygfa gwrso neu ymladd.

Fel isgerddoriaeth i'r ddeialog, e.e. llinynnau tawel mewn golygfa garu.

I gefnogi emosiynau'r cymeriadau, ac ennyn emosiynau penodol yn y gynulleidfa, e.e. cerddoriaeth araf gyda chynnwys melodig tyner mewn cywair lleiaf ar gyfer sefyllfa drist.

Ar gyfer newid golygfeydd neu montages.

I osod yr oes, yr amser neu'r cyfnod, e.e. cerddoriaeth o gyfnod y Baróc ar gyfer lleoliad hanesyddol o'r 17eg ganrif.

I gefnogi'r 'gweithredu' corfforol a rheoli'r tempo.

I greu ymdeimlad o 'afrealiti' (swrealaeth), e.e. i gefnogi dilyniant 'breuddwyd' neu ffantasi.

I greu argraff o gymeriad neu sefyllfa, hyd yn oed os nad yw'r argraff yn un gywir, h.y. i awgrymu 'amheuaeth', e.e. cerddoriaeth sinistr pan fydd cymeriad sydd yn ôl pob golwg, yn rywun ddigon cyffredin, ar y sgrin.

I gydweddu'n union â'r elfen weledol, h.y. '*micky-mousing*', drwy gydamseru'r gerddoriaeth â'r hyn sy'n digwydd ar y sgrin.

I gefnogi cymeriadau, sefyllfaoedd a lleoedd drwy'r defnydd o leitmotiv, e.e. defnydd o syniad melodig, rhythmig neu felodig byr sy'n gysylltiedig â pherson, lle neu syniad.

I hyrwyddo'r ffilm, e.e. y brif 'thema'.

I ragweld digwyddiadau neu ddweud wrth y gynulleidfa am ddigwyddiadau sydd i ddod, e.e. pan mae'r motiff cromatig cyfarwydd sy'n gysylltiedig â *Jaws* i'w glywed, er nad yw'r siarc wedi ymddangos eto yn y ffilm. Mae'r gynulleidfa'n ymwybodol o'r perygl sydd i ddod, ond nid yw'r cymeriadau ar sgrin yn ymwybodol ohono.

I awgrymu perygl sydd i ddod neu emosiwn gwahanol i'r hyn sydd i'w weld ar y sgrin, ac ysgogi teimladau gwahanol 'sy'n gwrth-ddweud yr hyn sy'n digwydd' ('*running counter to the action*'), e.e. yng ngolygfa'r bedydd yn *The Godfather*, mae cerddoriaeth o gyfnod y Baróc i'w chlywed tra bod y gynulleidfa'n gwylio cyfosodiad o olygfeydd rhwng yr Eglwys a'r pum llofruddiaeth greulon.

I greu teimlad o wagle, lled, dyfnder, 'maint' perthnasoedd, e.e. cerddoriaeth i gynrychioli dyfnder y môr/cymeriadau bach Disney/ehangder diderfyn y gofod.

Cael cerddoriaeth ffynonnell (*source*) sy'n cael ei chynnwys fel rhan o'r hyn sy'n digwydd, e.e. cymeriadau'n perfformio mewn cyngerdd.

I ysgogi emosiwn torfol o'r gynulleidfa a chreu emosiynau sioc, e.e. cordiau brawychus sydyn mewn ffilm arswyd.

Paratoi'r gynulleidfa gyda cherddoriaeth ar ddechrau'r ffilm (gyda'r brif thema) a'u hanfon i ffwrdd mewn hwyliau priodol ar y diwedd gyda'r gerddoriaeth ar gyfer y glodrestr.

I greu'r tensiwn ac i adeiladu'r gwewyr meddwl (*suspense*).

Mae hyn i gyd yn helpu'r gynulleidfa i ddeall beth sy'n mynd ymlaen.

Mathau gwahanol o ffilmiau

Mae'n bosibl categoreiddio'r mathau amrywiol o ffilm, ac yn nhermau'r cwrs TGAU Cerddoriaeth, mae'n syniad da ystyried sut a pha fath o gerddoriaeth fyddai'n effeithiol ar gyfer pob math o ffilm. Yn amlwg, mae yna amrywiaeth o emosiynau a scenarios ym mhob ffilm, felly bydd angen cynrychioli'r naws, awyrgylch a'r cymeriadau gwahanol mewn ffyrdd gwahanol mewn unrhyw genre ffilm o'ch dewis. Fel arfer, mae'r naratif yn un sy'n gyferbyniol, h.y. Da yn erbyn Drwg, Cariad yn erbyn Casineb, Rhyfel yn erbyn Heddwch, Llwyddiant yn erbyn Methiant, Bywyd yn erbyn Marwolaeth – ac yn y blaen.

Isod y mae'r prif gategorïau o ffilmiau, gyda rhai enghreifftiau enwog o bob un. Yn amlwg, mae rhai o'r teitlau ffilm a awgrymwyd yn perthyn i fwy nag un categori.

Cyngor cyflym

Gallwch chi ddod o hyd i lawer o'r gerddoriaeth a ddangosir isod ar y Rhyngrwyd. Teipiwch deitl y ffilm i mewn, wedi'i ddilyn â'r gair 'soundtrack'. Gwrandewch ar ran o'r gerddoriaeth agoriadol sy'n cyflwyno'r ffilm.

Y PRIF GATEGORÏAU O **FFILMIAU**

Cyffro (*Action*) a Ffantasi Cyffro (*Action Fantasy*):
Die Hard, Batman, Lord of the Rings

Antur:
Raiders of the Lost Ark, Jurassic Park

Trychineb: *Towering Inferno, Deep Impact*

Comedi:
Meet the Family, Dumb and Dumber

Arswyd/Ias a Chyffro:
The Omen, The Silence of the Lambs

Rhamant: *Ghost, Sleepless in Seattle*

Dirgelwch:
Sherlock Holmes, Shutter Island

Rhyfel: *Saving Private Ryan, Pearl Harbor*

Ffilm Gowboi:
Unforgiven, Dances with Wolves

Ffuglen Wyddonol/Estron:
Alien, Bladerunner

Ffilm i Blant:
e.e. Disney: *Toy Story, The Little Mermaid*

Sioe Gerdd: *West Side Story, Mama Mia!*

Trosedd: *Vertigo, The French Connection*

Bywgraffiad:
Ghandi, The King's Speech, The Aviator

Dogfen: *The English Surgeon, Preempting Dissent*

Animeiddio: *Despicable Me, The Croods*

Ffilm Ysbïo: *James Bond, Spy*

TESTUN 2 Y DEFNYDD O ELFENNAU CERDDOROL MEWN CERDDORIAETH FFILM

Ar ôl sefydlu bod cerddoriaeth yn rhan angenrheidiol o'r rhan fwyaf o ffilmiau drwy ychwanegu realaeth, adlewyrchu'r angerdd, creu'r naws/awyrgylch a chefnogi'r stori, fe fydd o gymorth i wybod sut mae cyfansoddwyr yn defnyddio'r elfennau, a'r cyd-destun ac iaith gerddoriaeth i gyflawni'r effeithiau dewisol. Dylai hyn fod o gymorth i chi hefyd wrth i chi gyfansoddi. Y brif ystyriaeth yw dewis yr elfennau cerddorol priodol, a phenderfynu ar y ffordd orau o'u defnyddio a'u cyfuno er mwyn cynrychioli'r themâu dramatig.

Mae thema lwyddiannus yn gofiadwy, myfyriol, meddylgar …

Alaw

Gwyliwch glip byr ar wefan y BBC dan y teitl 'Composing Music for Film and Television' o'r gyfansoddwraig Seisnig Debbie Wiseman yn esbonio sut mae'n ysgrifennu alawon ar gyfer ffilm.

▲ Debbie Wiseman (1963–)

Mae alaw yn ychwanegu cymeriad a siâp i'r syniadau cerddorol, gan ffurfio prif ran y gerddoriaeth yn aml. Mae cael un prif syniad thematig, gyda rhai syniadau atodol yn rywbeth cyffredin, er, weithiau mae yna nifer o themâu sydd yr un mor bwysig â'i gilydd. Mae'n dibynnu, mewn gwirionedd, ar beth sy'n gweddu i'r ddrama, neu, ar ba gymeriadau a sefyllfaoedd sydd yn y ffilm. Gall rhai ffilmiau gael un syniad cerddorol sy'n treiddio drwy'r ffilm gyfan. Gallai'r themâu gynnwys llinellau hir, sy'n delynegol ac yn gofiadwy, neu syniadau byrrach o lawer a motiffau, a fydd efallai'n deillio o'r thema fwy estynedig.

Felly, beth sy'n gwneud alaw dda? Nifer o bethau – ac fe fydd yn dibynnu ar yr hyn sy'n cael ei gyfathrebu.

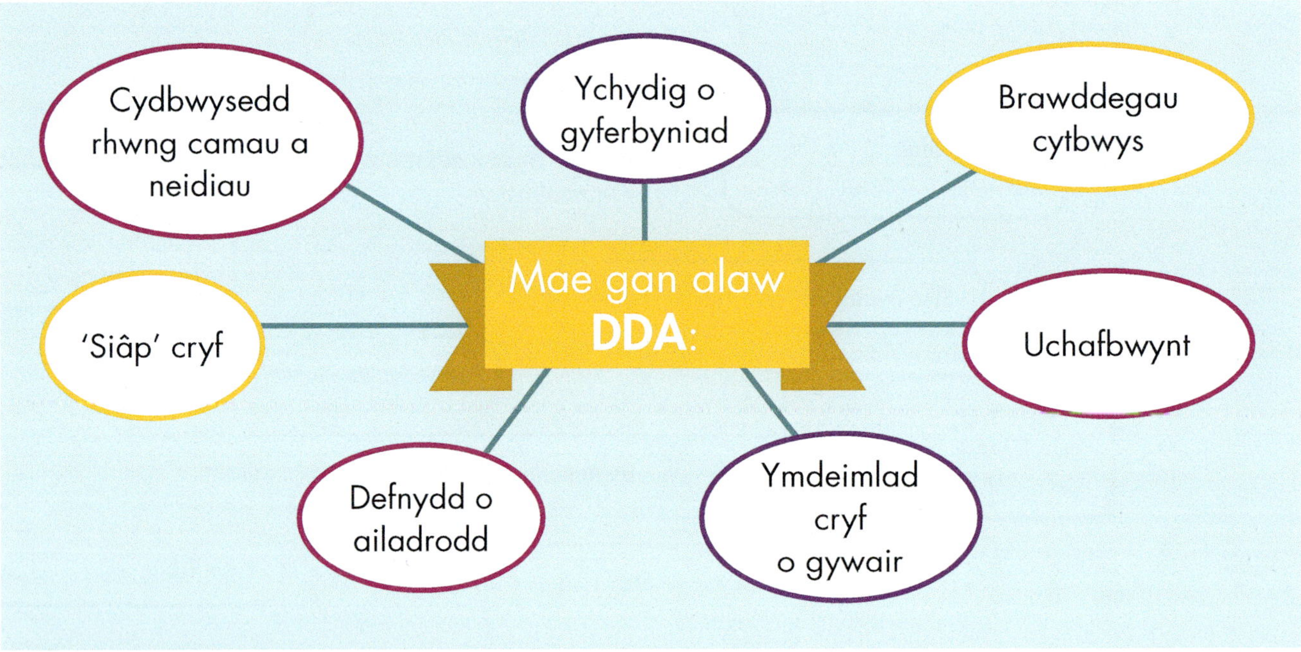

Gadewch i ni edrych yn fanylach ar rai themâu ffilm enwog, i weld pa elfennau cerddorol sy'n eu gwneud nhw mor gofiadwy.

E.T. the Extra-Terrestrial (cerddoriaeth gan John Williams)

Gwrandewch ar brif thema *E.T.* ar YouTube.

Nodwch y nodweddion canlynol wrth i chi wrando:

- Rhagarweiniad wyth bar. Mae'n cynnwys dwy frawddeg bedwar bar sy'n debyg iawn, yn seiliedig ar rythmau cwaferau **staccato** tawel sy'n sboncio o gwmpas nodau cordiau'r tonydd a'r llywydd. Mae yng nghywair C fwyaf.
- Yn yr wyth bar sy'n dilyn, mae'r brif thema'n cael ei chyflwyno gan y gerddorfa lawn (heb drwmpedau). Mae'n sefydlu'r arwydd amser triphlyg (h.y. tri churiad minim mewn bar). Mae'r barrau fel a ganlyn:

  Bar 1 yn cynnwys cyfwng 5ed perffaith esgynnol (C → G), wedi'i ddilyn gan symudiad cwafer.

  Bar 2 yn cynnwys cyfwng 4ydd perffaith disgynnol (C → G), sy'n gydbwysedd perffaith i'r bar blaenorol.

  Bar 3 yn cynnwys wythfed esgynnol yn seiliedig ar gord vi (A → A), ac mae'r cynnwys rhythmig yr un peth â bar 1 (mae hwn yn cynnwys F#).

  Bar 4 yn cynnwys cyfwng esgynnol o 6ed mwyaf (D → B), ac mae'r patrymau rhythmig yr un peth â bar 2.

  Bar 5–8 yn datblygu rhai o'r nodweddion melodig hyn. Mae'r frawddeg 'ateb' pedwar bar hon yn defnyddio'r un rhythm â bar 1 i ddechrau, ond yna mae tro hanner cwafer newydd i'w glywed ac mae yna rythm dot ym mar 7. Y cyfwng cyntaf ym mar 5 yw 7fed lleiaf esgynnol, ac mae'r cyfyngau sy'n cael eu defnyddio i ddechrau barrau 6 a 7 yn union yr un peth – mae'r ddau yn 3ydd lleiaf disgynnol. Mae'r gerddoriaeth yn gorffen ar y nodyn B, sef 3ydd cord V. Dyma gord llywydd y cywair gwreiddiol, felly mae'r frawddeg yn gorffen gyda **diweddeb amherffaith**.

Mae'r cyfansoddwr wedi defnyddio cryn dipyn o 'neidiau' esgynnol yn y thema hon; maen nhw wedi'u cydbwyso'n berffaith gan y neidiau esgynnol fesul cam. At ei gilydd, mae e'n defnyddio 3ydd lleiaf, 4ydd perffaith, 5ed perffaith, 6ed mwyaf, 7fed lleiaf ac wythfed perffaith. Mae gweddill y symudiad cyfan yn symud fesul cam, felly maen nhw i gyd yn gyfyngau o 2.

Allweddair

Staccato: nodau wedi'u gwahanu (*detached*); yn fyrrach na'u hyd llawn.

Mae ysgrifennu alaw fel cerflunio. Cewch bedwar neu bump o nodau, rydych chi'n tynnu un allan, ac yn symud un o gwmpas, ac… yn y diwedd, fel mae'r cerflunydd yn dweud, 'Yn y graig yna mae gennym gerflun, mae'n rhaid i ni fynd i chwilio amdano'.

JOHN WILLIAMS, CYFANSODDWR

Allweddair

Diweddeb amherffaith: symud at gord V ar ddiwedd brawddeg o gerddoriaeth. Gallai'r cord agosáu fod yn I, ii, IV neu vi. Mae'n swnio'n anghyflawn.

Batman (cerddoriaeth gan Danny Elfman)

Gwrandewch ar brif thema Batman ar YouTube.

Mae'n bosibl disgrifio cynnwys melodig y thema hon fel 'motiffig' oherwydd ei fod wedi'i seilio ar un motiff. Mae wedi'i ganoli ar syniad pum nodyn sy'n cael ei gyflwyno'n syth. Mae Enghraifft 3.1 yn dangos y pum nodyn sy'n cael eu defnyddio, sef C, D, E♭, A♭ a G.

Enghraifft 3.1

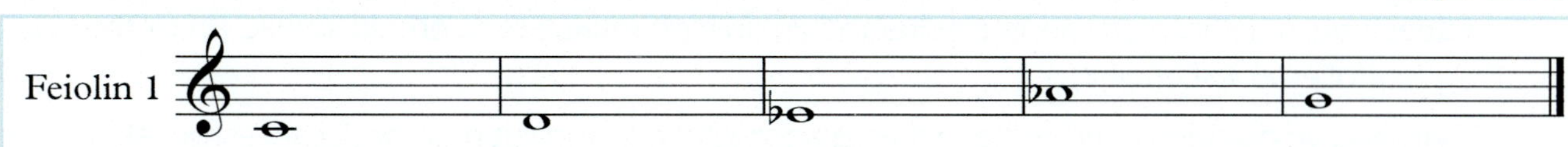

Mae'r motiff hwn yn gosod yr olygfa (mae nodyn rhif 4 yn cael ei ddal am ychydig yn hirach na'r lleill yn y datganiad cyntaf). Gwrandewch ar sut mae'r gerddoriaeth yn cael ei hadeiladu'n gyfan gwbl o'r syniad melodig hwn. I ddechrau mae i'w chlywed yn y llinynnau isel a chaiff ei hailadrodd cyn iddi gael ei chyflwyno mewn ffordd fwy efelychol. Wrth i ni glywed rhai seiniau taro uchel a drymiau timpani bob hyn a hyn, mae'r dwyster yn cynyddu. Mae'r cynnydd yn ddibynnol ar ychwanegu mwy o offerynnau (yn enwedig pres) a dynameg gynyddol uwch. Tra bod gwrthdaro'r symbal i'w glywed, mae'r gerddoriaeth yn cynnal cord uchel, ac ar ôl hyn mae'r tempo'n cynyddu, ac mae patrymau rhythm mwy cymhleth yn sefydlu ostinato, ac uwchben hyn mae'r thema bum nodyn i'w chlywed mewn datganiad sydd â mwy o frys a chyffro'n perthyn iddo.

Cyngor cyflym

Mae'r math yma o wybodaeth gerddorol am ddarn o gerddoriaeth, yn enghraifft dda o'r math o sylwadau bydd angen i chi eu gwneud wrth arfarnu cerddoriaeth yn yr arholiad gwrando.

Pirates of the Caribbean (cerddoriaeth gan Klaus Badelt)

Gwrandewch ar brif thema *Pirates of the Caribbean* ar YouTube – gwnewch yn siŵr eich bod chi'n gwrando ar y perfformiad sydd ar y wefan sy'n gysylltiedig âr llyfr hwn.

Mae'r rhagarweiniad cyflym i'r thema hon yn cael ei chwarae ar linynnau ar D unsain. Mae'n batrwm rhythmig bachog mewn amser cyfansawdd – 12/8. Mae hyn yn golygu pedwar crosiet dot i bob bar. Moddol yw arddull y thema ei hun, h.y. mae wedi'i sefydlu ar 'modd'. Mae teimlad 'lleiaf' iddi. Mae nifer o alawon gwerin yn foddol, ac roedd y thema hon yn addas, fwy na thebyg, gan fod y defnydd o'r modd yn adlewyrchu sianti môr.

Mae'r thema yn wyth bar o hyd ac yn para o 0'05" i 0'18" ar y dyfyniad YouTube. Wrth i'r frawddeg orffen gyda diweddeb amherffaith, nid yw'r alaw'n teimlo'n gyflawn, mewn unrhyw ffordd, ar y pwynt yna. Mae'r alaw'n cael ei chyflwyno fel set o gordiau sy'n cael eu chwarae ar draw eithaf isel gan yr adran linynnol, ynghyd ag offerynnau taro sy'n cefnogi'r rhythmau cras. Mae hyn yn rhoi gwead eithaf cyfoethog.

Arweiniad pellach

Math o raddfeydd yw moddau. Roedd rhain, fwy na thebyg wedi'u gweithio allan yn wreiddiol gan fynachod tua'r 12fed ganrif. Roedd moddau tebyg yn cael eu defnyddio drwy gydol cyfnod y Dadeni mewn cerddoriaeth, ac yn y bôn, disgrifiad o'r system raddfa a oedd yn bodoli cyn i'r system mwyaf-lleiaf esblygu yw hyn. Mae moddau hefyd yn cael eu defnyddio mewn cerddoriaeth werin, jazz a roc/pop.

Gweithgaredd

Ceisiwch chwarae alaw *Pirates of the Caribbean* ar allweddellau, neu ar offeryn o'ch dewis chi. Mae'n dechrau ar y nodyn D ac yn gorffen ar E. Parhewch i wrando arni a gweithiwch hi allan ychydig ar y tro nes i chi allu chwarae'r alaw gyfan.

Tasg

Gwrandewch ar ddarn nesaf y trac, hyd at 0'32". Nodwch ddwy ffordd y mae'r cyfansoddwr wedi newid yr alaw.

Ennio Morricone (1928–)

The Good, the Bad and the Ugly (cerddoriaeth gan Ennio Morricone)

Mae'r ffilm hon yn cael ei hadnabod fel ffilm 'Spaghetti Western', oherwydd ei bod yn perthyn i is-genre o ffilmiau cowboi a gynhyrchwyd gan Eidalwyr ac a oedd yn ffilmiau poblogaidd iawn yng nghanol yr 1960au. Er bod *The Good, the Bad and the Ugly* wedi derbyn adolygiadau cymysg i ddechrau, mae nawr yn cael ei chydnabod yn un o'r ffilmiau gorau erioed, gydag un o'r themâu agoriadol enwocaf erioed.

Gallai fod yn ddiddorol i edrych ar y thema agoriadol a gweld sut mae wedi cael ei rhoi at ei gilydd gan y cyfansoddwr. Mae Enghraifft 3.2 ar y dudalen nesaf, yn dangos braslun o'r sgôr.

Enghraifft 3.2

*Cywasgu yw pan fydd alaw wedi'i newid drwy fyrhau gwerthoedd y nodau. Nid yw'n angenrheidiol gwybod am hyn ar gyfer yr arholiad TGAU Cerddoriaeth ond mae'n ddefnyddiol iawn.

Tasg

Ysgrifennwch alaw 12–16 bar o hyd a fyddai'n gweddu i ffilm gowboi. Gallwch chi ddefnyddio syniadau tebyg i'r rhai a nodwyd yn y testun uchod, ond ceisiwch greu syniad unigol, arbennig.

Y Lone Ranger a Silver, yn y ffilm gowboi *The Lone Ranger* (1956).

Tasg

Gwrandewch ar brif thema *The Good, the Bad and the Ugly* ar YouTube (o'r dechrau hyd at 0'22"), yna atebwch y cwestiwn canlynol, sy'n debyg i'r math o gwestiwn a gewch ar bapur arholiad TGAU Cerddoriaeth.

Cwestiwn: Gwrandewch ar y dyfyniad o gerddoriaeth *The Good, the Bad and the Ugly* dair gwaith. Esboniwch sut mae'r cyfansoddwr wedi cyflwyno'r thema. Yn eich ateb, rhaid i chi gyfeirio at yr elfennau cerddorol, a'r defnydd o offerynnau a lleisiau.

Tempo, rhythm a mesur

Mae'n amlwg bod y tair elfen hon – tempo, rhythm a mesur – wedi'u cydblethu mewn cerddoriaeth, a hefyd gydag alaw. Rydym ni eisoes wedi meddwl ychydig am rythmau cyfansawdd (gweler *Pirates of the Caribbean* uchod). Mae'r elfen gerddorol hon yn ymwneud â chyflymder y curiadau, acenion y curiadau, patrymau'r curiadau, a hyd y nodau eu hunain. Weithiau, rydym ni'n cyfeirio at guriad y gerddoriaeth fel y pwls. Heb ryw fath o reoleidd-dra o ran y curiad neu'r pwls, bydd dim ffocws nac 'egni' i'r gerddoriaeth … ond efallai mai dyna beth sydd angen i'r cyfansoddwr ei wneud er mwyn cynrychioli golygfeydd ffilm penodol.

Tasgau

1. Gwrandewch ar rai dyfyniadau o gerddoriaeth ffilm i weld a ydych chi'n gallu 'teimlo'r curiad'. Allwch chi glywed sut mae rhai acenion a churiadau yn teimlo'n gryfach nag eraill? Mae'n bosibl y bydd gofyn i gyfansoddwr gyfansoddi cerddoriaeth sydd heb guriad clir.
2. Gwrandewch ar ddechrau 'Poetry of Water' ar YouTube, a allai fod yn debyg i'r math o gerddoriaeth sydd ei hangen i greu 'naws' ymlaciol fel rhan o olygfa.

   Nawr atebwch y cwestiynau canlynol am 'Poetry of Water'.

   a) Beth yw prif nodweddion cerddorol y gerddoriaeth hon? Sut mae'r gerddoriaeth yn cynnal y symudiad a'r ymdeimlad o 'symud ymlaen' heb guriad na phwls rheolaidd?

   b) Cyfansoddwch ddarn byr o gerddoriaeth mewn ffordd debyg, a fyddai'n darlunio golygfa wledig heddychlon, fel yr un sydd yn y llun ar y dde.

Mathau gwahanol o dempo

Prif nodwedd wahaniaethol tempo yw os yw'r gerddoriaeth yn teimlo fel ei bod hi'n 'symud yn araf' neu'n 'symud yn gyflym'. Mewn theori, bydd yna farciau tempo a therminoleg ar y sgôr gerddorol sy'n rhoi arweiniad i'r perfformwyr ynglŷn â'r cyflymder cywir; gyda cherddoriaeth sydd wedi'i chyflawni drwy dechnoleg, bydd rhain yn cael eu rhaglenni i mewn yn ofalus. Mae tempo'r gerddoriaeth yn hanfodol bwysig os yw'n mynd i fod yn addas ar gyfer y delweddau gweledol ar y sgrin.

Dyma'r prif fathau o dempo y bydd angen i chi eu gwybod ar gyfer yr arholiad TGAU Cerddoriaeth:

- Allegro/Vivace — Cyflym/bywiog
- Allegretto — Eithaf cyflym (ddim mor gyflym ag Allegro)
- Moderato/Andante — Cyflymder cymedrol/cyflymder cerdded
- Adagio/Lento — Yn araf
- Accelerando — Yn cyflymu'n raddol
- Ritardando/Rallentando — Yn arafu'n raddol
- Daliant — Seibiant yn y gerddoriaeth
- Rubato — Dim glynu'n gaeth i'r amser – dehongliad mwy rhydd i roi effaith

Fel y gwelwch, mae'r ystyriaethau hyn yn bwysig i gyfansoddwyr cerddoriaeth ffilm – ac i chi, os mai dyma beth rydych chi'n dewis ei gyfansoddi.

Tasg

Gwandewch ar 'Adagio for Strings' gan Samuel Barber. Cafodd y darn hwn ei ddefnyddio yn y ffilm *Platoon* (1986).

Sut byddech chi'n disgrifio'r tempo?

Tasg

Gwrandewch ar thema olaf *Blade Runner* gan Vangelis (1982).

Sut byddech chi'n disgrifio'r tempo?

Mathau gwahanol o arwyddion amser

Gyda cherddoriaeth, fe fyddwch chi cyn bo hir yn gallu adnabod os oes curiad rheolaidd, neu efallai curiad afreolaidd, hyd yn oed. Bydd hyn yn ôl yr arwydd amser a ddewiswyd. I'ch atgoffa (er mae'n siwr eich bod chi wedi gwneud llawer o waith ar hyn yn eich gwersi cerddoriaeth), mae'r arwydd amser yn dweud sawl curiad sydd mewn bar a pha fath o guriadau ydyn nhw.

Mewn amser syml, curiad crosiet yw'r prif guriad, a'r arwyddion amser mwyaf cyffredin yw 2/4, 3/4 a 4/4.

Cofiwch

2/4 = 2 guriad crosiet i'r bar

3/4 = 3 churiad crosiet i'r bar

4/4 = 4 curiad crosiet i'r bar

Tasg

Ysgrifennwch tua wyth bar o rythm ym mhob un o'r arwyddion amser syml, gan ddefnyddio amrywiaeth o werthoedd nodau.

Mewn amser cyfansawdd, curiad crosiet dot yw'r prif guriad, a'r arwydd amser mwyaf cyffredin yw 6/8.

Arweiniad pellach

Mae amser cyfansawdd yn anodd, ac mae nifer o ddisgyblion yn cael anhawster i'w ddeall. Mae'n 'fachog', ac yn gyferbyniad da i'r arwyddion amser syml 2/4, 3/4 a 4/4.

Gweithgaredd

Sicrhewch eich bod yn gyfarwydd ag amser cyfansawdd. Edrychwch a gwrandewch ar y patrymau rhythmig yn Enghraifft 3.3 – tapiwch gyda'r rhythmau i gael teimlad yr arddull 'tri-mewn-curiad'.

▼ Enghraifft 3.3

Ydy barrau 27–31 yn eich atgoffa chi o unrhywbeth?

I gyfansoddwyr cerddoriaeth ffilm, mae yna 'deimlad' eithaf gwahanol i, dyweder, pedwar curiad mewn bar a thri churiad mewn bar.

Tasgau

1. Gwrandewch ar agoriad y traciau sain canlynol ar YouTube:
   - 'Hedwig's Theme' o *Harry Potter* and the *Sorcerer's Stone*, gan John Williams
   - *Superman: The Movie*, gan John Williams
   - *The Firm*, gan Dave Grusin
   - *Peter Pan*, 'Fairy Dance', gan James Newton Howard.

   Allwch chi weithio allan os oes tri churiad neu bedwar mewn bar?
2. Cyfansoddwch alaw mewn amser 3/4 a allai gael ei defnyddio fel thema ar gyfer ffilm i blant.
3. Cyfansoddwch alaw mewn amser 4/4 a allai gael ei defnyddio fel thema ar gyfer ffilm filwrol/ffilm ryfel.

▲ Dave Grusin (1934–)

Tasg

Gwrandewch ar y darnau canlynol o gerddoriaeth thema ar YouTube:

- 'Bane's Theme' o *The Dark Knight Rises*, gan Hans Zimmer
- 'Isengard Theme' o *Lord of the Rings*, gan Howard Shore
- Prif thema *Mission: Impossible*, gan Lalo Schifrin.

Allwch chi weithio allan beth yw'r arwyddion amser yn y darnau hyn?

Sawl curiad?

Mae gan rai darnau o gerddoriaeth arwydd amser anarferol, neu arwyddion amser sy'n newid, efallai. Mae'r ddau yn creu effaith ddiddorol.

Mathau gwahanol o ddyfeisiau rhythmig a phatrymau rhythmig

Beth bynnag yw'r tempo neu'r arwydd amser, mae'r mathau o ddyfeisiau rhythmig a ddefnyddiwyd yn gallu rhoi hunaniaeth a chymeriad ychwanegol i'r gerddoriaeth, gan roi'r cyfle i gael amrywiaeth ddiddiwedd yn y cyfuniadau o rhythmau a ddefnyddiwyd.

Dyma rai o'r dyfeisiau rhythmig poblogaidd sy'n cael eu defnyddio i greu effaith mewn cerddoriaeth ffilm (ac mewn pob math o gerddoriaeth):

Cyngor cyflym

Gwrandewch am y dyfeisiau rhythmig isod pan fyddwch chi'n arfarnu cerddoriaeth ffilm.

Dyfeisiau rhythmig

- Estyniad – Pan mae gwerthoedd nodau hirach yn cael eu defnyddio ar gyfer y thema
- Trawsrythmau neu luosrythmau – Pan mae peth gwrthdaro rhwng y curiadau, h.y. syniad tri churiad i'w glywed yn erbyn syniad dau guriad
- Rhythmau dot – Pan gaiff y curiad ei isrannu'n nodyn hir a nodyn byr
- Cywasgiad – Pan mae gwerthoedd nodau byrrach yn cael eu defnyddio ar gyfer y thema
- Curiadau cyson – Pan fydd yna guriadau crosiet rheolaidd, cwaferau cyson neu hanner cwaferau sy'n rhedeg
- Nodau dal hir – Yn arafu'r cyflymder, neu'n ychwanegu effaith ychwanegol
- Hemiola – Enghraifft arall o guriadau'n gwrthdaro, e.e. symud rhwng dyblyg a thriphlyg
- Trawsacennu – Pan mae'r gerddoriaeth i'w chlywed oddi ar y curiad

Ar gyfer unrhyw gyfansoddwr cerddoriaeth ffilm, byddai'r dewis o ba fath o dempo, curiadau a rhythmau i'w defnyddio yn dibynnu ar gynnwys y testun, a'r golygfeydd neu'r cymeriad(au) unigol; a chofiwch, byddai'r rhain yn cael eu defnyddio, gan mwyaf, ar y cyd ag elfennau eraill er mwyn cael yr effaith orau.

Cariad
Patrymau syml, rheolaidd, curiadau cyson, syniadau rhythmig cytbwys

Ffuglen wyddonol/Estron
Arwyddion amser afreolaidd; rhythmau herciog; seibiau; hyd yn oed yr ymdeimlad bod dim unrhyw rhythm iddo

Trais
Rhythmau croes, patrymau cymhleth, nifer o haenau rhythmig

Hapusrwydd
Rhythmau sionc, patrymau od (*quirky*), curiadau rheolaidd

Aflonyddwch anesmwythder
Trawsacennu yn y prif gynnwys thematig; adeileddau rhythmig afreolaidd; seibiau

Ofn
Patrymau rhythmig arafach i greu elfen anniddig neu dywyll yn y gerddoriaeth; defnydd o bwls 'calon' i ddwysáu'r gwewyr meddwl (*suspense*)

Cyffro/Creu momentwm
Patrymau trawsacennog yn y cyfeiliant, patrymau ailadroddus, gwerthoedd nodau byrrach yn fwyfwy er mwyn cynyddu'r ymdeimlad o gyflymder sy'n cyflymu

Tasg

Gwrandewch ar rai enghreifftiau o gerddoriaeth ffilm yn y categorïau gwahanol hyn, a chanolbwyntiwch ar y cynnwys rhythmig. Gwnewch nodiadau o'r holl nodweddion diddorol yn eich llyfr nodiadau cyfansoddi – a chofiwch y bydd rhain i gyd yn eich helpu yn yr arholiad gwrando.

Harmoni

Mae harmoni yn agwedd bwerus o sgôr ffilm, er yn amrywiol iawn o ran ei chynnwys a'i swyddogaeth, yn ôl gofynion y ffilm. Mae rhai cyfansoddwyr yn defnyddio harmoni 'draddodiadol' yn nhermau dilyniadau cordiol perthynol ac yn y blaen, ond yn sicr, nid dyna yw'r achos bob amser.

Mae llawer o sgorau ffilm yn dibynnu ar elfennau cerddorol eraill i greu effaith, (fel rhythm neu liw). Bydd rhai ddim yn defnyddio rheolau harmoni confensiynol, ond yn datblygu math o 'palette' harmonig ar gyfer y ffilm – mewn geiriau eraill, dewis set penodol o gordiau a harmonïau a fyddai'n cael eu defnyddio fel sail i greu syniadau. Mae'n bosibl y bydd cyfansoddwyr yn cadw mathau arbennig o harmonïau ar gyfer adrannau arbennig o'r sgôr, neu'n creu harmonïau newydd a mwy archwiliol sydd efallai'n 'teimlo'n' iawn ar gyfer y diben.

Caiff y defnydd eithaf nodedig hwn o harmoni ar gyfer y dibenion dramatig mewn unrhyw ffilm ei ddeall orau efallai wrth esbonio rhai nodweddion harmonig cyffredin.

Cyngor cyflym

Bydd y cordiau sy'n cael eu disgrifio ar y dudalen nesaf yn arbennig o ddefnyddiol yn eich gwaith cyfansoddi. Dewisiwch y rhai sy'n gweddu orau i naws neu awyrgylch eich darn. Arbrofwch hefyd drwy greu eich cordiau eich hun.

Harmonïau diatonig

Cordiau sy'n perthyn i gyweiriau penodol yw harmonïau **diatonig**. Bydd yr holl nodau sy'n cael eu defnyddio yn yr harmonïau yn dod o un cywair dewisol neu o'r cyweiriau perthynol. Y man cychwyn mwyaf amlwg yw ystyried y cordiau mwyaf a'r cordiau lleiaf yn unig: mae 'mwyaf' yn gysylltiedig â 'hapus', yn gonfensiynol, ac mae lleiaf yn gysylltiedig â 'trist'. Er enghraifft, mae Enghraifft 3.4 yn dangos y cordiau sydd yn C fwyaf.

> **Allweddair**
>
> **Diatonig:** cerddoriaeth sydd wedi'i seilio ar y system raddfa mwyaf a lleiaf. I'r gwrthwyneb i 'gromatig'.

Enghraifft 3.4

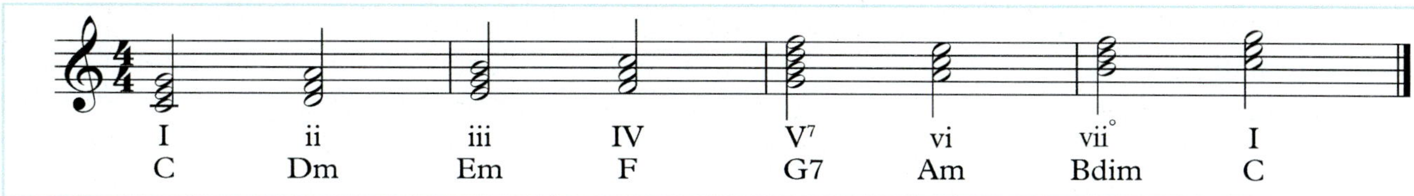

Gwrandewch ar y dilyniadau cordiol yn Enghraifft 3.5 a pherfformiwch nhw. Ydyn nhw'n cynrychioli unrhyw fath o naws neu awyrgylch i chi?

Enghraifft 3.5

Mae hefyd yn bosibl disgrifio cordiau sy'n defnyddio harmonïau diatonig fel 'cordiau cyseiniol', h.y. nodau sy'n ffitio'n dda gyda'i gilydd i gynhyrchu sain ddymunol.

> Dywedodd Elmer Bernstein unwaith:
>
> ***'… mae'r harmonïau diatonig… yn dal i ddarparu ffynhonnell aruthrol o gryfder.'***

Tasgau

1. Lluniwch eich dilyniad harmonig eich hun gan ddefnyddio cordiau C fwyaf.
2. Cyfansoddwch alaw i gyd-fynd â'ch cordiau dewisol.
3. Lluniwch ail ddilyniad harmonig yn A leiaf.

> **Gweithgaredd**
>
> Dewch o hyd i gopi o'r gerddoriaeth i 'Sound of Silence', cân enwog gan Simon & Garfunkel. Cafodd ei defnyddio yn y ffilm *The Graduate* (1967). Mae'r gerddoriaeth wedi'i seilio ar harmonïau diatonig. Perfformiwch hi gyda rhai o'ch ffrindiau.

Yn amlwg, mae yna lawer o enghreifftiau o harmonïau diatonig i'w cael mewn cerddoriaeth ffilm. Ond mae rhai cyfansoddwyr yn arbrofi ymhellach drwy ddefnyddio triadau mwyaf a lleiaf 'amherthnasol'; mewn geiriau eraill, cymysgu'r cordiau o wahanol gyweiriau. Edrychwch ar Enghraifft 3.6, sy'n defnyddio rhai cordiau o C fwyaf, fel o'r blaen, ond sydd hefyd yn cynnwys dau gord sydd ddim yn y cywair (wedi'u dangos â *); yn yr achos hwn, yr harmoni ychwanegol cyntaf yw cord E♭ leiaf, a'r ail yw cord A♭ fwyaf.

Enghraifft 3.6

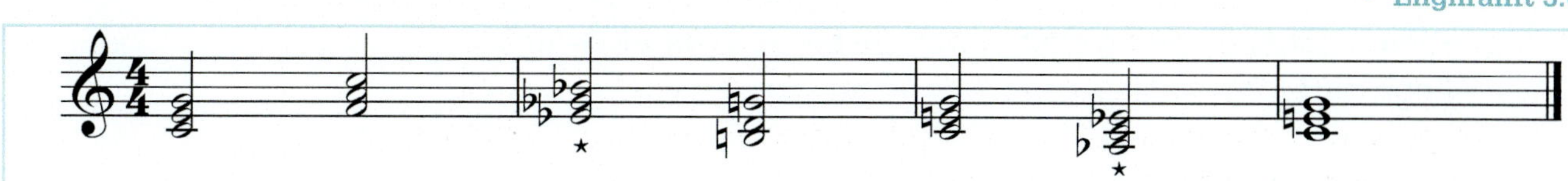

Tasg

Gwrandewch ar y 'Rebel Fanfare' o *Star Wars*, sy'n defnyddio cordiau yn y ffordd yma. Beth yn eich barn chi sy'n arbennig o effeithiol am y darn hwn?

Harmonïau cromatig

Cordiau sy'n defnyddio nodau sydd ddim yng nghywair y darn yw harmonïau **cromatig**. Mae cyfansoddwyr wedi defnyddio harmonïau cromatig ers y cyfnod Baróc, ac yn gynyddol ar hyd y canrifoedd, roedd rhai cyfansoddwyr yn defnyddio cymaint o nodau a oedd ddim yn perthyn i'r cywair gwreiddiol fel ei bod hi weithiau'n anodd gwybod beth yn union oedd y cywair, mewn rhai mannau.

Graddfa gromatig C fwyaf yw Enghraifft 3.7 (er bod modd i chi ddechrau'r raddfa hon ar unrhyw nodyn).

Allweddair

Cromatig: pan fydd y gerddoriaeth yn mynd i fyny neu'n dod i lawr fesul hanner tôn.

Enghraifft 3.7

Fel y gwelwch yn Enghraifft 3.7, mae'r raddfa gyfan wedi'i hadeiladu ar gyfyngau o hanner tôn. Pan mae'r raddfa hon yn cael ei defnyddio i adeiladu cordiau, gall y canlyniadau fod yn effeithiol dros ben.

Un cord cromatig poblogaidd iawn yw **cord y 7fed cywasg***.

Er enghraifft, edrychwch ar y pedwar nodyn a ddynodir gan * yn Enghraifft 3.8. Maen nhw'n ffurfio cord cywasg.

*__Nid__ yw cord y 7fed cywasg yn rhan o ofynion y cwrs TGAU Cerddoriaeth. Eto – mae'n ddefnyddiol iawn mewn cerddoriaeth ffilm, ac yn creu argraff os caiff ei ddefnyddio.

Enghraifft 3.8

Mae modd adeiladu harmonïau cromatig ar unrhyw nodyn, ac maen nhw'n gweithio'n arbennig o dda mewn cywair lleiaf, lle maen nhw'n cael eu defnyddio'n aml yn lle cord y llywydd. Mae'n cynnwys cyfres o gyfyngau'r 3ydd lleiaf, i gyd wedi'u pentyrru ar ben ei gilydd.

Mae cordiau'r 7fed cywasg wedi'u seilio, mewn gwirionedd, ar gord y llywydd wrth weithio mewn cywair. Cord estynedig y llywydd ydyw, h.y. y 9fed lleiaf – heb wreiddyn y cord.

Tasg

Faint o gordiau cywasg eraill allwch chi eu creu o'r raddfa yn Enghraifft 3.8?

Gan mai cord llywydd C fwyaf yw G, mae Enghraifft 3.9 yn dangos sut mae ffurfio 7fed cywasg y cord hwnnw.

Enghraifft 3.9

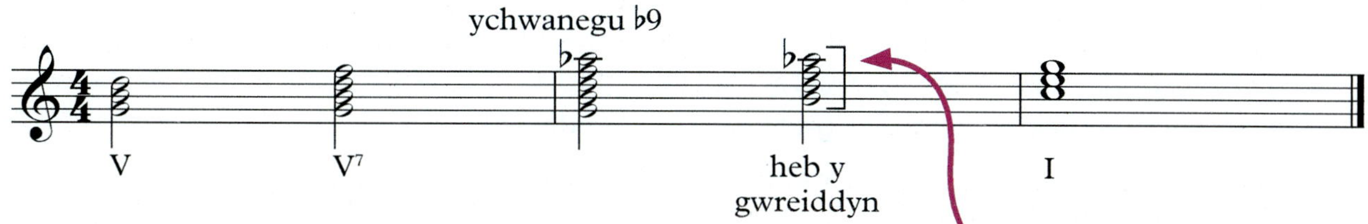

Wrth adeiladu hwn i fyny fesul symudiad debyg i **arpeggio**, neu ei chwarae fel cord *ff* o fewn y sgôr – ar ystod o drawiau – bydd hyn yn cynhyrchu canlyniadau dwys ac effeithiol iawn.

Yn Enghraifft 3.10, mae'r nodau i gyd yn dod o gord y seithfed cywasg sydd wedi'i nodi uchod, h.y,:

B D F A♭

> **Allweddair**
>
> **Arpeggio:** chwarae pob nodyn o gord ar wahân, yn esgynnol neu'n ddisgynnol.

Enghraifft 3.10

Harmonïau anghyseiniol

Er bod modd disgrifio rhai cordiau cromatig fel rhai anghyseiniol, yn gyffredinol mae'r cordiau hyn yn rai sy'n defnyddio nodau sydd ddim yn 'ffitio'n' dda gyda'i gilydd, ac felly'n cynhyrchu cordiau sy'n swnio'n siarp, yn gras neu sy'n gwrthdaro. Mae cordiau anghyseiniol sy'n adfer ar gordiau **cyseiniol** yn cynnal y teimlad o densiwn a rhyddhad – gwrthdaro ac yna adferiad.

Mae Enghraifft 3.11 yn dangos rhai harmonïau anghyseiniol sydd wedi'u hadeiladu ar driad C fwyaf.

Allweddair

Cyseiniol: pan fydd nodau cord yn mynd yn dda gyda'i gilydd.

Enghraifft 3.11

Gweithgaredd

Gwrandewch ar 'The Battle of Hoth' o *Star Wars V: The Empire Strikes Back*, gan John Williams, ar YouTube.

Mewn grŵp, trafodwch sut mae'r cyfansoddwr wedi defnyddio cordiau anghyseiniol i greu effaith mor bwerus.

Pam byddai cordiau o'r math yma yn addas yn y sefyllfa hon?

Defnydd o gyfyngau

Mae rhai cyfyngau'n ddefnyddiol iawn wrth greu effeithiau arbennig o fewn cynnwys harmonig darn. Mae 3yddau a 6edau cyfochrog mewn harmoni diatonig yn cynhyrchu adegau telynegol (Enghraifft 3.12) ac mae 4yddau, 5edau ac wythfedau yn aml yn cael eu defnyddio pan fydd angen sain agored, wag (Enghraifft 3.13).

Fel y gwelsom eisoes, hanner tonau yw prif elfen harmonïau anghyseiniol.

Enw arall ar **4ydd estynedig** neu **5ed cywasg** yw trithon (Enghraifft 3.15). Cyfwng anghyseiniol yw hwn a gaiff ei adnabod weithiau fel 'cyfwng y diafol'. Mae'n aml yn cael ei gysylltu ag ofn, arswyd ac yn sicr yn cyflawni effaith sinistr.

Allweddair

4ydd estynedig: cyfwng o 4ydd perffaith, sydd wedi'i wneud yn fwy gan hanner tôn ychwanegol (e.e. C – F#).

5ed cywasg: cyfwng o 5ed perffaith, sydd wedi'i wneud yn llai gan hanner tôn (e.e. C – G♭).

Enghraifft 3.12

▼ Enghraifft 3.13

▼ Enghraifft 3.14

▼ Enghraifft 3.15

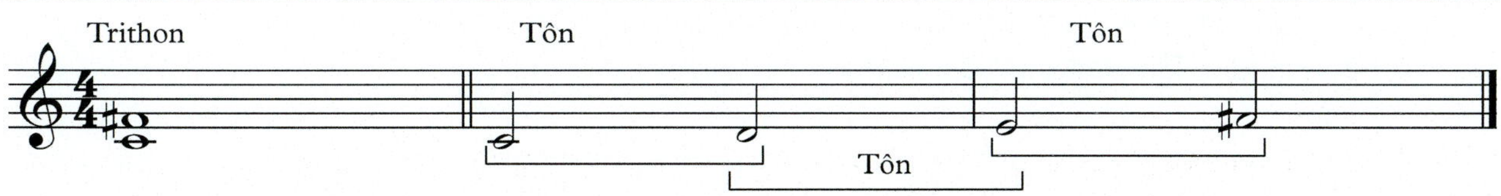

Bydd cymysgu a chydweddu cyfyngau, a sylweddu'r rhain fel rhan o'r cynnwys melodig yn ogystal â'r cynnwys harmonig, yn cyfrannu at y cynnwys a'r effaith gerddorol gyffredinol. Edrychwch ar y syniad yn Enghraifft 3.16 sy'n gyfuniad o gyfwng **trithon** a chyfwng **hanner tôn**. Sylwch sut mae modd ei ddefnyddio fel motiff, syniad harmonig neu fel techneg i 'deithio' ar draws ystod o drawiau.

Allweddeiriau

Trithon: cyfwng sy'n cynnwys tri thôn lawn, e.e. C→F# (C–D; D–E; E–F#).

Hanner tôn: y cyfwng lleiaf rhwng dau nodyn (ar biano, y ddau nodyn yn union drws nesaf i'w gilydd, os yw'n ddu neu'n wyn, e.e. C→C#; E→F).

▼ Enghraifft 3.16

Nawr gwrandewch ar agoriad *Beetlejuice* ar YouTube. Ysgrifennwyd y gerddoriaeth ar gyfer y ffilm hon gan Danny Elfman. Mae'r gerddoriaeth yn dechrau'n dawel, gyda lleisiau'n dod i mewn yn fuan gyda 'Day-O', 'The Banana Boat Song'. Yn llinell gyntaf y gân, mae yna dro clyfar i mewn i gywair A leiaf, sy'n rhoi ystyr newydd i gân a oedd yn wreiddiol yn gân obeithiol iawn. Mae'r gân i'w chlywed uwchben nodau tonydd a nodau llywydd y cywair. Yna, mae llawer o offerynnau pres isel ac ebychiadau gan yr offerynnau taro yn cefnogi thema ddigyswllt a braidd yn lletchwith, sy'n para am ychydig dros bum bar. Mae rhychwant o wythfed i'r thema hon, o A (cleff y trebl, 2il fwlch) i'r A sydd islaw C ganol. Mae wedi'i seilio ar raddfa felodig ddisgynnol A leiaf, ar wahân i gynnwys y nodyn D# ddwywaith. Cyfwng trithon yw'r A–D# – ac mae hyn yn ychwanegu teimlad arswydus braidd i'r gerddoriaeth.

Mae cynnwys D# yn y thema A leiaf yn rhoi anghyseinedd annifyr, sydd wedi'i atgyfnerthu gan gordiau ergyd wedi mudo, sy'n cael eu chwarae gan y trwmpedau. Mae'r delweddau ar y sgrin yn rhoi golygfa o'r awyr o bentref tawel a'r wlad o'i gwmpas – enghraifft glir o pan mae'r gerddoriaeth yn gwrth-ddweud yr hyn sydd yn yr olygfa – '*running counter to the action*'.

Ffaith

Mae Danny Elfman yn enwog am ei sgorau brawychus!

Tasg

Chwaraewch A–D#–A, i glywed y cyfwng trithon. Gwrandewch ar y thema sawl gwaith a cheisiwch ei chwarae ar yr allweddellau. Mae'n cynnwys patrwm rhythmig ♩. ♪, sydd hefyd yn ychwanegu effaith 'herciog' (*jagged*).

Gweithgaredd

Mewn grŵp, trafodwch ba elfennau cerddorol a syniadau eraill y mae Danny Elfman wedi'u defnyddio i awgrymu'r pryder a'r ofn sy'n nesáu yn y dyfyniad o 'The Banana Boat Song'.

Tasg

Lluniwch ddilyniad cordiau sy'n esblygu drwy newid un nodyn ar y tro. Edrychwch ar y gerddoriaeth yn Enghraifft 3.17 fel enghraifft. Mae'n dechrau gyda thriad C fwyaf, ac yna'n symud fesul un nodyn ar y tro i roi canlyniad diddorol a neilltuol. Does yn sicr ddim angen cymaint o gordiau â hyn arnoch chi – dylech chi arbrofi tan i chi fod yn hollol hapus â'r canlyniad. Does yna ddim rheolau ynglŷn â pha gordiau sydd orau i'w defnyddio mewn cerddoriaeth ffilm. Dewiswch destun ar gyfer eich ffilm, yna gadewch i'ch dychymyg a'ch cerddoroldeb arwain eich penderfyniadau.

Enghraifft 3.17

Ffanfferau

Mae syniad y 'ffanffer' wedi'i seilio ar gordiau, ac yn ddyfais gyffredin mewn nifer o sgorau ffilm. 'Darn blodeuog cerddorol byr' neu 'galwad i hoelio sylw' yw ffanffer, sydd wedi'i gysylltu'n aml â chyhoeddiad, digwyddiad arwyddocaol o ryw fath, neu ddyfodiad cymeriad pwysig. Mae'n aml yn cael ei gynnwys pan fod gan yr olygfa ryw fath o gysylltiad, gynrychiolaeth neu weithred milwrol.

Mae gan ffanffer gerddorol nifer o nodweddion nodedig, yn cynnwys y canlynol:

- Mae wedi'i seilio ar nodau cord ac yn aml yn cynnwys cyfyngau o 3ydd, 5ed ac wythfed.
- Weithiau mae'r cyfyngau'n cael eu cyflwyno fel ffiguroliad cord gwasgar (*broken chord figuration*).
- Defnydd o rhythmau dot, patrymau tripled a hanner cwaferau.
- Mae'n aml yn cael ei chwarae gan offerynnau pres (ond ddim bob amser).
- O bosibl â chyfeiliant offerynnau taro/drymiau.
- Mae angen iddo gael rhyw egni a rhoi'r teimlad o bŵer.

▲ Ffanffer pres

Gwrandewch ar y ddau ffanffer canlynol ar y Rhyngrwyd a nodwch eu nodweddion nodedig.

Ffanffer 20th Century Fox

Nodweddion cerddorol:

- cywair mwyaf
- rhagarweiniad drwm, yn cynnwys gwerthoedd nodau cyflym a 'bwrlwm' drymiau gwifrau
- cordiau pres cryf (forte), ar batrwm cwaferau a hanner cwaferau
- motiffau melodig llinynnol sy'n codi, wedi'u hateb gan y pres a'r drymiau
- nodyn dal hir i orffen, gyda **crescendo** a bwrlwm drymiau pellach
- mae yna rai cordiau diddorol wedi'u cynnwys, h.y.:
  F A C → F A♭ D → C G E (mae'r llythrennau hyn yn dangos safle'r cordiau).

Allweddair

Crescendo: yn cryfhau yn raddol.

Tasg

Ceisiwch chwarae'r cordiau o fanffer 20th Century Fox uchod.

Ffanffer *Superman*, gan John Williams

Prif nodweddion:

- Amser 4/4, cywair mwyaf.
- Mae trwmpedau'n dechrau motiff y ffanffer mewn unsain.
- Bwrlwm **timpani**.
- Mae motiff y ffanffer yn cael ei ailadrodd yn y trwmpedau, y tro hwn gyda chyrn hefyd, yna gyda phres ychwanegol (mewn harmoni) yn ymuno i gwblhau'r **frawddeg**.
- Mae ostinato rhythmig yn dechrau o ddifrif i osod y cyflymder a'r teimlad o gyffro; mae'n cael ei chwarae gan y llinynnau isel i ddechrau, ac yna'n adeiladu i gerddorfa lawn cyn cydiad y brif thema.
- Mae rhan gyntaf y ffanffer i'w glywed o ddechrau'r dyfyniad hyd at 0'12". Mae nodyn cyntaf syniad y ffanffer ar nodyn G, ac mae'r frawddeg hon yn gorffen ar D (nodyn llywydd y cywair). Ar unrhyw offeryn o'ch dewis chi, ceisiwch weld a allwch chi chwarae'r nodau ar gyfer syniad ffanffer *Superman*.

Allweddeiriau

Timpani: drymiau mawr cerddorfaol sydd weithiau'n cael eu galw'n tympan (kettle drums). Mae modd eu tiwnio i wahanol drawiau.

Brawddeg: rhan o alaw.

Timpani

Tasg estynedig

Gwrandewch ar y ffanfferau canlynol:

1. Ffanffer Sul y Cofio, 'Last Post'.
2. 'Triumphal March' o *Aida*, gan y cyfansoddwr Rhamantaidd Giuseppe Verdi.

Ysgrifennwch eich ffanffer eich hun, gan ddefnyddio'r nodau perthnasol o gywair G fwyaf, a nodwyd yn Enghraifft 3.18 gyda *.

Enghraifft 3.18

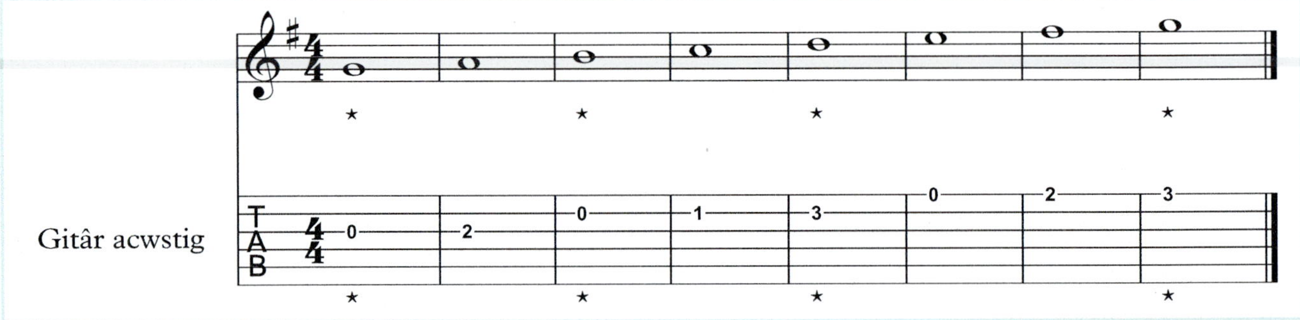

Cyweiredd

Ystyr sefydlu cyweiredd darn o gerddoriaeth yw canfod ym mha gywair y mae'r darn: deall y traw(iau) cychwynnol, gwybod ai cywair mwyaf neu gywair lleiaf ydyw, ac ar ba raddfa a harmonïau y mae wedi'i seilio arnyn nhw. Gan eich bod chi wedi astudio arwyddion cywair yn eich gwersi theori cerddorol, byddwch chi'n gallu canfod beth yw'r cywair drwy:

1. edrych ar yr arwydd cywair (os yw'r sgôr ar gael), a
2. gwrando'n ofalus ar ddechrau'r gerddoriaeth i weld os yw'n deimlad mwyaf (hapus) neu'n deimlad lleiaf (trist).

Tasg

Chwaraewch driadau mwyaf C, F a G. Nawr symudwch y nodyn canol i lawr hanner tôn i glywed y gwahaniaeth rhwng mwyaf a lleiaf:

C E G → C E♭ G

F A C → F A♭ C

G B D → G B♭ D

Tasg

Gwrandewch ar YouTube ar ddechrau'r themâu ffilm enwog canlynol. Yn eich barn chi, ydyn nhw mewn cywair mwyaf neu gywair lleiaf?

1. *Rocky*, gan Bill Conti
2. *Love Story*, gan Francis Lai
3. Thema *Chariots of Fire*, gan Evangelos Odysseas Papathanassiou (caiff ei adnabod fel Vangelis)
4. Thema *Indiana Jones*, gan John Williams.

Mae cyweiredd yn seiliedig ar y cordiau sydd mewn cywair.

Weithiau, nid yw'r gerddoriaeth mewn cywair, fel y cyfryw. Mae hyn yn digwydd pan na fydd y nodau wedi'u trefnu yn ôl y system raddfa mwyaf a lleiaf. Nid yw'r gerddoriaeth yn perthyn i nodyn tonydd, ac felly nid oes ganddo unrhyw deimlad o 'berthyn' oherwydd nad oes ganddo gywair canolog (*tonal centre*). Mae'r math hwn o gyweiredd yn cael ei alw'n **ddigyweiredd** am nad oes unrhyw deimlad o gywair 'cartref'. Mae nifer o gyfansoddwyr yn defnyddio'r math yma o ryddid pan fod angen iddyn nhw gyfansoddi cerddoriaeth sydd heb deimlad o reoleidd-dra, normalrwydd neu ddiogelwch. Er enghraifft, mae ffilmiau ffuglen wyddonol (*sci-fi*) neu ffilmiau arswyd yn aml yn defnyddio cerddoriaeth **ddigywair**.

Cofiwch

Deunydd estynedig yw hwn. Ni fyddwch chi'n cael eich holi am **ddigyweiredd** yn yr arholiad gwrando, ond mae'n ddefnyddiol iawn gwybod amdano ar gyfer rhai mathau o gerddoriaeth ffilm.

Tasgau

Gwrandewch ar y dyfyniadau ffilm cerddorol canlynol ar YouTube, sydd yn ddigywair o ran eu harddull:

- *The Cobweb*, prif deitlau a theitlau terfynol, gan Leonard Rosenman
- *Planet of the Apes*, 'Prif deitl', gan Jerry Goldsmith.

Pa rai o'r nodweddion cerddorol canlynol sydd i'w clywed yn y dyfyniadau hyn?

- Harmonïau mwyaf a lleiaf
- Seiniau cras
- Ymdeimlad cryf o gywair
- 'Teimlad' anghydlynol (*disjointed*) i'r gerddoriaeth
- Dim ymdeimlad o gywair
- Symudiad digyswllt
- Alawon telynegol
- Siapiau melodig lletchwith
- Hap seiniau
- Syniadau melodaidd
- Symudiad cysylltiol
- Cord anghyseiniol

Ymchwil pellach

Roedd Arnold Schoenberg yn gyfansoddwr dadleuol o'r 20fed ganrif ac fe ddatblygodd ei waith i fod yn fwy anghyseiniol a chromatig (sef yr arddull mynegiadol). Fe oed yn gyfrifol am ddatblygu'r dechneg 12-tôn, ffordd o gyfansoddi mewn cerddoriaeth a oedd yn defnyddio pob un o'r 12 nodyn o'r raddfa gromatig. Mae rhai o'i ddarnau sydd yn yr arddull hon yn cynnwys *Pierrot Lunaire*, y *Five Pieces for Orchestra* a'i *Variations for Orchestra*. Ymchwiliwch yr arddull Mynegiadol yn ehangach, a gwrandewch ar y gweithiau hyn – i weld beth yw eich barn chi.

Arnold Schoenberg (1874–1951)

Cafodd mathau eraill o gyweiredd eu defnyddio hefyd gan gyfansoddwyr i greu effaith benodol yn eu cerddoriaeth. **Amlgyweiredd** oedd y dechneg o gyfansoddi mewn dau neu fwy o gyweiriau ar yr un pryd. Os mai dim ond dau gywair oedd wedi'u defnyddio, roedd hyn yn cael ei alw'n **ddeugyweiredd**. Roedd John Williams yn aml yn defnyddio'r ddyfais hon i greu effaith ddirgel neu iasol. Gallwch chi glywed rhai enghreifftiau o hyn yn themâu *E.T.* (e.e. 'Far from Home') ac *Artificial Intelligence* (e.e. 'Hide and Seek').

Tasg

Heblaw am y defnydd o gyweiriau gwahanol, disgrifiwch nodweddion eraill o ddiddordeb cerddorol yn y dyfyniad 'Hide and Seek'.

Mae hyd yn oed rhai o'r motiffau adnabyddus iawn o'r ffilm *Jaws* yn arddangos sut mae motiffau'n gallu cyfuno mewn cyweiriau gwahanol – er enghraifft, pan fydd syniadau ychwanegol yn cael eu harosod ar fotiff hanner tôn bygythiol *Jaws*. Mae cyfuno dau fotiff mewn cyweiriau gwahanol yn gallu creu effaith annifyr iawn, sy'n berffaith er mwyn siglo'r gynulleidfa ac arwain at wrando anghysurus iawn.

Gwrandewch ar ddyfyniad *Jaws*, o 1'31" hyd at 1'45".

Tasgau

Chwaraeewch y patrymau o *Jaws*:

1. Mewn gwerth nodau araf, chwaraeewch y nodau canlynol yn ddi-dor: A B♭ A B♭ A B♭ A B♭, etc.
2. Mewn gwerth nodau cyflym iawn, chwaraeewch y patrwm canlynol yn ysbeidiol (*intermittently*): A C# G.

Tasg

Lluniwch linell felodig syml yng nghywair C fwyaf. Yna ychwanegwch ail linell (uwchben neu islaw'r llinell gyntaf) yng nghywair G fwyaf (gan ddefnyddio rhai F#au). Gallech chi ddefnyddio allweddellau neu gyfrifiadur. Nawr gwrandewch ar y math o effaith y mae hyn yn ei greu.

Cyngor cyflym

Rydym ni wedi sefydlu bod yn rhaid i bob cyfansoddwr ffitio ei gerddoriaeth i'r 'math' o ffilm, neu olygfa, neu awyrgylch sydd ei angen ar rediad y stori. Mae angen i chi ystyried hefyd berthnasoedd allweddol mewn golygfeydd cyfagos, gan fod y cysylltiadau rhwng golygfeydd hefyd yn ystyriaeth bwysig. Os yw syniadau/themâu wedi'u cysylltu'n agos, yna dylai hyn gael ei gynrychioli yn y gerddoriaeth; os oes angen newid sydyn neu gyferbyniad dramatig, yna mae modd adlewyrchu hyn yng nghyweiredd y gerddoriaeth hefyd. Mae'n werth cymryd hyn i gyd i ystyriaeth os ydych chi'n dewis cyfansoddi cerddoriaeth ffilm.

Dyma rai pethau defnyddiol, i'ch atgoffa.

Defnydd o GYWEIREDD mewn cerddoriaeth ffilm

- Defnydd o syniadau cromatig, digywair neu ddeugywair i awgrymu tensiwn neu ofn
- Byddai'n well cadw cerddoriaeth draddodiadol 'mewn cywair' h.y. mwyaf neu leiaf
- Peidiwch ag ofni dyfeisio eich graddfeydd eich hun!
- Byddai graddfeydd Dwyreiniol neu Indiaidd yn addas ar gyfer testun neu syniad 'Asiaidd'
- Defnydd o raddfeydd gwahanol fel pentatonig, tôn gyfan, blues
- Gall cerddoriaeth sydd wedi'i hysgrifennu gan ddefnyddio moddau* neu wyriadau moddol fod yn addas ar gyfer syniadau mewn lleoliad canoloesol/Gothig/gwerin/ffantasi

Rydym ni eisoes wedi sôn am *foddau yn yr adran hon wrth drafod thema *Pirates of the Caribbean*. I gael enghreifftiau pellach o'r math hwn o gyweiredd, gallech chi wrando ar 'The Bridge of Khazad Dum' o *Fellowship of the Rings*, gan Howard Shore, a thema *Titanic*, 'Hymn to the Sea', sy'n dangos sut roedd y cyfansoddwr James Horner yn mwynhau arbrofi gyda naws cyweiredd Celtaidd yn ei gerddoriaeth. Mae'r ddau ar gael ar YouTube.

Tasg

Ysgrifennwch beth cerddoriaeth agoriadol ar gyfer ffilm arswyd fer, gan adeiladu'r gwewyr meddwl (*suspense*). Defnyddiwch harmonïau anghyseiniol i gefnogi'ch syniadau.

Cyngor cyflym

PWYSIG! Cofiwch ei bod hi'n syniad da i chi ddangos eich dealltwriaeth o harmonïau diatonig a chyweiriau mwyaf/lleiaf wrth gyfansoddi cerddoriaeth.

Bydd arddangos dealltwriaeth o ddilyniadau cordiol cryf, trawsgyweirio a defnydd o ddiweddebau yn ennill marciau i chi, felly, os byddwch chi'n penderfynu cynnwys adran foddol, ceisiwch ddatblygu rhai o'r syniadau mewn ystyr cyweiraidd cryfach hefyd.

Ffurf ac adeiledd

Rydym ni eisoes wedi sefydlu bod adeiledd cerddoriaeth ffilm sydd i'w defnyddio neu ei chlywed yn ystod ffilm gyfan yn cael ei bennu gan y digwyddiadau ar y sgrin, gan gysylltu â'r hyn sy'n digwydd ac â threfn y golygfeydd, sy'n cefnogi'r ddrama, ac yn adlewyrchu hwyliau ac emosiynau'r cymeriadau. Wrth gwrs, mae gan y gerddoriaeth sydd i'w chlywed ar ddechrau'r ffilm swyddogaeth wahanol i'r hyn sydd i'w glywed ar y diwedd. Mae'r gerddoriaeth ar ddechrau'r ffilm yno er mwyn gosod yr olygfa a chyflwyno'r cymeriadau; mae cerddoriaeth y glodrestr yno fel diweddglo, er mwyn gadael y gynulleidfa'n hapus gyda'r canlyniad, yn torri'u calonnau efallai gyda'r ffordd y mae pethau wedi gorffen – neu'n eu gadael nhw ar flaen eu seddau. Mae'n rhaid i'r gofynion dramatig ddod yn gyntaf, fel bod y cyfansoddwyr yn gallu defnyddio'u syniadau mewn ffordd addas.

Enghraifft dda o 'osod golygfa' yw 'Duel of the Fates' ar gyfer *Star Wars Episode 1: The Phantom Menace*, gan John Williams (ar gael ar YouTube).

Y dasg fan hyn yw adeiladu'r cynnwrf a'r disgwyliad yn y gerddoriaeth. O ran yr adeiledd, mae'n cynnwys nifer o adrannau:

- mae'r gerddoriaeth yn dechrau gyda lleisiau digyfeiliant mewn harmoni, ac yn defnyddio cyweiredd moddol
- mae'n dilyn gyda syniad **ostinato** aflonydd a chyflym (er yn fyr) yn y llinynnau isel
- mae'r clarinét yn dod i mewn gyda syniad melodig
- mae'r gerddoriaeth yn cryfhau (crescendo) gydag offerynnau gwahanol i'w clywed (**glissando** telyn, llinynnau uwch, corn a chyfalaw yn y trombôn)
- wrth i'r gerddoriaeth fynd yn uwch (gyda'r ostinato hefyd yn symud i fyny o ran traw), mae'r ddynameg hefyd yn cryfhau, a daw'r adran yn fwy dwys o ran y gwead, gan fod yr holl offerynnau'n chwarae
- mae'r lleisiau'n ail ymuno gyda'r syniad o 'siant' cordiol, fel sydd yn yr agoriad
- mae'n stopio'n sydyn ar 2'04", sy'n ddramatig iawn.

Allweddeiriau

Ostinato: patrwm ailadroddus yn y gerddoriaeth sy'n felodig, rhythmig neu harmonig.

Glissando yw pan fydd y gerddoriaeth yn 'llithro' o un traw i draw arall.

Dynameg a distawrwydd

Mae dynameg a distawrwydd yn ystyriaethau pwysig mewn cerddoriaeth ffilm. Nid oes modd peidio â sylweddoli pwysigrwydd amrywiaeth a phwysigrwydd dosraniad seinyddol, o'r cynnwys cryfaf a mwyaf pwerus i'r sibrwd tawelaf, a hyd yn oed distawrwydd (o'i gyrraedd yn sydyn neu'n raddol). Mae rhoi marc dynameg forte neu **piano** yn syml ar rywbeth, ddim ond yn ystyriaeth sylfaenol – mae cynyddu neu ostwng y sain yn raddol, dipyn mwy effeithiol. Bydd hyn yn creu tensiwn, ymdeimlad o lawenydd, y gydnabyddiaeth o bŵer, y teimlad o ofni'r drychineb sydd i ddod, y gydnabyddiaeth o fethiant neu'r teimlad o dderbyn cwblhad a therfynoldeb rhywbeth.

Mae'n rhaid i gyfansoddwyr gymryd i ystyriaeth cyferbyniadau sefyllfa ac emosiynau, ac ystyried sut i adlewyrchu a phortreadu'r rhain yn eu cerddoriaeth er mwyn cefnogi'r ddrama. Sut bydd y gerddoriaeth yn newid o gryf i dawel, gyda holl amrywiadau graddoliad (*gradation*) rhyngddyn nhw? Ai mater syml o gynyddu'r sain ydyw – neu oes angen ystyried offeryniaeth hefyd?

Allweddair

Piano: y marc dynameg am 'tawel'; neu offeryn sydd ag allweddell.

Gweithgaredd

Gwrandewch ar glodrestr (*end credits*) *The Godfather: Part III*, gan Nino Rota (cyfansoddwr ac arweinydd Eidalaidd), hyd at 2'30". Gyda ffrindiau, trafodwch brif nodweddion cerddorol y gerddoriaeth hon, gan nodi'r defnydd o elfennau cerddorol ac unrhyw ddyfeisiau sydd i'w clywed. Pa naws, yn eich barn chi, y mae'r gerddoriaeth hon yn ceisio'i chyfleu ar ddiwedd y ffilm?

Tasg

Gwrandewch ar walts y *Godfather* ar YouTube. Ceisiwch chwarae'r brif alaw, sy'n dechrau ar C – defnyddiwch allweddell.

1. Pa gyfyngau cerddorol sy'n cael eu defnyddio yn y llinell gyntaf?
2. Sut mae'r cyfansoddwr yn amrywio'r syniad agoriadol?
3. Beth yw'r enw am y ffordd y mae'r llinynnau'n perfformio pan maen nhw'n dod i mewn am y tro cyntaf?

Gwead, ansawdd a lliw tôn

Bydd y dewis o offeryn neu ddewis sain offerynnol benodol (neu, yn wir, lleisiau) yn gwella canlyniad y gerddoriaeth. I gael yr effaith fwyaf, rhaid cymryd i ystyriaeth yr ansoddau. Bydd sain chwe ffliwt yn chwarae gyda'i gilydd yn rhoi 'teimlad' gwahanol i'r gerddoriaeth nag y bydd sain deg trombôn (er y bydd grŵp o drombonau'n cael eu chwarae'n sensitif ac yn dawel yn rhoi sain syfrdanol o hardd). Gall drymiau a gaiff eu curo'n ddi-baid drwy gydol golygfa ryfel fod yn rhy feichus a chael canlyniad negyddol, yn nhermau effeithiolrwydd.

Mae'r tri prif fath o wead i gyd yn cael eu defnyddio gydag amrywiaeth dda ym mhob math o gerddoriaeth ffilm, ac nid oes modd peidio â sylweddoli eu grym mewn cyd-destunau gwahanol. Dyma'r tri gwead:

- monoffonig
- homoffonig
- polyffonig.

I'ch atgoffa, llinell sengl yw monoffoni; rhan unigol.

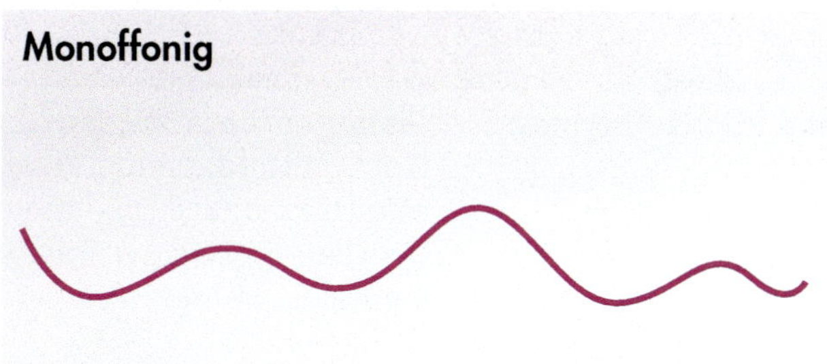

Mae gweadau **monoffonig** yn addas mewn nifer o amgylchiadau. Gyda nifer o offerynnau neu leisiau'n cyflwyno'r un llinell, maen nhw'n gallu creu ymdeimlad anhygoel o rym. Pan fydd offeryn unawdol neu lais sengl yn perfformio, gall y sain fod yn hyfryd, yn lleddfol, yn fyfyriol, yn adlewyrchol, yn drist neu'n ddigalon, yn ôl y cynnwys melodig a'r dewis o offeryn. Meddai Elmer Bernstein, 'Rydych chi'n darganfod mai unsain yw'r sain gryfaf y gallwch chi ei chreu'.

I'ch atgoffa, ystyr homoffoni ('homo' yn golygu 'yr un' a 'ffoni' yn golygu 'sain') yw mewn arddull harmonig; cordiol; alaw a chordiau.

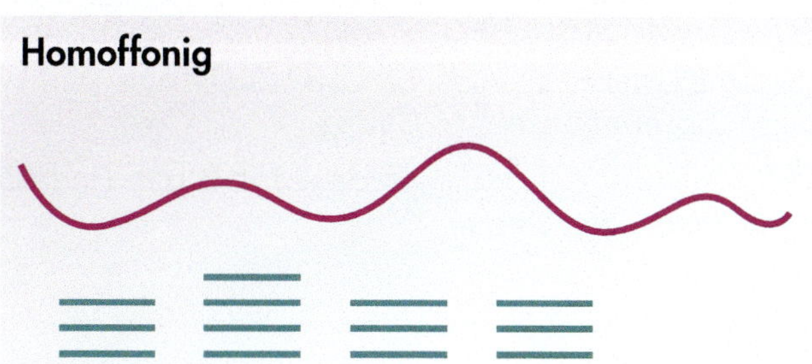

Mae gweadau **homoffonig** yn addas ar gyfer cyflwyno'r prif ddeunydd thematig, ac yn bwerus wrth greu naws o fath penodol. Bydd y brif alaw a'i chyfeiliant yn gosod yr olygfa ac yn sefydlu cymeriadau a sefyllfaoedd. Y brif thema yw'r hyn sy'n adnabyddus ac sy'n cael ei chysylltu â'r ffilm.

I'ch atgoffa, ystyr polyffoni yw mwy nag un rhan; gwrthbwyntiol; pan fydd llinellau o gerddoriaeth i'w clywed gyda'i gilydd; efelychiant.

Mae gweadau **polyffonig** yn addas ar gyfer golygfeydd prysurach, neu olygfeydd cyffro, gan fod efelychiant y syniadau thematig, wedi'u newid o gwmpas mewn lliwiau a grwpiau offerynnol gwahanol, yn creu ymdeimlad o amrywiaeth a diddordeb cynyddol.

Mae'r enghreifftiau canlynol o weadau offerynnol/lleisiol diddorol yn dod i gof, ac yn sicr werth gwrando arnyn nhw i gael ysbrydoliaeth. Gallwch chi ddod o hyd iddyn nhw ar y Rhyngrwyd.

Syniadau lleisiol/siantiau canoloesol:	Offerynnau taro arloesol a diddorol:	Offerynnau anarferol:
The Omen, gan Jerry Goldsmith 'The Black Rider' o *Lord of the Rings*, gan Howard Shore 'The West was Built on Legends' o *Ghost Rider*, gan Christopher Young	*Titanic*, gan James Horner *Planet of the Apes*, gan Jerry Goldsmith (yn cynnwys offerynnau taro ethnig, vibraslap, bwrlwm drymiau ochr, seiloffon) *Lord of the Rings: The Two Towers*, gan Howard Shore	'Duelling Banjos' o *Deliverance*, gan Arthur Smith (banjo) *Braveheart*, gan James Horner (bacbibau) *Ghandi*, gan George Fenton (sitar) *Wuthering Heights* (1992), gan Ryuichi Sakamoto (pib) *Restoration*, gan James Newton Howard (defnydd o'r harpsicord i awgrymu'r gorffennol)
Arddulliau penodol:	**Amlygu un offeryn:**	**Defnydd o 'effeithiau':**
The Firm, gan Dave Grusin (jazz, blues) *A Streetcar Named Desire*, gan Alex North *The Aviator*, gan Howard Shore (arddull yr 1920au)	*The Piano*, gan Michael Nyman *Deer Hunter*, gan Stanley Myers (gitâr)	*Planet of the Apes*, gan Jerry Goldsmith (datseinedd, adlais, effeithiau anarferol – metel, **crafu** gongiau â brws gwifrau, seiniau sampl)
Defnydd o ymdeithganau:	**Offerynnau ac ansoddau/seiniau traw isel i ddarlunio golygfeydd neu gymeriadau 'tywyll':**	**Cerddoriaeth electronig ac offerynnau taro:**
Star Wars (e.e.'Imperial March'), gan John Williams *The Great Escape*, gan Elmer Bernstein *Raiders of the Lost Ark*, gan John Williams	*Citizen Kane*, gan Bernard Herrmann (chwythbrennau isel, ansoddau telyn) *The Dark Knight Rises*, gan Hans Zimmer	*Clockwork Orange*, gan Wendy Carlos *Spider-Man 2*, gan Hans Zimmer

▲ Howard Shore (1946–)

▲ *Citizen Kane*

▲ Ryuichi Sakamoto (1952–)

TESTUN 3 TECHNEGAU A DYFEISIAU CERDDOROL SY'N CAEL EU DEFNYDDIO MEWN CERDDORIAETH FFILM

Y leitmotiv

Mae cerddoriaeth yn helpu i greu adegau cofiadwy, gyda themâu neu fotiffau nodedig. Meddyliwch am rai o'r 'momentau' cerddorol enwocaf a sut roedden nhw wedi cael eu cyflwyno mewn termau cerddorol.

Un ddyfais bwysig sy'n cael ei defnyddio gan gyfansoddwyr ffilm yw'r **leitmotiv** (caiff ei dalfyrru'n aml i 'motiff; byddwn ni'n defnyddio'r ddau).

Diffiniad

Thema neu syniad cerddorol byr yw **leitmotiv** sydd wedi'i gysylltu â chymeriad, gwrthrych, lle neu syniad.

MEDDYLIWCH AMDANO

Edrychwch ar y llun ar y chwith, sydd wedi'i gymryd o'r ffilm *Jaws*, gyda cherddoriaeth gan John Williams. Allwch chi feddwl yn syth am y 'motiff' cerddorol enwog sy'n gysylltiedig â'r olygfa hon (ac eraill tebyg iddo) yn y ffilm?

Mae'r syniad o'r leitmotiv mewn cerddoriaeth yn mynd yn ôl yn bell.

Mae un o'r enghreifftiau enwocaf ohono i'w weld mewn peth o'r gerddoriaeth operatig a ysgrifennwyd gan Richard Wagner, cyfansoddwr pwysig o'r cyfnod Rhamantaidd. Roedd yn defnyddio math o leitmotiv a oedd yn hawdd i'w adnabod – melodig, rhythmig a harmonig – i gynrychioli themâu dramatig amrywiol, gwrthrychau symbolaidd a chymeriadau.

Yn ei waith, *Der Ring des Nibelungen*, defnyddiodd mwy na 60 leitmotiv gwahanol. Maen nhw'n dod yn rhan hanfodol o'r ddrama. Mae Enghraifft 3.19 yn dangos un leitmotiv enwog o'r gwaith hwnnw, sy'n gysylltiedig â'r afon Rhine.

▼ Enghraifft 3.19

Feiolin 1

Tasg

Gwrandewch ar fotiff y 'Ddraig' o'r opera *Der Ring des Nibelungen* ar YouTube.

Mae'r Ddraig yn amlwg wedi'i phortreadu fel creadur brawychus a dychrynllyd. Pa elfennau a nodweddion cerddorol sydd gan hon yn gyffredin â motiff *Jaws*?

Ymchwil pellach

1. Ewch i ddarganfod beth yw 'idée fixe' mewn cerddoriaeth. Pa gyfansoddwyr sydd wedi defnyddio'r syniad hwn?
2. Allwch chi ddarganfod enwau unrhyw gyfansoddwyr eraill a oedd yn defnyddio'r leitmotiv yn eu gwaith?

Erich Korngold (1897–1957)

Roedd cyfansoddwyr ffilm yn cofleidio'r syniad o'r leitmotiv, a oedd i'w weld hyd yn oed yn ffilmiau cynnar Erich Korngold a Max Steiner. Mae'r leitmotiv fel arfer yn eithaf byr, yn wahaniaethadwy (*distinguishable*) ac yn gyson o ran ei ddefnydd. Mae hyn oherwydd bod angen i'r gynulleidfa allu adnabod y nodweddion cerddorol er mwyn cysylltu'r syniad â'r testun neu'r sefyllfa ddramatig. Weithiau, mae'r motiffau'n cael eu hestyn a'u datblygu i fod yn rhywbeth hirach a thipyn yn fwy sylweddol, gan ddatblygu i fod yn brif thema ar gyfer y ffilm gyfan, hyd yn oed. Gallan nhw fod wedi eu seilio ar syniadau melodig (e.e. agoriad motiff y ffanffer o *Superman*), syniadau rhythmig (e.e. patrymau'r ymdeithgan a ddefnyddiwyd yn yr 'Imperial March' o *Star Wars*, neu'r rìff 5/4 nodweddiadol o *Mission Impossible*), neu syniadau harmonig, fel yr eiledÍedd (*alternation*) o ddau gord – y tonydd lleiaf a'r isfeidon mwyaf – yn thema Darth Vader, eto o *Star Wars*, neu'r ffordd y caiff nodau eu defnyddio gyda'i gilydd, fel y cyfwng hanner tôn sy'n cael ei chwarae fel un sain i gynrychioli'r symudiad o drywanu o *Psycho*.

Gall y leitmotiv gael ei glywed hyd yn oed pan nad yw'r cymeriad ar y sgrin. Er enghraifft, gall motiff sy'n gysylltiedig â chymeriad drwg fod yn cael ei chwarae, er nad yw'r cymeriad i'w weld; byddai hyn yn rhoi gwybod i'r gynulleidfa fod perygl yn llechu.

Mae'r leitmotiv yn sefydlu cymeriad trwy ryw fath o berthnasedd, neu gynrychiolaeth, o nodweddion y cymeriad. Yn y *King Kong* gwreiddiol (1933), ffilm gynnar gyda cherddoriaeth gan Max Steiner, defnyddiwyd y drymiau a'r offerynnau pres i bortreadu camau trwm cymeriad yr epa enfawr.

Mae'n debyg bod yna leitmotiv neu syniad cerddorol sydd wedi'i gysylltu â'r prif gymeriadau mewn unrhyw ffilm y gallwch chi feddwl amdani, bron – o ffuglen wyddonol, i archarwyr, i Disney. Gall y leitmotiv fod yn syniad melodig, harmonig neu rythmig.

Tasg

Cyfansoddwch fotiff cerddorol byr i ddynodi cymeriad brawychus. Dechreuwch â'r nodau A A♭, yna ychwanegwch ychydig mwy o'ch nodau eich hun.

Arbrofwch gyda'r motiff drwy:

- ei ailadrodd ar gyflymder araf, yna ar gyflymder cynt
- ei droi'n ddilyniant
- ei chwarae tuag yn ôl
- ychwanegu rhai cordiau cynaliedig fel cefndir.

Recordiwch eich syniadau ar gyfrifiadur.

Tasg

Cyfansoddwch ambell i leitmotiv byr ar gyfer y 'cymeriadau' ffilm posibl yn y lluniau isod. Recordiwch eich holl syniadau, naill ai ar daflen erwydd, yn eich llyfr nodiadau cyfansoddi, neu gan ddefnyddio TGCh.

Gweithgaredd

Gwrandewch ar 'Famous Movie Leitmotifs' ar YouTube, detholiad o leitmotivs ffilm enwog a allai fod o help i chi werthfawrogi'n llawn beth yw arwyddocâd a phwysigrwydd syniadau cerddorol bach wrth sefydlu hanfod ffilm.

Wrth i chi wrando, gallwch chi ganfod, gyda ffrind, beth sy'n gwneud pob leitmotiv mor effeithiol – yr alaw, y rhythm, yr harmoni, yr offeryniaeth neu gyfuniad o'r rhain?

Tasg

Chwaraewch y dilyniant dau gord o F fwyaf wedi'i ddilyn gan D♭ fwyaf. Gyda'i gilydd mae'r rhain yn ffurfio enghraifft o leitmotiv harmonig a ddefnyddiwyd gan John Barry yn ei gerddoriaeth thema ar gyfer y ffilm James Bond *Goldfinger*.

Caiff y leitmotiv ei newid, ei drawsnewid neu ei ddatblygu yn aml, yn ôl y galw – ond y mae pob amser yn hawdd i'w adnabod. Yr enw ar hyn yw '**TRAWSNEWID THEMATIG**'. Trwy amrywio nodweddion cerddorol yr alaw gychwynnol, gall holl gymeriad y gerddoriaeth gael ei thrawsnewid.

Mae'n bosibl newid cymeriad y gerddoriaeth o serch i gasineb, o ennill i golli – hyd yn oed mewn un llinell felodig sengl. Y tro nesaf ewch chi i'r sinema, gwrandewch ar sut caiff yr un syniadau cerddorol eu cyflwyno mewn ffyrdd cyferbyniol er mwyn gweddu i'r sefyllfa.

Mae awgrymiadau ar sut i newid leitmotiv a thrawsnewid thema, yn cynnwys:

- Ychwanegu at neu dynnu rhywbeth o'r syniad (h.y. ei wneud yn hirach, yn fyrrach neu ddefnyddio rhai cyfyngau mewn ffyrdd gwahanol).
- Newid yr offeryniaeth.
- Newid y traw, y ddynameg, y tempo neu werth y nodau.
- Defnyddio **gwrthdro**, estyniad neu gywasgiad er mwyn ailddyfeisio'r syniad.
- Newid rhai o'i nodweddion cerddorol (e.e. cyfwng, patrwm rhythmig).
- Amrywio'r gwead – defnyddio'r syniad mewn efelychiant.
- Newid y cywair, neu ddefnyddio'r modd cyferbyniol.

Cyngor cyflym

Os ydych chi'n dewis cyfansoddi darn o gerddoriaeth ffilm ar gyfer eich gwaith cwrs, (mae'n opsiwn poblogaidd iawn), yna dylech chi ddefnyddio dyfais y leitmotiv i symboleiddio cymeriadau a syniadau. Peidiwch â defnyddio gormod, neu fe fydd yn ymddangos yn ddryslyd. Unwaith y maen nhw wedi cael eu cyflwyno a'u sefydlu, gallwch chi wedyn eu newid nhw mewn gwahanol ffyrdd fel rhan o'r adran datblygiad yn eich gwaith.

Allweddair

Gwrthdro: troi syniad neu gyfwng melodig wyneb i waered; neu safle cord os nad yw yn y safle gwreiddiol, h.y. pan nad yw gwreiddyn y cord i'w glywed yn y bas.

Gweithgaredd

Dysgwch y thema gerddorol o ffilm *Superman*. Penderfynwch, gyda ffrindiau, beth sy'n gwneud y thema'n bwerus ac yn arwrol. Nawr newidiwch y thema fel ei bod hi'n cynrychioli thema sinistr, fygythiol… gwnewch Superman yn gymeriad 'tywyllach'.

Cymharwch

Soniwyd yn barod yn yr adran hon, am y brif fotiff o *Batman*, a gyfansoddwyd gan Danny Elfman. Atgoffwch eich hun o'r brif thema, ac yna ei chymharu gyda fersiwn diweddarach, sef y 'thema serch'. Gallwch chi ddod o hyd i'r ddau ar y Rhyngrwyd.

- Pa newidiadau sydd wedi'u gwneud?
- Sut mae'r syniad cerddorol wedi cael ei drawsnewid?

Minimaliaeth

Mae'r genre cerddorol hwn yn dod o'r traddodiad modern. Yn yr arddull hon, mae'r syniadau cerddorol wedi'u nodweddu gan ailadrodd, sydd wedi'i seilio ar gelloedd bach sy'n esblygu'n raddol i gynhyrchu effaith hypnotig. Caiff ei ddefnyddio'n gyffredin mewn cerddoriaeth ffilm pan fydd angen yr effaith hon; mae newidiadau bach yn cael eu gwneud i'r 'celloedd' cychwynnol yn raddol mewn camau bach, nes iddyn nhw gael eu trawsnewid yn llwyr. Mae cyfansoddwyr ffilm yn dibynnu ar elfen ailadroddus yr arddull hon, ac mae'r technegau'n ddefnyddiol iawn i sefydlu naws golygfa, neu gynnig cyfeiliant i'r brif thema; fodd bynnag, gall fod yn llai llwyddiannus wrth ymateb i'r cyffro ar y sgrin, pan mae'n eithaf posibl y bydd y symudiad yn galw am fwy o ymateb newid-cyflym o ran y nodweddion a'r syniadau cerddorol cyferbyniol.

Tasgau

1. **Ymchwiliwch** 'minimaliaeth' i gefnogi'r hyn rydych chi siŵr o fod wedi'i ddysgu'n barod am yr arddull hon yn y dosbarth. Ewch i chwilio am: alaw ychwanegol (*additive melody*); adeiledd gwead; trawsffurfio themâu; newid harmonig graddol; cylchdro (*rotation*) a dadleoliad rhythmig; effeithiau cyfnodedd (*phase-shifting*); lluosrythmau (*polyrhythms*).
2. **Gwrandewch** ar y ffordd y mae ailadrodd a nodweddion minimaliaeth wedi cael eu defnyddio mewn rhai themâu ffilm enwog. Mae enghreifftiau da wedi'u cynnwys yn 'Greatest Hits' Danny Elfman, sydd ar gael ar YouTube.
3. Cyfansoddwch ychydig o 'gelloedd melodig' a cheisiwch eu datblygu gan ddefnyddio tri o'r dyfeisiau a soniwyd amdanyn nhw uchod.

Tasgau

1. Mae Philip Glass yn gyfansoddwr Americanaidd sydd wedi cyfansoddi cerddoriaeth ffilm mewn arddull finimalistig. Gwrandewch ar y trac sain a gyfansoddodd ar gyfer y ffilm *The Hours* (2002) a enillodd iddo enwebiad Academy Award. Pa elfen gerddorol sy'n ymddangos yn y gerddoriaeth hon?
2. Perfformiwr a chyfansoddwr Prydeinig yw Mike Oldfield. Gwrandewch ar ei gerddoriaeth o'r enw *Tubular Bells* a ddefnyddiwyd yn y ffilm *The Exorcist* (1973). Pa elfen gerddorol sy'n ymddangos yn y gerddoriaeth hon?

Haenu

Mae cyfansoddwyr cerddoriaeth ffilm yn aml yn defnyddio techneg haenu (*layering*). Ystyr hyn yw symud o un elfen i un arall, ac adeiladu'r syniadau cerddorol i lenwi'r gwead. Mae'n golygu cyfuno'r un math (neu fathau gwahanol) o seiniau, patrymau a syniadau, i gyflawni canlyniad mwy pwerus neu ddiddorol. Mae hefyd yn golygu ychwanegu mwy a mwy o haenau o offerynnau neu leisiau gwahanol ar ben ei gilydd.

Cyngor cyflym

Cofiwch, eich bod chi'n ennill marciau am 'ddatblygu' syniadau. Os ydych chi'n dewis rhoi lle amlwg i rai elfennau minimalistig yn eich cerddoriaeth, dylech chi sicrhau eich bod chi'n cynnwys adran arall sy'n datblygu eich syniadau mewn ffordd fwy sylweddol.

Gall y canlynol fod yn enghraifft o haenu:

- cyfansoddi dilyniant cordiau
- ychwanegu'r alaw
- ychwanegu drôn, neu rai nodau cynaliedig
- ychwanegu ail syniad melodig, etc.

Mae dau syniad sy'n swnio'n drawiadol yn unigol yn gallu swnio'n ofnadwy gyda'i gilydd, ac eto weithiau, gall dwy sain sydd ddim yn ymddangos yn drawiadol iawn ar eu pen eu hunain, greu effaith ryfeddol wrth eu chwarae gyda'i gilydd. Yn hyn oll, mae'n rhaid i'r elfennau cerddorol fod yn addas gyda'i gilydd; mewn cerddoriaeth ddiatonig, mae'n rhaid i'r harmoni a'r alaw weithio mewn partneriaeth â'i gilydd er mwyn i'r haenu weithio, ac mewn cerddoriaeth fwy anghyseiniol, fe fydd yna elfennau eraill sydd dal angen eu cydbwyso. Mae trefn syniadau yn bwysig, ac mae'n hynod o bwysig wrth ysgrifennu ar gyfer ffilm. Mae'r dechneg hon felly'n berthnasol i amrywiaeth o elfennau mewn cerddoriaeth, gan eich bod chi'n gallu haenu alawon, harmonïau, rhythmau, ansoddau amrywiol – neu gyfuniad o'r rhain i gyd.

Meddyliwch am y motiffau gwahanol a ddefnyddiwyd yn ffilmiau James Bond. Mae John Barry, y cyfansoddwr, dim ond yn defnyddio un cord mewn rhai golygfeydd ac mae ganddo lawer o gerddoriaeth sy'n dod allan o un motiff a chord sylfaenol. Daeth rhai cordiau'n gysylltiedig â'i gerddoriaeth ac maen nhw nawr yn cael eu hadnabod fel cordiau 'ysbio' neu gordiau 'James Bond'.

Tasg

Gwrandewch ar y gitarydd gwreiddiol, Vic Flick, yn perfformio thema James Bond ar YouTube.

Yn y gwead prysur, ceisiwch adnabod y canlynol:

- y motiff hanner tôn pedwar nodyn enwog
- y **nodyn pedal** trawsacennog yn y bas
- y thema hirach gyntaf sy'n cael ei chwarae gan y gitâr drydan
- yr amrywiaeth o fotiffau cerddorol byrrach yn y pres.

Mae'r rhain i gyd yn cael eu chwarae hyd yn oed cyn i ni glywed prif thema Bond mewn arddull jazz.

Vic Flick

Allweddair

Nodyn pedal: dyfais harmonig lle caiff yr un nodyn ei chynnal neu ei hailadrodd.

Gwyliwch 'Amazing Story of the James Bond Theme' – stori gefndir thema James Bond – ar YouTube.

Tasg

Lluniwch rai haenau:

Barrau 1–18: Cyfansoddwch ddilyniant cordiau araf yn E leiaf.

Barrau 9–16: Ailadroddwch y dilyniant cordiau, ond ychwanegwch alaw syml, gyda mwy o amrywiaeth rythmig.

Barrau 17–24: Ailadroddwch y dilyniant cordiau ac alaw, ond ychwanegwch linell fas gyflymach.

Barrau 25–32: Ailadroddwch y dilyniant cordiau, alaw a llinell fas, ond ychwanegwch ail alaw – 'cyfalaw'.

Cyngor cyflym

Defnyddiwch ansoddau/offerynnau cyferbyniol yn eich haenau. Ceisiwch ychwanegu ychydig o ddatblygiadau wrth i chi ailadrodd syniadau, fel bod y gerddoriaeth yn ychwanegu diddordeb pellach bob amser.

Gweithgaredd

Gyda grŵp o ffrindiau, haenwch y syniadau a'r motiffau isod i greu trefniant grŵp o'r syniadau 'Bond' a ddangosir. Ychwanegwch ychydig o rai newydd os hoffech chi.

Yn gyntaf, mae Enghraifft 3.20 yn dangos y 'cord ysbïo' y mae'r syniadau wedi'u seilio arno. Mae'n gord E leiaf gyda #2 a #9; weithiau, caiff ei adnabod fel Em/maj9 (+ #2).

Enghraifft 3.20

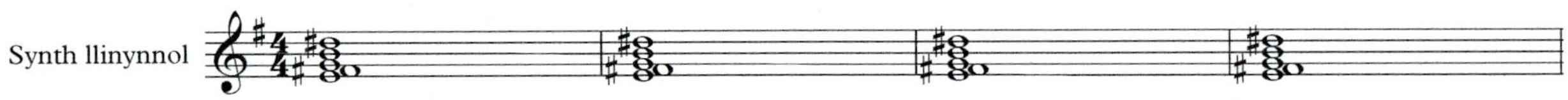

Nesaf, syniad hanner tôn pedwar nodyn 'cromatig' James Bond (Enghraifft 3.21).

Enghraifft 3.21

Caiff hwn ei gefnogi gan y rhythm bas 'trawsacennog' ar nodyn y tonydd (Enghraifft 3.22).

Enghraifft 3.22

Mae Enghraifft 3.23 yn dangos un o'r leitmotivs.

Enghraifft 3.23

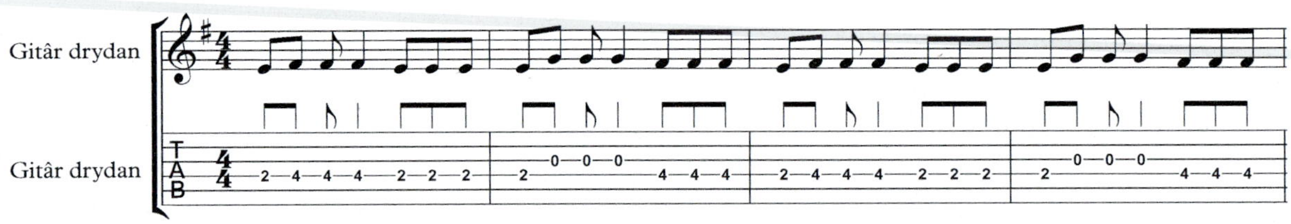

Mae Enghraifft 3.24 yn dangos syniad melodig arall.

Enghraifft 3.24

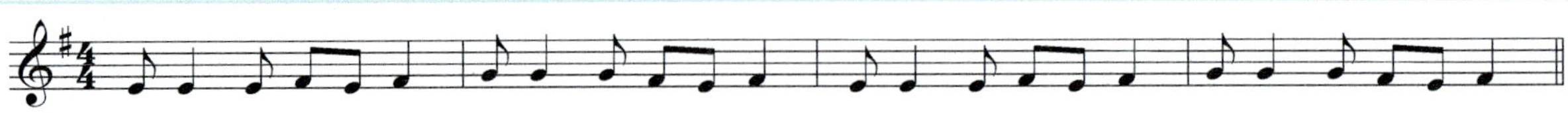

Mae hyd yn oed mwy o fotiffau ar gyfer cymeriad James Bond.

Allwch chi feddwl beth ydyn nhw a'u hychwanegu nhw?

Gweithgaredd

Gwrandewch ar ran o 'The Complete Sountrack' i *Lord of the Rings* ar YouTube.

Gwrandewch ar sut mae'r cyfansoddwr yn adeiladu'r syniadau lleisiol ac offerynnol mewn haenau i greu tensiwn a disgwyliad, gan ddefnyddio amrywiaeth o elfennau cerddorol wrth wneud hynny. Mae gan ffynonellau sain amrywiol yr un syniadau ond gydag effaith gyferbyniol, ond mae yna hefyd syniadau cerddorol gwahanol sy'n mynd yn dda gyda'i gilydd. Mae angen cyferbyniad ar gerddoriaeth, a hynny'n fwy na dim pan fydd cerddoriaeth yn cynrychioli cymeriadau neu sefyllfaoedd gwahanol.

Wrth i chi wrando, gweithiwch gyda phartner i greu nodiadau manwl ar y ffordd y mae haenau lleisiol ac offerynnol yn cael eu hychwanegu. Bydd hyn yn cynnig ysbrydoliaeth ar gyfer eich cyfansoddiadau eich hunain.

Defnydd o ostinato

Mae ostinato yn ddyfais boblogaidd iawn mewn cerddoriaeth ffilm am nifer o resymau. Gall ostinato (neu nifer o ostinati) gael ei ddefnyddio i ddarlunio'r cyffro neu'r cyflymder yn adeiladu, drwy alluogi'r cyfansoddwr i greu haenau o sain. Mae hyn yn rhoi sylfaen gadarn y mae modd adeiladu syniadau ychwanegol arno.

Mae'n bosibl cael patrwm ostinato melodig, rhythmig neu harmonig. Gwrandewch ar y patrymau rhythm ostinato a ddefnyddiwyd yn *Pirates of the Caribbean*, ac yn y nifer o ffilmiau eraill lle mae angen adeiladu'r ddrama; er enghraifft, ymdeithganau, golygfeydd rhyfel, cwrso ceir ac yn y blaen. Daw'r gair 'ostinato' (a esboniwyd eisoes yn Adran 1 Ffurfiau a Dyfeisiau Cerddorol) o'r gair Eidaleg am 'ystyfnig' ('*stubborn*'). Mae wedi'i seilio ar ailadrodd, ac yn addas ar gyfer cerddoriaeth ffilm lle mae angen i'r syniad gael ei sefydlu'n gadarn gyda'r gynulleidfa. I bob pwrpas, mae'r syniad yn cael ei ailadrodd ac mae pethau eraill yn newid o'i gwmpas. Gall ostinato ychwanegu adeiledd i'r gerddoriaeth, ac mae hefyd yn arf digon defnyddiol wrth greu naws a symudiad. Weithiau, gall syniad ailadroddus sefydlu a dominyddu cymeriad darn cyfan.

Tasg

Gwrandewch ar YouTube ar sut mae ailadrodd parhaus yr arpeggio cefndirol yng ngherddoriaeth agoriadol *Vertigo,* gan Bernard Herrmann, yn creu effaith annifyr iawn.

Tasg

Cyfansoddwch wead rhythmig i gefnogi golygfa gyffro (*action scene*) mewn ffilm. Gall hyn gynnwys dau neu dri o syniadau ostinato rhythmig. Gallwch chi eu cyflwyno nhw ar wahân, ac yna eu cyfuno nhw gyda'i gilydd mewn haenau. Bydd hon yn sail effeithiol i chi adeiladu syniadau cerddorol pellach arni.

Mae riffiau hefyd yn gyffredin iawn mewn cerddoriaeth bop, roc a jazz. Lluniwch eich rìff bas pedwar nodyn eich hun yn D leiaf, y byddai modd iddo gael ei ddefnyddio fel nodwedd mewn ffilm fodern am fywyd pobl yn eu harddegau. Recordiwch y rìff nifer o weithiau gan ddefnyddio TGCh neu allweddellau, ac adeiladwch rai syniadau melodig uwch ei ben.

▲ James Stewart a Kim Novak yn *Vertigo.*

Gweithgaredd

Gyda ffrind, perfformiwch y syniad o ailadrodd yr arpeggios yn barhaus o *Vertigo*, fel sy'n cael ei ddangos yn Enghraifft 3.25.

Enghraifft 3.25

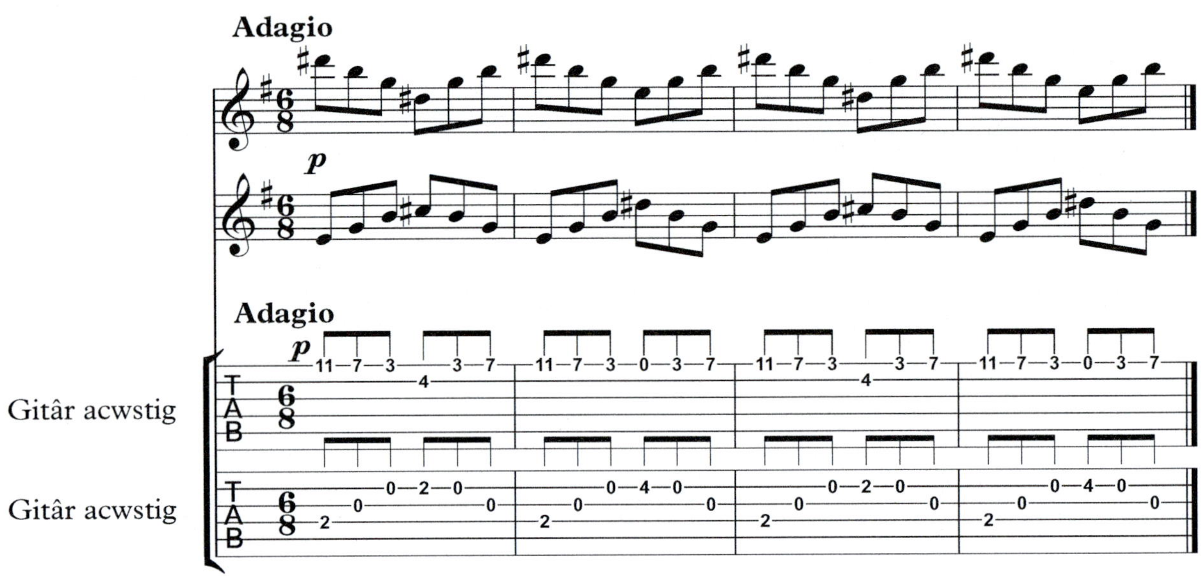

Mae'r defnydd o batrymau ostinato amrywiol yn y gerddoriaeth ar gyfer 'The Hunt', o *Planet of the Apes* a gyfansoddwyd gan Jerry Goldsmith, hefyd yn hynod o effeithiol. Gwrandewch am yr ostinato piano ar ddechrau'r dyfyniad ar YouTube.

Gweithgaredd

Gan weithio mewn grŵp, lluniwch restr o'r syniadau cerddorol eraill sy'n gwneud cerddoriaeth agoriadol 'The Hunt' mor effeithiol wrth greu'r tensiwn angenrheidiol ar gyfer yr olygfa.

Jerry Goldsmith (1929–2004)

Riffiau

Brawddeg gerddorol ailadroddus yw rìff, sy'n gweithio mewn ffordd sy'n debyg iawn i ostinato. Enghraifft dda o rìff yw'r patrwm rhythmig o'r thema *Mission: Impossible*, gan Lalo Schifrin.

Tasg

Mission: Impossible – tasg berfformio i'ch helpu chi i ddeall y rìff ac amser 5/4. Mae'r rìff yn y gerddoriaeth yn Enghraifft 3.26 i'w weld yng nghleff y bas. Ceisiwch chwarae'r rìff ar nodau dechreuol gwahanol, e.e. ar F neu G. Mae'r rìff yn Enghraifft 3.26 yn dechrau ar C.

Ffaith

Pianydd, arweinydd a chyfansoddwr o'r Ariannin yw Lalo Schifrin, sy'n adnabyddus am ei sgorau ffilm a theledu. Mae ei gerddoriaeth ar gyfer *Mission: Impossible* wedi ennill ei lle fel un o'r themâu gorau ar gyfer teledu a ffilm.

Enghraifft 3.26

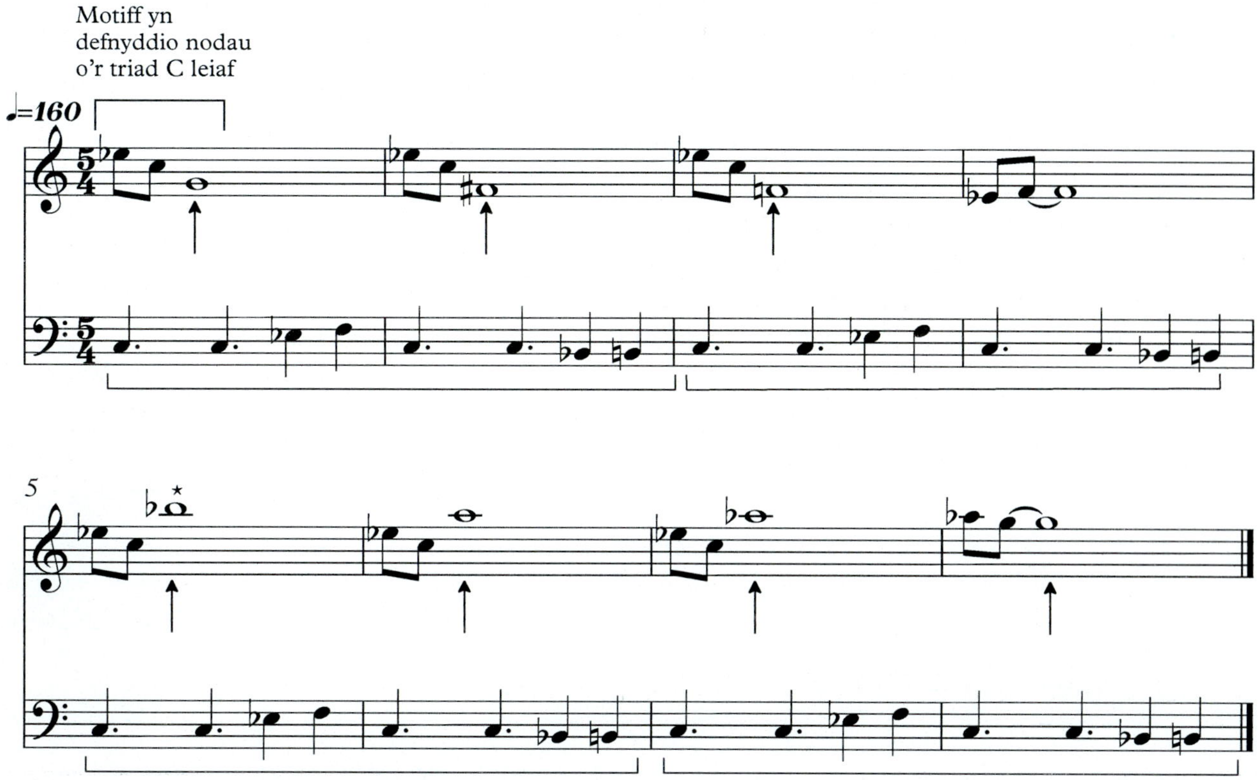

Yn yr enghraifft hon:

- mae'r cromfachau isel yng nghleff y bas yn dynodi'r rìff
- mae'r saethau yn dangos symudiad cromatig yn llinell yr alaw
- mae'r * yn dynodi 7fed nodyn y cord C leiaf.

Tasg

Nawr gwrandewch ar-lein ar ryw 50" agoriadol o'r gerddoriaeth ar gyfer yr 'Imperial March' o *The Empire Strikes Back* (pennod 5 yng nghyfres ffilmiau *Star Wars*). Ystyriwch y cwestiynau canlynol:

1. Allwch chi weithio allan y nodiant cerddorol ar gyfer y rìff rhythmig sydd i'w glywed ar y dechrau? 4/4 yw amser y gerddoriaeth.
2. Pa offerynnau sy'n chwarae'r syniad hwn?
3. Pa offerynnau sy'n chwarae'r brif alaw?
4. Pa offerynnau taro a ddefnyddir?

Tasg

Gwrandewch ar 'Mars' o'r *Planet Suite* gan Gustav Holst (gallwch chi ddod o hyd iddo ar y Rhyngrwyd). Nid yw'n ddarn o gerddoriaeth ffilm, ond mae'n 'sinematig' dros ben o ran arddull.

Pa nodweddion cerddorol diddorol allwch chi eu nodi yn y gwaith hwn?

Ffaith

Mae rhythmau dot, tripledi a syniadau hanner cwafer i gyd gyda'i gilydd yn gwneud 'Imperial March' yn ddarn cyffrous o gerddoriaeth yn rhythmig.

Cyfansoddwch gyfres o batrymau rhythmig yn yr un ffordd, y byddai modd eu defnyddio mewn golygfa 'ymdeithgan' o ffilm.

TESTUN 4 CYFANSODDI CERDDORIAETH FFILM: YMATEB I YSGOGIAD NEU GOMISIWN

Rydym ni wedi gweld eisoes yn yr adran hon nad yw gweithio i friff yn sicr yn rhywbeth newydd i gyfansoddwyr ffilm. Un o ofynion yr asesiad cyfansoddi TGAU Cerddoriaeth yw eich bod chi'n ymateb i friff a osodwyd gan CBAC. Bob blwyddyn, bydd un o'r briffiau hyn yn gysylltiedig â cherddoriaeth ffilm. Os ydych chi'n penderfynu dewis yr opsiwn hwn, yna mae'n rhaid i chi ysgrifennu'ch cerddoriaeth i adlewyrchu'r briff a roddwyd gan y bwrdd arholi.

Enghreifftiau o friffiau gosod:

Briff

- Cyfansoddwch gerddoriaeth ar gyfer dilyniant agoriadol ffilm arswyd newydd sydd i'w dangos am y tro cyntaf yn y sinema leol.
- Cyfansoddwch gerddoriaeth ar gyfer golygfa cwrso ceir sydd i'w ffilmio mewn project myfyrwyr yn y ganolfan gelfyddydau leol.

Golygfa bosibl o ffilm arswyd.

Os nad ydych chi'n awyddus i wneud y project penodol sydd wedi'i osod, ond eisiau cyfansoddi darn o gerddoriaeth ffilm, yna gallech chi ddewis un o'r briffiau gosod eraill, cyn cwblhau darn ffilm o'ch dewis chi eich hun, fel y cyfansoddiad rhydd. Cofiwch, fodd bynnag, bod yn rhaid i chi gyflwyno eich briff eich hun gyda hwn.

Mae'n rhaid i'ch penderfyniad i ysgrifennu **trac sain** neu gerddoriaeth ar gyfer agoriad, neu ddiweddglo ffilm, neu olygfeydd arbennig mewn ffilm, olygu cynllunio ac ystyriaeth ofalus cyn i chi ddechrau.

Allweddair

Trac sain: cerddoriaeth sydd wedi'i recordio sy'n cyfeilio i'r delweddau gweledol mewn ffilm.

Ble mae dechrau?

- Y testun.
- Y themâu a'r syniadau dramatig.
- Y cymeriadau.
- Trefn y gerddoriaeth.
- Y mathau o offerynnau neu leisiau i'w defnyddio.
- Defnyddio offerynnau byw neu ddefnyddio technoleg cerddoriaeth.

Mae'r enghraifft ganlynol yn awgrym da o sut i gynllunio eich syniadau.

Briff

Cyfansoddwch ddarn o gerddoriaeth i osod y naws a'r olygfa ar gyfer agoriad ffilm am ryfel.

Golygfa agoriadol bosibl o ffilm ryfel

Testun:	rhyfel
Syniadau/geiriau perthnasol:	milwrol; pŵer; ymladd; cyffro (*action*); dwyster; marwolaeth; dinistr; tristwch; difrifoldeb; anobaith
Adeiledd:	agoriad tawel, difrifol → adeiladu dwyster i gyffro → dinistr → marwolaeth ac anobaith

Y cam nesaf byddai ystyried sut i gynrychioli'r adrannau hyn orau yn y gerddoriaeth. Er enghraifft:

Adran	Elfennau	Dyfeisiau	Offerynnau/lleisiau
Agoriad tawel, difrifol	Thema leiaf Tempo araf Cordiau bloc Dynameg dawel	Nodau wedi'u cynnal/drôn Sefydlu leitmotiv Symudiad cysylltiol yn bennaf Arpeggios yn cyfeilio	Llinynnau, piano, rhai chwythbrennau
Adeiladu dwyster i gyffro	Mwyaf Motiffau byrrach Gwead efelychol Dynameg fwy cryf Rhythmau cymhleth Mwy o offerynnau Tempo cyflymach	Syniadau ffanffer Rhythmau arddull filwrol e.e. tripledi, trawsacennu, hanner cwaferau Patrymau ostinato Dilyniant Leitmotiv (trawsnewid) Galw ac ateb	Llinynnau, pres, drymiau, chwythbrennau, offerynnau taro ychwanegol
Dinistr	Harmoni cromatig Cordiau rhythmig cyflym Dynameg gryf iawn	Rhai cordiau anghyseiniol Symudiad digyswllt Graddfeydd Cordiau gwasgar/arpeggios Leitmotiv (trawsnewid) Hanner cwaferau parhaus Haenu pellach	Pob offeryn
Marwolaeth ac anobaith	Thema leiaf Tempo araf Dynameg dawel iawn Cordiau	5edau ac wythfedau agored Symudiad cysylltiol yn bennaf Prif thema Arpeggios Nodau wedi'u cynnal	Llinynnau, piano, drymiau

Unwaith y bydd cynllun cyffredinol tebyg i hwn wedi'i gwblhau, wedyn gallwch chi ddechrau gweithio ar syniadau ac adrannau cerddorol unigol.

Cofiwch

Cofnodwch eich holl syniadau yn eich llyfr nodiadau cyfansoddi.

Cyngor cyflym

Cofiwch wirio gyda'ch athro bob amser, pa mor addas y mae unrhyw syniadau sydd gyda chi, a gofynnwch am unrhyw gyngor pellach neu help sydd ei angen arnoch chi.

Tasg

Ysgrifennwch gynllun tebyg i'r enghraifft 'rhyfel' sydd ar y dudalen flaenorol. Dewiswch un o'r testunau canlynol:

- Plant yn chwarae mewn golygfa 'aeafol'.
- Cerddoriaeth agoriadol ar gyfer *Macbeth* (h.y. golygfa'r tair gwrach).
- Cerddoriaeth thema newydd ar gyfer *Monsters Inc.*
- Golygfa 'gwrso' ar gyfer ffilm gangster.

Tasg estynedig

Defnyddiwch symbyliad allanol, fel lluniau, geiriau neu stori i gael syniadau. Gallech chi gyflwyno eich syniadau gan ddefnyddio **bwrdd** stori tebyg i'r un isod, a gafodd ei wneud ar gyfer *Titanic*.

Diffiniad

Math o drefnydd graffig yw **bwrdd stori** lle rydych chi'n cyflwyno cyfres o ddelweddau gweledol sy'n adrodd eich stori fer.

Y bwrdd stori ar gyfer *Titanic*

Mae'r defnydd o syntheseiddwyr a'r gallu i atgynhyrchu pob math o seiniau cerddorol drwy ddefnyddio technoleg cerddoriaeth, wedi chwyldroi'r broses o gyfansoddi. Mae'r adnoddau hyn bellach ar gael mewn nifer o ysgolion ac mae'n bosibl bod gennych chi fynediad at offer gartref hefyd. Mae'r cyfle i ddefnyddio ystod mor eang o'r adnoddau sain sydd ar gael yn eich galluogi chi i fod yn greadigol ac yn llawn dychymyg, a chael mynediad at seiniau cerddorfaol, electronig a lleisiol (yn ogystal ag effeithiau ychwanegol, os oes angen).

Nid yw byrddau stori yn ofynnol gan y bwrdd arholi, ond mae'n bosibl y bydd rhai myfyrwyr yn eu gweld yn ddefnyddiol.

Tasg

Gan ddefnyddio cyfrifiadur ac allweddellau aml-ansoddol neu syntheseiddydd, mewnbynnwch y syniadau cerddorol canlynol sy'n cael eu defnyddio'n aml gan gyfansoddwyr – i weld sut maen nhw i gyd yn gweithio.

Sain linynnol	1. Nodyn traw uchel, cynaliedig. Symudwch i fyny ac i lawr, yn araf iawn. Defnyddiwch donau a hanner tonau. 2. Nodyn traw isel, cynaliedig. Symudwch i fyny ac i lawr, yn araf iawn. Defnyddiwch donau a hanner tonau. 3. Llinell felodig gysylltiol, sy'n llifo. 4. Amrywiaeth o batrymau melodig byr, digyswllt.
Sain leisiol	1. Mewnbynnwch rai cordiau mewn rhythmau cyson, i greu effaith llafar ganu. Efallai y gallech chi samplu gair addas a haenu'r syniadau. 2. Llinell leisiol sengl, syml o nodau dal – gwrandewch ar rai ar draw uchel, yna traw canolig, yna traw isel.
Seiniau pres	1. Alaw bres dawel ac araf. 2. Cordiau pres cryf a chyflym – h.y. cordiau 'ergyd'. Cymysgwch rhain â thawnodau, a nodwch yr effaith y mae distawrwydd sydyn yn ei gael ar y canlyniad.
Ffynonellau sain cymysg	1. Cordiau diatonig syml – ailadroddus, gwerthoedd nodau byr. 2. Cordiau diatonig syml – cynaliedig, yn newid un nodyn yn achlysurol i greu effaith. 3. Cordiau cromatig ac anghyseiniol mwy cymhleth: arbrofwch yn yr un ffordd ag ar dudalennau 126–127.

Gweithgaredd

Gwyliwch rai clipiau ffilm ar y Rhyngrwyd – heb wrando ar y trac sain. Trowch lefel y sain i lawr. Gyda ffrindiau, trafodwch pa elfennau cerddorol fyddai'n addas i gynrychioli'r olygfa – a sut y bydden nhw'n cael eu defnyddio orau.

Yna, gwyliwch y clipiau ffilm unwaith eto, ond gyda lefel y sain wedi'i throi i fyny. Sut mae'r gerddoriaeth yn cymharu â'ch syniadau chi?

Cyngor cyflym

Rydym ni eisoes wedi sôn bod nifer o'r dyfyniadau ffilm rydych chi wedi gwrando arnyn nhw yn dibynnu ar **ailadrodd** i ymestyn y syniadau cerddorol. Tra bod hon yn ddyfais gerddorol hanfodol bwysig, mae'n gyngor da i chi gofio y byddwch chi, yn eich gwaith cwrs cyfansoddi, yn cael eich asesu ar os ydych chi wedi **datblygu** eich syniadau cychwynnol neu beidio a chynnwys amrywiaeth o syniadau a chyferbyniadau o ran tôn, lliw a naws.

Awgrym

Mae datblygu syniadau yn golygu eich bod chi'n ymestyn, neu'n adeiladu ar nodweddion penodol o'ch thema gychwynnol; gallai fod yn syniad harmonig, melodig neu rythmig y gallech chi fod yn ei archwilio mewn ffyrdd newydd – efallai drwy gynnwys harmonïau mwy cymhleth, neu gyferbynnu'r gwead drwy ddefnyddio dyfeisiau fel efelychiant, dilyniant, newid cywair (trawsgyweirio) neu **drawsnodiad**.

Cyngor cyflym

Gwnewch yn siŵr eich bod chi'n cael hwyl ac yn arbrofi gyda sain, patrymau, alawon a chordiau. Sicrhewch eich bod chi'n cadw eich holl syniadau – dydych chi byth yn gwybod pryd byddan nhw o ddefnydd i chi.

Allweddair

Trawsnodiad: symud syniad cerddorol i gywair sy'n uwch neu'n is.

TESTUN 5 ARFARNU CERDDORIAETH FFILM YN YR ARHOLIAD

Caiff eich arfarniad o gerddoriaeth ffilm ei asesu yn yr arholiad gwrando, lle bydd dau gwestiwn yn cael eu gosod ar bob maes astudio. Ar y cyfan, bydd yr arholiad yn ffocysu ar eich gwybodaeth a'ch dealltwriaeth o elfennau, cyd-destunau ac iaith geddorol, ond mae'n bwysig gwybod bod yna restr o dermau ar gyfer pob maes astudio. Rydym ni eisoes wedi ymdrin â'r wybodaeth ynglŷn â cherddoriaeth ffilm yn yr adran hon, ond yn yr arholiad, bydd disgwyl i chi ganolbwyntio ar sut mae ansawdd, lliw tôn a dynameg yn cael eu defnyddio i greu effaith mewn cerddoriaeth ffilm.

Cyngor cyflym

Mae'n bosibl y bydd gofyn i chi ystyried sut mae'r gerddoriaeth yn darlunio ac yn cefnogi rhediad y stori, a gwerthfawrogi sut mae'r cyfansoddwr wedi ymateb i'r gofynion dramatig sydd eu hangen yng nghyd-destun y dyfyniad. Mae hyn yn cynnwys yr effaith ar y gynulleidfa.

Cerddoriaeth ffilm – yr arholiad

Bydd y ddau gwestiwn ar gerddoriaeth ffilm yn yr arholiad ar ddyfyniadau 'heb eu paratoi'. Ystyr hyn, yn syml, yw na fydd y gerddoriaeth wedi cael ei gosod gan y bwrdd arholi ar gyfer astudiaeth ddadansoddiadol fwy manwl o fewn y cwrs TGAU Cerddoriaeth. Nid yw'n golygu na fyddwch chi efallai erioed wedi clywed y darn o'r blaen – os yw'n dod o ffilm enwog, mae'n bosibl iawn y byddwch chi yn ei hadnabod, neu ei bod yn swnio'n adnabyddus o leiaf.

Dyma rai enghreifftiau o'r mathau o gwestiynau.

- Enwch yr offeryn(nau)/lleisiau sydd i'w clywed yn y dyfyniad.
- Esboniwch sut mae'r elfennau cerddorol wedi'u defnyddio i greu 'naws' neu 'awyrgylch' y dyfyniad.
- Awgrymwch sut mae cymeriadau wedi cael eu darlunio yn y gerddoriaeth.
- Esboniwch sut mae tensiwn wedi cael ei adeiladu a'i ryddhau yn y gerddoriaeth drwy ddisgrifio'r elfennau cerddorol a gafodd eu defnyddio gan y cyfansoddwr.
- Nodwch sut mae technoleg cerddoriaeth wedi cael ei defnyddio yn y gerddoriaeth.
- Esboniwch pam fod y gerddoriaeth yn addas ar gyfer yr olygfa (e.e. golygfa cwrso ceir, golygfa hapus, eiliad gyffrous, etc.).

Gall rhai o'r cwestiynau fod yn gwestiynau atebion byr, sy'n gofyn i chi danlinellu, ticio neu roi cylch o gwmpas yr ateb. Fodd bynnag, mae yna bosibilrwydd cryf y bydd un o'r cwestiynau yn gwestiwn 'ateb hirach'. Mae hyn yn golygu bod angen i chi ysgrifennu traethawd byr. Yn eich ateb, mae angen i chi ddangos eich bod chi'n gallu defnyddio eich sgiliau arfarnu i wneud 'penderfyniadau gwerthusol a beirniadol' ynglŷn â'r gerddoriaeth rydych chi'n ei chlywed.

Bydd angen i chi fod wedi paratoi ar gyfer cwestiwn o'r fath, a bydd ymarfer ysgrifennu am eich sylwadau wrth wrando ar gerddoriaeth ffilm – o unrhyw fath – yn gyson, yn sicr o gymorth. Bydd eich athro yn amlwg yn eich arwain chi drwy hyn ac yn eich cynghori chi am rai ffyrdd y gallwch chi wella ar y sgìl arbennig hon, ond mae gwrando ychwanegol gartref bob amser yn syniad da.

Cyngor cyflym

Yr her i bob myfyriwr yw cynnig ateb treiddgar, gan roi esboniad manwl o'r nodweddion cerddorol y gallwch chi eu hadnabod yn y dyfyniad heb ei baratoi.

Mae'n rhaid i chi deilwra eich ateb yn ofalus i ofynion y cwestiwn, a defnyddio'r eirfa arbenigol gywir yn eich ateb.

Gweithgaredd

Gwrandewch ar ddyfyniadau cerddorol o ffilmiau, heb edrych ar yr elfen weledol.

1. Pa ddelweddau ddaw i'r meddwl?
2. Yn eich barn chi, ydy'r cyfansoddwr wedi llwyddo i gefnogi a darlunio'r cynnwys dramatig?
3. Sut yn union cafodd hyn ei gyflawni?

Tasg estynedig

Dyma bedwar dyfyniad o gerddoriaeth ffilm. Gwrandewch ar ddwy funud gyntaf pob dyfyniad ar y Rhyngrwyd, cyn ateb y cwestiynau isod.

1. 'The Park is Open' o *Jurassic World*, gan Mattia Cupelli.
2. 'Mausam and Escape' o *Slumdog Millionaire*, gan A.R. Rahman.
3. Y brif thema o *The Good, the Bad and the Ugly*, gan Ennio Morricone.
4. Thema'r diweddglo o *Blade Runner*, gan Vangelis.

Ysgrifennwch draethawd byr ar bob dyfyniad, gan nodi sut mae'r elfennau a'r nodweddion cerddorol canlynol yn cael eu defnyddio i greu'r naws/awyrgylch angenrheidiol: alaw, rhythm, harmoni, offeryniaeth, lleisiau, gwead, dynameg a dyfeisiau.

Gall math arall o gwestiwn ofyn i chi gymharu dau fersiwn o'r un darn o gerddoriaeth. Dyma enghraifft nodweddiadol i chi ei hystyried.

Enghraifft o gwestiwn cymharu

Byddwch chi nawr yn clywed dau fersiwn o '**Fanfare for the Common Man**'. Caiff y ddau fersiwn ei chwarae ddwywaith. Bydd saib ar ôl y tro olaf er mwyn i chi gwblhau eich ateb.

Nodwch y ffyrdd y mae Fersiwn 2 yn wahanol i Fersiwn 1. Ysgrifennwch baragraff i ddisgrifio'r ddau fersiwn.

Fersiwn 1 'Fanfare for the Common Man', gan Aaron Copland

Fersiwn 2 'Fanfare for the Common Man', gan Emerson, Lake & Palmer

Gwefannau defnyddiol

- IMDb: www.imdb.com
- FilmSound: www.filmsound.org
- Reel Classics: www.reelclassics.com
- Jerry Goldsmith Online: www.jerrygoldsmithonline.com
- Filmtracks: www.filmtracks.com
- YouTube Magical Movie Soundtracks/Scores: www.youtube.com/playlist?list=PLL1KObVPECDzU0soj0s-80mh1flk4EI4U

Cyngor cyflym

Er mwyn ystyried sut mae'r cyfansoddwr wedi cynrychioli'r delweddau yn llwyddiannus, dylech chi bob amser gyfeirio at yr elfennau cerddorol yn eu tro, gan adnabod sut cafodd pob un ei thrin a'i thrafod.

Mae A.R. Rahman (1967–) yn ddrymiwr yn ogystal ag yn gyfansoddwr.

Evangelos Odysseas Papathanassiou (Vangelis) (1943–)

Cyngor cyflym

Byddai'n syniad da i chi ysgrifennu ymateb i'r cwestiwn hwn er mwyn paratoi ar gyfer yr arholiad. Gallwch chi ddod o hyd i'r ddau fersiwn ar y Rhyngrwyd. Gallech chi ofyn i'ch athro edrych dros eich ateb a rhoi cyngor i chi ynglŷn â sut byddai'n bosibl ei wella.

ADRAN 4
CERDDORIAETH BOBLOGAIDD

Mae'r diwydiant cerddoriaeth boblogaidd yn cynnig ystod eang o gyfleoedd i berfformwyr a chyfansoddwyr yn ein byd modern. Mae'n cynnig cyfleoedd i gantorion, cyfansoddwyr caneuon, cynhyrchwyr cerdd, trefnwyr, gweithwyr sain a recordio, a mwy. Cafodd cerddoriaeth boblogaidd ei chynnwys yn y cwrs TGAU Cerddoriaeth oherwydd ei bod yn apelio'n naturiol at gerddorion ifanc ac yn berthnasol iddyn nhw.

Beth byddaf yn ei ddysgu?

- Roc a phop
- Rhai o nodweddion cerddorol cerddoriaeth roc a phop
- Cyfuniad cerddorol
- Gwybodaeth am y darnau gosod sydd wedi'u paratoi ar gyfer astudiaeth fanwl

Mae cerddoriaeth boblogaidd, neu gerddoriaeth bop fel daeth pobl i'w galw, yn ffurf gelf eang sy'n cynnwys nifer mawr o genres gwahanol ac is-genres. Mae'n destun amrywiol dros ben – ac mae gan bawb eu hoff bethau a'u cas bethau eu hun. Mae pobl yn derbyn, yn gyffredinol, mai yn yr 1950au y dechreuodd cerddoriaeth bop, gyda cherddoriaeth roc a rôl. Y dyddiau hyn mae'n benthyca'n aml oddi wrth arddulliau eraill fel dawns, Lladin, gwlad, jazz a blues.

Gan fod y testun mor eang, nodwyd arddulliau penodol i chi ganolbwyntio arnynt. Mae arholiad TGAU Cerddoriaeth CBAC yn nodi'r canlynol i'w hastudio'n benodol: **roc a phop**, **cyfuniad**, ac un gwaith gosod wedi'i baratoi'n fanwl, sef 'Handbags and Gladrags' gan y Stereophonics, a gafodd ei ryddhau yn 2001.

WOODSTOCK, 1969

Cynhaliwyd yr ŵyl roc dri diwrnod hanesyddol hon yn nhalaith Efrog Newydd, a daeth i gael ei hystyried yn ddigwyddiad allweddol yn hanes cerddoriaeth bop.

Ymhlith y sêr roedd: Jimi Hendrix; Joe Cocker (gweler uchod); the Grateful Dead; Crosby; Stills, Nash and Young; Janis Joplin.

TESTUN 1 ROC A PHOP

Yn syml, cerddoriaeth bop yw cerddoriaeth y mae trwch y boblogaeth yn ei mwynhau. Felly, pe bai'n rhaid i ni feddwl am y lle y dechreuodd cerddoriaeth boblogaidd, bai'n rhaid i ni fynd yn ôl i oes Fictoria, pan ddaeth cydganu caneuon poblogaidd yn y theatrau Vaudville yn hynod o boblogaidd gyda'r cynulleidfaoedd yno. Pan gafodd recordio, recordiau finyl a'r chwaraewr recordiau eu dyfeisio, daeth hi'n bosibl i bawb wrando ar gerddoriaeth, ac roedd gan gynulleidfaoedd cyhoeddus fynediad cynyddol at eu hoff gerddoriaeth. Daeth cyfansoddwyr caneuon yn ymwybodol o'r cyfleoedd masnachol a daeth recordiau'n eithaf rhad i'w prynu. Cafodd ardaloedd fel Tin Pan Alley yn Efrog Newydd a Stryd Denmark yn y West End yn Llundain eu sefydlu i hyrwyddo cyhoeddi cerddoriaeth, a daeth diwydiant cyffrous newydd i fod.

Yn ystod yr 1940au cynnar, roedd Glenn Miller ymhlith yr artistiaid recordio oedd â'r gwerthiant gorau. Artistiaid enwog eraill oedd crwnwyr fel Bing Crosby a Frank Sinatra, un o artistiaid mwyaf poblogaidd a dylanwadol yr ugeinfed ganrif, yn ôl pob tebyg. Ar ôl yr Ail Ryfel Byd, daeth roc a rôl yn boblogaidd iawn ymysg pobl ifanc dros y byd i gyd. Roedd yn arddull a oedd wedi dod o dan ddylanwad trwm genres eraill fel rhythm a blues, cerddoriaeth gospel, a chanu gwlad. Gydag ef, daeth Elvis Presley, seren a ddaeth yn fyd-enwog gan ddominyddu'r siartiau yn Ewrop ac yn UDA.

Bing Crosby (1903–1977)

Ac yna daeth y 'swinging 60s', cyfnod arall o newid a dylanwad aruthrol ym myd cerddoriaeth, ffasiwn a diwylliant, pan oedd grwpiau o Brydain ar frig y siartiau. Roedd roc a rôl cynnar, **sgiffl** a'r crwnwyr swing/jazz / baled meddalach wedi cael eu disodli gan ddiwylliant cerddoriaeth newydd, cyffrous; roedd roc wedi cyrraedd ac roedd unrhyw gerddoriaeth a oedd yn hawlio sylw'r genhedlaeth iau yn gerddoriaeth boblogaidd. Drwy gydol y cyfnod hwn, roedd technoleg yn datblygu'n syfrdanol o gyflym. Yn yr 1960au hefyd, ehangodd darlledu radio i FM ac fe gafodd LPs (recordiau chwarae hir) eu creu. Wrth osod pwyslais cadarn ar ddawn gerddorol, sgìl technegol a pherfformiadau byw, roedd y siartiau albwm yn arwain y ffordd, ac roedd y cerddorion roc, wrth berfformio, yn dangos sgiliau anhygoel a chymhleth.

Allweddair

Sgiffl: tarddodd o gerddoriaeth Americanwyr croenddu yn yr 1920au a chael ei fabwysiadu yn yr 1950au ym Mhrydain (mae'n cael ei gysylltu'n bennaf â cherddoriaeth Lonnie Donegan).

Bu'r degawd yn dyst i gerddoriaeth nifer o gerddorion a grwpiau eiconig roedd pawb yn eu hedmygu, gan gynnwys y cerddorion isod.

Jeff Beck (1944–)

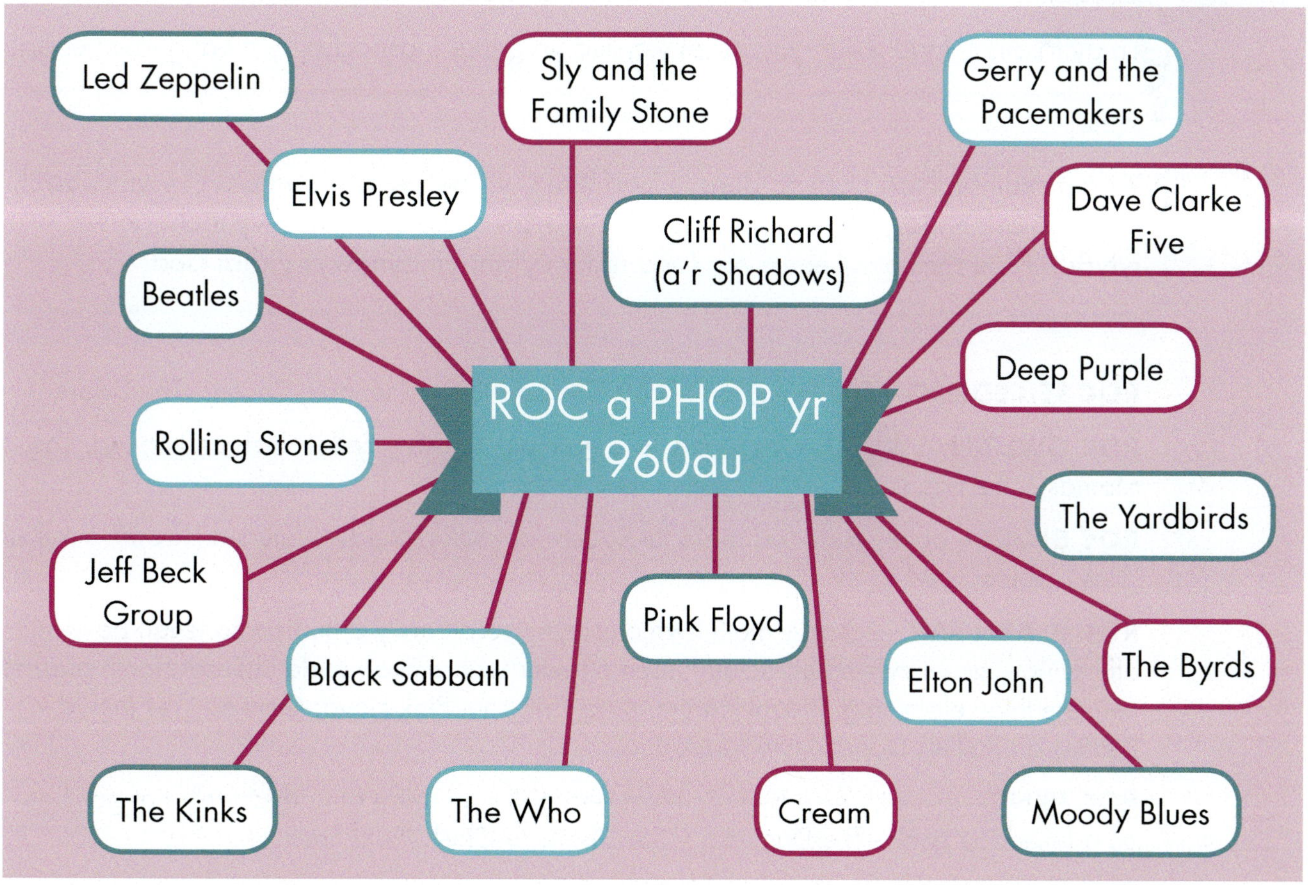

Yn UDA, blodeuodd roc yng ngherddoriaeth werin a chanu gwlad Bob Dylan, Joan Baez, Joni Mitchell a Neil Young. Yn sicr, gwnaeth chwarae gitâr arbrofol Frank Zappa, a geiriau anarferol ei ganeuon, argraff, a denodd arddull roc 'surf' The Beach Boys sylw nifer mawr o bobl ifanc. Roedd dylanwad 'soul' hefyd yn gryf a daeth artistiaid fel Diana Ross and the Supremes, y Four Tops, The Jackson 5, Stevie Wonder, Marvin Gaye a Gladys Knight & the Pips i sylw'r cyhoedd gyda chwmni recordiau Americanaidd Motown.

Joan Baez (1941–) and Bob Dylan (1941–)

Bu datblygiadau pellach drwy'r 1970au a'r 1980au wrth i fathau gwahanol o gerddoriaeth roc flodeuo yng ngwaith cyfansoddi Queen, AC/DC, Guns N' Roses, Bon Jovi ac U2. Cynhyrchodd y diwydiant pop ffrwydrad o fandiau 'gwneud'. Daeth penllanw poblogrwydd bandiau bechgyn yn yr 1990au, ond maen nhw'n dal i fod yn boblogaidd hyd heddiw. Yn eu plith mae East 17, Boys II Men, Backstreet Boys, Take That, Westlife, Nsync . . . gan gynnwys hefyd The Wanted, JLS ac One Direction. Denodd grwpiau merched fel Siouxsie a'r Banshees, y Go-Go's, y Spice Girls, Destiny's Child, All Saints, Atomic Kitten a Girls Aloud, a hefyd archsêr benywaidd y byd pop fel Madonna, Britney Spears, Mariah Carey, Christine Aguilera, heidiau o gefnogwyr atyn nhw o'r 1970au hyd heddiw.

Bon Jovi

Isod mae diffiniadau cyffredinol o gerddoriaeth boblogaidd.

Yn gyffredinol, mae **POP** yn cael ei ystyried yn genre masnachol sy'n eang iawn ei apêl.

Yn gyffredinol, mae pobl yn derbyn bod **ROC** yn genre sy'n swnio'n fwy ymosodol, ond heb anghofio ychwaith y traciau roc tebyg i faled sy'n 'addfwynach' ac yn fyfyriol. Mae rhai o is-genres roc (ond nid y cyfan) yn cynnwys y rhai isod.

ROC SEICEDELIG – The Who, Pink Floyd, Cream, Jimmy Hendrix, Beatles, The Doors

ROC GWERIN/GWLAD – The Byrds, The Animals, Crosby, Stills, Nash and Young, The Mamas & the Papas, Bob Dylan, Simon and Garfunkel

ROC BLUES – datblygodd artistiaid fel Robert Johnson, Muddy Waters a Howlin' Wolf sîn 'blues' poblogaidd

ROC BLAENGAR – roedd y math hwn o roc yn arbrofi mwy â ffurfiau caneuon ac offerynnau, ac yn cynyrchu traciau hirach o lawer wrth arbrofi gyda cherddoriaeth glasurol neu effeithiau electronig: Procol Harum, King Crimson, Pink Floyd, Genesis, Yes (hefyd y Beatles a'r Rolling Stones i ryw raddau)

ROC PYNC – adwaith yn erbyn roc blaengar, gyda grwpiau am ddychwelyd at gordiau ac adeileddau syml – The Damned, y Sex Pistols, y Clash, Patti Smith

ROC GLAM – David Bowie, Alice Cooper, T. Rex, Sweet, Slade

ROC MEDDAL/SOFT – ymddangosodd yn yr 1980au yng ngherddoriaeth bandiau fel Bon Jovi, Blondie

ROC TRWM/CALED – arddull hawdd ei hadnabod sy'n cael ei chysylltu â gitarau blaen a rhythm, defnydd o riffiau syml, unawdau, defnydd o ystumiant ac effeithiau: Cream, Jimi Hendrix, Led Zeppelin, Aerosmith, Thin Lizzy, AC/DC, Guns N' Roses, Deep Purple, Def Leppard

METEL TRWM – roedd grwpiau fel Black Sabbath, Steppenwolf, Metallica ac Iron Maiden yn fwy dwys fyth ac yn creu lefelau sain uwch fyth

ROC POP – Beautiful South, Madonna, Elton John, Paul McCartney, Rod Stewart

GRUNGE – Nirvana, Soundgarden, Pearl Jam

BRITPOP – adwaith yn erbyn 'grunge' wrth i don o grwpiau newydd o Brydain fel Oasis, Blur, Supergrass, Suede a Pulp gael ysbrydoliaeth gan grwpiau pop yr 1960au

ARDDULLIAU ROC DIWEDDAR – mae'n cynnwys craidd metel (*metal core*), ffusto (*thrash*), blaengar/slwtsh (*progressive/sludge*)

Tasg

Ymchwiliwch i'r grwpiau canlynol a gwrandewch ar eu darnau mwyaf poblogaidd.

Roedd y grŵp **Oasis** yn fand roc o Loegr a gafodd ei ffurfio yn 1991. Roedd yn well ganddyn nhw ddull cerddorol symlach a oedd wedi'i ddylanwadu gan y Beatles, yn yr ystyr bod adeiledd eu caneuon yn dibynnu ar guriad offerynnau taro a'r defnydd o'r gitâr flaen. Gwrandewch ar eu cân enwog 'Don't Look Back in Anger' a sylwch ar y defnydd a wnaethon nhw o gân John Lennon 'Imagine'.

Yr offerynnau a ddefnyddiwyd ar daith olaf y band yn 2009 oedd gitâr flaen, gitâr rythm, gitâr fas, cit drymiau, allweddellau a lleisydd.

Liam a Noel Gallagher o grŵp Oasis

Ffurfiwyd y grŵp **Blur** yn Llundain yn 1988. Helpon nhw i sefydlu'r genre 'Britpop', ond buon nhw hefyd yn arbrofi gydag arddulliau cerddorol eraill fel roc indie, gospel, electronig, hip-hop a cherddoriaeth Affricanaidd. Roedd yn well ganddyn nhw weithio mewn ffyrdd mwy traddodiadol a daethon nhw dan ddylanwad y Beatles, The Kinks a bandiau eraill Prydain yr 1960au. Roedden nhw'n defnyddio gitarau, drymiau a syntheseiddydd gyda lleisiau.

Damon Albarn (1968–), prif leisydd a chyd-sylfaenydd Blur

Cafodd **Coldplay** ei ffurfio yn 1996. Erbyn hyn, maen nhw ymhlith yr artistiaid cerddorol sydd â'r gwerthiant gorau yn y byd, ac maen nhw wedi derbyn nifer o wobrau. Maen nhw'n cael eu disgrifio fel band 'ôl-Britpop', ac maen nhw wedi meithrin arddull felodig a 'myfyriol'. Disgrifiwyd eu harddull gan Chris Martin, eu prif leisydd/pianydd yn y grŵp fel 'roc carreg galch' yn hytrach na 'roc caled'!

Sex Pistols

Gwelodd y diwydiant cerddoriaeth yn y DU ac ar draws y byd filoedd o artistiaid a grwpiau yn llythrennol yn dod yn enwog yng nghyd-destun genres roc a phop. Roedd yn ffenomen gerddorol – arddull a ddaeth yn fyw i bobl ifanc sydd yn eu saithdegau a'u hwythdegau erbyn hyn. Mae wedi goroesi oherwydd natur eclectig y gerddoriaeth, yn fwy na thebyg. Mae gorgyffwrdd mawr rhwng arddulliau roc ac arddulliau pop. Mae hanes a datblygiad y genre wedi'u croniclo'n dda mewn llyfrau ac ar y Rhyngrwyd os byddwch am wneud ymchwil pellach. Mae llawer o glipiau a gwybodaeth ddiddorol ar y Rhyngrwyd y gallwch fwynhau eu gwylio a dysgu ganddynt.

Ar gyfer yr arholiad TGAU Cerddoriaeth, bydd angen i chi archwilio'r **idiomau cerddorol** sy'n gysylltiedig â cherddoriaeth boblogaidd drwy berfformio ac arfarnu. Wrth wneud, byddwch yn dod i ddeall yr arddulliau'n well, ac yna os dewiswch chi ysgrifennu cyfansoddiad roc/arddull bop, byddwch chi'n gallu defnyddio a chynnwys syniadau a dyfeisiau sy'n nodweddiadol o'r genre. Ni fydd disgwyl i chi wybod am artistiaid na grwpiau unigol yn fanwl. Yr hyn y bydd angen i chi ei ddeall yw'r nodweddion arddull ehangach y maen nhw'n eu rhannu. Bydd hyn yn eich helpu i adnabod y nodweddion cerddorol pan fyddwch yn arfarnu, ac i ddefnyddio'r nodweddion cerddorol hyn wrth gyfansoddi.

Bydd y nodweddion cerddorol yn cael eu hamlinellu'n fras yn y testun canlynol, bydd awgrymiadau ar gyfer gwrando, a bydd gweithgareddau a thasgau'n cael eu rhoi ar gyfer roc a phop.

Bob Marley (1945–1981)

Reggae

Arddull gerddorol unigryw a ddechreuodd yn Jamaica yn yr 1960au yw reggae, ac fel arfer yr hyn sy'n ei nodweddu yw'r riffiau bas a'r cordiau trawsacen. Cerddorion enwog fel Bob Marley and the Wailers, Peter Tosh, a Desmond Dekker & The Aces a sefydlodd yr arddull. Daeth yr arddull yn fwy poblogaidd gan ddylanwadu ar berfformwyr a cherddorion dros y byd i gyd.

Gweithgaredd

Gwrandewch ar 'Three Little Birds' a gafodd ei ryddhau yn 1977 gan Bob Marley. Mae'r rhagarweiniad a'r rhan gyntaf wedi'u hadeiladu ar gord A fwyaf (h.y. A C# E), er eu bod hefyd yn defnyddio cordiau D (ac E). Gyda grŵp o ffrindiau, rhowch gynnig ar weithio allan y patrymau yn y cyfeiliant a'r alaw sy'n dechrau ar C#. Cofiwch: mae gan y cywair A fwyaf F#, C# a G#. Anelwch at berfformio'r rhagarweiniad a'r agoriad enwog, 'Don't worry, about a thing…'

TESTUN 2 NODWEDDION CERDDOROL CERDDORIAETH ROC A PHOP

Offerynnau

Pan fyddwn yn meddwl am yr offerynnau sy'n cael eu defnyddio fel arfer mewn cerddoriaeth roc a phop, byddwn yn meddwl yn syth am gitarau blaen, gitarau bas a chitiau drymiau. Efallai byddwn ni hefyd yn meddwl am allweddellau, pianos a syntheseiddwyr, a hefyd rhai o'r offerynnau 'llinell flaen' rydym wedi'u cysylltu'n barod â jazz a'r blues, sef sacsoffonau, trwmpedau, etc. Wrth i wahanol genres gael eu cyfuno a'u hailddadansoddi, mae'n ymddangos bod popeth yn gwneud y tro, a bod rhaid i bopeth gael ei gysylltu â microffon a'i fwyhau.

Clarence Clemons (the Big Man) (1942–2011), chwaraewr sacsoffon gydag E Street Band Bruce Springsteen

Gadewch i ni edrych yn fanylach ar rai o'r offerynnau nodweddiadol hyn. Erbyn hyn, nid eiddo'r 'sêr pop' yn unig ydyn nhw – ers sawl cenhedlaeth mae pobl gyffredin wedi mwynhau chwarae'r offerynnau hyn eu hunain nid gwrando arnyn nhw'n unig, ac mae'r offerynnau i'w gweld yn aml yng nghartrefi pobl ac mewn ysgolion ar draws y wlad.

Rick Wakeman (1949–), allweddellwr gyda Yes

Fel arfer, mae trefniant offerynnol band roc yn cynnwys yr offerynnau canlynol, sy'n ffurfio adran rhythm y grŵp. Mae cerddoriaeth roc yn dibynnu'n fawr ar yr offerynnau hyn i yrru'r gerddoriaeth yn ei blaen, i osod y rhythm a'r tempo, ac i greu'r prif guriad.

Gitâr rythm

Gitâr drydan gyffredin â chwe thant yw'r gitâr rythm. Mae'n cefnogi'r rhythm wrth strymio cordiau.

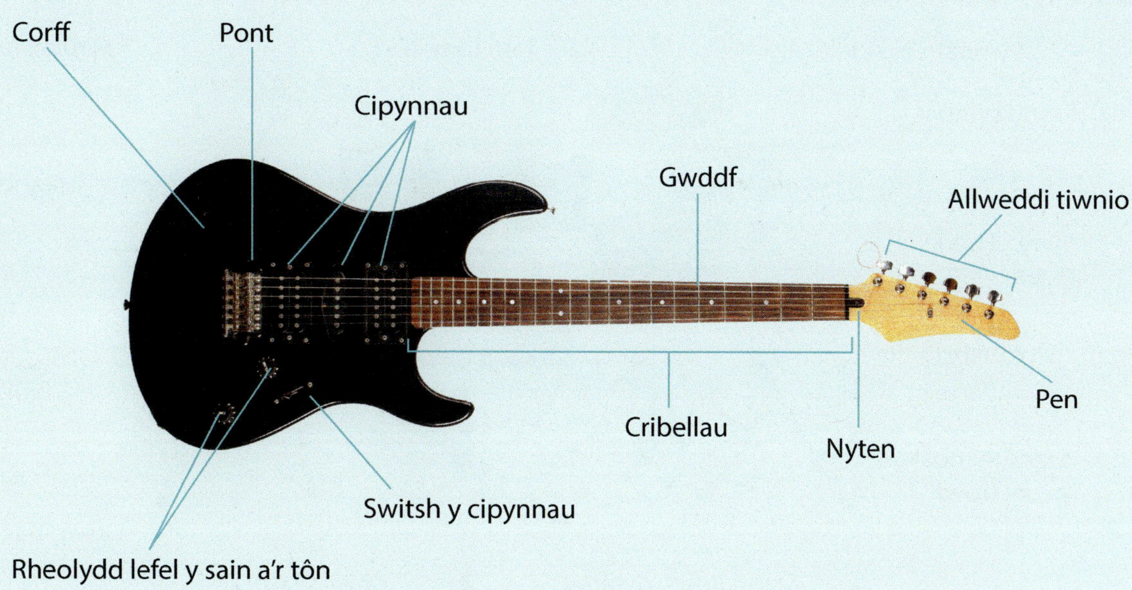

Gitâr fas

Mae bandiau roc yn aml yn chwarae gitâr fas drydan, sydd ychydig yn fwy na gitâr rythm, ac iddi bedwar tant sy'n fwy trwchus na thannau'r gitâr rythm. Mae gan rai chwaraewyr bas gitarau bas sy'n cynnwys pum tant, neu hyd yn oed chwe thant. Mae'r tannau'n cael eu plycio neu eu 'clatsio'.

Mae'r gitâr fas yn chwarae nodau isaf y grŵp, sef 'the bottom end' yn ôl rhai cerddorion.

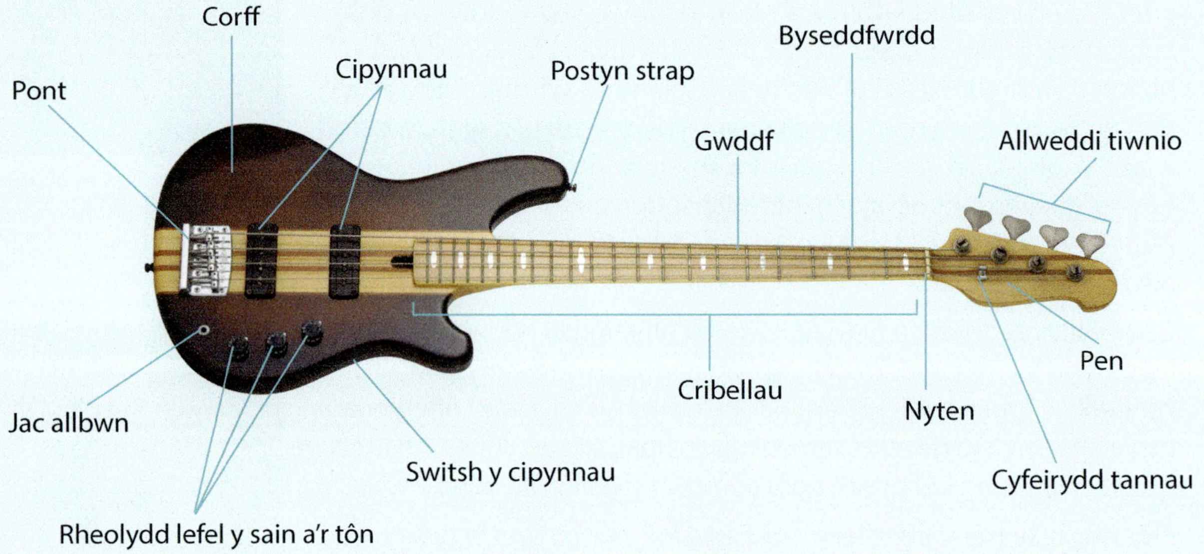

Cit drymiau

Casgliad o ddrymiau maint gwahanol â symbalau amrywiol yw cit drymiau. Gall drymiwr hefyd fod yn defnyddio offerynnau taro eraill sy'n llai. Mewn cerddoriaeth roc gynnar, fel arfer byddai'r cit yn cynnwys rhwng tri a phump o ddrymiau, rhai symbalau a symbalau pedal troed. Yn ddiweddarach, byddai gan y drymwyr gitiau llawer mwy weithiau, a fyddai'n cynnwys drymiau electronig ar adegau.

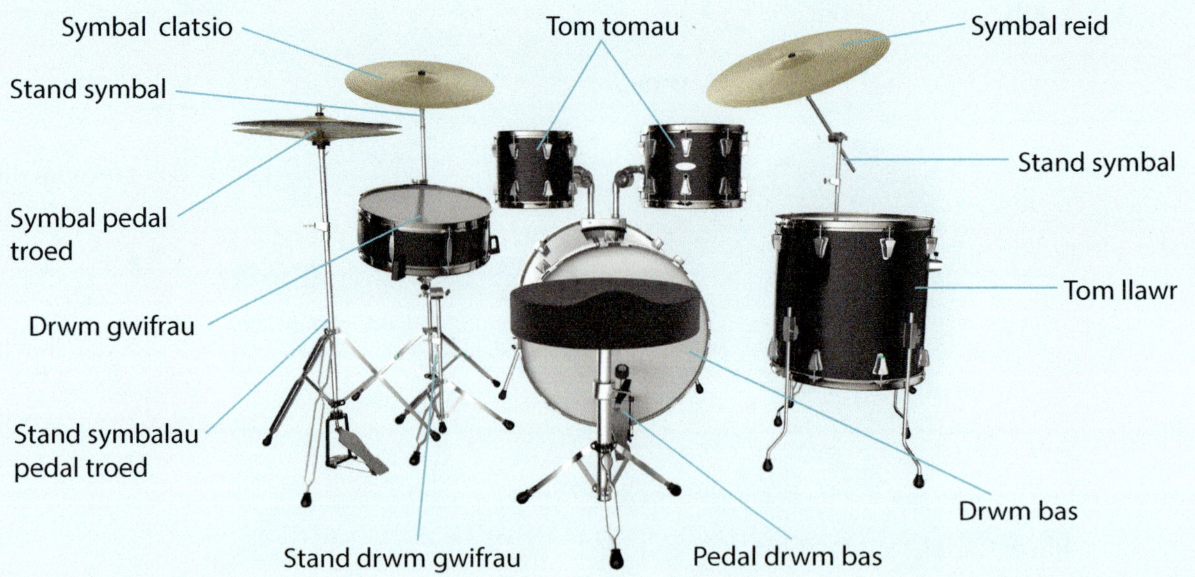

Mae rhai bandiau roc yn dibynnu ar drefniant offerynnol sy'n cynnwys tri pherfformiwr yn unig: gitâr flaen, gitâr fas a chit drymiau. Mae'n cael ei alw'n 'driawd pŵer'. Mae'r trefniant hefyd yn cael ei adnabod fel yr 'adran rhythm', neu hyd yn oed fel y band 'wrth gefn'. Mae hyn yn golygu bod yr ail gitâr a'r/neu'r allweddellau yn cael eu hepgor, gan adael y grŵp gyda'r broblem o sut i chwyddo'r sain gyda chordiau yng nghanol y gwead. Mewn trefniant tebyg i'r 'triawd pŵer', bydd un neu fwy o'r band yn canu. Mewn cerddoriaeth roc o'r math hwn, mae'r perfformwyr yn pwysleisio'r rhannau offerynnol drwy gyfrwng pŵer technoleg wedi'i mwyhau – ac mae effaith y dechnoleg honno'n bwysicach iddyn nhw na'r lleisiau a'r geiriau.

ZZ Top, triawd pŵer a ddaeth yn enwog am eu cân 'Gimme All Your Lovin'

Mae 'offerynnau blaen' mewn llawer o grwpiau roc hefyd. Fel arfer, bydd un gitâr drydan yn arwain (sef y 'gitâr flaen'), a bydd y gitarydd yn chwarae'r alaw, yn harmoneiddio gyda'r lleisydd neu'r cantorion efallai, ac yn cael unawd (hyd yn oed dwy unawd ar adegau). Mae gan rai bandiau roc chwaraewyr gitâr flaen a gitâr rythm penodol, ond mae eraill yn cyfnewid rhannau – gan gynnwys y gitarydd bas neu'r chwaraewr drymiau (a allai hefyd fod yn canu neu'n chwarae unawdau offerynnol).

Organ Hammond

Mae gan lawer o grwpiau roc a phop chwaraewyr allweddellau hefyd, sef allweddellwyr. Daeth yr arfer yn eithaf poblogaidd drwy gydol yr 1960au pan fyddai pianos electronig, syntheseiddwyr ac organau Hammond yn cael eu defnyddio yn y bandiau. Roedd y syntheseiddwyr yn gallu cyfrannu effeithiau sain ychwanegol neu seiniau cerddorfaol wedi'u syntheseiddio, a hynny ar ben yr offerynnau roc.

Tasg

Gwrandewch ar 'Hush' gan Deep Purple ar YouTube, yr ail drac ar eu halbwm début, *Shades of Deep Purple* (1968).

Gwrandewch yn ofalus ar yr effeithiau sain yn yr agoriad, y defnydd o **gordiau pŵer**, y riffiau solo ar y gitâr, y bas ffynci a'r patrymau cordiol, ac yna'r byrdwn 'na-na-na-na' – ond yn enwedig yr unawd organ estynedig o '2.47". Jon Lord sy'n chwarae'r unawd organ, cyfansoddwr o Loegr, pianydd ac organydd Hammond sy'n enwog am gyfuno nodweddion roc â rhai Baróc a chlasurol.

Allweddair

Cordiau pŵer: yr enw sy'n cael ei roi i gord sy'n defnyddio'r gwreiddyn a'r 5ed (h.y. dim 3ydd) – mae gitaryddion roc yn eu defnyddio.

Tasg

Gwrandewch ar 'Light My Fire' gan grŵp o'r enw The Doors.

Yn y gân hon, cafodd aelodau'r grŵp eu dylanwadu gan Ddyfeisiau 2-ran a 3-rhan J. S. Bach. Wrth i chi wrando ar y trac, ystyriwch y canlynol:

1. Pa adran sy'n dangos dylanwad y cyfnod Baróc? Pam?
2. Disgrifiwch nodweddion cerddorol yr unawd organ estynedig. Yn eich barn, pa arddull a all fod wedi dylanwadu ar yr unawd hon?

Gwrandewch ar ddarn enwog gan y grŵp Procol Marum, o'r enw 'A Whiter Shade of Pale', a gafodd ei ryddhau yn 1967. Mae hwn yn dangos dylanwad J. S. Bach, h.y. 'Sleepers Awake' ac 'Air on the G String'.

Gweithgaredd

Mewn grŵp, nodwch y nodweddion cerddorol sy'n gyffredin i'r gân bop a'r darnau Baróc yn y Dasg ar y chwith. Sut llwyddodd Procol Harum i wneud eu syniadau nhw'n fwy cyfoes eu sain?

Gweithgaredd

Nawr gwrandewch ar 'House of the Rising Sun' ar YouTube gan grŵp o'r 1960au o Loegr o'r enw The Animals.

The Animals

1. Beth yw cyfraniad rhan yr allweddellau/organ i'r gân hon?
2. Trefnwch berfformiad o'r gân gyda rhai o'ch ffrindiau. Gwrandewch ar y trac gwreiddiol, a cheisiwch ychwanegu rhai o'r syniadau a gafodd eu defnyddio yn y gân wreiddiol.

Syniadau ar gyfer perfformiad:

- Mae'r alaw a geiriau'r pennill yn Enghraifft 4.1.
- Mae 'patrwm' yr organ i'r rhagarweiniad yn Enghraifft 4.2 – tybed a all un o aelodau'r grŵp barhau â'r patrwm drwy'r pennill.
- Gall rhan y bas gael ei chwarae ar sain isel allweddellau neu ar gitâr fas. Dylai'r chwaraewr yn syml ddefnyddio prif wreiddyn pob cord.
- Mae adran ganol i'r gân, sy'n dechrau ar y nodyn D. Mae rhannau ohoni'n ddigon tebyg i'r alaw: ceisiwch ei gweithio allan.
- Ar gyfer perfformiad llawn, ailadroddwch bennill 1 ar ôl yr adran ganol. Gallwch ddefnyddio cerddoriaeth yr adran ragarweiniol fel cyswllt rhwng y penillion.

ALAW A CHORDIAU

Enghraifft 4.1

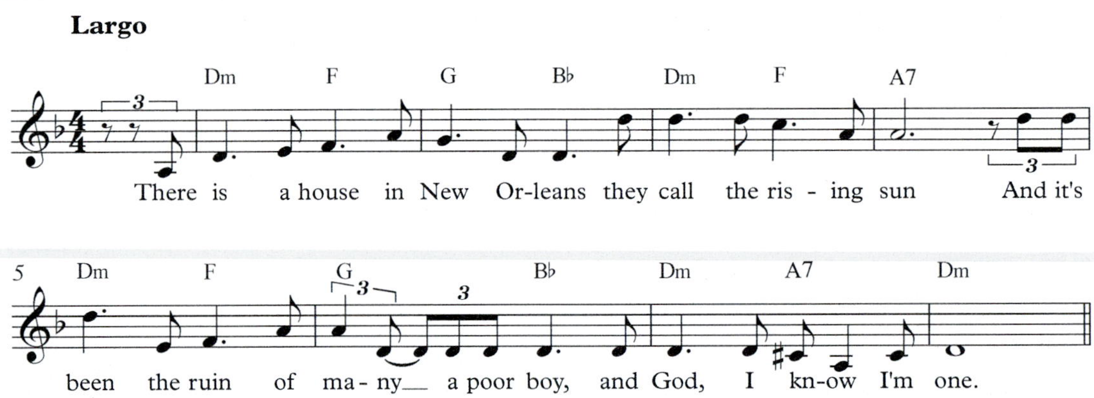

RHAGARWEINIAD/CYSWLLT PEDWAR BAR

Enghraifft 4.2

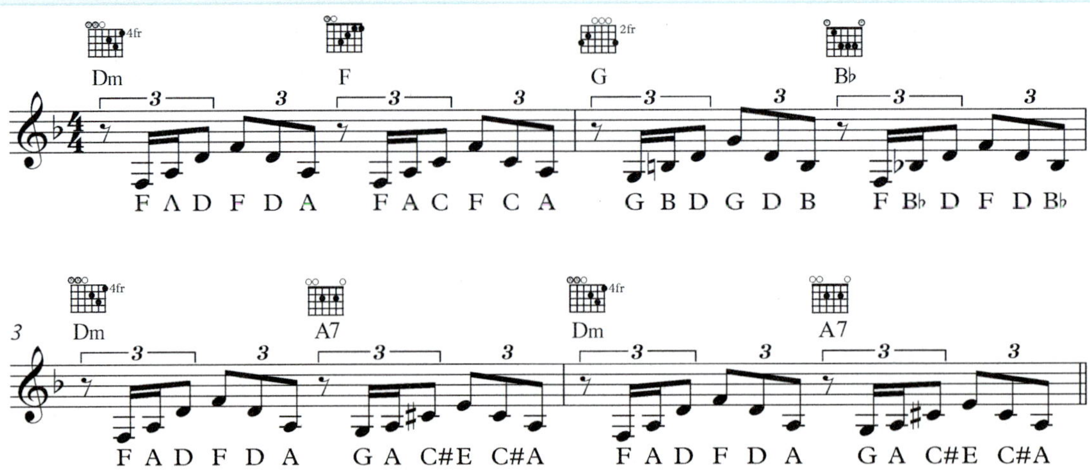

Roc electronig digidol

Genre o gerddoriaeth roc sy'n dibynnu ar offerynnau electronig ac offerynnau digidol i ddyblygu seiniau roc clasurol yw hwn, gydag 'awgrym' yn unig o seiniau wedi'u syntheseiddio. Daeth yr arddull i fod mewn gwirionedd oherwydd **MIDI (*musical instrument digital interface*)**. Mae'n system ddigidol a thechnegol â'i gwreiddiau yn yr 1960au. Offerynnau electronig cynnar oedd y Mellotron, y Theramin ac wrth gwrs, y syntheseiddydd Moog.

Allweddair

***MIDI* (*musical instrument digital interface*)**: system ddigidol a thechnegol sy'n caniatáu i offerynnau electronig a chyfrifiaduron gysylltu â'i gilydd.

Theramin

Mae'n codi symudiadau dwylo drwy antennae – mae traw yn cael ei reoli gydag un llaw ac mae lefel y sain yn cael ei rheoli gyda'r llall.

Mellotron

Offeryn allweddellau electronig lle mae pob nodyn yn chwarae sain unigol, sydd wedi'i recordio'n barod, yn ôl.

Moog

Syntheseiddydd analog. Mae rhai o'r rhain yn ddarnau o offer anhygoel o gymhleth.

Mewn mathau arbennig o gerddoriaeth bop, daeth y syntheseiddydd yn brif offeryn cerddorol (h.y. 'synthpop'). Ymhlith y grwpiau enwog a oedd yn chwarae'r math hwn o gerddoriaeth mae Bronski Beat, The Cure, Kraftwerk, Frankie Goes to Hollywood, Pet Shop Boys, Spandau Ballet ac Ultravox.

O ran datblygiadau modern, mae cerddoriaeth ddawns electronig (CDdE/*EDM*) yn cynnwys amrywiaeth o gerddoriaeth ergydiol electronig y daethom i'w chysylltu â chlybio, gwyliau a sesiynau gwyllt. Mae'n cael ei chynhyrchu gan DJs ac yn cynnwys arddulliau fel techno, house, dubstep, trance, Indietronica ac arddulliau tebyg.

Tasg

Lluniwch drac dawns byr, yn defnyddio TGCh. Canolbwyntiwch ar y dechrau ar syniadau'r bas a'r drwm, yna ychwanegwch mwy o syniadau melodig byr yn arddull un o'r genres a ddisgrifiwyd isod.

House	Techno	Trance	Dubstep	Indietronica
Tyfodd arddull house o gerddoriaeth **ddisgo** a ddechreuodd yn Chicago dros 30 o flynyddoedd yn ôl. Mae'n ailadroddus iawn, mewn amser 4/4, ac yn defnyddio periannau drwm a llinellau bas wedi'u syntheseiddio.	Dechreuodd techno yn Detroit, ac fel arddull mae'n gerddoriaeth ailadroddus iawn sy'n cael ei chynhyrchu ar gyfer set y DJ. Mae mewn amser 4/4 ac yn dibynnu ar beriannau drwm, syntheseiddwyr a gweithfannau sain digidol.	Dechreuodd arddull trance yn yr Almaen, a'r hyn sy'n nodwedd ohoni yw fod brawddegau melodig yn cael eu hailadrodd a bod haenau a thrawiadau'n cael eu hadeiladu a'u torri i lawr. Mae lleisiau hefyd yn cael eu cynnwys ar adegau.	Yn Ne Llundain y dechreuodd dubstep. Nid y curiadau 'pedwar ar y llawr' nodweddiadol yw nodweddion y genre hwn o gerddoriaeth ddawns electronig, ond trawiadau prin trawsacennog gydag amleddau is-fas isel iawn sy'n gwneud llinell y bas yn amlwg.	Un o'r is-genres mwyaf diweddar o gerddoriaeth roc electronig, arddull sy'n ganlyniad cyfuniad o gerddoriaeth roc a cherddoriaeth indie. Mae'n defnyddio syntheseiddwyr yn bennaf, er ei bod hefyd yn defnydddio seiniau acwstig.

Mae'r defnydd o dechnoleg mewn cerddoriaeth gyfoes wedi cael effaith ar y ffordd mae cerddoriaeth yn cael ei chreu, ei datblygu a'i pherfformio. Mae'r defnydd o offer cyfrifiadurol a digidol i gyfansoddi a nodiannu cerddoriaeth ar gael ar gyfer diwydiant, ysgolion ac ar gyfer defnydd yn y cartref, ac mae pob math o ddilynianwyr, samplau a rhaglenni medalwedd ar gael i hwyluso ac arbrofi wrth greu cerddoriaeth, boed hynny'n gyfansoddi, yn ailgymysgu neu'n DJ-io. Mae gallu rhaglenni o'r math hwn i greu atgynhyrchiad realistig a rheolaeth dros seiniau acwstig yn gyffrous, ac mae nifer o gyfleoedd i ddysgu am ddyfeisiau fel **ailgymysgu**, **panio**, **oedi**, **datseinio**, **cylchu sain** a **dolennu** syniadau cerddorol. Bydd nifer ohonoch yn gallu defnyddio systemau fel hyn a hefyd yn gallu defnyddio eich tabled neu eich ffôn clyfar i greu a recordio syniadau.

Allweddeiriau

Ailgymysgu: newid arddull darn o gerddoriaeth drwy ei drin yn electronig.

Panio: addasu'r lefelau sain rhwng y seinyddion llaw chwith a'r seinyddion llaw dde.

Oedi a **datseinio**: effeithiau sy'n cael eu defnyddio'n gyson sy'n cael eu hychwanegu at seiniau a recordiwyd.

Cylchu sain: effaith oedi mewn technoleg gerddoriaeth.

Dolennu: ailadrodd darn o'r gerddoriaeth am gyfnod amhenodol.

Gweithgaredd

Ffordd dda o werthfawrogi'r datblygiadau mewn cerddoriaeth bop yw drwy wrando ar ddarnau roc a rôl cynnar poblogaidd, a'u cymharu â darnau diweddarach. Ar y dde mae rhai awgrymiadau y gallwch eu hystyried. Gwnewch restr o'r holl offerynnau a'r lleisiau sy'n cael eu defnyddio ym mhob cân, ac yna trafodwch sut mae'r rhain, a thechnoleg, yn cael eu defnyddio.

- 'Good Golly, Miss Molly', gan Little Richard (1957)
- 'My Generation', gan The Who (1965)
- 'Smells Like Teen Spirit', gan Nirvana (1991)
- 'Walkin' my Baby Back Home', gan Nat King Cole (1951)
- 'Tonight's the Night', gan The Shirelles (1961)
- 'Wannabe', gan y Spice Girls (1996)

Lleisiau canu (prif leisiau a lleisiau cefndir)

Mae gan y rhan fwyaf o grwpiau roc a phop brif leisydd. Weithiau mae rhai o'r aelodau eraill yn ymuno â'r gytgan neu'n ychwanegu harmonïau. Mae rhai grwpiau'n defnyddio lleisiau cefndir i ddarparu'r harmonïau, i ganu rhagarweiniad i gydiad y prif leisydd, neu i ychwanegu cyfalaw at y brif gân.

Gwrandewch ar rai o brif leiswyr enwog cerddoriaeth roc/pop. Am bwy arall gallwch chi feddwl?

Freddie Mercury oedd prif leisydd Queen.

Robert Plant oedd prif leisydd Led Zeppelin.

Jim Morrison oedd prif leisydd The Doors.

Janis Joplin oedd yn blaenu Big Brother and the Holding Company.

Debbie Harry sy'n blaenu'r grŵp roc Americanaidd Blondie.

Annie Lennox yn canu gyda'r Eurythmics.

Mae llu o artistiaid unawdol, a nifer o wahanol fathau o leisiau, wedi cymryd rhan mewn cerddoriaeth boblogaidd dros y blynyddoedd. Cymharwch Lulu â Mariah Carey, neu Bonnie Tyler ag Adele; Bob Dylan â Freddie Mercury, neu Rod Stewart â Sam Smith. Mae gan rai lleiswyr gwmpas lleisiol eang, sy'n golygu eu bod yn gallu canu o fewn cwmpas traw eang, o'r nodau isel i'r rhai uchel; cwmpas lleisiol cyfyng sydd gan eraill, felly bydd lle i daro'r nodau melodig yn eu caneuon yn fwy cyfyngedig. Bydd **ansawdd** cyfoethog i leisiau rhai lleiswyr, ond bydd eraill yn meithrin arddull unigol sy'n fwy anarferol; gall amrywio o dôn dawel addfwyn, **llais y frest** sy'n cael ei daflu'n gryf, defnyddio llais **falsetto** neu **lais y pen** – i sgrechiadau roc treiddgar.

I ddod yn gyfarwydd ag amrywiaeth o leisiau benywaidd, gwrandewch ar ganeuon gan y lleiswyr canlynol:

- Amy Winehouse ('Valerie')
- Lily Allen ('Smile')
- Duffy ('Mercy')
- Katie Melua ('A Happy Place')
- Janis Joplin ('Piece of my Heart')

I adnabod amrywiaeth o leisiau gwrywaidd, gwrandewch ar ganeuon gan y lleiswyr canlynol:

- Axl Rose ('Paradise City')
- Eric Clapton ('Layla')
- Elton John ('I'm Still Standin'')
- Robbie Williams ('Feel')
- Ed Sheeran ('Thinking Out Loud')

Mae gan lawer o artistiaid unawdol leisiau gwahanol iawn – efallai nad ydych chi'n credu eu bod i gyd yn dda. Mae bandiau bechgyn a bandiau merched yn ffocysu eu cerddoriaeth ar gymysgedd y lleisiau yn y grŵp i sicrhau'r cydbwysedd ansawdd gorau.

Os bydd yn rhaid i chi roi sylwadau ar y math o leisiau rydych chi'n eu clywed mewn dyfyniad wrth orffen tasg neu gwestiwn arfarnu, efallai y byddwch yn gallu nodi a yw'r lleiswyr yn uchel (soprano, tenor) neu'n isel (alto, bas) neu'n gymysgedd – er nad yw dosbarthiad o'r math bob amser mor glir mewn cerddoriaeth roc a phop. Byddai'n syniad da i wneud sylwadau ar **gwmpas** cyfan y llais (lleisiau), y sgiliau cerddorol technegol, a'r math o donyddiaeth/ansawdd llais.

Adeileddau

Mae adeiledd caneuon sydd mewn arddull roc a phop yn dilyn rhyw fath o batrwm gosod ar y cyfan, er y gall hynny amrywio. O ran yr adeiledd, mae rhai adrannau'n bwysig ac yn hawdd eu hadnabod, ac mae'r cydbwysedd rhwng ailadrodd a deunydd cyferbyniol yn bwysig.

Mae'n wir bod defnydd o ailadrodd mewn cân yn gallu arwain at ei llwyddiant. Yr amlaf y bydd y gytgan yn cael ei chlywed, y mwyaf tebygol y bydd y gynulleidfa'n hoffi'r gân ac yn ei phrynu. Wrth i chi wrando ar eich hoff draciau, nodwch sawl gwaith y mae'r adrannau, y llinellau melodig a'r patrymau'n cael eu hailadrodd. Sut mae cyferbynnu'n cael ei gyfleu?

Allweddeiriau

Ansawdd: 'ansawdd sain' neu 'liw tôn' llais neu offeryn penodol.

Llais y frest: rhan isaf y llais sy'n fwy pwerus.

Falsetto: techneg leisiol (dynion) a ddefnyddir i gyrraedd nodau uwch na'r cwmpas arferol.

Llais y pen: ymhlith yr uchaf o gwmpasrannau'r llais wrth ganu.

Allweddair

Cwmpas: y pellter rhwng y nodyn uchaf a'r nodyn isaf y mae offeryn penodol yn gallu eu chwarae neu lais penodol yn gallu eu canu.

Cyngor cyflym

Byddwch yn ennill marciau yn eich gwaith cyfansoddi os ydych yn dangos cyferbyniadau a'ch bod wedi datblygu syniadau.

Mae prif adrannau cân yn cael eu nodi yn y tabl isod. Yn sicr, nid oes rhaid cael pob adran ym mhob cân, ond fel arfer mae rhyw fath o batrwm i'r ffordd maen nhw'n cael eu rhoi at ei gilydd. Gwnewch yn siŵr eich bod yn eu deall er mwyn i chi allu eu hadnabod wrth wrando ar gerddoriaeth roc a phop a'u defnyddio wrth gyfansoddi cân roc neu bop.

Tasg

Gwrandewch ar 'Shout', gan Tears for Fears ac 'S&M' gan Rihanna – cyfrifwch sawl gwaith mae'r gytan yn cael ei hailadrodd. Pa nodweddion eraill gallwch chi eu hadnabod?

Yr adran mewn cân	Esboniad
Rhagarweiniad	Mae'n dod ar ddechrau'r darn ac yn gosod y naws a'r arddull. Fel arfer, adran offerynnol yw hon sy'n creu teimlad o ragddisgwyl. Gall amrywio o ran hyd.
Cyn-bennill	Cyswllt byr rhwng y rhagarweiniad a'r pennill cyntaf. Nid yw'n cael ei ddefnyddio'n aml, ond roedd yn adran boblogaidd yn yr 1960au.
Pennill	Y pennill sy'n cyflwyno neges y gân ac yn gosod y prif syniad yn ei gyd-destun. Mae'n debyg y bydd pob pennill dilynol yn datblygu'r stori/thema ymhellach, felly mae'r geiriau'n newid ar gyfer pob pennill ond mae'r alaw yn aros yr un peth.
Byrdwn	Weithiau mae'n cael ei ddefnyddio fel rhan olaf y pennill, ac yn aml mae'n cynnwys y 'bachyn' neu deitl y gân. Mae'r gerddoriaeth a'r geiriau'n aros yr un fath pan fydd yr adran hon yn dychwelyd yn ystod y gân.
Cyn-gytgan	Nid yw'r adran hon yn cael ei defnyddio bob tro. Yr enw arall arni yw 'yr allt' gan ei bod yn dechrau adeiladu at y gytgan.
Cytgan	Mae'n cynnwys prif neges y gân, ac mae'r gerddoriaeth a'r geiriau'n cael eu hailadrodd. Dyma'r adran sy'n gwerthu'r gân – mae'n gofiadwy ac yn cynnwys y bachyn a/neu'r brif alaw fel arfer.
Pont/8 bar canol/ toriad unawdol	Mae'r darn pontio yn adran sy'n cysylltu ac mae'n cynnig cyferbyniad neu syniad newydd, i osgoi undonedd. Yn aml, mae'n digwydd ychydig cyn y gytgan olaf. Mae'r 8 bar canol hefyd yn cynnwys syniadau cerddorol gwahanol ac yn cael yr enw oherwydd ei fod yn 8 bar o hyd. Bydd toriad unawdol yn adran lle bydd offeryn unawdol, fel gitâr flaen, piano, sacsoffon, etc. yn cael lle blaenllaw. Efallai bydd yr unawdydd yn chwarae alaw'r gân, neu'n chwarae'n fyrfyfyr uwchben dilyniad cordiau, fel arfer o'r pennill.
Diweddglo/coda	Ychwanegiad dewisol sydd weithiau'n cael ei alw'n 'tag'; mae'n 'cloi'r' darn.

Tasg

Gwrandewch ar y 'toriad' offerynnol enwog yn 'Hotel California' gan yr Eagles (1976), o 4'19" ymlaen.

Tasg

Dysgwch sut i chwarae un o'r rhagarweiniadau gitâr mwyaf eiconig: 'Stairway to Heaven' gan Led Zeppelin (1971).

Rhagarweiniad gitâr enwog arall yw'r un i 'Sweet Child O' Mine' gan Guns N' Roses (1987). Gwrandewch arno sawl gwaith i weld a allwch ei weithio allan eich hunan. Y nodyn cyntaf yw D yn y

Cyngor pellach

Weithiau nid yw'r gwahaniaeth rhwng y byrdwn a'r gytgan bob amser yn glir. Gwyliwch sut mae'r 'teitl' neu'r 'bachyn' yn cael eu cynnwys yn y gerddoriaeth. Efallai mai un llinell yn unig ydyw os byrdwn ydyw; efallai fod y gytgan yn hirach, efallai mor hir â'r pennill. Os bydd angen i chi adnabod un ohonyn nhw yn yr arholiad, bydd y naill air neu'r llall yn dderbyniol fel ateb cywir.

rhan fwyaf o sgorau (cleff y trebl, ychydig yn is na'r llinell waelod) – a gwyliwch – mae F# yn y patrwm agoriadol.

Ffurf stroffig

Math o adeiledd yw ffurf stroffig a fu o gwmpas ers canrifoedd mewn cerddoriaeth. Mae'n derm sy'n cyfeirio at gân â phenillion ond heb gytgan arwyddocaol neu adrannau cyferbyniol. Mae'r penillion yn cael eu canu i'r un gerddoriaeth bob tro, er bod y testun neu'r geiriau'n newid. Felly, mae gan bob pennill yr un gerddoriaeth, neu gerddoriaeth debyg, o ran patrymau'r cord a syniadau a siapiau melodig. Roedd i'w weld yn aml yng ngherddoriaeth gynnar roc a rôl yr 1950au a'r 1960au. Un enghraifft eithaf cynnar o hyn yw'r gân 'Blue Suede Shoes', a ysgrifennwyd gan Carl Perkins a'i hanfarwoli gan Elvis Presley.

Er hynny, weithiau byddai syniadau eraill fel rhagarweiniadau a chodâu yn cael eu hychwanegu at yr adeiledd i greu diddordeb pellach.

Tasg

Gwrandewch ar y caneuon canlynol (gallwch chwilio amdanyn nhw ar y Rhyngrwyd):

- '8 Miles High', gan The Byrds
- 'Purple Haze', gan Jimi Hendrix
- 'Maggie May', gan Rod Stewart

1. Sut mae'r gerddoriaeth yn arddangos nodweddion ffurf stroffig (A A A)?
2. Sut mae diddordeb cerddorol a chyferbyniad yn cael eu cynnal?

Ffurf cân 32-bar

Roedd hwn yn fformat a oedd wedi dod yn boblogaidd rhwng yr 1920au a'r 1950au, ac a gafodd ei ddefnyddio mewn jazz a theatr gerdd yn ogystal â genres eraill. Weithiau mae hefyd yn cael ei adnabod fel ffurf cân boblogaidd Americanaidd neu ffurf faled. Nid yw'n rheolaidd bob amser, ond bydd yr adeiledd yn para am 32 bar bob tro. Mae'r dadansoddi'n cael ei seilio ar ddwy adran gerddorol, A a B, ac felly mae'n cyflwyno dau syniad cerddorol, nid dim ond un fel yn achos y ffurf stroffig. (Ac i ddrysu pethau ymhellach, yn aml mae'r adeiledd cyfan yn 'gytgan'.)

Yn Adran 1, Ffurfiau a Dyfeisiau Cerddorol, wrth gyflwyno'r cysyniad o gysylltu llythrennau â rhannau'r adeiledd, edrychon ni ar 'Ar Hyd y Nos' gan esbonio sut cafodd y gân werin ei rhannu yn adeiledd A A B A.

Ffeithiau

Ffurf stroffig

Weithiau mae ffurf stroffig yn cael ei galw'n 'ailadrodd pennill' neu'n ffurf pennill syml.

O ran dadansoddi, mae'n cael ei labelu A A A, etc.

Mae pob pennill yn cael ei adnabod fel 'strophe' sy'n esbonio'r ansoddair 'stroffig'.

Gweithgaredd

Mewn grŵp, dysgwch ac ymarfer y gân 'Blowing in the Wind', gan Bob Dylan, gan ddefnyddio gitarau, allweddellau ac offerynnau taro ysgafn (fel tambwrîn) yn gyfeiliant. Gallwch ddod o hyd i'r geiriau a'r cordiau yn hawdd ar lein.

I wneud y darn yn fwy diddorol, lluniwch ragarweiniad a choda, ac ychwanegwch gyfalaw, efallai, ar gyfer offeryn arall yn yr ail bennill.

Dyma'r un adeiledd yn union a gafodd ei ddefnyddio yn y ffurf cân 32-bar. Mewn cerddoriaeth boblogaidd, gall gynnwys y nodweddion canlynol:

Adran A – 8 bar	Adran A – 8 bar	Adran B – 8 bar	Adran B – 8 bar
Fel arfer mae'n dechrau yn y prif gywair (er nad cord I efallai). Gall gael ei gyflwyno fel dwy frawddeg bedwar bar.	Adran A wedi'i hailadrodd. Ychydig o amrywiad efallai.	Fel arfer mewn cywair perthynol. Mae'n bosibl y bydd yn gorffen ar gord V y cywair gwreiddiol yn barod ar gyfer yr adran nesaf.	Adran A wedi'i hailadrodd. Ychydig o amrywiad efallai.

Nodiadau:

- Efallai y bydd pob Adran A yn cynnwys rhai gwahaniaethau yn y gerddoriaeth.
- Fel arfer mae brawddegau cerddorol yn gorffen â diweddeb, ac mae amrywiaeth o ddiweddebau'n cael eu defnyddio.
- Yn y ffurf hon, mae'r rhan fwyaf o'r gerddoriaeth yn cylchdroi o gwmpas Adran A, sef y deunydd ar gyfer y 'pennill' yn fwy na thebyg.
- Mae Adran B yn cyflwyno deunydd cyferbyniol.

Defnyddiodd y Beatles y fformat hwn yn nifer o'u caneuon cynnar, yn cynnwys 'From Me to You' a 'Yesterday', cyn arbrofi gyda syniadau eraill.

▲ Y Beatles

Mae'n bwysig sylweddoli, er hynny, nad yw pob cân A A B A yn glynu'n gaeth wrth y fformat 32-bar, gyda phob adran yn 8 bar o hyd. Weithiau, mae newidiadau'n cael eu gwneud yn y ffyrdd canlynol:

- Newid trefn yr adrannau, e.e. A B A C.
- Cynnwys adrannau ychwanegol, e.e. A B C Ch.
- Ychwanegu ail ddarn pontio ac adran ychwanegol arall A i orffen, h.y. A A B A B A.
- Trefnu bod yr ail bont yr un peth ag adran B, neu gyflwyno math gwahanol o gyferbyniad, e.e. cordiau gwahanol, alaw wahanol neu unawd offerynnol.
- Trefnu bod yr Adran A olaf yn cynnwys deunydd newydd mewn rhyw ffordd.

Fformat poblogaidd arall yw adeiledd A B A B C A B: yma, A yw'r pennill, B yw'r gytgan, ac C yw'r bont. Enghraifft o hyn yw 'Ticket to Ride', gan y Beatles, lle mae'r ffurf yn dilyn y patrwm canlynol:

Rhagarweiniad (ar gitâr)	Pennill 1 Pennill 2	Cytgan	Pont (yn cynnwys riff byr ar y gitâr wrth ailadrodd)	Pennill 1 Pennill 2	Cytgan	Diweddglo/ coda (brawddeg leisiol sy'n disgyn)
	← Ailadrodd	→	←	Ailadrodd	→	

O ran llythrennau, yr adeiledd cyffredinol yw: Rhagarweiniad A B A B C A B C A B Diweddglo/coda.

Tasg

Gwrandewch ar:

'What's Love Got to Do with it?' gan Tina Turner (1984) a 'Just Once', gan James Ingram (1994).

1. Allwch chi weithio allan adeiledd cyffredinol y caneuon hyn drwy ddefnyddio llythrennau?
2. Yn eich barn chi, ydy'r caneuon yn y cywair mwyaf neu yn y cywair lleiaf?
3. Ydych chi wedi sylwi ar unrhyw nodweddion eraill o ddiddordeb cerddorol? Er enghraifft, yn y gwead neu yn y defnydd o offeryniaeth?

Tina Turner (1939–)

Ffurf pennill–cytgan

Dwy brif adran sy'n perthyn i'r adeiledd hwn: A yw'r pennill a B yw'r gytgan. O'i gymharu â'r adeiledd A A B A a amlinellwyd uchod (neu fersiynau/addasiadau ohono), swyddogaeth y pennill hwn yw arwain yn syth i mewn i'r gytgan, sydd â rhan bwysicach o lawer yn yr adeiledd. Yn aml mae'n wahanol o ran yr alaw, y rhythm, yr harmoni a'r offeryniaeth.

Gwrandewch ar 'Candle in the Wind' gan Elton John (1973). Yr adeiledd cyffredinol yw:

Rhagarweiniad	Pennill	Cytgan	Pennill	Cytgan	Pennill	Cytgan

Sut mae'r gytgan yn wahanol i'r alaw?

Tasg

Gallech hefyd ystyried 'Fix You', gan Coldplay, enghraifft arall sy'n defnyddio'r adeiledd hwn.

Sut byddech chi'n disgrifio'r math o ganu sydd i'w glywed ar ddechrau'r dyfyniad ym mhennill 1?

a) Awgrymwch un gair i ddisgrifio'r cyweiredd ac un gair i ddisgrifio'r tempo.

b) Sut mae cyferbyniad wedi'i chyflawni yn y gân hon?

Tasg

Ysgrifennwch adran bennill ac adran gytgan ar gyfer cân a fydd yn cael ei pherfformio er budd elusen leol i blant. Defnyddiwch eiriau o gân sy'n anghyfarwydd i chi, neu ysgrifennwch eich rhai eich hun. Ceisiwch sicrhau eich bod yn cyferbynnu'r syniadau yn adrannau A a B. (Er enghraifft, defnyddiwch syniad melodig gwahanol, cordiau neu rythmau gwahanol, a chywair gwahanol, efallai.)

Ffaith

Pianos, nid gitarau, oedd gan rai cyfansoddwyr oedd hefyd yn lleiswyr. Roedd Elton John yn un o'r rheini, ac mae'n debyg mai ef oedd yr act unawdol enwocaf yn y byd yng nghanol yr 1970au. Ysgrifennodd 'Candle in the Wind' fel cân o fawl i'r actores Marilyn Monroe, a recordiodd y gân yn gyntaf ar ei albwm *Goodbye Yellow Brick Road*. Daeth hyd yn oed yn fwy enwog pan berfformiodd hi yn angladd y Dywysoges Diana yn 1997. Yn ôl y sôn, roedd y gân yn un o'i ffefrynnau.

Cyngor cyflym

Mae'n well defnyddio geiriau anghyfarwydd bob amser os na allwch ysgrifennu eich rhai eich hun. Fel arall, gallai'r gân wreiddiol ddylanwadu'n ormodol ar eich gwaith.

Blues 12-bar

Cafodd yr adeiledd hwn ei gyflwyno yn Adran 2, Cerddoriaeth ar gyfer Ensemble. Mae wedi aros yn adeiledd poblogaidd iawn yn ei ffurf wreiddiol mewn cerddoriaeth roc a phop, ac mae'n defnyddio'r un harmoni ar gyfer y pennill a'r gytgan.

Tasg

Dysgwch y fersiwn hwn o batrwm nodweddiadol y blues 12-bar (gweler y blwch Cofiwch), gyda rhai mân newidiadau i'r cordiau:

F	F	F	F7 (FACE♭)
B♭7 (B♭DFA♭)	B♭7	F	F
C7 (CEGB♭)	C7	F	F

Nawr gwrandewch ar gân Chuck Berry 'Johnny B Goode' – cân sy'n defnyddio'r adeiledd uchod. Gwrandewch ar recordiad o'r gân i ddysgu'r alaw, yna perfformiwch y gân gyda'ch gilydd.

Cofiwch

Byddai'n ddefnyddiol cofio patrwm nodweddiadol y blues 12-bar. Chwaraewch y fersiwn hwn yng nghywair F fwyaf.

F	F	F	F
B♭	B♭	F	F
C	B♭	F	F

Gallwch hefyd ddefnyddio'r cordiau hyn i berfformio'r gân enwog 'Blue Suede Shoes' gan Elvis Presley.

Seiliwyd nifer o ganeuon roc a phop ar yr adeiledd hwn ond, fel y soniwyd o'r blaen, mae perfformwyr gwahanol yn gwneud addasiadau, sy'n beth da. Ymhlith enghreifftiau eraill o ganeuon sy'n defnyddio'r adeiledd hwn, mae: 'I Feel Good' gan James Brown, 'Kiss' gan Prince a 'Give Me One Reason' gan Tracey Chapman.

Dim ond tri chord maen nhw'n gallu eu chwarae, ond mawredd, maen nhw'n eu chwarae nhw'n dda!

PETER 'GRUBBY' STUBBS, CYFLWYNYDD RADIO YN AWSTRALIA

Status Quo

Mae **Status Quo** yn grŵp masnachol llwyddiannus sy'n enwog ym Mhrydain ac yn Ewrop am eu brand arbennig o arddull y 'blues', a hefyd yn enwog am seilio'u caneuon ar yr adeiledd hwn neu ar amrywiadau ohono. Mae ganddyn nhw ddilynwyr ymhell ac agos a gallan nhw ymhyfrydu yn llwyddiant y caneuon adnabyddus/anthemau roc hyn:

- ★ Pictures of Matchstick Men (1968)
- ★ Ice in the Sun (1968)
- ★ Caroline (1973)
- ★ Down Down (1975)
- ★ Rockin' All Over the World (1977)
- ★ Again and Again (1978)
- ★ Whatever You Want (1979)
- ★ Movin' On (2012)

▲ Status Quo

Maen nhw wedi cael eu cyhuddo o fod yn fformiwläig a chael eu hadnabod am wybod tri chord yn unig. Cafodd albwm ei ryddhau ganddyn nhw yn dwyn y teitl doniol 'In Search of the Fourth Chord' (2007). Er bod y grŵp wedi bod gyda'i gilydd ers 1962, mae'r caneuon yn dal yn boblogaidd ac yn ffefrynnau gan lawer o bobl. Cafodd y gerddoriaeth hon ei hysgrifennu ymhell cyn eich amser chi – ond byddwch wedi clywed y caneuon, yn fwy na thebyg.

Eric Clapton

Gitarydd enwog roc a blues yw **Eric Clapton** a ysgrifennodd nifer o ganeuon adnabyddus. Yn sicr mae wedi ymroi i berfformio cerddoriaeth y blues a defnyddio'r adeiledd 12-bar dros y blynyddoedd ac mae'n amheus a all neb gystadlu ag ef. Mae hyd yn oed ei ddarnau cerddoriaeth bop, fel 'Tears in Heaven' neu 'Wonderful Tonight', yn arddangos elfennau o'i arddull chwarae gitâr y blues unigryw. Er bod nifer o enghreifftiau o'i arddull yn y genre hwn, mae ei albwm 'Unplugged' (1992), a enillodd dair gwobr Grammy a gwerthu dros 26 miliwn o gopïau ledled y byd, yn adnodd da iawn.

Ysgrifennwyd 'Hey Hey' gan Bill Broonzy, a hi oedd y gân blues gyntaf erioed i mi ei chlywed. Pan oeddwn yn ifanc iawn, byddwn yn ei chwarae mewn tafarnau. Doeddwn i byth yn teimlo fy mod wedi'i meistroli, felly roeddwn am roi cynnig arall arni.

ERIC CLAPTON, YN SIARAD AM Y GÂN HON AR EI ALBWM, 'UNPLUGGED'

Alaw

Fel arfer yr alaw yw'r rhan sy'n cael ei chanu (er nad yw hynny bob amser yn wir). Weithiau mae pobl yn cyfeirio ati fel 'y llinell dop', a hi yn ôl pob tebyg yw'r rhan bwysicaf o unrhyw gân bop neu roc. Un peth sy'n sicr: mae'n rhaid i'r alaw fod yn rhan o'r gân sydd â'r apêl boblogaidd, y gall gwrandawyr uniaethu â hi.

Tasg

Gwrandewch ar 'The A Team' gan Ed Sheeran. Mae'r motiff dau nodyn sy'n gyffredin yn y rhagarweiniad i'r gân yn cael ei gario ymlaen drwy'r pennill a'r gytgan, gyda mân newidiadau a gwelliannau, ond gan roi teimlad o gydbwysedd a chyfrannedd i'r cyfanwaith.

Beth yw nodweddion cerddorol alaw dda?

Bachau

Mae angen i alaw bop gofiadwy fod yn 'fachog' ac yn hawdd ei chofio – felly un nodwedd arbennig o'r arddull hon yw fod yr alaw yn cynnwys brawddegau byrrach sy'n cydgysylltu i ffurfio llinellau hirach. Mae brawddegau byr, rhwng pump ac wyth nodyn, er enghraifft, yn haws eu cofio, a gall trin ac ailadrodd dwy neu dair brawddeg fod yn effeithiol iawn. Y 'bachyn' yw'r enw ar y prif syniad melodig. Dyma'r rhan o'r gerdd sy'n mynnu aros yn y cof, y rhan rydych yn methu peidio â'i hymian neu ei chanu. Mae'n rhoi'r brif neges ac fel arfer mae yn y gytgan.

Ailadrodd a chymesuredd

Mae'n wir bod defnydd o ailadrodd mewn cân yn gallu sicrhau ei llwyddiant. Mae ailadrodd yn y llinell felodig yn ogystal ag yn yr adeiledd cyffredinol yn gallu creu trefn, ond mae angen hefyd i'r syniadau fod yn gytbwys. Bydd brawddegau alaw dda yn cael eu hadeiladu'n ofalus er mwyn adlewyrchu'r geiriau orau y gallant.

Tasg estynedig

Ystyriwch y gosodiadau canlynol wrth wrando ar 'The A Team' gan Ed Sheeran. Pa rai sy'n gywir a pha rai sy'n anghywir?

Mae'r gân mewn cywair mwyaf	Cywir/Anghywir	Yr arwydd amser yw 3/4	Cywir/Anghywir?
Mae'r gân mewn cywair lleiaf	Cywir/Anghywir	Yr arwydd amser yw 4/4	Cywir/Anghywir?
Piano yw'r offeryn cyntaf rydym ni'n ei glywed	Cywir/Anghywir	Y tempo yw largo	Cywir/Anghywir?
Gitâr yw'r offeryn cyntaf rydym ni'n ei glywed	Cywir/Anghywir	Y tempo yw moderato	Cywir/Anghywir?

Symudiad a siâp yr alaw

Mae nifer o ystyriaethau wrth feddwl am fathau gwahanol o alaw. Yn aml, mae rhai o'r alawon enwocaf wir yn syml. Mae'r defnydd o gyfyngau ehangach mewn alaw yn tueddu i fod yn anghyffredin, ond mae nifer o alawon yn cynnwys un neu ddau o gyfyngau fel nodweddion adnabod.

Mae rhai caneuon yn defnyddio cyfyngau sy'n gyfuniadau mwy cymhleth. Er enghraifft, 'Here , There and Everywhere', gan y Beatles, lle mae'r symudiad lleisiol yn yr agoriad yn un eithaf **digyswllt** (gweler Enghraifft 4.3).

Tasg

Meddyliwch am 'Rock Around the Clock' gan Bill Haley a'r Comets, a 'Blue Suede Shoes' gan Elvis Presley – cafodd y ddwy alaw eu hadeiladu o gwmpas nodau'r prif driadau neu'r prif gordiau. Ceisiwch eu gweithio allan ar yr allweddellau.

Allweddair

Digyswllt: (am symudiad cerddorol) yn symud fesul naid neu'n cynnwys cyfyngau.

Y cywair yw F fwyaf. Mae brawddeg agoriadol y darn yn defnyddio'r trawiau canlynol:							
	3ydd esgynnol		Yn disgyn fesul naid		3ydd esgynnol		
F	A	C	G	F	B♭	D	C
3ydd esgynnol		5ed esgynnol		5ed disgynnol		Yn disgyn fesul naid	

▲ Enghraifft 4.3

Mae caneuon eraill yn gwneud nodwedd o gyfwng – er enghraifft, mae 'My Sharona', gan 'The Knack', yn rhoi lle amlwg i gyfwng disgynnol y 7fed yn y bachyn melodig (gweler Enghraifft 4.4).

▼ Enghraifft 4.4

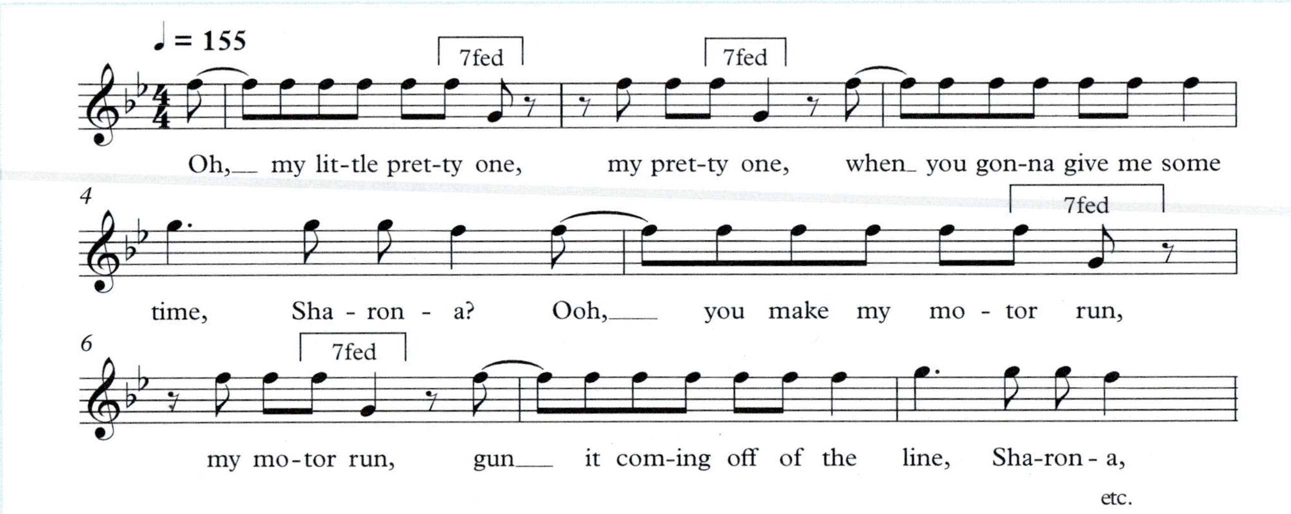

Mae symud fesul cam, neu symud cysylltiol, yn llawer mwy cyffredin – ac mae'r neidiau yn yr alaw bob amser yn cydbwyso â symudiad cysylltiol, er enghraifft cân enwog y Beatles, 'Yesterday'. Weithiau mae'r alawon yn defnyddio ystod eithaf cyfyng.

Edrychwch ar y gerddoriaeth yn Enghraifft 4.5 o 'Karma Chameleon' gan Culture Club.

Ffaith

Cafodd 'Karma Chameleon' ei rhyddhau gan Culture Club a'r prif leisydd oedd Boy George. Cafodd yr arddull ei disgrifio'n un 'ramantaidd newydd'. Sylwch ar ystod gyfyng yr alaw – heb fod yn fwy na 6ed, ac yn pendilio o gwmpas tri nodyn.

▼ Enghraifft 4.5

Gweithgarwch

Astudiwch sgôr 'Karma Chameleon' (Enghraifft 4.5) a pherfformiwch yr alaw. Ychwanegwch guriad drwm electronig/cyfeiliant cefndirol i greu effaith.

Tasg

1. Ym mha gywair mae 'Karma Chameleon'?
2. Pa derm cerddorol allai gael ei ddefnyddio i ddisgrifio rhythm yr alaw?
3. Sut mae cyferbyniad yn cael ei chyflawni yn alaw'r gytgan?

Gweithgaredd

Nawr edrychwch ar y ffordd mae Adele yn defnyddio ailadrodd ar ddechrau 'Someone Like You' (Enghraifft 4.6).

Enghraifft 4.6

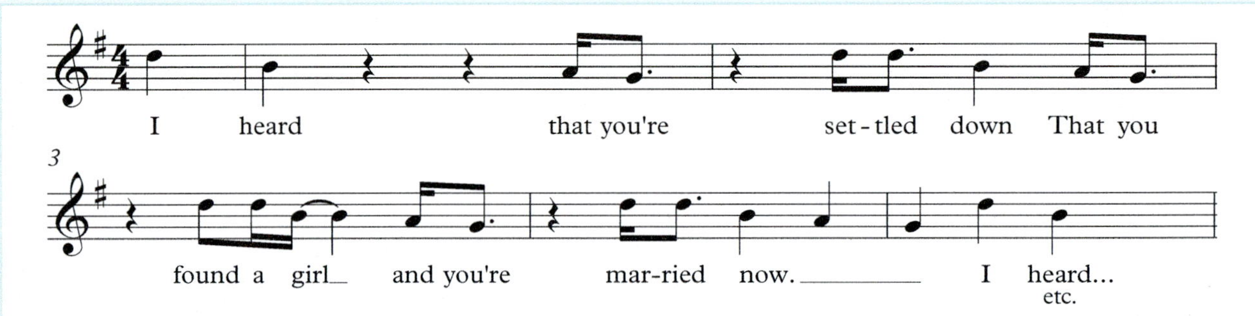

Chwaraewch neu canwch y patrwm hwn.

1. Pam, yn eich barn chi, mae'r rhythmau mor gymhleth?
2. Allwch chi weithio allan beth yw'r 'ystod' felodig yn y dyfyniad hwn?

Ceisiwch ddysgu gweddill y pennill 'yn ôl y glust' (gwrandewch ar y gerddoriaeth a cheisiwch ei gweithio allan heb y sgôr).

3. Pa newidiadau sydd yn y gerddoriaeth ar ôl y chwe bar agoriadol hyn?

Weithiau, bydd rhan o'r alaw ar un nodyn yn unig – efallai mai ailadrodd, monoton, neu rywbeth arall fyddai eich disgrifiad o hynny – ond mae'n ddyfais boblogaidd mewn cerddoriaeth bop.

Gwrandewch am ddefnydd o nodau ailadroddus yn alawon nifer o ganeuon, er enghraifft y bachyn yn 'All you Need is Love' (y Beatles) a'r byrdwn o 'Make You Feel My Love', cân enwog arall gan Adele.

Sting (1951–)

Tasg estynedig

Gwrandewch ar 'A Thousand Years' gan Sting, o'i albwm *All This Time* (2001).

Fel tasg ysgrifenedig, disgrifiwch yr ysgrifennu melodig a'r defnydd o leisiau ac o offerynnau ar y trac hwn. Cynhwyswch sylwadau ychwanegol ar yr elfennau cerddorol eraill fel tempo, naws ac adeiledd.

Yn olaf, mae angen sôn y gall gwaith melodig fod yn:

sillafog, h.y. un nodyn i bob sillaf, neu'n **ansillafog**, h.y. mwy nag un nodyn i bob sillaf (mae'n cael ei ddisgrifio hefyd yn ysgrifennu melismataidd).

Meddyliwch am holl addurniadau arddulliadol, 'rhediadau' a lleisio acrobataidd Justin Timberlake neu Mariah Carey. Mae hyn yn gyferbyniad llwyr â'r caneuon ystod gyfyng a ystyriwyd yn barod. Gwrandewch ar gampau lleisiol Christine Aguilera yn rhai o'i hymddangosiadau byw.

Rhythm

Mae rhythm yn elfen mor bwysig mewn cerddoriaeth roc a phop – mae'n gyson ac yn gryf a'r defnydd o'r cit drymiau a'r adran rhythm yn gyrru'r gerddoriaeth ymlaen.

Mae cysylltiad agos rhwng melodïau mewn roc a phop a rhythmau naturiol y geiriau; yn hyn o beth, maen nhw'n ddiddorol ac yn teimlo'n 'naturiol', er eu bod yn aml yn drawsacennog. Weithiau, maen nhw'n edrych yn gymhleth iawn wedi'u nodiannu, ond maen nhw'n hawdd eu copïo pan fyddwch yn hymian neu'n tapio. Mae rhythmau fel hyn yn fwy anodd eu nodiannu, eu darllen ar yr olwg gyntaf, eu canu ar yr olwg gyntaf neu eu gweithio allan. Os ydych yn mwynhau cyfansoddi caneuon pop, er enghraifft, efallai bydd canu llinell yn hawdd iawn, ond bydd ceisio gweithio allan union werth y nodau a'r rhythmau yn anodd iawn, mae'n siŵr. Yn aml mae caneuon roc a phop yn cael eu hysgrifennu'n reddfol – a bydd syniadau yn cael eu chwarae neu'n cael eu canu cyn i'r nodiant gael ei weithio allan.

Cofiwch

Mae'r rhan fwyaf o ganeuon roc a phop yn cymysgu rhythmau rheolaidd a rhythmau trawsacennog.

Rhythmau rheolaidd yw rhythmau lle bydd y pwyslais yn bendant ar y curiad.

Mae trawsacennu'n digwydd pan fydd y pwyslais oddi ar y curiad.

(Rhoddir diffiniad ac esboniad o drawsaceniad yn Adran 1, Ffurfiau a Dyfeisiau Cerddorol.)

Nid yw'n anodd 'teimlo'r curiad' mewn cerddoriaeth roc a phop. Y cyfan mae angen ei wneud yw curo eich troed gyda'r gerddoriaeth. 4/4 yw amser y rhan fwyaf o ganeuon, er nad y cyfan – mae rhai enghreifftiau o amser triphlyg yn bod. Edrychwch ar 'She's Leaving Home', 'Norwegian Wood', a 'Lucy in the Sky with Diamonds', y cyfan wedi'u hysgrifennu gan y Beatles. Mae gan rai caneuon mewn amser 12/8 bedwar curiad crosiet dot i'r bar, ond cewch y 'teimlad' o raniad triphlyg y tu mewn i bob curiad. (Rhoddwyd enghraifft o amser 12/8 yn Adran 3, Cerddoriaeth Ffilm ar dudalen 126.)

Mae'n bosibl clywed enghreifftiau o amser 5/4 hefyd yn 'Money' gan Pink Floyd, er enghraifft, ac yn agoriad '5/4', gan Gorillaz.

Tasg

Gwrandewch ar y caneuon canlynol, a cheisiwch weld a allwch weithio allan a oes pedwar curiad yn y bar (4/4) neu dri churiad yn y bar (3/4) – neu ai 12/8 yw'r amser?

I Never Loved a Man **Aretha Franklin**	A Million Love Songs **Take That**	I Just Called to Say I Love You **Stevie Wonder**	You Ain't the First **Guns N' Roses**

4/4, 3/4 neu 12/8?	4/4, 3/4 neu 12/8?	4/4, 3/4 neu 12/8?	4/4, 3/4 neu 12/8?

Mae rhai patrymau rhythmig mewn adrannau offerynnol yn gymhleth hefyd.

Gwrandewch ar 'Electric Co,' U2.

Mae cymysgedd o batrymau triphlyg/dyblyg nes i guriad mwy rheolaidd ddechrau tua 1'12" i mewn i'r trac . . . yna gallwch ddechrau dapio eich traed.

Tasg

Defnyddiwch raglen gerddorol i osod patrwm drwm sylfaenol mewn amser 4/4 am wyth bar. Cyfansoddwch ddilyniant cordiau syml i gyd-fynd ag ef ar yr allweddellau neu ar y gitâr, yna lluniwch linell fas. Gallai'r dilyniant fod yn sylfaen i bennill neu'n gytgan i'ch cân. Ceisiwch amrywio llinell y bas o dan y dilyniad cordiau sy'n cael ei ailadrodd.

Harmoni

Mae'r enghreifftiau isod yn cael eu hesbonio yn C fwyaf. Mae Enghraifft 4.7 yn dangos graddfa a chordiau D leiaf er mwyn cyfeirio atynt.

Enghraifft 4.7

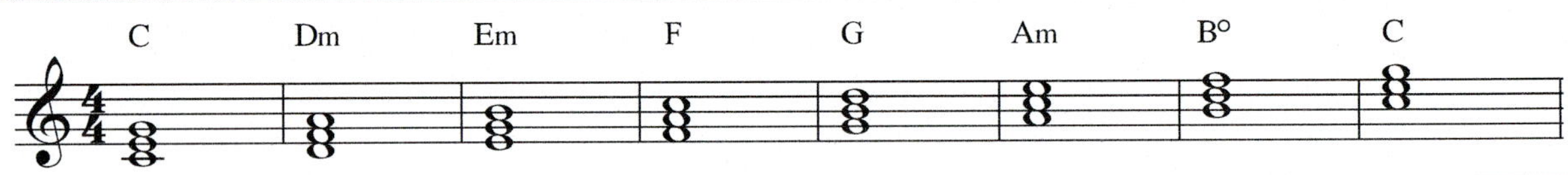

Does dim amheuaeth – nid yw harmoni mewn cerddoriaeth roc a phop yn gweithio yn yr un ffordd â cherddoriaeth o Draddodiad Clasurol y Gorllewin. Mewn cerddoriaeth glasurol, mae harmoni'n 'weithredol', h.y. mae'n harmoni cyweiraidd yn seiliedig ar y cyweiriau mwyaf a lleiaf, ac mae'r dilyniadau'n defnyddio cordiau I, IV, a V (cordiau'r tonydd, yr islywydd a'r llywydd). Mewn cerddoriaeth roc a phop, mae'n dal yn bosibl defnyddio rhifau Rhufeinig lle mae hynny'n briodol, ond nid yw perthynas cordiau â'i gilydd yn gweithio yn yr un ffordd.

Gweler Adran 2, Cerddoriaeth ar gyfer Ensemble am fwy o wybodaeth am Draddodiad Clasurol y Gorllewin.

Dyma rai nodweddion diddorol:

- Cordiau'r safle gwreiddiol neu gordiau'r 7fed yw'r rhan fwyaf o gordiau, sy'n gwneud labelu ac arddweud yn haws. Ar y cyfan, dim ond gradd y raddfa yn y bas mae angen i chi ei hadnabod.
- Nid pob diwedd brawddeg sy'n gorffen â diweddeb berffaith. Mae diweddebau amen hefyd yn boblogaidd, ac yn yr un modd **symudiad cyfochrog** cordiau i gyfeiriad y tonydd. Mae Enghraifft 4.8 yn dangos rhai enghreifftiau yn C fwyaf.

Allweddair

Symudiad cyfochrog: pan fydd cordiau/triadau'n symud fesul cam.

Enghraifft 4.8

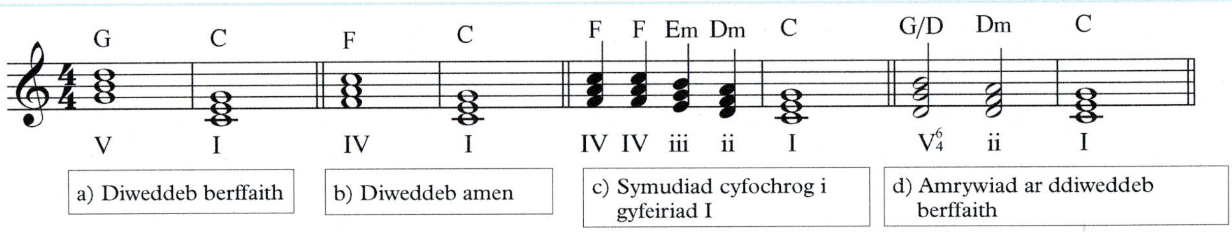

- Mae rhai dilyniadau cordiau'n gyffredin ac weithiau maen nhw'n cael eu hailadrodd sawl gwaith yn olynol. (Rydym wedi gweld rhai enghreifftiau o hyn yn yr adeileddau blues 12-bar.)

Tasg

Ceisiwch chwarae'r dilyniadau cordiau'n Enghraifft 4.8.

Dilyniadau cordiau safonol

Mae'r 'tric tri chord' yn cyfeirio at yr arfer o gyfeilio i alaw gan ddefnyddio tri chord yn unig. Defnyddir dilyniadau pedwar cord yn yr un modd, ac mae nifer mawr o felodïau a all gael eu harmoneiddio yn y ffordd hon.

Mae dewis y cordiau iawn yn hanfodol. Mae'r dilyniad cefnogol cywir yn cryfhau'r alaw, ac yn gwneud y darn yn fwy diddorol pan fydd arddull yr alaw yn ailadroddus.

Rhywbeth arall mae angen i gyfansoddwr caneuon feddwl amdano yw cyfradd y newid harmonig': pa mor aml y dylai'r harmoni newid. Yn rheolaidd, efallai ar bob dau guriad? Neu unwaith yn y bar? Neu ar bob curiad crosiet? Gall y math hwn o benderfyniad newid yr effaith cyfan yn llwyr.

Gwrandewch ar 'Grenade' gan Bruno Mars (2010). Dyma sut mae'r cordiau'n cael eu trefnu:

Pennill	Cytgan
Mae'r cordiau yn yr adran hon yn symud rhwng D leiaf ac A leiaf bob yn ddau far, yna'n cyflymu i bob bar.	Yn y gytgan, mae'r cordiau'n newid bob yn ddau guriad. Mae hwn yn ychwanegu cyffro, egni a chyflymder at y gerddoriaeth.

Gadewch i ni gael golwg ar rai dilyniadau cordiau cyffredin.

Cofiwch, mae pob enghraifft yng nghywair C. Arbrofwch mewn cyweiriau gwahanol – ac yn y cyweiriau lleiaf hefyd.

Tasg

Gwyliwch Axis of Awesome, triawd o Awstralia, yn cyflwyno eu syniadau ar '4 chords' ar lein. Mae'n gadwyn o 36 o ganeuon pop a phob un yn cynnwys yr un patrwm o gordiau.

Hefyd mae clip ardderchog o'r enw 'Six Chords' sy'n gadwyn o ganeuon yn seiliedig ar ddilyniadau eraill.

Cyngor cyflym

Pwrpas cynnwys dilyniadau cordiau cyffredin yw eich helpu i chi ddeall y ffordd maen nhw'n cael eu defnyddio. Nid y rhain ddylai fod eich unig ddewis o gordiau; mae defnyddio'r rhain ar y cyd â chordiau eraill, neu greu rhywbeth mwy unigryw yn opsiwn **llawer** gwell wrth gyfansoddi.

Rhai dilyniadau tri chord poblogaidd:	Rhai dilyniadau pedwar cord poblogaidd:
I – IV – V (C – F – G) I – iii – V (C – Em – G) I – iii – IV (C – Em – F) V – I – IV (G – C – F) V – IV – I (G – F – C) ii – IV – V (Dm – F – G)	I – vi – IV – V (C – Am – F – G) I – vi – ii – V (C – Am – Dm – G) vi – IV – I – V (Am – F – C – G) I – vi – iii – vii^0 (C – Am – Em – Bdim) I – V – vi – IV (C – G – Am – F) vi – I – V – vi (Am – C – G – Am) I – vii^0 – vi – V (C – Bdim – Am – G)
Dilyniad cylch pumedau: I – IV – vii^0 – iii (C – F – Bdim – Em) Vi – ii – V – I (Am – Dm – G – C)	Dilyniad 'Pachelbel': I – V – vi – iii – IV – I – IV – V (C – G – Am – Em – F – C – F – G)

Ffaith

Dilyniant enwog o gordiau yw dilyniad Pachelbel a ddefnyddiwyd gan y cyfansoddwr Johann Pachelbel yn ei *Canon yn D*. Gwrandewch ar berfformiad o'r gwaith, gan ffocysu ar y dilyniant cordiau a sut mae haenau'n cael eu hadeiladu uwchben y llinell fas ailadroddus. Yna chwiliwch ar lein i weld faint o ganeuon pop sy'n seiliedig ar y patrwm hwn – cewch eich synnu. Gwrandewch ar rai ohonyn nhw i weld sut mae'r syniadau harmonig wedi cael eu defnyddio.

Cyngor cyflym

Ceisiwch osgoi seilio unrhyw un o'ch cyfansoddiadau yn llwyr ar batrwm cordiau ailadroddus fel dilyniad Pachelbel. Os penderfynwch ddefnyddio syniad o'r math (efallai gyda phatrwm ostinato ailadroddus, â haenau pellach uwchben), gwnewch hynny mewn **un adran** yn unig. Cofiwch fod yn rhaid i chi ddangos datblygiad syniadau a bod yr ymarfer hwn yn ddibynnol ar ailadrodd ac ar gyferbyniad.

Mae'n bosibl dod o hyd i harmonïau mwy cymhleth mewn llawer o ganeuon roc a phop, ac mae cordiau'r 7fed yn cael eu defnyddio'n aml, heb reolau theori caeth cerddoriaeth glasurol. Cord sy'n cynnwys triad gyda'r 7fed wedi'i ychwanegu uwch ei ben yw cord y 7fed, h.y. C E G B♭ (lle B♭ yw'r 7fed). Byddai'r defnydd o hapnodau yn newid lliw y cord – chwaraewch C E G B♮. Mae hwn hefyd yn 7fed ond mae'n teimlo'n gwbl wahanol: mae'n cael ei adnabod fel cord Cmaj7 (h.y. cord C fwyaf 7).

Ffaith

Pan fydd 7fed lleiaf yn cael ei adeiladu ar driad y llywydd, yr enw ar y cord yw y 7fed ar y llywydd.

Tasg estynedig

Ymchwiliwch i'r nodau sydd yn y cordiau canlynol: Gm7; Dadd9; Asus4.

Chwaraewch yn fyrfyfyr o amgylch y cordiau hyn i glywed a deall y seiniau maen nhw'n eu gwneud.

Mae cerddoriaeth roc a phop hefyd yn defnyddio moddau ar gyfer ysgrifennu melodïau a harmonïau. Y tri mwyaf poblogaidd mae'n debyg yw'r modd doriaidd, y modd micsolydiaidd a'r modd aeolaidd.

Mae Enghraifft 4.9 yn dangos y modd doriaidd ar D.

Enghraifft 4.9

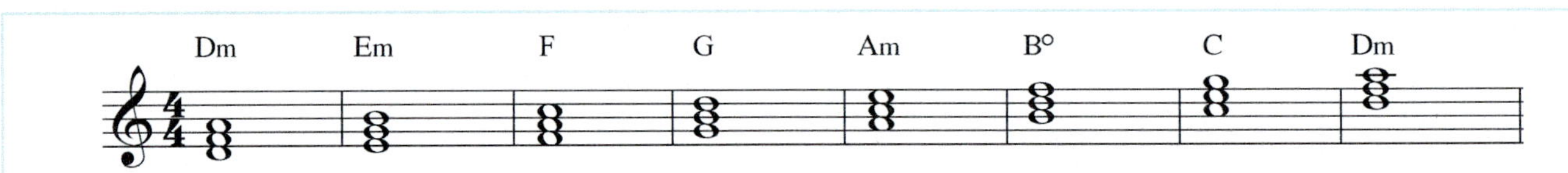

Mae Enghraifft 4.10 yn dangos y modd micsolydiaidd ar C.

Enghraifft 4.10

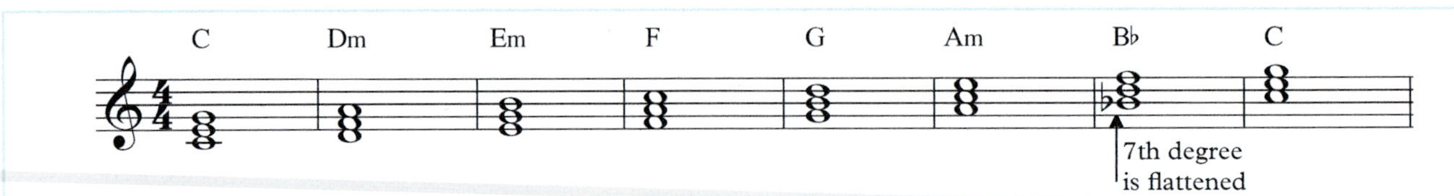

Mae Enghraifft 4.11 yn dangos y modd aeolaidd ar A.

Enghraifft 4.11

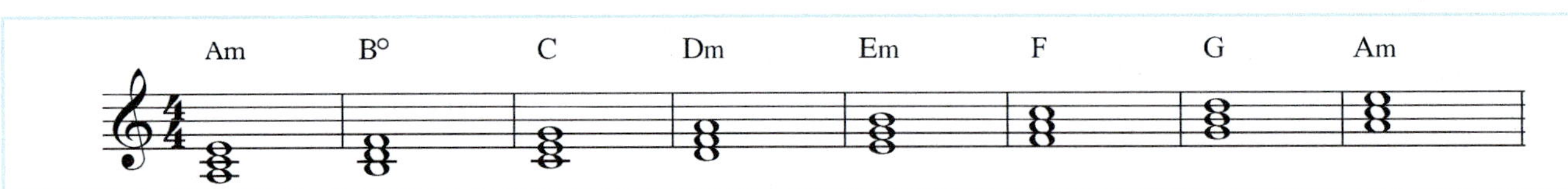

Mae'r posibiliadau o greu dilyniadau cordiau gwahanol yn seiliedig ar y cordiau hyn yn ddiddiwedd.

Yn olaf, cordiau pŵer. Ble byddai gitaryddion roc caled heb gordiau pŵer? Mae'r rhain yn rhan mor arbennig o'r arddull roc, yn cael eu hystumio wrth gael eu chwarae a'u sain yn cael ei fwyhau'n uchel.

Mewn cerddoriaeth glasurol, nid yw'r rhain yn cael eu hystyried yn 'gordiau llawn' gan nad ydyn nhw'n cynnwys pob un o nodau'r triad. Mewn termau technegol, maen nhw'n cynnwys y gwreiddyn a'r 5ed yn y cord, gan ddyblu rhywfaint ar y nodau hyn yn aml (gweler Enghraifft 4.12).

Tasg

Lluniwch amrywiaeth o ddilyniadau cordiol gwahanol a chadwch gofnod gofalus o'r rhai rydych yn eu hoffi. Chwaraewch eich syniadau ar gitâr neu ar allweddellau.

Enghraifft 4.12

Riffiau

Y diffiniad o rìff sy'n cael ei dderbyn fel arfer yw mai 'dyfais ailadroddus' ydyw, h.y. patrwm cordiol ailadroddus, cyfres o nodau neu frawddeg gerddorol.

Efallai mai'r enghraifft orau i ddechrau yw rìff agoriadol 'Smoke on the Water' gan Deep Purple (1972), gan fod hon wedi'i seilio'n gyfan gwbl ar gordiau pŵer. Gwrandewch ar agoriad y trac gwreiddiol, yna rhowch gynnig ar ei chwarae. Mae'r rìff i'w weld yn Enghraifft 4.13.

Ffaith

Rìff lleisiol yw rhediad ffansi neu addurniad sy'n cael ei ychwanegu at y llinell felodig gan y lleisydd, er mwyn ychwanegu at ddwyster y gân.

Enghraifft 4.13

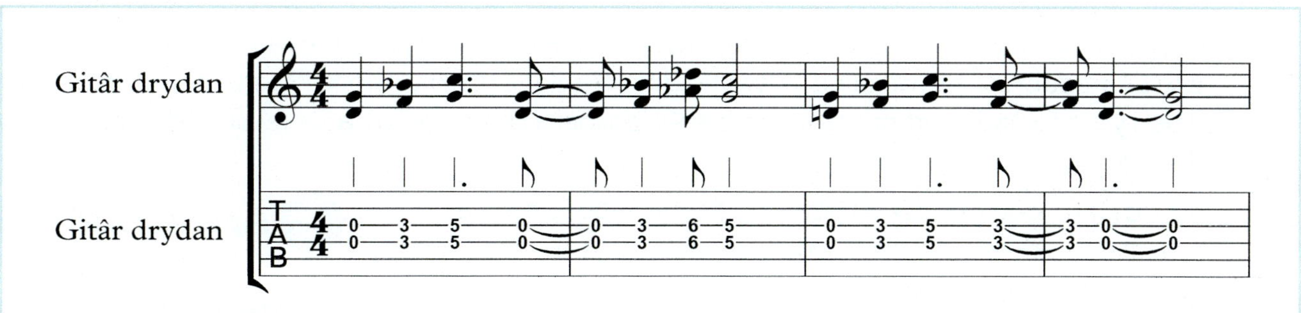

Dyma rai riffiau enwog eraill y gallech wrando arnyn nhw.

- Back in Black **AC/DC** (1980)
- Whole Lotta Love **Led Zeppelin** (1969)
- Seven Nation Army **The White Stripes** (2003)
- Sunshine of Your Love **Cream** (1967)
- Walk this Way **Aerosmith/Run–DMC** (1986)

Tasg estynedig

Mwynhewch '100 Riffs (A Brief History of Rock N'Roll)' ar YouTube.

TESTUN 3 CYFUNIAD

Cyfuniad cerddorol yw'r hyn sy'n digwydd pan fydd dwy neu fwy o arddulliau neu genres gwahanol yn cyfuno â'i gilydd. Gallen nhw fod yn arddulliau cwbl wahanol, fel arddull glasurol ac arddull roc, neu arddull glasurol ac arddull jazz. Os edrychwch chi ar lein am esboniad o gyfuniad cerddorol, dewch chi o hyd i nifer o awgrymiadau gwahanol, ac yn aml mae'r math o gyfuniad yn y teitl – er enghraifft, yn syml, mae 'canu gwlad roc' yn gyfuniad o ganu gwlad a roc. Gallai fod hyd yn oed yn fwy cyfrwys, fel yn achos cymysgedd o ddau fath o gerddoriaeth bop, fel 'rap metel' (cymysgedd o hip-hop a metel trwm). Mae cyfansoddwyr a pherfformwyr yn arbrofi'n barhaus â phob math o arddulliau i greu eu sain 'unigryw' eu hunain, neu i gynhyrchu darn o gerddoriaeth sy'n wahanol, yn ddiddorol ac yn gyffrous ar gyfer eu cynulleidfaoedd.

Ffaith

Yn y geiriadur, diffiniad 'cyfuniad' yw 'y broses o gyfuno dau neu ragor o bethau; canlyniad dod â dau neu ragor o bethau ynghyd'.

Frank Zappa (1940–1993)

Ray Charles (1930–2004)

Cyfuniadau arddull

Gadewch i ni ystyried rhai cyfuniadau o arddulliau a ddatblygodd yn genres newydd. Cyfunodd Ray Charles, lleisydd, pianydd a chyfansoddwr caneuon chwedlonol yn America, elfennau canu gospel a blues o dan ddylanwad jazz, ac allan o hyn daeth 'soul'. Roedd yn cael ei adnabod fel yr 'High Priest of Soul', ac roedd ei lwyddiannau yn cynnwys 'Hit the Road Jack' (1961) a 'Georgia on My Mind' (1960).

Yn yr 1950au, daeth y DJ Americanaidd enwog Alan Freed yn adnabyddus am roi'r enw **roc a rôl** i arddull gerddorol newydd oedd yn swyno dilynwyr ifanc brwd y cyfnod. Roedd yr arddull newydd hon ei hun yn gyfuniad o rythm a blues, jazz, soul, gospel a chanu gwlad, a sêr fel Bill Haley, ac wrth gwrs, Elvis Presley.

Pan ddechreuodd cerddorion jazz arbrofi yn yr 1960au hwyr â'r syniadau cerddorol newydd a oedd yn gysylltiedig â roc, ffync a jazz Lladinaidd, ymddangosodd arddull arall a gafodd ei derbyn yn genre dilys, sef **cyfuniad jazz** neu **jazz-roc**. Cofleidiodd rhai o fawrion y byd jazz – er enghraifft Miles Davis – y defnydd o offerynnau electronig mewn perfformiad. Cafodd Davis ei ddylanwadu gan egni anystywallt roc ac yn enwedig gan berfformwyr fel Frank Zappa. Gwrandewch ar rai traciau o albwm *Bitches Brew* Miles Davis, a gafodd ei ryddhau yn 1970. Mae hyn yn arddangos ei waith gydag offerynnau electronig a hefyd sut y byddai'n arbrofi gyda ffordd o chwarae'n fyrfyfyr oedd yn adlewyrchiad o'r arddull roc. Arbrawf mewn cyfuniad jazz oedd yr albwm hwn, a derbyniodd adolygiadau cymysg pan gafodd ei ryddhau – erbyn hyn mae'n cael ei gydnabod yn albwm allweddol yn y genre hwn a ddylanwadodd yn ei dro ar gerddorion roc a ffync.

Arweiniad pellach

Roedd gan George Harrison, gitarydd blaen gyda'r Beatles, ddiddordeb mawr mewn cyfriniaeth Indiaidd a defnyddiodd rai offerynnau Indiaidd yn ei gerddoriaeth. Yn 'Getting Better' (1967), chwaraeoedd y tamboura, offeryn mawr llinynnol Indiaidd (mae'n bosibl adnabod ei sain ddrôn tua dwy ran o dair o'r ffordd drwy'r gân).

Dywedodd Frank Zappa unwaith, 'Cerddoriaeth diweithdra yw jazz' – ond roedd ef ei hun yn ffafrio cyfuniad jazz, fel mae ei albwm *Hot Rats* (1969) yn ei brofi. Yn yr albwm hwn, cafodd jazz ei godi i lefel o gymhlethdod uwch mewn cyfnod pan oedd grwpiau fel y Beatles yn symleiddio'r genre er mwyn apelio at y gynulleidfa dorfol.

Fodd bynnag, roedd hyd yn oed rhai caneuon a ysgrifennwyd gan y Beatles yn cynnwys offerynnau ac elfennau anarferol, a'r canlyniad yn gyfuniad syml o arddulliau cerddorol.

Yn 'Norwegian Wood' (1965), chwaraeodd George Harrison y sitar ar ôl cael gwersi gan y cerddor enwog Ravi Shankar (defnyddiwyd symbalau bys hefyd yn y gân). Mae trac o albwm *Revolver* 1966 ('Love You To') gan y Beatles yn arddangos defnydd mwyaf mentrus Harrison o'r sitar.

Traciau eraill oedd yn cynnwys y sitar Indiaidd oedd 'San Francisco' gan Scott McKenzie o'r grŵp enwog The Mamas & the Papas (1967), 'Hurdy Gurdy Man' gan Donovan (1968) a 'Paint it Black' gan y Rolling Stones (1966).

Yr enw ar y cyfuniad o arddulliau cerddoriaeth roc a phop Orllewinol â cherddoriaeth werin, cerddoriaeth draddodiadol neu gerddoriaeth y byd yw **Worldbeat**, genre cerddorol sy'n cyfuno elfennau modern ac ethnig.

Math pwysig arall o gyfuniad yw'r un lle mae cerddoriaeth fodern yn ymgorffori cerddoriaeth Geltaidd (ac fel arall). Mae'n hawdd adnabod y math hwn o gerddoriaeth pan fydd cerddoriaeth bop/roc yn cynnwys offerynnau Celtaidd, fel y ffidil, y ffliwt neu'r chwiban, pibgodau, ac offeryn corsen rydd fel yr acordion/y melodeon, y delyn neu'r bodhrán. Fel arall, gall ddigwydd pan fydd yr offerynnau gwerin yn cael eu chwarae gydag 'agwedd' roc.

Arweiniad pellach

Ravi Shankar (1920–2012): cerddor a chyfansoddwr o India a oedd yn enwog am chwarae'r sitar.

Ffaith

Y chwe gwlad Geltaidd sy'n cael eu hadnabod fel y 'Cyrion Celtaidd' yw Cymru, yr Alban, Iwerddon, Llydaw, Cernyw ac Ynys Manaw.

Gweithgaredd

Gweithiwch gydag aelod arall o'r dosbarth i ymchwilio i gerddoriaeth ac arddull y grwpiau canlynol. Maen nhw i gyd wedi perfformio cerddoriaeth sy'n nodweddiadol o'r cyfuniad Celtaidd ac mae eu cerddoriaeth i gyd ar gael ar y Rhyngrwyd.

MANAU – grŵp o Ffrainc sy'n cyfuno melodïau traddodiadol Celtaidd â churiadau hip-hop.

CEREDWEN – grŵp o Gymru, sy'n canu'n gyfan gwbl yn Gymraeg, ac sy'n defnyddio offerynnau gwerin real a sampledig fel y bodhrán, y chwiban a'r pibau, ynghŷd â rhythmau a chaneuon cyfoes.

SHOOGLENIFTY – band o'r Alban sy'n cyfuno alawon gwerin â rhythmau a gweadau dawns modern.

THE POGUES – band pync Celtaidd o Loegr a gyfunodd eu harddull bync ag offerynnau Gwyddelig traddodiadol.

Cyngor cyflym

O ran cyfuniad cerddorol, gadewch i ni ystyried beth mae angen i chi ei wybod ar gyfer arholiad TGAU Arfarnu Cerddoriaeth. Nid oes disgwyl i chi wahaniaethu rhwng arddulliau tebyg wrth wrando. Ni fydd angen i chi ddiffinio nac adnabod unrhyw fath o gyfuniad lle mae adnabod yr arddulliau cerddorol yn aneglur. Bydd y cwestiynau yn ymwneud ag adnabod elfennau ac iaith gerddorol wrth wrando ar gerddoriaeth sy'n cael ei chwarae, ac efallai bydd cwestiynau mwy cyffredinol am y gerddoriaeth. Gosod cerddoriaeth yn ei 'chyd-destun' yw'r enw ar hyn. Deall cyd-destun darn o gerddoriaeth yw gwybod rhywbeth am y cefndir, yr arddull, neu amgylchiadau ei chyfansoddi a'i pherfformio. Yn y testun 'cyfuniad', mae'n debyg y bydd angen i chi awgrymu pa fathau o arddulliau cerddorol sydd wedi'u cyfuno â'i gilydd.

TESTUN 4 DYFYNIAD WEDI'I BARATOI AR GYFER ASTUDIAETH FANWL

Dyfyniad wedi'i baratoi – pwyntiau dysgu

Mae'r maes astudio hwn yn cynnwys dyfyniad wedi'i baratoi y bydd angen ei astudio'n fanwl.

Bydd yr amlinelliad canlynol yn rhoi gwybodaeth werthfawr ar gyfer eich adolygu.

Cynghorion cyflym

- ✔ Gwrandewch ar y gerddoriaeth cyn astudio gyda'r sgôr bob amser a gwyliwch recordiau o'r gân ar y Rhyngrwyd.
- ✔ Gwnewch yn siŵr bod gennych eich copi eich hun o'r sgôr. Ewch ati i ymarfer darllen sgôr syml cyn astudio'r gwaith gosod. Mae hyn yn bwysig os nad ydych yn hyderus yn darllen cerddoriaeth.
- ✔ Dysgwch am yr offerynnau gwahanol sy'n cael eu defnyddio yn y darn. Dim ond llinell y llais, yr allweddellau a chordiau'r gitâr sydd ar y sgôr. Bydd angen i chi wylio clipiau ar y Rhyngrwyd a sylwi pryd, ble a sut mae'r offerynnau eraill yn cael eu defnyddio.
- ✔ Ceisiwch gymryd rhan mewn perfformiad dosbarth neu grŵp o'r darn. Bydd gan eich athro fynediad at y gerddoriaeth hon, a bydd yn gallu trefnu bod hyn yn digwydd fel project ymarferol i'ch helpu i ddeall y gwaith yn fanylach.
- ✔ Mae anodi eich copi o'r sgôr yn syniad ardderchog er mwyn i chi allu bod yn benodol wrth nodi'r holl fanylion cerddorol angenrheidiol. Defnyddiwch bennau lliw gwahanol. (Mae mwy o wybodaeth a chyngor am hyn yn Adran 5, TGAU Cerddoriaeth: Cefnogaeth i Fyfyrwyr.)

Dyfyniad wedi'i baratoi

Stereophonics: Handbags and Gladrags

Sgôr a argymellir: Musicnotes.com

Geiriau a cherddoriaeth gan Mike D'Abo. Ar gyfer piano, cordiau gitâr a lleisiau.

Cywair B♭ fwyaf

Cefndir

Cafodd y gân hon ei hysgrifennu yn 1967 gan Mike D'Abo, a oedd, ar y pryd, yn brif leisydd mewn grŵp o'r enw Manfred Mann. Chris Farlowe, lleisydd o Loegr, a'i recordiodd hi am y tro cyntaf, ond daeth yn fwy llwyddiannus pan gafodd ei recordio gan Rod Stewart yn 1969. Cafodd ei hailryddhau yn 2001 gan y Stereophonics a daeth yn un o'u traciau mwyaf poblogaidd.

Offeryniaeth (ansawdd)	Tempo	Dynameg	Cyweiredd
Cit drymiau, allweddellau, gitâr drydan/acwstig, gitâr fas, llinynnau (feiolinau a sieloau), 'cyrn' (sacsoffonau alto a thenor, trwmped, trombôn), chwythbrennau (obo, cor anglais), prif leisydd	♩ = 64 Tempo cyson, cymedrol	Amrediad, o piano i forte	Mwyaf
Rhythm	**Gwead**	**Alaw a thraw**	**Harmoni**
Llawer o batrymau rhythmig amrywiol. Peth trawsacennu cymhleth wrth i rythmau ddilyn gosodiad y geiriau yn y lleisiau; peth symudiad minim sylfaenol a hefyd rhai rhythmau dot Amser 4/4	Homoffonig: alaw a chyfeiliant	Cysylltiol (fesul cam) yn bennaf ac o fewn ystod eithaf cyfyng, h.y. o F i fyny at B♭ uchaf 	Diatonig
Ffurf ac adeiledd			
Adeiledd stroffig/pennill, yn cynnwys byrdwn. Mae nifer o interliwdiau offerynnol yn seiliedig ar y rhagarweiniad			

Adeiledd a chyweiredd

Cywair gwreiddiol y gân hon yw B♭ fwyaf. Mae adeiledd y cyweiriau'n edrych fel hyn:

Rhagarweiniad	Pennill + Byrdwn + Interliwd offerynnol	Pennill + Byrdwn + Interliwd offerynnol	Pennill 3 (ailadrodd + yn fyrrach) + Byrdwn	Diweddglo/ coda
Offerynnol Barrau 1–6 (6 bar)	**Penillion 1/2** : Barrau 7–18 (8 bar + 4 bar) **Byrdwn** : Barrau 19–20 (2 far) B♭ FWYAF (yn cynnwys trawsgyweirio i E♭ fwyaf) **: Offerynnol** Barrau 21–24 (yr un peth â'r rhagarweiniad) Barrau 25–26 Bar yr 2il dro – estyniad wedi'i ychwanegu	**Pennill 3** Barrau 27–38 : (8 bar + 4 bar) **Byrdwn x 3** Barrau 39–44 (6 bar) 1af – **lleisiol** : 2/3ydd – **offerynnol** :	**Pennill 3** (ailadrodd – y 4 bar olaf yn unig) Barrau 35–38 (4 bar) **Byrdwn** Barrau 39–40 (2 far)	**Offerynnol** Barrau 45–53 (9 bar) (yr un peth â'r rhagarweiniad, gydag estyniad)
B♭ (+ symud i E♭)	B♭ (+ symud i E♭)	B♭ (+ symud i E♭)	B♭ (+ symud i E♭)	B♭ (+ symud i E♭)

Ailadroddir yr adran hon, gyda geiriau gwahanol ar gyfer pennill 2.

Cyn i chi ddechrau ar astudiaeth fanylach o'r gân hon, mae ambell bwynt theori y bydd angen i chi ei wybod am yr adeiledd, y cywair, y cordiau a'r diweddebau.

Bydd angen i chi felly fod yn gyfarwydd â **chywair** y tonydd, sef B♭ fwyaf, a'r **cordiau** sy'n cael eu defnyddio yng nghywair B♭ fwyaf.

Mae'r triadau yng ngraddfa B♭ fwyaf i'w gweld yn Enghraifft 4.14.

Enghraifft 4.14

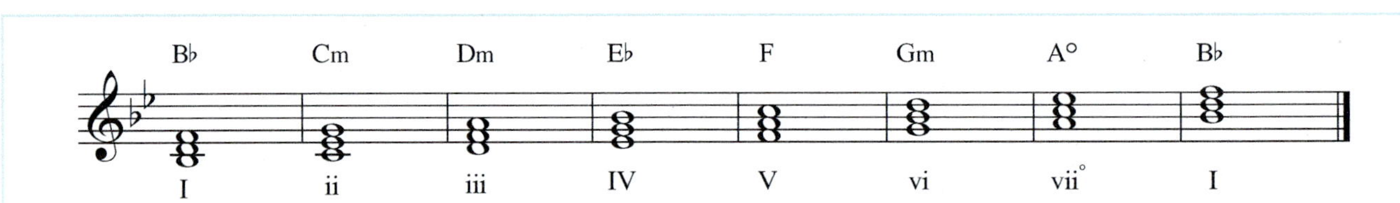

Mae'r gwrthdroeon yn cael eu gweithio allan yn yr un ffordd â chordiau mewn unrhyw gywair arall (ond yn seiliedig ar y raddfa uchod, wrth gwrs). Fodd bynnag, yn achos cerddoriaeth bop, mae'r cordiau gitâr yn dangos yr harmonïau'n glir ar y gerddoriaeth, fel arfer uwchben y llinell leisiol, neu o dan gyfeiliant yr allweddellau/piano. Nid yw'r dilyniadau, fel y gwelsom yn gynharach yn yr adran hon, bob amser yn gweithio yn yr un ffordd â dilyniadau mewn cerddoriaeth 'glasurol'.

Ffaith

Enw arall ar y 'cywair gwreiddiol' yw cywair y tonydd.

Dyma restr o'r holl gordiau a ddefnyddiwyd yng ngwahanol adrannau'r gân hon:

Rhagarweiniad	Pennill 1/2 + Byrdwn + Interliwd offerynnol	Pennill 3 + Byrdwn + Interliwd offerynnol	Pennill 3 (ailadrodd + byrrach) + Byrdwn	Diweddglo/ coda
B♭; B♭/A♭; E♭; F9sus4	Pennill: **B♭; B♭/A♭; E♭; F9sus4; G min; F; B♭; C**	Pennill: **B♭; B♭/A♭; E♭/G; F7 (F9sus4); G min; F; B♭; C**	Pennill byr: **G min; F; B♭; C**	**B♭; B♭/A♭** **E♭** **F9sus4**
Mae'r rhagarweiniad yn seiliedig ar ddilyniad pedwar bar	Byrdwn: **E♭; F9sus4** Offerynnol: **B♭; B♭/A♭; E♭; F9sus4**	Byrdwn: **E♭; F9sus4** Offerynnol: **B♭; B♭/A♭; E♭; F9sus4**	Byrdwn: **E♭; F9sus4**	Yn seiliedig ar yr un cordiau â'r rhagarweiniad, gyda chord olaf y tonydd yn ychwanegol

Mae'r cordiau hyn, y symbolau gitâr a'r nodiant, gan weithio i fyny o B♭, yn cael eu hesbonio ymhellach isod.

Cordiau	Symbolau gitâr	Nodiant
B♭; B♭/A♭	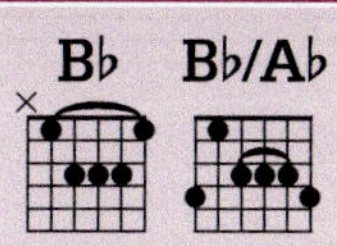	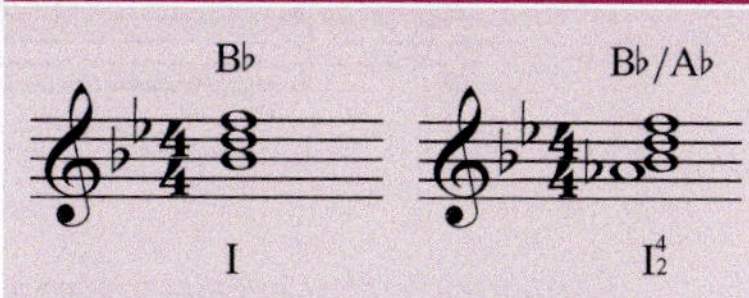
C	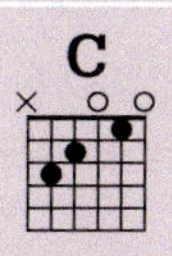	
E♭	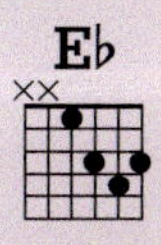	
F; F7; F9sus4	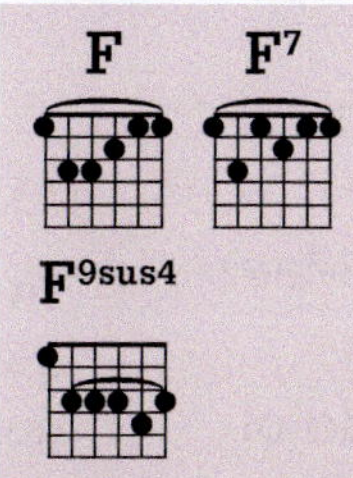 Mae'r cord F9sus4 yn cael ei ddefnyddio'n aml yn y darn hwn. Mae'n cael ei adeiladu ar nodyn y llywydd F: mae'r 7fed a'r 9fed nodyn yn cael eu hychwanegu, ac mae'r 4ydd wed'i ohirio (sef yr enghreifftiau o B♭ yn yr achos hwn). Efallai y gallech feddwl amdano fel cord IV (h.y. E♭, G, a B♭) uwchben nodyn y llywydd.	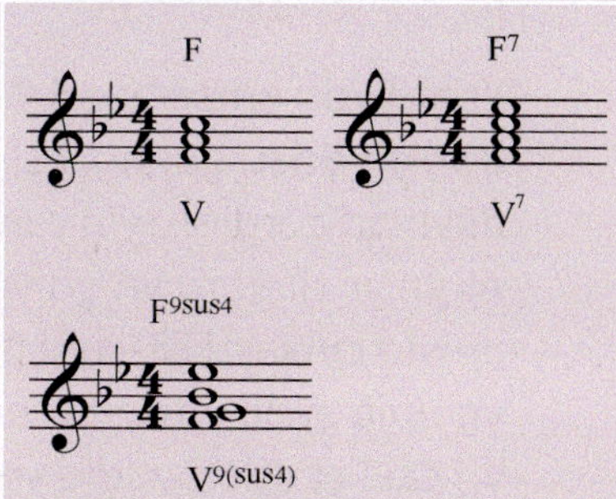
Gm		

Mae nodiant alaw pennill 1 a'r byrdwn i'w gweld yn Enghraifft 4.15.

Enghraifft 4.15

Sylwch fod y brawddegau agoriadol yn eithaf byr, ac felly'n dibynnu ar y cyfeiliant am gefnogaeth a chysylltiadau. Mae gosodiad y geiriau yn sillafog yma.

Yn dilyn, mae'r geiriau gyda chordiau'r gitâr wedi'u hargraffu'n union uwchben y geiriau, ac wedyn mae dadansoddiad byr o'r cynnwys cerddorol ar ôl pob adran.

Rhagarweiniad, barrau 1–6

B♭	B♭/A♭	E♭/G	F9sus4	OFFERYNNOL
B♭	B♭/A♭	E♭	F9sus4	
B♭	B♭/A♭	E♭	F9sus4	

Yr arwydd amser yw 4/4, gyda dau gord yn y bar, wedi'u rhannu'n gyfartal bob yn ddau guriad. Fel gwelwch chi uchod, patrwm pedwar cord yw'r dilyniad cordiol, sy'n cael ei ailadrodd deirgwaith yn y rhagarweinad. Mae'r A♭ yn yr ail gord yn golygu bod trawsgyweirio byr yn y gerddoriaeth a newid cywair i E♭ – nid cynnwys y cord E♭ fel islywydd y cywair gwreiddiol yn unig sydd yma. (Sylwch fod y cord E♭/G, h.y. cord y gwrthdro cyntaf, yn cael ei ddefnyddio yn y frawddeg gyntaf yn unig; mae'r ddau arall yn gordiau safle gweiddiol.)

Mae marc tempo'r crosiet = 64 yn guriad digon araf. Mae hwn yn rhagarweiniad offerynnol chwe bar. Piano yw'r dynameg, ac mae'r naws yn fyfyriol ac yn addfwyn, a'r gwead yn homoffonig. Mae'r gerddoriaeth yn dechrau gyda'r piano yn chwarae'r cordiau fesul minim, gyda gitâr acwstig (wedi'i fwyhau) yn plycio nodau'r cordiau mewn cwaferau, mewn arddull arpeggio.

Cofiwch

Yn anaml y mae gwrando ar alaw debyg i hon ar gyfrifiadur yn gwneud cyfiawnder â hi. Mae gwir effaith a llwyddiant perfformiad pob alaw roc a phop ar gyfer y llais yn dibynnu'n llwyr ar ddehongliad y lleisydd ohoni.

Yn y ddau far cyntaf, mae llinell y bas yn disgyn fesul minim, ac yna mae'r bar cyntaf yn cael ei ailadrodd cyn i rythm crosiet-cwafer dot gael ei gyflwyno. (Enghraifft 4.16).

▼ Enghraifft 4.16

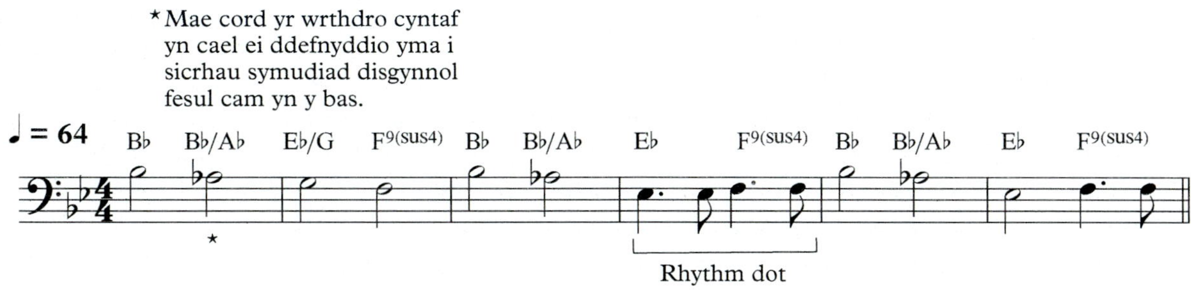

Mae'r nodiant ar gyfer cleff y bas wedi cael ei godi wythfed yn uwch na'r hyn sydd ar y sgôr, gan nad yw rhai o'r nodau sy'n cael eu defnyddio yng nghwmpas gitâr fas â phedwar tant.

Mae'r alaw agoriadol hudol, sydd wedi'i saernïo'n hyfryd, yn cael ei chwarae gan yr obo (gweler Enghraifft 4.17).

▼ Enghraifft 4.17

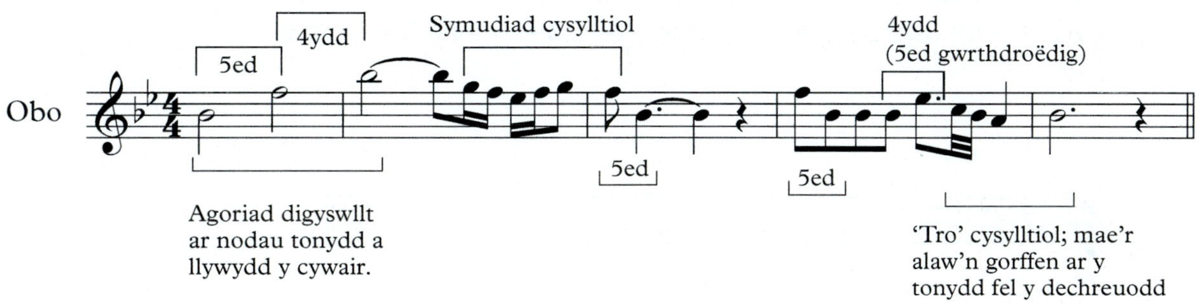

Mae'r cit drymiau yn ymuno'n dawel ym mar 3, a'r symbalau pedal troed/brwsh gwifrau ar guriadau 2 a 4, ac mae'r patrwm hwn yn para am y tro. Ar ddiwedd brawddeg yr obo, bydd y piano yn cydio yn y symudiad melodig gyda rìff bachog, byr sy'n cael ei ailadrodd nifer o weithiau yn ystod y gân (Enghraifft 4.18).

▼ Enghraifft 4.18

Mae'r adran yn gorffen ar gord F9sus4 (gweler y nodiadau uchod), cord sy'n cael ei adeiladu ar gord y llywydd (F) yng nghywair gwreiddiol B♭ fwyaf. Diweddeb amherffaith (h.y. IV–V, E♭–F yn B♭) yw'r ddiweddeb yn y fan hon.

Pennill 1 + Byrdwn + Interliwd offerynnol, barrau 7–24

B♭ B♭/A♭ E♭ F9sus4 B♭ B♭/A♭ E♭ F9sus
Ever see a blind man cross the road, Try'n to make the other side?

B♭ B♭/A♭ E♭ F9sus4 B♭ B♭/A♭ E♭ F9sus4
Ever see a young girl growin' old, Try'n to make herself a bride?

Barrau 7–14

Mae'r adran hon yn cynnwys pedair llinell fer o eiriau, ac mae geiriau olaf llinellau 2 a 4 yn odli. Mae'r llinellau hyn wedi'u hysgrifennu fel dwy linell hirach uwchben i wneud safle'r cordiau yn glir. Mae'r cordiau'n dal i symud bob yn ddau guriad (h.y. bwlch ar ôl pob minim ac felly dau gord yn y bar). Nid ydynt wedi'u gwahanu'n gyfartal uwchben, gan eu bod wedi'u gosod uwchben y geiriau lle mae'r newidiadau'n digwydd, ac mae'r geiriau'n gymhleth o ran y rhythm – yn dilyn y patrymau llafar naturiol. Mae'r dilyniad cordiau yn y pennill cyntaf hwn yn defnyddio'r union un dilyniad pedwar cord â'r rhagarweiniad, ond mae'n cael ei ailadrodd bedair gwaith yn y rhan hon o'r pennill. Mae'r gwead yn dal yn **homoffonig**.

> **Allweddair**
>
> **Homoffonig:** gwead lle mae'r holl leisiau neu'r holl rannau'n symud gyda'i gilydd mewn dull cordiol, neu pan fydd yr alaw gan un rhan tra bo'r rhannau eraill yn cyfeilio.

Mae'r cydiad lleisiol yn gwneud y darn yn ddiddorol i gychwyn. Mae'r geiriau'n cael eu canu'n dawel, h.y. dynameg piano o hyd. Ym mar 9, ar ôl y gair 'side', mae motiff y piano i'w glywed eto. Ar ddiwedd y rhan hon o'r pennill, wrth i'r motiff piano gael ei ailadrodd unwaith eto (a sylwch ei fod yn cael ei chwarae ar yr un traw bob tro) ac i haen offerynnol arall gael ei hychwanegu, wrth i sain yr organ ar yr allweddellau ddod i mewn ar B♭ uchel, sy'n cael ei chynnal cyn disgyn a chyrraedd ar E♭, gwreiddyn y cord yw E♭ (daeth hwn o syniad rìff y piano) fel mae Enghraifft 4.19 yn ei ddangos.

Enghraifft 4.19

Er mwyn dangos newid, mae'r drymiau'n dod i mewn ac mae llenwad cyn adran nesaf y pennill. Mae'r rhan gyntaf yn gorffen â diweddeb amherffaith ym mar 15 (h.y. B♭ – F / IV – V). Mae'r llinell nesaf yn dechrau gyda chord G leiaf, sef cord isfeidon lleiaf y cywair **gwreiddiol**.

Gm F
So what becomes of you my love,

B♭ C
When they've fin'lly stripped you of

E♭ F9sus4
The handbags and the gladrags that your poor old grandad had to sweat to

B♭ B♭/A♭ E♭ F9sus4
buy you. (Yeah)

B♭ B♭/A♭ E♭ F9sus4
(Yeah)

> **Allweddair**
>
> **Cywair gwreiddiol:** prif gywair darn o gerddoriaeth, h.y. y cywair y mae'r gerddoriaeth yn dechrau ac yn gorffen ynddo.

Barrau 15–18 a byrdwn, barrau 19–20

Dyma ail ran y pennill. Mae arddull y geiriau wedi newid, oherwydd nawr maen nhw'n cynnwys dwy linell fyrrach â geiriau'n odli ar ddiwedd pob llinell a'r rheini'n cael eu dilyn gan yr hyn y gallwn ond ei ddisgrifio'n fyrdwn un llinell sy'n dechrau gyda'r geiriau sy'n deitl i'r gân.

Mae sawl peth i sylwi arno yma. Mae'r dynameg yn gryfach (h.y. forte) ac mae'r drymiau nawr yn cael eu chwarae â ffyn, gyda churiad roc nodweddiadol. Mae'r llinell fas yn fwy bywiog, yn defnyddio nodau dot a hanner cwaferau, sy'n rhoi'r argraff bellach fod y cyflymder wedi codi (gweler Enghraifft 4.20).

Enghraifft 4.20

Mae angen sylwi ar ddau beth pwysig yn yr harmoni yn y rhan hon: yn gyntaf, mae tri chord newydd (G leiaf, F a C) yn cael eu defnyddio a'u cyflwyno yn y llinellau cyn y byrdwn, ac yn ail, mae'r gyfradd newid cord yn wahanol – o'r pwynt hwn, i fyny hyd at ddiwedd y byrdwn, un cord yn unig yn y bar sy'n cael ei ddefnyddio. I wneud yn iawn am hyn, fe sylwch fod newidiadau eraill o ran yr offeryniaeth a'r gwead, wrth i linynnau wedi'u cynnal ar y syntheseiddydd ychwanegu haen arall o sain. Yn lleisiol, mae'r sain yn dod yn fwy 'cras' fyth – mae'n sain hawdd ei adnabod, sy'n sicr yn rhan o arddull leisiol Kelly Jones.

Mae Barrau 19–20 yn ffurfio'r byrdwn (neu'r bachyn) sy'n cynnwys teitl y gân. Mae'r rhythm trawsacennog bachog ym mar 19 yn cael ei ailadrodd ar ddechrau bar 20, er bod y llinell leisiol yn disgyn fesul cam ar ddiwedd y frawddeg.

Ffaith

Kelly Jones yw prif leisydd y Stereophonics.

Barrau 21–26

Mae'r byrdwn yn gorffen gyda'r dilyniad cordiau pedwar bar sydd i'w glywed ddwywaith eto yn ei ffurf wreiddiol â dau gord yn y bar yn newid bob yn ddau guriad. Felly, mae'r adran hon hefyd yn gorffen ar gord y llywydd. Mae motiff y piano i'w glywed ddwywaith eto yn y rhan offerynnol hon, ym marrau 21 a 23.

Pennill 2 + Byrdwn + Interliwd offerynnol, Barrau 7–26

B♭ B♭/A♭ E♭ F9sus4 B♭ B♭/A♭ E♭ F9sus4
Once I was a young man, And all I thought I had to do was smile

B♭ B♭/A♭ E♭ F9sus4 B♭ B♭/A♭ E♭ F9sus4
Well, you are still a young girl, And you've brought everything in style.

O ran yr harmoni, mae'r barrau hyn yn ailadrodd y pennill cyntaf yn uniongyrchol, ac mae'r cyfeiliant hefyd yn dechrau yn yr un arddull, er bod llinynnau'n chwarae'n dawel yn yr ensemble. Mae newidiadau bach i'r alaw a'r rhythm wrth i'r llinell leisiol addasu i gynnwys y geiriau gwahanol. Ar ôl y gair 'smile' (bar 9), mae'r cor anglais i'w glywed â rhan gyntaf ei linell felodig (h.y. mae'r tri nodyn 'llamu' digyswllt yn arbennig o amlwg). Mae nodau'r alaw yn uwch o ran traw ar adran olaf y geiriau, a'r tro hwn mae'r alaw yn gorffen ar y nodyn D, 6ed yn uwch nag yn y lle cyfatebol ym mhennill 1. Islaw hyn, mae rhan yr organ i'w chlywed fel cynt.

Gm F
So once you think you're in, you're out.

B♭ C
'Cause you don't mean a single thing without

E♭ F9sus4
The handbags and the gladrags that your poor old grandad had to sweat to

B♭ B♭/A♭ E♭ F9sus4
buy you. (Yeah)

B♭ B♭/A♭ E♭ F9sus4
(Yeah)

Cyswllt: B♭ F9sus4

Mae'r adran hon yn dilyn patrwm harmonig ac arddull gyfeiliant y pennill a'r byrdwn blaenorol, er bod y newidiadau yn yr alaw yn fwy amlwg ac mewn arddull 'roc', yn enwedig wrth esgyn i draw uwch yn y llinell cyn y byrdwn sy'n ailymddangos, 'Cause you don't mean a single thing without'.

Barrau 25–26

Y peth pwysig arall i sylwi arno ar ddiwedd yr adran offerynnol sy'n dilyn y pennill (h.y. bar 21 ymlaen) yw'r cyswllt byr ychwanegol ym marrau 25 a 26, ym mar yr 2il dro.

Mae bar ychwanegol mewn 9/8 wedi'i gynnwys, i ailadrodd, ac felly i bwysleisio, y ddiweddeb sydd i'w chlywed ym mar 25 (gweler Enghraifft 4.21).

Enghraifft 4.21

Mae'r dilyniad hwn yn nodweddiadol o nifer o ddiweddebau mewn cerddoriaeth boblogaidd ac mae'n cael ei adnabod yn gyffredinol fel cord gohiriedig. Yma, mae'n adfer ar gord y tonydd B♭. Cord yr islywydd E♭ ydyw, a ac mae'n bosibl ei glywed uwchben nodyn y llywydd F yn y bas. Mae'r newid arwydd amser, gyda'r cord olaf yn finim, yn creu effaith daliant cyn i'r pennill nesaf ddechrau.

Pennill 3 + Byrdwn + Interliwd offerynnol, Barrau 27–44

B♭ B♭/A♭ E♭/G F7 B♭ B♭/A♭ E♭ F7
Sing a song of sixpence for your sake And drink a bottle full of rye.

B♭ B♭/A♭ E♭ F9sus4 B♭ B♭/A♭ E♭ F9sus4
Four and twenty blackbirds in a cake And bake them all in a pie.

Barrau 27–38

Mae'r arwydd amser yn dychwelyd i 4/4, y dynameg yn dychwelyd i naws dawelach, ac mae'r sain leisiol yn fwy tyner. Mae'r gwead yn dal yn homoffonig.

Sylwch ar rai newidiadau yn nhrawiau'r llinell leisiol. Mae'r cyfeiliant wedi'i seilio ar werthoedd nodau minim, sy'n rhoi'r argraff o ddal yn ôl (er bod y tempo yr un peth). Mae'r llinynnau'n chwarae'r nodau minim i gyd-fynd â'r cordiau a'r nodau, ac yn cyfrannu haen felodig arall at y gerddoriaeth (gweler Enghraifft 4.22).

Enghraifft 4.22

Sylwch fod y cord E♭ i'w glywed yn ei wrthdro cyntaf (h.y. gyda'r G yn rhan y bas); mae hyn eto er mwyn sicrhau symudiad fesul cam yn rhan y bas. Yma, mae cord **7fed y llywydd** yn y safle gwreiddiol ar ddiwedd y patrwm pedwar cord cyntaf, ar ail guriad bar 28.

Mae patrwm rhythm dot (ar y cord E♭) i'w glywed yn rhan y piano, a hefyd llenwad byr ar y drwm cyn rhan nesaf y pennill.

Allweddair

7fed y llywydd: pan fydd cyfwng o 7fed (uwchben y gwreiddyn) wedi'i ychwanegu at gord y llywydd mewn unrhyw gywair, e.e. yn C fwyaf, bydd cord 7fed y llywydd yn G B D F.

Gm **F**
They told me you missed school today,

B♭ **C**
So what I suggest you just throw them all away.

E♭ **F9sus4**
The handbags and the gladrags that your poor old grandad had to sweat to

B♭ **B♭/A♭** **E♭** **F9sus4**
buy you. (Oh)

B♭ **B♭/A♭** **E♭** **F9sus4**

Barrau 35–38

Unwaith eto, mae sain yr organ i'w chlywed ar y cord G leiaf, ac mae llinynnau wedi'u cynnal yn ymddangos; mae'r dynameg a'r naws gyffredinol yn cynyddu, gyda llenwad drwm ym mar 38. Sylwch fod y llinell leisiol yn taro B♭ uchaf yn y rhan hon (gweler Enghraifft 4.23).

Enghraifft 4.23

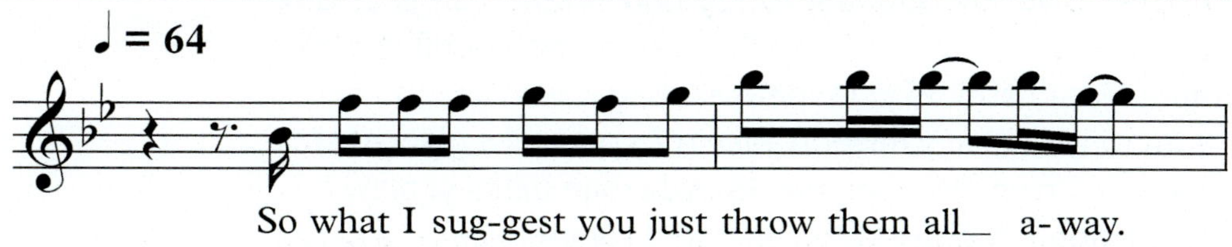

Sylwch fod gosodiad y geiriau yn sillafog yma, fel yn wir mae wedi bod yn achos y rhan fwyaf o'r gân.

Barrau 39–44

Mae'r byrdwn lleisiol, sy'n dilyn, yr un fath ag o'r blaen. Yna mae interliwd offerynnol yn seiliedig ar ailadrodd y dilyniad agoriadol pedwar bar a glywyd yn y rhagarweiniad i'r gân ddwywaith. Mae cydiad y 'cyrn' yn defnyddio rìff bachog trawsacennog y byrdwn a glywyd gyntaf ym mar 19 (Enghraifft 4.24). Mae hwn yn cael ei ailadrodd bedair gwaith. Sacsoffon alto, sacsoffon tenor, trwmped a thrombôn yw'r offerynnau yn y rhan hon.

Ffaith

Mae'r term 'cyrn' yn cyfeirio'n gyffredinol at chwythbrennau ac offerynnau pres.

Enghraifft 4.24

Trwmped, sacsoffonau a thrombôn

Uwchben yr offerynnau, mae'r lleisydd blaen yn canu motiff byr, **addurniad** ar y gair 'Oh'. Dyma enghraifft o osodiad geiriol ansillafog, lle mae sain y llafariad yn para dros nifer o nodau (sydd hefyd yn cael ei adnabod fel ysgrifennu melismataidd).

Allweddair

Addurniadau: (*embellishments, decorations, ornamentations*): ffordd o addurno neu 'harddu' alaw.

Ym mar 43, pan fydd rìff y 'corn' yn cael ei ailadrodd y drydedd waith, mae'r organ hefyd yn ymuno gyda syniad melodig byr, er ychydig yn fwy estynedig, sy'n temlo'n debycach i chwarae byrfyfyr. Fodd bynnag, am gyfnod byr yn unig y mae'n para, ac yna mae'r gerddoriaeth yn dychwelyd gan ailadrodd Pennill 3. Fodd bynnag, nid yw'r trefniant yr un peth.

Wrth ailadrodd, mae'r sain gyffredinol yn gostwng wrth i gord G leiaf gael ei gynnal yn y llinynnau, yn dawelach, ac mae'r canu'n addfwynach, fel yn agoriad y gân. Mae llenwad drwm yn digwydd ychydig cyn y byrdwn, ac mae sain isel y trombôn yn bresennol eto yn yr ensemble ym mar 40 ac yn cyd-fynd â'r geiriau 'poor old grandad'.

Diweddglo/coda

B♭	B♭/A♭	E♭	F9sus4	OFFERYNNOL
B♭	B♭/A♭	E♭/G	F9sus4	
B♭	B♭/A♭	E♭/G	F9sus4	
B♭				

Barrau 45–53

Wrth i'r byrdwn orffen, mae'r gerddoriaeth yn symud i mewn i far yr 2il dro, ac mae'r pres a'r llinynnau i gyd yn ymuno â ffigur agoriadol motiff yr obo (y tri nodyn cyntaf). Mae'r harmoni yr un peth â'r rhagarweiniad, ond ei fod yn setlo ar gord tonydd B♭ ar y diwedd. Mae rìff y piano i'w glywed eto ym mar 47, ac mae'r organ yn dilyn ym mar 48 gyda rhan uchaf yr alaw o linell y cyfeiliant, gan ddod â'r ddiweddeb ohiriedig i B♭ ym mar 49, a dyna pryd mae'r symbalau'n dod â rhan y drwm i ben. Mae'r gwead yn dechrau cywasgu wrth i rìff y piano gael ei ailadrodd ynghyd â'r gitâr acwstig, yn debyg i agoriad y gân.

Mae'r tri bar olaf yn cael eu chwarae gan biano unawdol. Sylwch ar y daliant ar guriad olaf bar 52 (y cord olaf ond un, F9sus4) a sylwch fod yr adferiad olaf yn defnyddio'r un syniad diweddebol ag sydd drwy'r gân. Er hynny, mae traw y cord olaf wythfed yn is o ran y traw yn rhan drebl y piano, ac mae ganddo syniad adferol esgynnol lle mae ail gam y raddfa (nodyn yr uwch donydd C yng nghywair B♭) yn adfer yn esgynnol i'r trydydd yng nghord y tonydd (Enghraifft 4.25).

Enghraifft 4.25

Gweithgaredd

Gan weithio gyda myfyriwr arall, gwnewch restr o'r nodweddion cerddorol diddorol sydd wedi dal eich sylw yn y darn hwn o gerddoriaeth, a nodwch yr hyn a fydd yn ddefnyddiol i chi yn eich gwaith cyfansoddi eich hun.

Tasg

Gwrandewch ar recordiad cynharach o'r gân a gafodd ei ryddhau gan Rod Stewart. Mae 'The Live '02 Party at the Palace' yn fersiwn da. Pa bethau rydych chi'n eu clywed sy'n debyg ac sy'n wahanol ? Lluniwch restr o'r pethau hynny wrth gymharu.

Tasg

Gwrandewch eto ar recordiad 'Handbags and Gladrags', gan y Stereophonics.

Paratowch gyflwyniad PowerPoint ar eich sylwadau, gan ystyried **yr adeiledd, y cyweiredd a'r cywair, yr alaw** a'r **dyfeisiau.**

Recordiodd Rod Stewart (1945–) 'Handbags and Gladrags' yn 1969.

Gweithgaredd

Ewch ati i ymarfer perfformiad grŵp o'r gân gyda ffrindiau. Trefnwch berfformio'r gân o flaen gweddill y dosbarth, ac ar ôl gwneud, trafodwch heriau ei pherfformio.

ADRAN 5
TGAU CERDDORIAETH: CEFNOGAETH I FYFYRWYR

Mae arholiad TGAU Cerddoriaeth CBAC yn seiliedig ar dair disgyblaeth, sef perfformio, cyfansoddi ac arfarnu, ac mae'n annog disgyblion i ddatblygu eu gwybodaeth a'u dealltwriaeth drwy gyfrwng y pedwar maes astudio cydberthnasol.

Beth byddaf yn ei ddysgu?

- Gofynion y fanyleb
- Cadw llyfr nodiadau cerddoriaeth
- Awgrymiadau a chynghorion ar gyfer perfformio
- Awgrymiadau a chynghorion ar gyfer cyfansoddi
- Awgrymiadau a chynghorion ar gyfer arfarnu

Gofynion y fanyleb

Ym mhob arholiad, eich nod, mae'n amlwg, yw gwneud eich gorau a chyrraedd eich potensial yn llawn. Er mwyn cyflawni hyn, mae angen i chi wybod, deall a chwrdd â gofynion disgwyliedig y tair uned perfformio, cyfansoddi ac arfarnu orau y gallwch. Bydd y gweithgareddau cerddorol yn eich gwersi yn amrywiol a byddan nhw wedi'u cynllunio'n ofalus gan eich athro i sicrhau eich bod yn ymdrin â'r holl wybodaeth angenrheidiol. Mae'n siŵr y bydd y gwaith wedi'i gydbwyso'n ofalus i sicrhau bod cymysgedd o bob un o'r tri gweithgaredd. Hefyd, bydd pob project y byddwch chi'n ei astudio yn cynnwys agweddau ar berfformio unawdol a pherfformio grŵp, gyda chyflwyniadau a gweithgareddau gwrando ychwanegol, ac awgrymiadau a chyngor ar gyfer cyfansoddi.

Edrychwn yn awr ar ofynion y tair disgyblaeth:

- perfformio
- cyfansoddi
- arfarnu.

TESTUN 1 PERFFORMIO

Mae'n rhaid i'ch perfformiad bara rhwng pedwar a chwe munud, ac mae'n rhaid i un darn fod yn gysylltiedig ag un o'r pedwar maes astudio, h.y. Ffurfiau a Dyfeisiau Cerddorol, Cerddoriaeth ar gyfer Ensemble, Cerddoriaeth Ffilm, neu Gerddoriaeth Boblogaidd. Gallwch ddewis pa un, ond trafodwch y dewis gyda'ch athro dosbarth bob amser. Mae'n **rhaid** i un o'r darnau y byddwch chi'n ei berfformio fod yn ensemble, neu'n ddarn grŵp, sy'n para am o leiaf un munud. Yna gallwch benderfynu perfformio eto fel grŵp, neu gallwch chwarae un neu fwy o ddarnau unawdol hyd at uchafswm o chwe munud. Gallwch berfformio ar nifer o offerynnau gwahanol os ydych yn amldalentog, ond ni fydd marciau ychwanegol yn cael eu dyfarnu am ddangos eich bod yn amryddawn. Os ydych yn teimlo'n fwy hyderus ac yn fwy sicr yn perfformio ar un offeryn (neu'n canu), mae'n rhaid i chi ddewis yr hyn sydd orau i chi. Bydd eich perfformiad o bob darn yn cael ei asesu ar gywirdeb, ar reolaeth dechnegol, ac ar fynegiant a dehongliad.

DJ yn cymysgu finyl

Cyngor cyflym

Cofiwch hyn: mae'n rhaid i gyfanswm amser perfformio eich holl ddarnau fod yn **bedwar** munud o leiaf. Os yw cyfanswm yr amser perfformio yn llai na hyn, marc o **sero** fydd yn cael ei ddyfarnu.

Asesiad ymarferol

Mae'n rhaid i'r asesiad ymarferol ddigwydd ym Mlwyddyn 11, neu yn ystod blwyddyn olaf eich cwrs TGAU. Os ydych yn barod, mae'n bosibl y bydd eich athro yn teimlo mai ar ddechrau'r flwyddyn y dylai eich perfformiadau gael eu recordio, yn ôl y safon rydych wedi'i gyrraedd. Nid oes rhaid i chi gwblhau'r cyfan ar yr un pryd – mae'n bosibl eu recordio ar adegau gwahanol; fodd bynnag, eich athro fydd yn trefnu beth sy'n briodol.

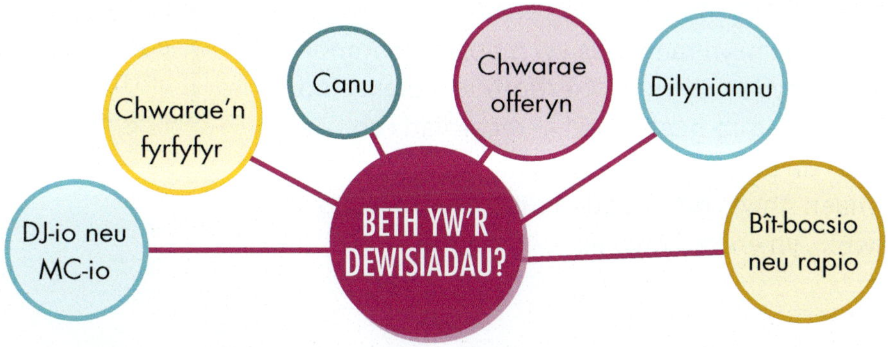

Bydd y rhan fwyaf ohonoch yn gwybod ar ddechrau'r cwrs pa un ai canu neu chwarae offeryn y byddwch chi, a pha offeryn y byddwch yn ei chwarae. Mae'n debyg y byddwch wedi bod yn cael gwersi, ac efallai wedi bod yn aelod o gôr, cerddorfa, neu fand yr ysgol neu'r sir. Efallai byddwch wedi bod yn cael gwersi ond heb fod yn rhan o grŵp mwy o faint (mae llawer o bianyddion ifanc yn y sefyllfa hon). Os felly, yn sicr byddwch chi'n mwynhau'r cyfle i berfformio gydag eraill yn y gwaith ensemble, sy'n ofynnol yn yr arholiad hwn. Bydd llawer ohonoch wedi dewis cerddoriaeth fel pwnc opsiwn oherwydd eich bod wir wedi mwynhau'r pwnc fel rhan o gwricwlwm Cyfnod Allweddol 3 yn yr ysgol, ac eisiau astudio'r pwnc yn fwy manwl a gwella eich sgiliau cerddorol. Mae'n bosibl eich bod yn dechrau dysgu chwarae offeryn ar ddechrau eich cwrs TGAU Cerddoriaeth; mae hyn yn berffaith dderbyniol, a byddwch yn dal mewn sefyllfa dda, cyhyd â'ch bod yn frwd i ddysgu a pherfformio.

Mae'n bosibl eich bod yn dysgu chwarae'r gitâr yn barod.

Gwaith ensemble

Mae perfformio mewn grŵp yn rhoi llawer o foddhad. O ran yr arholiad, y brif ystyriaeth fydd dewis y darn iawn o gerddoriaeth i'w berfformio; ni fyddwch yn cael dyblu eich rhan (h.y. chi yw'r unig berson fydd yn cael chwarae eich rhan), a bydd safon y gerddoriaeth yn addas i chi. Mae'n rhaid i'r ensemble roi cyfle i'r rhannau ryngweithio, ac mae'n rhaid i chi berfformio fel aelod cyfartal o'r grŵp.

Perfformio mewn ensemble.

Ble mae dechrau?

Ar ôl dewis y darn ensemble, penderfynwch pwy fydd yn perfformio yn eich grŵp. Efallai byddwch chi'n dewis myfyrwyr eraill yn y dosbarth cerddoriaeth, myfyrwyr eraill yn yr ysgol, neu berfformwyr allanol, neu athrawon. Nid oes gwahaniaeth o gwbl, cyhyd nad yw eich rhan chi, fel y soniwyd gynt, yn cael ei dyblu yn yr ensemble. Byddwch yn barod i dderbyn efallai na fyddwch chi'n gallu perfformio gyda'ch ffrindiau, fel rydych wedi arfer ei wneud. Mae wir yn dibynnu pwy sy'n gallu perfformio'r rhannau rydych am iddyn nhw eu chwarae ac, wrth gwrs, pwy sydd ar gael. Bydd eich athro yn eich helpu i wneud yr holl benderfyniadau hyn.

Unwaith y byddwch chi'n gwybod pwy sydd yn eich grŵp, bydd angen i chi roi copïau o'r gerddoriaeth i'r perfformwyr eraill. Bydd angen digon o amser ar y perfformwyr eraill i ddysgu'r gerddoriaeth (ond llai o amser ar yr athrawon neu'r perfformwyr allanol).

Y peth nesaf yw dysgu eich rhan chi yn fanwl. Os yw'n bosibl, gwrandewch ar recordiad o'r gerddoriaeth y byddwch yn ei pherfformio – efallai fod CD ar gael, neu efallai y gall eich athro gael gafael ar recordiad i chi, neu efallai y gallwch ddod o hyd i un ar y Rhyngrwyd; weithiau mae'n hawdd cael gafael arnyn nhw ac maen nhw'n ddefnyddiol dros ben. Mae'n bwysig gwybod sut dylai'r darn swnio, yn enwedig yn achos y rhythm.

Cyngor cyflym

Peidiwch â dewis unrhyw ddarn sy'n tynnu sylw atoch chi fel unawdydd ac sy'n rhoi'r argraff mai rôl gweddill y grŵp yw cyfeilio i chi. Mae angen i chi berfformio mewn harmoni neu gan gydblethu rhannau os ydych am greu gwead fydd yn ennyn diddordeb. Eich athro yw'r person gorau i roi cyngor i chi am hyn.

Ymarferiadau

Trefnwch ymarfer cyntaf y grŵp. Os byddwch yn perfformio gydag aelodau eraill o'ch dosbarth, efallai bydd yr athro wedi trefnu amser ar ei gyfer yn y wers, er weithiau bydd dod o hyd i le yn broblem, a gall fod yn anodd pan fydd pawb yn ceisio chwarae ar yr un pryd. Efallai mai'r dewis gorau arall yw trefnu ymarfer y tu allan i amserlen y gwersi, efallai yn ystod yr awr ginio neu ar ôl yr ysgol. Gofynnwch i'ch athro cyn trefnu, bob amser, gan fod yr ystafelloedd cerddoriaeth yn lleoedd prysur – ac efallai na fyddan nhw ar gael. Pan fyddwch chi'n rhydd, efallai fod gwersi neu ymarferiadau eraill yn digwydd yno. Weithiau, bydd yr athro'n hapus i ddod i'r ymarfer cyntaf, neu efallai bydd eich athro teithiol/preifat yn defnyddio un o'ch gwersi i helpu.

Mae ymarfer yn bwysig iawn.

Bydd angen i chi sicrhau bod holl aelodau'r grŵp ar gael ar gyfer pob ymarfer. Mae grwpiau ensemble yn cael cynnwys rhwng dau ac wyth chwaraewr, felly y mwyaf o berfformwyr sydd, y mwyaf anodd fydd trefnu amser cyfleus. Bod yn drefnus sy'n allweddol – mae'n bosibl yn wir y bydd eich athro dosbarth wrth law i gynorthwyo gyda'r ymarferiadau hyn, ond os ydych chi mewn dosbarth mawr, ceisiwch gynorthwyo drwy feddwl drosoch eich hun.

Cyn yr ymarfer cyntaf, gwnewch yn siŵr bod pawb yn gwybod eu rhan (cofiwch nad yw hyn yn angenrheidiol ar gyfer perfformwyr profiadol nac athrawon). Os yw'r bobl eraill yn y grŵp hefyd yn cael eu harholi yn yr ensemble, byddan nhw'n gwneud eu gorau, fel chithau.

Gwnewch yn siŵr bod yr ymarfer cyntaf yn para am o leiaf hanner awr – mae gosod i fyny bob amser yn cymryd mwy o amser na'r disgwyl. Dechreuwch chwarae ar dempo arafach na'r tempo cywir ar gyfer y darn, a defnyddiwch fetronom os oes angen. Cadw gyda'ch gilydd yw un o'r pethau anoddaf, ac mae mor hawdd i chi golli eich lle yn y mannau lle chi yw'r unig un sy'n perfformio eich rhan. Peidiwch â threulio amser yn yr ymarfer yn ffwdanu am yr adrannau rydych chi'n eu cael yn anodd eu chwarae, oherwydd bydd hyn ond yn arafu llif yr ymarfer. Marciwch eich sgôr â phensil i nodi pa adrannau oedd yn creu problem, ac yna ewch drostyn nhw fel na fyddan nhw'n broblem yn yr ymarfer nesaf.

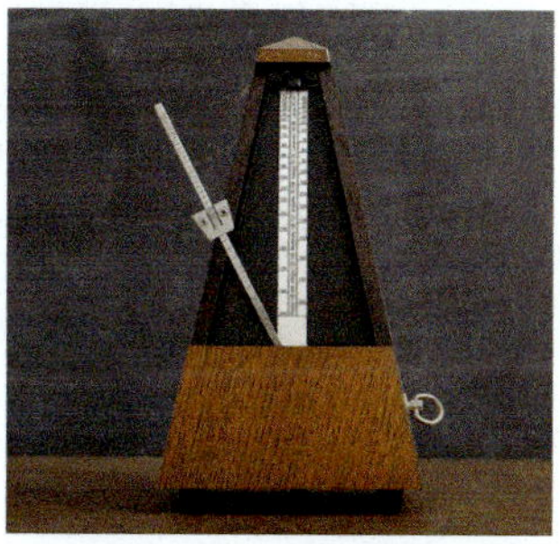

▲ Metronom

Efallai bydd angen sawl ymarfer i ddod â phopeth at ei gilydd. Pan fydd holl aelodau'r ensemble yn fodlon ar sut mae popeth yn dod yn ei flaen, ewch â'ch perfformiad gam ymhellach. Rhowch sylw i ddehongli'r gerddoriaeth, h.y. y dynameg, y **technegau perfformio**, y mân newidiadau yn y tempo, etc.

Allweddair

Technegau perfformio: unrhyw dechnegau ymarferol y mae angen sylwi arnyn nhw mewn perfformiad, h.y. staccato, legato, glissandi, nodau acennog, etc.

Mewn ymarferiadau dilynol, dylai llif eich perfformiad wella, a gallwch weld pa mor dda mae'r grŵp yn cydweithio. Os nad yw'r grŵp yn gwneud cynnydd am ryw reswm, naill ai oherwydd eich bod chi neu fyfyriwr arall yn y grŵp yn cael y darn yn wirioneddol anodd (neu bod gwrthdaro rhwng personoliaethau a bod yr ymarferiadau yn hunllef... mae'n gallu digwydd), yna mae'n rhaid i chi weld yr athro cyn gynted â phosibl. Weithiau bydd angen newid aelodau'r ensemble oherwydd nad yw'r grŵp gwreiddiol yn gweithio – am ba reswm bynnag.

Gwnewch yn siŵr eich bod bob amser yn trefnu dyddiad ac amser yr ymarfer nesaf ar ddiwedd sesiwn ymarfer. Mae'n llawer haws gwneud hyn pan fydd pawb gyda'i gilydd.

Pan fydd eich darn yn barod, y cam nesaf yw ei berfformio o flaen cynulleidfa – o flaen gweddill eich dosbarth, mewn gwasanaeth, mewn cyngerdd ysgol, neu o flaen rhieni.

Adborth

Ar bob cam, mae derbyn adborth gan eich athro yn bwysig. Bydd yn gallu barnu'r gwaith yn ôl **meini prawf asesu** y bwrdd arholi; mae'n rhaid i chi nodi pob gair o gyngor yn eich llyfr nodiadau cerddoriaeth, gan gytuno ar dargedau y bydd angen i chi eu cyflawni er mwyn gwella.

Allweddair

Meini prawf asesu: y safonau y bydd y gwaith yn cael ei asesu neu ei farcio yn eu herbyn.

Gwaith unawdol

Gall chwarae ar eich pen eich hun fod yn hwyl.

Er bod perfformio gydag eraill yn brofiad gwerthfawr, llawn hwyl, mae perfformio ar eich pen eich hun yn cynnig manteision. Nid ydych yn dibynnu ar eraill i fod ar gael – gallwch drefnu amser ymarfer rheolaidd i chi'ch hun a bwrw ati. Mae sesiynau byrrach, rheolaidd yn fwy manteisiol nag un sesiwn hir a adawyd tan y munud olaf, sy'n aml yn gallu creu pwysau. Os nad ydych chi'n cael gwersi unigol gydag athro llais neu athro offerynnol, gwnewch yn siŵr eich bod chi'n perfformio'n rheolaidd i'ch athro dosbarth i osgoi dysgu rhywbeth yn anghywir neu wneud camgymeriadau technegol wrth berfformio. Mae'n anodd dadwneud arferion gwael. Mae hyn yn arbennig o bwysig os ydych yn eich dysgu eich hun oddi ar y Rhyngrwyd. Yn yr arholiad, mae marciau'n cael eu rhoi am gywirdeb ac am ddehongliad.

Dewis y darnau iawn

Dewiswch ddarn o gerddoriaeth rydych yn ei chwarae'n dda.

Ystyriwch eich dewis o ddarnau yn ofalus. Os ydych wedi penderfynu beth i'w chwarae (efallai ar ôl trafod gyda'ch athro preifat neu eich athro teithiol), rhowch wybod i'ch athro dosbarth, sydd yn y sefyllfa orau i roi cyngor i chi ar addasrwydd y gerddoriaeth. Mae ceisio creu argraff, gan anelu at nod sydd y tu hwnt i'ch gallu, yn gallu bod yn wrthgynhyrchiol. Efallai eich bod yn paratoi ar gyfer eich arholiad Gradd 5 neu 6 yn y dyfodol agos – ond nid yw hynny'n golygu ei bod yn syniad da defnyddio'r darnau hyn (hyd yn oed os yw'n ymddangos yn fwy cyfleus i wneud hynny). Os yw'r darn o safon Gradd 3, yna gallwch ennill marciau llawn (am berfformiad perffaith, wrth gwrs). Mae'n demtasiwn 'arddangos eich gallu' – ond peidiwch â chael eich camarwain. Nid oes neb yn disgwyl i chi berfformio ymhell islaw eich safon arferol, ond bydd darnau anoddach bob amser yn cyflwyno heriau technegol ychwanegol a allai greu problemau i chi. Er eich bod yn gwybod y bydd angen i chi fynd i'r afael â'r heriau hyn yn y gyfundrefn arholiadau graddedig, nid yw hynny'n wir yn achos TGAU Cerddoriaeth.

Cyngor cyflym

Dewiswch ddarn o safon is y gallwch ei chwarae'n hyderus ac yn gywir, gydag arddeliad a gwir ymdeimlad o berfformio.

Cyngor wrth ymarfer

Mae ymarfer eich darnau yn gwbl wahanol i berfformio eich darnau. Byddwch yn dod i adnabod yr heriau a'r anawsterau yn y gerddoriaeth rydych wedi'i dewis yn eithaf cyflym. Y peth gwaethaf a all ddigwydd yw eich bod yn dechrau chwarae neu ganu a'ch bod wedyn yn baglu mewn adran anodd, gan fynd yn ôl i'r dechrau – a bod yr un peth yn digwydd eto. Nid yw hyn yn mynd i'r afael â'r broblem o gwbl. Mae ymarfer eich darnau yn gwbl wahanol i berfformio eich darnau. Ansawdd yr ymarfer sy'n bwysig, nid faint o amser rydych chi'n ei dreulio yn ymarfer. Nid yw arferion ymarfer gwael yn cyrraedd unman; nid ailadrodd darnau drosodd a thro heb fynd i'r afael â'r problemau yw'r ateb.

SUT I YMARFER

Cadwch bensil wrth law i nodi adrannau heriol, bysedddu, dynameg, etc.

Cadwch yn bositif – chwiliwch am atebion, nid am broblemau.

Ymarfer bob dydd am gyfnodau byrrach sydd orau – ymarfer yn rheolaidd yw'r peth pwysig.

Cynlluniwch eich sesiwn ymarfer a gosodwch dargedau sydd o fewn cyrraedd.

Recordiwch eich hunan a gwrandewch ar y recordiad. Pa mor gywir yw eich perfformiad? Ydych chi'n rhoi digon o sylw i'r brawddegu? I'r cynanu? I'r dynameg?

Gwnewch yn siŵr bod gennych le tawel fel na fydd neb yn tarfu arnoch.

Gall defnyddio metronom helpu.

Gwnewch yn siŵr eich bod yn cael sesiwn gynhesu bob tro – defnyddiwch raddfeydd, arpeggios neu ymarferion technegol.

Peidiwch â rhuthro eich ymarfer – gwnewch yn siŵr eich bod wedi neilltuo digon o amser i ffocysu ar eich cerddoriaeth. Gwnewch y defnydd gorau o'r amser.

Ymarfer yn araf ac yn gyson sydd orau – peidiwch byth ag ymarfer ar gyflymder perfformio. Meistrolwch y rhannau mwyaf anodd, yna chwaraewch y darn cyfan ar dempo cyfforddus. Cyflymwch y tempo yn raddol.

Nodwch rannau mwyaf anodd eich darn. Chwaraewch y rhain yn araf iawn, ar eu pennau eu hunain, nes datrys y problemau.

PHILIP GLASS (1937–)

Dywedodd y cyfansoddwr Americanaidd, Philip Glass:

'Rydych chi'n ymarfer ac rydych chi'n gwella. Mae'n syml iawn.'

Paratoi at yr arholiad ymarferol – beth sy'n digwydd?

Mae'n rhaid i chi gyflwyno sgôr neu daflen arweiniol ar gyfer pob darn y byddwch yn penderfynu ei chwarae neu ei ganu. Bydd dod o hyd i ddarn lle mae'r gerddoriaeth wedi'i nodiannu'n barod yn haws o lawer i chi yn y pen draw. Mae wir yn werth sicrhau bod popeth yn iawn gyda'r copïau cyn i chi ddechrau dysgu'r gerddoriaeth hyd yn oed. Os byddwch yn dewis chwarae darn arholiad cerddoriaeth graddedig, yna nid oes problem gan fod y sgôr ar gael yn barod. Ar gyfer drymwyr a gitaryddion, mae graddau Rockschool yn ddelfrydol at ddefnydd unawdol ac at ddefnydd ensemble.

Fodd bynnag, efallai byddwch yn darganfod nad ydych yn gallu cyflwyno sgôr y gerddoriaeth, o bosibl oherwydd eich bod yn bwriadu perfformio yn arddull bît-bocsio, DJ-io, rapio neu MC-io. Efallai eich bod wedi penderfynu dysgu darn 'yn ôl y glust' ac wedi dadlwytho TAB o'r Rhyngrwyd (bydd angen gwirio hwnnw'n ofalus hefyd). Yn y sefyllfaoedd hyn, bydd angen i chi lunio taflen arweiniol briodol, a gall eich athro eich helpu chi i wneud hyn.

Arweiniad pellach

Mae'n **rhaid** i'r daflen arweiniol amlinellu'r alaw, y cordiau, yr adeiledd, y tempo a'r cyfarwyddiadau perfformio perthnasol. Fel hyn, mae'n bosibl dilysu'r asesiad o ran cywirdeb.

▲ Rapwyr

Cyngor cyflym

Mae allfeydd cerddorol ar-lein yn cynnig cymaint o gerddoriaeth. Defnyddiwch sheetmusic.com neu musicnotes.com. Hyd yn oed os nad oes sgôr gyflawn ar gael, dylech allu dod o hyd i linell felodig, geiriau a chordiau. Yna gallwch gyflwyno manylion ychwanegol gyda'r rhain yn ôl y gofyn.

Chwarae'n fyrfyfyr

I rai myfyrwyr, gall yr opsiwn hwn fod yn ddewis atyniadol iawn. Rydych chi'n cael dewis ysgogiad ac yn paratoi rhai syniadau arno ar gyfer yr asesiad. Chi sy'n cael dewis yr ysgogiad a gall fod yn rhywbeth fel dilyniad cordiau, fel graddfa'r blues neu batrwm melodig. Bydd yn dibynnu ar eich hoff fath o gerddoriaeth mewn gwirionedd – jazz, roc, etc. Gwnewch yn siŵr eich bod yn ymarfer digon a dysgwch sut i ddatblygu syniadau mewn ffyrdd gwahanol er mwyn gwneud eich chwarae byrfyfyr yn ddiddorol ac yn arddulliadol.

Mae rhai myfyrwyr yn hunangynhaliol yn yr ystyr eu bod yn gallu trefnu eu darnau ensemble eu hunain, gan gynnwys pianyddion a gitarwyr clasurol a fydd yn ddigon hapus yn perfformio eu darnau unawdol, heb angen cymorth gan eraill. Ond bydd angen cyfeilyddion ar y rhai a fydd yn chwarae offerynnau gwahanol neu'n canu, a bydd angen rhywun i helpu. Mewn achosion fel y rhain, mae bob amser yn syniad da trefnu ambell ymarfer gyda'r cyfeilydd cyn yr arholiad.

Cofiwch

Os byddwch yn defnyddio traciau cefndir:

- Gwiriwch yr offer y byddwch yn eu defnyddio yn yr asesiad.
- Wrth ymarfer, defnyddiwch yr offer y byddwch yn eu defnyddio yn yr asesiad.
- Gwnewch yn siŵr bod y cydbwysedd yn iawn bob tro y byddwch yn ymarfer.

Traciau cefndir

Mae mwy a mwy o fyfyrwyr yn defnyddio traciau cefndir (er enghraifft, cantorion neu'r rheini sy'n perfformio darnau o fanylebau Rockschool). Nid yw'r traciau cefndir hyn yn gwbl hyblyg o ran y perfformiad ei hun, ond os yw myfyrwyr wedi eu defnyddio wrth ymarfer, ac yn teimlo'n hyderus yn eu defnyddio nhw, maen nhw'n gwbl dderbyniol. Os ydyn nhw ar gael, mae traciau cefndir hefyd yn syniad da pan fyddwch yn ymarfer, hyd yn oed pan fydd cyfeilydd yn cymryd rhan yn y perfformiad go iawn.

At bwrpas asesu, bydd pob perfformiad yn cael ei recordio gan yr athro, a bydd yn rhaid i'r athro fod yn bresennol yn yr ystafell drwy gydol yr asesiad. Yr athro fydd yn penderfynu pryd a lle yn union y byddwch yn recordio pob darn, a'r athro hefyd fydd yn awgrymu lle ac amser addas.

Recordio

Rydych chi'n cael recordio pob un o'ch darnau ar wahân, ond mae'n rhaid i bob un darn gael ei recordio ar un cynnig. Gallwch gynnig eto os ydych yn teimlo eich bod yn gallu gwella ar eich perfformiad, ond yr un yw'r rheol – rhaid i chi gwblhau recordiad terfynol y darn ar un cynnig. Os nad yw'r perfformiad wedyn yn foddhaol, efallai bydd eich athro yn eich cynghori i ymarfer mwy (gan gymryd mwy o ofal) ac efallai bydd yn barod i ad-drefnu'r recordiad ar adeg arall. Efallai byddwch yn sylweddoli i chi fod yn oruchelgeisiol wrth ddewis eich darn, a'ch bod yn gwneud llawer o gamgymeriadau wrth berfformio. Efallai mai diffyg ymarfer sy'n gyfrifol am hyn neu efallai nad yw'r dewis o ddarn yn un cywir. Os felly, peidiwch ag ofni dewis darn arall sy'n fwy addas ac yn haws ymdopi ag ef – er na fyddai gadael hyn tan y munud olaf yn gall, wrth reswm. Yn olaf, os nad ydych yn llwyddo i roi 'perfformiad perffaith' o ran cywirdeb, peidiwch â phoeni! Yr hyn sy'n bwysig yw eich bod yn gwneud eich gorau. Mae recordio drosodd a throsodd, gan anelu at ganlyniad gwell, yn aml yn wrthgynhyrchiol a gall arwain at bwysau. Os yw'r athro'n hapus â'r hyn rydych wedi'i gyflawni, ceisiwch ymddiried ynddo, oherwydd bydd ei farn, yn ôl pob tebyg, yn adlewyrchu eich gallu. Ni ddylech gynnig recordio eto oni bai eich bod chi a'ch athro yn teimlo y gallwch wella eich perffomiad ymhellach.

▲ Mae angen i bob un o'r darnau gael ei recordio ar un cynnig.

Rhestr wirio perfformio

UNED 1: RHESTR WIRIO PERFFORMIO

- Oes gennych chi sgôr neu daflen arweiniol ar gyfer eich darnau i gyd?
- Ydy eich ensemble yn para un munud (o leiaf), ac yn rhoi cyfle i'r rhannau ryngweithio?
- Ydy cyfanswm amser perfformio eich holl ddarnau yn dod i bedwar munud (o leiaf)?
- Ydych chi wedi sicrhau bod yr offer angenrheidiol ar gael (yn enwedig os oes angen offer arnoch chi neu bod angen offer ychwanegol ar gyfer DJ-io neu MC-io)?
- Oes un o'ch darnau'n adlewyrchu maes astudio? Ydych chi'n gwybod pa faes?

Asesu perfformio

Mae'n bwysig eich bod yn gwybod sut bydd eich perfformiadau'n cael eu marcio. Os byddwch yn gwybod am beth y bydd marciau'n cael eu rhoi, yna gallwch sicrhau eich bod yn cynnwys y pwyntiau i gyd yn eich perfformiad.

Mae pob darn unigol yn cael ei farcio allan o 36. Mae tri amcan asesu, gydag uchafwm o 12 marc ar gyfer pob un. Unwaith y bydd cyfanswm terfynol wedi'i gyrraedd, bydd y marc ar gyfer pob darn yn cael ei gymhwyso yn ôl lefel anhawster y darnau.

Ffaith

Mae safon lefel anhawster perfformio TGAU Cerddoriaeth wedi'i gosod ar Radd 3. Gall darnau haws na hyn golli marciau, a darnau mwy anodd ennill marciau.

Cywirdeb	Rheolaeth dechnegol	Mynegiant a dehongliad
I gyrraedd y marc uchaf ym mhob un o'r rhain, bydd angen i chi wneud y canlynol:		
✔ Cyflwyno perfformiad cywir, sy'n sicr o ran rhythm a thraw ✔ Rhoi perfformiad rhugl, gan gynnal tempo priodol drwy gydol y darn ✔ Dilyn yr holl gyfarwyddiadau perfformio yn briodol	✔ Arddangos techneg leisiol/offerynnol sicr a thonyddiaeth (lle bydd hynny'n briodol) ✔ Arddangos rheolaeth ar soniaredd/ansawdd (tôn) a'r defnydd o gyferbynnu ✔ Cynnal perfformiad ag alldaflu da	✔ Cyflawni perfformiad llawn mynegiant sy'n gweddu i'r arddull ✔ Cyfathrebu'n effeithiol gan gynnal diddordeb y gynulleidfa ✔ Arddangos perthynas â pherfformwyr eraill mewn gwaith ensemble ✔ Sicrhau cydbwysedd rhwng traciau byw a thraciau a recordiwyd ymlaen llaw, lle bydd hynny'n briodol

Ysgrifennu nodiadau rhaglen

Mae gofyn i chi ysgrifennu nodiadau rhaglen ar gyfer un darn y byddwch yn ei gyflwyno yn rhan o'ch asesiad perfformio. Gallai'r nodiadau fod ar gyfer y darn ensemble neu ar gyfer y darn unawdol – ond mae'n rhaid iddyn nhw fod ar gyfer y darn sy'n gysylltiedig â maes astudio. Bydd y darn hwn o waith yn cael ei farcio allan o 12, sy'n werth 5% o'r cymhwyster.

Dyma bethau pwysig i'w hystyried:

- Dylai'r nodiadau rhaglen terfynol gynnwys rhwng 500 a 1,000 o eiriau.
- Bydd ansawdd eich cyfathrebu ysgrifenedig **yn cael ei asesu**, felly bydd angen i chi wirio'r nodiadau'n ofalus.
- Rydych chi'n cael treulio faint bynnag o amser sydd ei angen ar y nodiadau i'w cael yn iawn, ac nid oes angen i chi eu gorffen yn y dosbarth.
- Mae'n rhaid i'ch athro weld un drafft o'r nodiadau rhaglen a gall gynnig arweiniad a chefnogaeth i chi ar lafar, ond nid yw'n cael rhoi unrhyw adborth ysgrifenedig i chi.

Mae nodiadau rhaglen yn rhywbeth y byddwch o bosibl wedi'u gweld mewn cyngerdd, sioe neu ddatganiad. Maen nhw'n cynnwys gwybodaeth gerddorol am y gerddoriaeth sy'n cael ei chwarae i helpu aelodau'r gynulleidfa i ddeall a gwerthfawrogi'r gerddoriaeth sy'n cael ei pherfformio.

Un ffordd dda o ddechrau'r dasg hon yw drwy ddod o hyd i nodiadau rhaglen cyngherddau lleol er mwyn gweld sut maen nhw'n edrych. Gallech hefyd ddod o hyd i ddeunydd defnyddiol ar nodiadau y tu mewn i CD, mewn cylchgronau cerddorol ac ar y Rhyngrwyd.

Bydd angen i chi ymchwilio i'r darn y byddwch yn ei ddewis, ac yna cynllunio, paratoi a chyflwyno eich gwybodaeth mewn ffordd briodol, ddiddorol ac addysgiadol.

Beth sy'n gwneud nodiadau rhaglen da?

- Rhowch fanylion am unrhyw wybodaeth gefndirol berthnasol, e.e. enw'r cyfansoddwr, dyddiad y cyfansoddiad a manylion am y perfformiad cyntaf.
- Esboniwch y cysylltiadau rhwng y darn a'r maes astudio perthnasol. Os yw'n briodol, cysylltwch y nodiadau â datblygiadau cerddorol y cyfnod drwy wneud y canlynol:
  - Amlygu unrhyw faterion yn ymwneud ag ymarfer ar gyfer y perfformiad, er enghraifft, os cafodd y darn ei ysgrifennu ar gyfer offeryn gwahanol i'r un rydych chi'n perfformio arno. Gallai hyn fod yn wir, er enghraift, am ddarn ar gyfer seinfwrdd o gyfnod y Baróc y byddwch chi'n ei berfformio ar biano yn lle'r harpsicord y bwriadwyd y darn ar ei gyfer.
  - Disgrifio unrhyw arferion sy'n gysylltiedig â'r gerddoriaeth y gallai'r gynulleidfa elwa o'u gwybod a'u gwerthfawrogi. Er enghraifft, y defnydd o addurniadau mewn darn Baróc, neu ddefnydd o dechnegau perfformio mewn idiom jazz.
- Nodwch ac esboniwch unrhyw ddefnydd diddorol o elfennau cerddorol yn y darn. Nid oes angen cynnwys dadansoddiad manwl; yn syml, cadwch y wybodaeth yn ddiddorol, yn ffeithiol ac yn briodol. Nid oes rhaid i chi gynnwys pob elfen gerddorol – dewiswch dair neu bedair sy'n ymddangos yn aml.
- Yn olaf, gwerthuswch ofynion technegol perfformio'r darn.

Cyngor cyflym

Nid yw'n ofynnol i fyfyrwyr sy'n dewis DJ-io sgwrsio am yr elfennu cerddorol yn y traciau unigol maen nhw'n eu defnyddio, ond dylen nhw ystyried yr elfennau sy'n cael eu defnyddio yn yr adrannau sy'n cael eu haddasu gan y DJ, e.e. **cymysgu bît**, **symud traw**, EQ ac FX.

Diffiniadau

Mae **EQ** yn cyfeirio at yr addasiadau lefel sain sy'n cael eu gwneud rhwng amleddau bas a threbl.

Mae **FX** yn golygu unrhyw 'effeithiau' sy'n cael eu defnyddio mewn technoleg cerddoriaeth, e.e. datseinio, oedi, etc.

Cyngor cyflym

Nid oes angen bywgraffiad o'r cyfansoddwr.

Cyngor cyflym

Nid oes angen i chi ysgrifennu am eich cryfderau a'ch gwendidau, ond mae angen i chi sôn am heriau'r darn, ac unrhyw ystyriaethau perfformio sy'n angenrheidiol i sicrhau perfformiad sy'n argyhoeddi ac sy'n ddisgybledig o ran y dechneg.

Allweddeiriau

Cymysgu bît: mewn DJ-io, dyma'r sgìl o gyfuno curiadau dwy gân wahanol i gydweddiad â'i gilydd a graddoli ar draws

Symud traw: mewn DJ-io, dyma'r broses o newid y traw heb newid y cyflymder.

Dyma enghraifft o nodiadau rhaglen manwl wedi'u cyflwyno'n daclus.

'Memory'

Mae'r gân hon yn gysylltiedig â Maes Astudio 2: Cerddoriaeth ar gyfer ensemble. Roedd y fersiwn o 'Memory' a gafodd ei gyflwyno ar gyfer yr asesiad ymarferol yn drefniant ar gyfer triawd lleisiol, **SSA**, gyda chyfeiliant piano.

Cân o'r sioe gerdd *Cats* yw 'Memory', a gafodd ei pherfformio gyntaf yn 1981. Cafodd ei chymeradwyo ar y pryd a derbyniodd nifer o wobrau yn hwyrach. Daeth yn gân enwog iawn ynddi'i hun a dod i gael ei chyfrif yn **glasur o gân**. Cafodd ei hysgrifennu gan Andrew Lloyd Webber a Trevor Nunn, a derbyniodd wobr Ivor Novello am Y Gân a'r Geiriau Sioe Gerdd Gorau yn 1981. Yn y sioe, cymeriad o'r enw Grizabella sy'n canu'r gân, hen gath sy'n hiraethu'n braf am ei hieuenctid 'glam' gynt ac yn canu am ei hawydd i ddechrau bywyd newydd. Mae'r gân i'w chlywed yn rhannol yn Act 1, ond i'w chlywed yn llawn tua diwedd y sioe. A dweud y gwir, cafodd geiriau'r gân eu seilio ar y cerddi 'Preludes' a 'Rhapsody on a Windy Night' gan T. S. Eliot.

Mae'r darn wedi'i gysylltu â cherddoriaeth ar gyfer ensemble oherwydd ei fod yn ddarn theatr gerdd, a dyma un o'r meysydd ffocws yn y maes astudio hwn. Gan *Cats* yr oedd y record am y sioe gerdd a oedd wedi'i pherfformio hiraf, nes i *Les Misérables* ei churo yn 2006. Yn y sioe, unawd oedd y gân. Mae'r darn sy'n cael ei chyflwyno ar gyfer yr asesiad ymarferol yn drefniant o'r gân ar gyfer triawd lleisiol, SSA, gyda chyfeiliant piano. Mae'n nodweddiadol o'r genre theatr gerdd o ran ei threfniant a'i harddull.

Yn y triawd lleisiol hwn, mae'r elfennau cerddorol yn cyfuno i gynhyrchu darn â'r adeiledd canlynol:

Rhagarweiniad	Adran A – pennill 1	Adran A – pennill 2	Adran B – cyferbyniad	Adran A – pennill 3	Adran B	Adran A – pennill 4	Codetta

Mae tair elfen gerddorol o ddiddordeb neilltuol, sef **alaw**, **rhythm** a **harmoni**.

Mae **ALAW'R** gerddoriaeth yn felodig iawn ac yn llifo'n esmwyth o'r naill frawddeg i'r llall. Mae iddi naws fyfyriol, ac mae'n gytbwys o ran ailadrodd a chyferbynnu. Dwy adran gyferbyniol wahanol sydd i'r cyfansoddiad, a phob un yn wyth bar o hyd, ar wahân i'r rhagarweiniad sy'n ddau far o hyd ac un bar ychwanegol ar y diwedd yn y **codetta**. Mae alaw'r pennill yr un peth bob tro ond mae'r geiriau'n wahanol; mae'r arddull yn gysylltiol, a chyfwng o bedwerydd yw'r mwyaf, ac nid yw hwnnw'n cael ei ddefnyddio'n aml. Mae alaw wahanol yn adran B, ond o ran yr arddull mae hi'n debyg iawn, yn gysylltiol ar y cyfan ac unwaith eto'n amlygu'r cyfwng o bedwerydd ar ddechrau'r adran. Diwedd y gân sydd â'r ystod fwyaf eang o ran y traw, yn ymestyn ychydig yn fwy nag **wythfed**. Soprano sy'n canu.

Un o nodweddion pwysicaf y RHYTHM yw ei fod mewn amser cyfansawdd – 12/8, sy'n golygu pedwar crosiet dot i bob bar. Mae'n rhoi'r ymdeimlad o **dripled** ym mhob curiad. Yn ddiddorol, mae cwafer clwm yn y motiff cyfeilio agoriadol sy'n rhoi'r ymdeimlad o drawsacennu, ac mae hyn yn para yn y cyfeiliant drwy gydol y gân. Mae'n werth nodi'r defnydd o arwyddion amser eraill sy'n creu'r newidiadau yn y curiadau a'r acenion; mae bar 7 mewn amser 10/8, mae bar 8 yn

Diffiniad

Acronym yw **SSA** am ddwy soprano a llais alto.

Allweddair

Clasur o gân: cân sydd wedi ennill ei phlwyf.

Allweddeiriau

Codetta: darn byr o gerddoriaeth sy'n 'cwblhau' adran.

Wythfed: y pellter rhwng un nodyn a'r nodyn nesaf sydd â'r un enw llythyren, e.e. A–A.

Tripled: dyfais rythmig lle mae tri nodyn cyfartal eu gwerth yn cael eu chwarae yn amser dau nodyn.

mynd yn ôl i amser 12/8, a barrau 10 ac 12 mewn amser 6/8. (Mae'r newidiadau hyn mewn arwyddion amser hefyd i'w gweld yn y penillion sy'n dilyn.) Pan fydd yr alaw gan ran yr alto ar ddechrau rhan gyntaf adran B, mae dwy ran y soprano yn canu rhythm cwafer-crosiet yn eu harmonïau nhw, sy'n ychwanegu mwy o drawsacennu yn y gerddoriaeth.

Mae'r **HARMONI** yn y darn hwn yn ddiatonig yn bennaf ac yn nodweddiadol o'r arddull. Mae yng nghywair D fwyaf. Ar ddiwedd y penillion, mae **diweddeb amen** yn D gyda chordiau IV–I yn y gerddoriaeth, er bod cord nodyn y llywydd yn cynnal nodyn yr islywydd yn rhan law chwith y piano, sy'n creu effaith ddiddorol. Mae Adran B yn dangos newidiadau yn yr harmoni, ac mae'n dechrau ar gord F# leiaf (cord iii yn D fwyaf). Ym marrau 15–16, mae hapnod G# sy'n newid y cywair i A fwyaf. Hwn yw llywydd y cyweirnod gwreiddiol. Mae newidiadau cord tebyg yng ngweddill yr adran. Mae adran B yn gorffen ar gord E fwyaf ym mar 20, ac mae hwn wedyn yn symud yn syth yn ôl i gord D fwyaf ar gyfer pennill 3. Ym mar 36, mae cord C7 sy'n arwain i gywair F fwyaf ar gyfer y pennill olaf.

Mae'r rhannau lleisiol i'w clywed yn aml mewn **harmoni clòs**, tair rhan, a thrwy gydol y darn mae llawer o gordiau sydd â nodau ychwanegol nad ydyn nhw'n driadau'n unig. Mae hyn yn creu harmonïau sy'n fwy diddorol.

Mae **GOFYNION PERFFORMIAD TECHNEGOL** y darn hwn i'w gweld yn yr ysgrifennu ar gyfer lleisiau ac yn y cyfeiliant. Mae'r lleisiau'n symud yn agos i'w gilydd, sy'n her o safbwynt tiwnio a chael y rhythmau'n hollol gywir. Mae'n rhaid i'r dynameg fod yn ddisgybledig hefyd oherwydd bod y gerddoriaeth yn aml yn *piano* ar gyfer y tri llais, felly mae'n rhaid i'r geirio fod yn glir. Mae'r brawddegau melodig yn eithaf hir mewn rhai achosion, felly mae'n rhaid cynllunio'r anadlu yn ofalus. Mae pob llais yn cael tro i ganu'r alaw, ac mae'n rhaid i'r llinellau hyn gael eu clywed yn glir uwchben yr harmonïau. Mae'r cyfeiliant i'r piano yn cynnwys cordiau a phatrymau cwaferau sy'n cael eu defnyddio ar draws ystod eang o nodau allweddell y piano a rhaid sicrhau nad yw rhan y piano yn boddi'r cantorion.

Allweddeiriau

Diweddeb amen: dilyniad cordiau IV i I ar ddiwedd brawddeg o gerddoriaeth.

Harmoni clòs: pan fydd nodau'r cordiau yn cael eu trefnu o fewn ystod gyfyng.

Cyngor cyflym

Mae'r nodiadau rhaglen hyn yn fanwl. Maen nhw'n cynnwys esboniad clir o'r cefndir, yn nodi elfennau cerddorol a gofynion perfformio'r darn ac yn defnyddio terminoleg gerddorol briodol.

Dyma dabl i'ch atgoffa o'r hyn i'w gynnwys yn y nodiadau rhaglen:

Y NODIADAU RHAGLEN

- Enw'r cyfansoddwr ac ychydig o frawddegau (does dim angen bywgraffiad).
- Esboniad o arddull y gerddoriaeth, yn cynnwys cysylltiad â'r maes astudio.
- Ychydig o wybodaeth am y perfformiad cyntaf ac unrhyw fanylion diddorol eraill.
- Disgrifiad o sut mae tair neu bedair o elfennau cerddorol mwyaf amlwg y darn yn cael eu defnyddio.
- Gwerthusiad o ofynion technegol perfformio'r darn.

…N 2 CYFANSODDI

Gwnewch nodiadau bob amser.

… nwynhau cynllunio syniadau cerddorol, ond ble a phryd yn … awen gerddorol yn taro? Yr ateb i hyn yw unrhyw le, unrhyw … syniad da cofnodi eich syniadau'n gyson, ym mha ffordd bynnag y gallwc… ydd defnyddio llyfr nodiadau neu recordio syniadau'n ddigidol (ar eich ffôn neu eich tabled, er enghraifft), ac yna eu nodiannu, yn help mawr. Mae angen i chi allu asesu eu gwerth, dewis y rhai rydych yn awyddus i'w defnyddio, ac yna ystyried sut i'w cyflwyno, eu trefnu a'u datblygu.

Sut i ddechrau

Byddwch yn dod ar draws syniadau defnyddiol drwy'r amser. I sicrhau'r canlyniadau gorau, mae angen i'ch cerddoriaeth gael ystyr a dangos dealltwriaeth. Bydd yn rhaid i chi benderfynu ar bwrpas y gerddoriaeth ac yna cynllunio sut i ddefnyddio'r elfennau cerddorol i gael y canlyniad mwyaf effeithiol. Ystyriwch y rhesymau sydd wrth wraidd y gerddoriaeth bob amser: ar gyfer pwy neu ar gyfer pa achlysur mae'r gerddoriaeth wedi'i chyfansoddi; pa elfennau a nodweddion cerddorol yw'r rhai mwyaf addas at ei phwrpas a pha elfennau a nodweddion cerddorol yw'r rhai mwyaf addas i'w cynnwys i sicrhau'r canlyniadau mwyaf effeithiol.

Mae gwrando ar wahanol fathau o gerddoriaeth mor bwysig. Dros y blynyddoedd, bydd yr holl gyfansoddwyr enwog y gallwch feddwl amdanyn nhw wedi gwneud hynny. Pan oedd Mozart yn crwydro o gwmpas Ewrop fel perfformiwr virtuoso ifanc, byddai'n dysgu gan arddulliau nifer o gyfansoddwyr; byddai'n amsugno dylanwadau cerddorol amrywiol fel sbwng cyn darganfod ei arddull unigryw ei hun. Dyma'n union mae'n rhaid i chi ei wneud. Sylwch ar sut mae alawon yn cael eu siapio, sut mae rhythmau a phatrymau'n cael eu defnyddio, sut mae dilyniadau cordiau'n cael eu hadeiladu'n ystyrlon, sut mae adeileddau'n cael eu trefnu yn ôl deunydd thematig a chyweiriau, sut mae'r deunydd gwreiddiol yn cael ei ddatblygu a'i ailsiapio i gynnal diddordeb ymhellach ac i sicrhau amrywiaeth yn y gwead.

Mozart pan oedd yn blentyn ifanc.

Gwrandewch ar gerddoriaeth gan nifer o wahanol gyfansoddwyr, o wahanol gyfnodau. Anelwch at wrando ar o leiaf un bob wythnos, a chadwch gofnod yn eich llyfr nodiadau o'r arddull ac unrhyw bwyntiau o ddiddordeb.

Cyngor cyflym

Gwrandewch ar amrywiaeth eang o gerddoriaeth – symffonïau, sonatau, caneuon, concerti, sioeau cerdd, bale, jazz, roc a phop. Mae'r gyfrol hon yn cynnig digon o awgrymiadau, a bydd eich athro yn cynnig llawer mwy wrth i chi symud ymlaen drwy eich cwrs TGAU Cerddoriaeth.

Un o'r prif wahaniaethau rhwng TGAU Cerddoriaeth a Cherddoriaeth Cyfnod Allweddol 3 yw eich bod yn gorfod cyfansoddi ar eich pen eich hun. Bydd hyn, o bosibl, yn ymddangos yn llethol i rai, ac efallai na fyddan nhw'n gwybod sut i ddechrau. Mae'n bosibl y bydd eraill yn croesawu'r cyfle i ddechrau creu yn frwd.

Felly, beth yw'r gofynion?

Mae'n rhaid i chi gyfansoddi dau gyfansoddiad. Bydd yn rhaid i un ohonyn nhw fod mewn ymateb i friff sy'n cael ei osod gan CBAC. Cyfansoddiad rhydd yw'r ail gyfansoddiad; bydd yn rhaid i chi osod eich briff eich hunan ar gyfer y cyfansoddiad hwn.

Ar gyfer y ddau gyfansoddiad, bydd yn ofynnol i chi gadw log cyfansoddi. Bydd angen i'ch athro ei lofnodi dair gwaith (er mwyn dilysu eich gwaith) a bydd yn rhaid i chithau lofnodi ffurflen ddatganiad yn cadarnhau mai eich gwaith a'ch ymdrech chi eich hun yw'r cyfansoddiadau. Bydd yn ofynnol i chi hefyd gwblhau gwerthusiad o un o'ch cyfansoddiadau.

Ymateb i friff

Bydd y briffiau'n cael eu hanfon at ganolfannau yn ystod blwyddyn olaf eich cwrs – h.y. y flwyddyn academaidd y byddwch yn sefyll yr arholiad. Bydd pedwar briff yn cael eu rhyddhau yn y mis Medi, un ar gyfer pob maes astudio. Bydd pob un yn cynnwys manylion penodol y dasg a'r cyd-destun. Mae'r gyfrol hon wedi awgrymu ambell fath o friff yn barod, ond dyma enghraifft nodweddiadol o sut y byddai'r dewis o bedwar a anfonwyd gan y bwrdd arholi yn edrych.

Briff

1. **Ffurfiau a dyfeisiau**
   Cyfansoddwch ddarn o gerddoriaeth sy'n dangos defnydd o **ddilyniant**. Gallwch ysgrifennu'r gerddoriaeth ar gyfer lleisiau neu offerynnau, a dylech berfformio'r darn yng nghyngerdd yr ysgol.
2. **Cerddoriaeth ar gyfer ensemble**
   Cyfansoddwch ddarn ar gyfer grŵp bach o berfformwyr a fydd yn cyfeilio i olygfa ddawns mewn sioe gerdd newydd am bobl ifanc.
3. **Cerddoriaeth ffilm**
   Cyfansoddwch y gerddoriaeth agoriadol ar gyfer ffilm newydd i blant am ddewin.
4. **Cerddoriaeth boblogaidd**
   Ysgrifennwch gân roc ar gyfer eich band i'w pherfformio yn 'Brwydr y Bandiau' dan nawdd Gwasanaeth Ieuenctid y Sir.

Mae'n rhaid i'r ymateb i'r briff a osodwyd (h.y. eich cyfansoddiad) ddangos eich bod yn deall ac wedi ystyried y maes astudio rydych wedi'i ddewis. Gwnewch yn siŵr eich bod yn gwneud hyn drwy gynnwys nodweddion a dyfeisiau cerddorol nodweddiadol o'r maes astudio rydych wedi'i ddewis.

Ar ddechrau'r cwrs dylech ddechrau ystyried pa faes astudio sy'n apelio atoch a pha fath o gyfansoddiad y byddai gennych ddiddordeb yn ei gyfansoddi, ac ar gyfer pa offerynnau. Mae'n llawer gwell nag ysgrifennu

Cyngor pellach

Am fwy o wybodaeth ar friffiau, gweler Adran 3, Cerddoriaeth Ffilm.

Allweddair

Dilyniant: ailadrodd brawddeg felodig neu harmonig yn yr un rhan, ond ar draw uwch neu is.

Cofiwch

PWYSIG IAWN:
Os nad ydych yn ymateb i friff, neu'n anwybyddu'n llwyr y gofyn i ymateb i friff – **bydd y cyfansoddiad yn cael 0.**

Cyngor cyflym

Peidiwch â syrthio i'r fagl o feddwl bod digon o amser i ysgrifennu'r darnau hyn dros gyfnod y cwrs dwy flynedd. Cynlluniwch – dechreuwch yn gynnar. Bydd mwy o amser gennych wedyn i ddatblygu syniadau a mireinio eich gwaith.

llawer o syniadau cerddorol ac yna ceisio gweithio allan beth i'w wneud gyda nhw. Ar gyfer y cyfansoddiad rhydd, mae'n rhaid i chi osod eich briff eich hunan, a'i ddilyn wrth gyfansoddi; mae'n rhaid i'r briff gynnwys manylion naill ai'r achlysur neu'r gynulleidfa.

Gadewch i ni dybio eich bod wedi penderfynu mai briff eich cyfansoddiad rhydd fydd 'Ysgrifennwch ddarn i'r piano ar ffurf rondo'. Y cam nesaf fydd penderfynu'r canlynol:

Ar gyfer pa achlysur . . . ? NEU	Ar gyfer pa gynulleidfa ...?
Enghreifftiau: • dathliad crefyddol • parti pen-blwydd priodas • gŵyl bop • Eisteddfod yr Urdd	Enghreifftiau: • myfyrwyr mewn gwasanaeth ysgol • pobl yn mynychu lle o addoliad • pobl ifanc ac oedolion ifanc • pensiynwyr mewn digwyddiad a drefnwyd yn y neuadd gymuned leol

Cyn i chi ysgrifennu traethawd yn un o'ch pynciau eraill, mae angen i chi wybod teitl y traethawd. Ystyriwch beth y gofynnwyd i chi ysgrifennu amdano, yna gweithiwch allan y ffordd fwyaf addas cyn llunio eich ateb drafft. I gyflawni safon uchel yn eich gwaith, dylech wirio'r hyn rydych wedi'i ysgrifennu, a'i addasu a'i wella yn ôl y galw, lle bynnag y mae hynny'n bosibl.

Mae cyfansoddi cerddoriaeth yn debyg. Ystyriwch y briff, dewiswch yr arddull gerddorol (hyd yn oed os eich arddull 'chi eich hun' ydyw), a threfnwch y dull gorau. Penderfynwch ar yr adeiledd a lluniwch gynllun gweithredu. Meddyliwch am yr elfennau cerddorol ac am ddeunydd cychwynnol, a nodwch ffyrdd addas o ddatblygu'r deunydd gan ddewis nifer o ddyfeisiau cyfansoddi y gallech eu defnyddio. Gobeithio y bydd gennych lawer o ddeunydd melodig neu ddilyniadau cordiau diddorol yn eich llyfr nodiadau cerddoriaeth yn barod i'w defnyddio.

Y cyfansoddiad rhydd

Gallech gychwyn hwn ar ddechrau eich cwrs TGAU Cerddoriaeth. Gan eich bod yn dewis eich briff eich hunan, mae'n syniad da iawn cyfansoddi ar gyfer rhywbeth rydych chi'n ei fwynhau, cyflwyno syniadau sy'n dangos eich dealltwriaeth cerddorol, ac ysgrifennu ar gyfer offerynnau/lleisiau rydych yn gwybod rhywbeth amdanynt. Gwnewch yr hyn sy'n eich siwtio chi, peidiwch â dilyn beth mae eich ffrindiau yn ei wneud yn unig. Dechreuwch gyda'r hyn rydych yn ei wybod, ac adeiladwch ar hynny. Er enghraifft, peidiwch â dechrau ysgrifennu darn ar gyfer y piano os nad ydych yn chwarae'r piano. Nid bod hynny'n golygu na allech chi ddysgu sut i gyfansoddi'r mathau hyn o ddarnau yn hwyrach ymlaen yn ystod y cwrs. Ond, os ydych yn offerynnwr, dechreuwch drwy ysgrifennu rhywbeth ar gyfer eich offeryn arbennig eich hun; os ydych yn ganwr, dechreuwch gyda syniadau am gân; os ydych yn gitarydd, ysgrifennwch ddarn i'r gitâr. Mae marciau'n cael eu rhoi am waith unigol, ac, yn y rhan hon o'r cwrs, ni allwch ddibynnu ar dalentau perfformwyr eraill i'ch cynnal. Os ydych am i eraill berfformio eich cerddoriaeth, bydd yn rhaid i chi greu sgôr er mwyn iddyn nhw allu chwarae eich cerddoriaeth. Os gallwch berfformio'r rhannau i gyd eich hun, yna gwnewch hynny a recordio'r traciau ar wahân.

▲ Torf o oedolion ifanc a phobl ifanc mewn gŵyl bop.

Cofiwch

Nid yw'n dderbyniol dweud, 'Ar ôl dangos iddyn nhw beth i'w wneud, fe chwaraeon nhw'r darn.'

Ailadrodd, cyferbyniad a datblygiad

Rydym wedi treulio amser yn barod yn ystyried pwysigrwydd ailadrodd mewn cerddoriaeth – ailadrodd mewn adeiledd fel ffurf deiran neu rondo, neu ailadrodd y 'bachyn' neu'r 'gytgan', sydd mor bwysig mewn cerddoriaeth roc a phop. Mae ailadrodd, neu ailddatgan, syniad cerddorol yn hollbwysig – beth bynnag yw'r arddull – wrth sefydlu'r cymeriad a'r deunyddd thematig; mae'r gwrandäwr yn aml yn adnabod y patrymau, y dilyniannau a'r dilyniad cordiau, heb fod yn ymwybodol ohonyn nhw mewn gwirionedd. Mae cerddoriaeth pob diwylliant, pob genre a phob cyfnod yn dibynnu arnynt.

Rydym yn derbyn bod ailadrodd yn hanfodol. Un darn o gyngor gwerthfawr am eich gwaith cyfansoddi yw hyn – mae'n bwysig gwybod pryd i orffen! Mae sawl athro a safonwr wedi beirniadu arfer myfyrwyr o orddefnyddio syniadau sylfaenol ac o ddefnyddio technoleg i 'dorri a gludo'. Felly, unwaith y byddwch wedi penderfynu beth yw eich syniadau, ailadroddwch yn ôl y galw o ran creu cydbwysedd ac adrannau cyfarwydd, yna ffocyswch ar eu **cyferbyniad** a'u **datblygiad**.

Mae'n bwysig gwybod pryd i orffen!

Cyngor cyflym

Os newidiwch chi bopeth yn yr adran gyferbyniol, bydd hynny'n ormod, a gallai swnio fel darn gwahanol. Gallai effeithio ar gysondeb cyffredinol eich cerddoriaeth, rhywbeth y bydd eich athrawon a'ch safonwyr yn ei ystyried wrth farcio eich gwaith.

Sut byddaf yn sicrhau cyferbyniad?

Ffordd dda o sicrhau cyferbyniad yn eich cerddoriaeth yw amrywio'r elfennau cerddorol a'r ffordd y maen nhw wedi cael eu defnyddio. Os ydych wedi drafftio eich syniadau cyntaf ar gyfer adran agoriadol o gerddoriaeth yn barod, ystyriwch ddefnyddio'r syniadau 'cyferbyniol', neu ddatblygu'r deunydd gwreiddiol mewn ffyrdd gwahanol.

Er enghraifft:

Ceisiwch adnabod rhai o nodweddion cerddorol Adran 1:	Nawr ystyriwch y gwrthwynebau am Adran 2:
• Llinell felodig esgynnol (yn codi)	• Llinell felodig ddisgynnol (yn disgyn)
• Gwerthoedd nodau byr	• Gwerthoedd nodau hirach
• Symudiad cysylltiol/fesul cam/nodweddion graddfaol	• Symudiad digyswllt/defnydd o un cyfwng fel nodwedd/ffigurau math arpeggio
• Brawddegau pedwar bar	• Brawddegau byrrach neu hirach
• Gwead homoffonig	• Gweadau efelychol
• Rhythm rheolaidd	• Defnydd o drawsacennu
• Cywair mwyaf	• Cywair lleiaf

Sut byddaf yn datblygu syniadau?

Yn syml, mae hyn yn ymwneud â newid, addasu neu ymestyn eich deunydd agoriadol. Mae rhai syniadau am hyn yn Adran 1, Ffurfiau a Dyfeisiau Cerddorol – ond dyma ambell bwynt arall i'ch atgoffa:

- Ad-drefnwch y deunydd thematig, e.e. chwaraewch ar draw uwch neu ar draw is.
- Cyflwynwch y deunydd mewn gwead gwahanol, e.e. ceisiwch gynnwys efelychu neu syniadau **antiffonïaidd**.
- Ychwanegwch gyfalaw newydd.

Allweddair

Antiffonïaidd: cerddoriaeth lle mae grwpiau o berfformwyr yn 'ateb' neu'n 'adleisio' ei gilydd, drwy efelychu'r un frawddeg neu frawddegau tebyg.

- Arbrofwch ag amrywiad rhythmig o'r deunydd.
- Defnyddiwch y prif syniad wyneb i waered (wedi'i wrthdroi) neu tuag yn ôl (yn ôl-redol) neu wedi'i drawsnodi (symud y syniad i fyny neu i lawr y traw).
- Trawsnewidiwch y syniad gwreiddiol yn rhywbeth newydd.
- Defnyddiwch harmonïau gwahanol.
- Cyfunwch syniadau (dyweder, o Adran A a B) yn yr adran olaf, neu mewn diweddglo/coda.

Ffaith

Bydd eich eich gallu i 'ddatblygu' syniadau yn cael ei ystyried pan fydd eich gwaith cyfansoddi'n cael ei asesu.

Ysgrifennu a gosod geiriau

Os ydych am osod cerddoriaeth i eiriau, ystyriwch ysgrifennu eich geiriau eich hun, neu'r geiriau o gân neu ddarn sydd ddim yn gyfarwydd i chi. Drwy wneud hynny, ni fydd y gerddoriaeth wreiddiol yn dylanwadu arnoch.

Ysgrifennu eich geiriau eich hun

Dyma ambell awgrym i'ch rhoi ar ben y ffordd.

Dechreuwch gyda'r testun rydych wedi'i ddewis; meddyliwch am allweddeiriau rydym yn eu cysylltu â'r testun, yna gwnewch restr o'r geiriau sy'n odli neu o'r brawddegau sy'n eich taro. Er enghraifft:

CYFEILLGARWCH

↓

Allweddeiriau

Hwyl	Ymddiried	Ni	Gwir	Ffyddlon

↓

Geiriau sy'n odli

Hwyl	Ymddiried	Ni	Gwir	Ffyddlon
annwyl	basged	ti	clir	amheuon
di-hwyl	colled	fi	hir	caneuon
disgwyl	melfed	piti	ir	coron
egwyl	planed	ohoni	tir	mafon
gŵyl	syrffed	ysbrydoli	sir	moddion

Gallwch benderfynu hefyd sawl llinell i'w chynnwys ym mhob pennill ac yn y gytgan, ac a ddylai diwedd pob llinell odli, neu ddiwedd llinellau 1 a 3, neu 2 a 4. Cofiwch, gallai geiriau'r gytgan gynnwys teitl y gân – efallai mai hwn fyddai eich syniad cyntaf. Gwrandewch ar nifer o ganeuon i gael syniadau, a pheidiwch â gwneud y llinellau'n rhy hir. Bydd eich dewis o eiriau yn cael effaith gwirioneddol o ran y rhythm melodig, oherwydd bydd rhythmau llafar naturiol yn gwneud yr alaw yn fwy diddorol.

Cyngor cyflym

Mae'n bosibl mai eich hoff arddull yw rap, gyda rhan y drwm a bas – ond cofiwch nad yw'r arddull hon yn bodloni'r gofynion asesu o ran archwilio'r elfennau cerddorol, e.e. alaw, harmoni a gwead o bosibl.

Tasg

Edrychwch ar yr awgrymiadau canlynol am bynciau caneuon – mae'r rhestr yn ddiddiwedd mewn gwirionedd, a'r unig beth sy'n ei chyfyngu yw chi dychymyg chi eich hun. Ysgrifennwch eiriau gwreiddiol gan ddilyn yr awgrymiadau uchod.

- Heddwch
- Tristwch
- Hwyl
- Gwleidyddiaeth
- Bod yn ofnus/unig
- Sut rwy'n teimlo am rywun arall
- Colli rhywbeth neu rywun
- Rhyfel
- Cariad
- Casineb
- Dawnsio
- Dihirod
- Pethau rwy'n difaru eu dweud
- Sut rwy'n teimlo amdanaf fy hun
- Pethau rydw i am eu dweud

Ysgrifennwch am ...
Bywyd, pwnc, person, achlysur, lle neu emosiwn

Cyngor cyflym

Gallech chi gael eich ysbrydoli hefyd, gan rai o'r syniadau hyn, i ysgrifennu cyfansoddiad offerynnol disgrifiadol, neu gerddoriaeth ar gyfer golygfa mewn ffilm.

Gosod geiriau sydd ar gael

Os byddwch yn dewis gosod cerdd i gerddoriaeth, neu ddefnyddio geiriau o gân wreiddiol, ystyriwch yr ystyr bob tro. Peidiwch â dewis geiriau nad ydych yn eu deall na cherdd sy'n rhy gymhleth. Meddyliwch am acenion y geiriau: gweithiwch allan y curiadau a pha arwydd amser a fyddai'n addas; cofiwch fod cantorion yn cario'r alaw ar seiniau'r llafariaid, a bod angen i chi ystyried pwyslais y sillafau. Ewch ati i ganu eich syniadau yn gyntaf, yna ewch ati i nodiannu, os dyna yw eich cynllun. Gall eich athro eich helpu gyda hyn os bydd angen i chi ysgrifennu sgôr i rywun arall ei chanu. Weithiau, mae'n syniad da gweithio allan rhythm y geiriau yn gyntaf a chynllunio traw a ffurf yr alaw wedyn. Gwiriwch eich gwaith bob amser drwy gael rhywun i berfformio eich alawon, i weld a yw'r geiriau'n ffitio'n briodol. Os chi eich hun sy'n canu'r rhan leisiol/rhannau lleisiol, ni fydd angen nodi eich syniadau ar ffurf sgôr – a'r tebygrwydd yw y bydd y geiriau'n gweddu'n llawer gwell.

▲ Cofiwch fod cantorion yn cario'r alaw ar seiniau'r llafariaid.

Cwblhau log yr ymgeisydd

Mae'n ofynnol i chi gyflwyno log yr ymgeisydd gyda'ch gwaith cwrs. Bydd yn rhaid i chi gwblhau tair adran wahanol, a bydd eich athro, a fydd wedi monitro'r cynnydd yn eich gwaith, yn eu harwyddo. Y peth gorau yw llenwi'r log hwn wrth i chi fynd yn eich blaen: mae'n rhaid iddo ddangos manylion y broses gyfansoddi, h.y. esbonio sut a pham y gwnaethoch benderfyniadau, pa gyngor a gawsoch, a sut aethoch ati i ddatblygu a chyflwyno eich syniadau. Dylech gynnwys manylion am dargedau y cytunwyd arnyn nhw drwy gydol y broses, ac esbonio'r cyngor a gawsoch gan eich athro.

Mae'n bosibl i chi ddadlwytho log cyfansoddi yr ymgeisydd mewn fformat Word.doc o wefan CBAC. Os gwnewch hyn yn eithaf cynnar yn y cwrs, gallwch ei ddiweddaru â gwybodaeth berthnasol wrth i chi fynd ymlaen. Dewis arall yw cwblhau'r wybodaeth fel dogfen Word a'i diweddaru a'i haddasu wedyn, cyn ei gludo i mewn i'r log.

Mae'r log wedi'i rannu'n adrannau.

1. **Y clawr**
   Mae'n rhaid i hwn cynnwys manylion eich enw a'ch rhif ymgeisydd, enw'r ganolfan a rhif y ganolfan. Mae'n atgoffa ymgeiswyr mai eu gwaith nhw yn unig a ddylai gael ei gyflwyno, ac yn rhybuddio y gall unrhyw dwyllo olygu eu bod yn cael eu diarddel o'r pwnc dan sylw o leiaf. Mae'n rhaid i chi a'r athro lofnodi a dyddio'r clawr i ddangos eich bod wedi darllen y rhybudd ac yn ei ddeall.

   Mae'r tudalennau canlynol yn gofyn am wybodaeth gyffredinol am eich gwaith cwrs, ac yn ymdrin â phob un o'r cyfansoddiadau yn eu tro.

cbac wjec

Log Cyfansoddi TGAU Cerddoriaeth

Enw'r Ymgeisydd: xxxxx__________ Rhif yr Ymgeisydd: xxxxxxx__________

Enw'r Ganolfan: ____________________ Rhif y Ganolfan: ____________________

RHYBUDD I'R YMGEISYDD
Rhaid mai eich gwaith chi yn unig yw'r gwaith a gyflwynir i'w asesu. Os ydych yn copïo gwaith rhywun arall, yn caniatáu i ymgeisydd arall gopïo eich gwaith chi, neu'n twyllo mewn unrhyw ddull arall, gallwch gael eich diarddel o'r pwnc dan sylw o leiaf.

Datganiad gan yr Ymgeisydd
Rwyf wedi darllen a deall y ***Rhybudd i'r Ymgeisydd*** (uchod). Rwyf wedi cynhyrchu'r gwaith a atodir heb unrhyw gymorth ac eithrio'r hyn y mae fy athro/athrawes wedi egluro sy'n dderbyniol o fewn y fanyleb.

Llofnod yr Ymgeisydd: .... Dyddiad: ....

Llofnod yr Athro/Athrawes: .... Dyddiad: ....

Cwblhewch y log cyfansoddi hwn a'i gynnwys yn eich ffolio.

2. **Manylion cyfansoddiad 1**
   (Dyma'r darn a gyfansoddwyd mewn ymateb uniongyrchol i'r briff a osodwyd gan CBAC.)

   Mae angen i chi nodi teitl eich darn, a rhoi manylion y briff rydych wedi'i ddewis – cofiwch, bydd gennych ddewis o **bedwar**. Yna, mae'n rhaid i chi gwblhau pum rhan yn yr adran 'Gwybodaeth gyffredinol'. Bydd angen i chi wneud y canlynol:

   i. Nodi'r union ddeunyddiau rydych wedi'u cyflwyno yn eich portffolio (er enghraifft, y recordiadau, y sgorau, y taflenni arweiniol, etc.).

   ii. Enwi pob meddalwedd cyfansoddi rydych wedi'i defnyddio i gyfansoddi ac i gyflwyno'r darn.

   iii. Rhoi manylion am unrhyw gerddoriaeth wreiddiol a allai fod wedi dylanwadu arnoch wrth i chi gyfansoddi, a chynnwys enghreifftiau o unrhyw **ddeunydd ffynhonnell** rydych wedi'i ddefnyddio.

Cofiwch

Cofiwch bob amser gynnwys gwybodaeth am unrhyw beth rydym yn ei gysylltu â'r briff, gan fod meini prawf asesu yn rhoi marciau am hyn, a hefyd am y penderfyniadau cerddorol rydych chi wedi'u gwneud mewn cysylltiad â'r maes astudio penodol.

Allweddair

Deunydd ffynhonnell: unrhyw ddeunydd a ddylanwadodd ar syniadau cerddorol.

iv. Esbonio a yw'r recordiad yn gofnod cywir o'r sgôr neu beidio (ac os nad yw, esbonio sut mae'r sgôr neu'r daflen arweiniol yn perthyn i'r cyfansoddiad).

v. Yn achos recordiad byw – esboniwch eich union gyfraniad a'ch rhan yn y recordiad byw, a chyfraniad eraill, gan nodi a ydych wedi cynnwys yr holl rannau/sgorau ar gyfer y perfformwyr yn eich portffolio. Os nad yw'r rhannau ar gael, mae'n **rhaid** i chi esbonio sut dysgodd eraill y rhannau a pherfformio'r gerddoriaeth.

Yn dilyn hyn, mae angen i chi gwblhau **tair** adran arall yn log yr ymgeisydd, ac mae'n ofynnol i'r athro lofnodi pob un wrth i chi symud ymlaen yn ystod y cwrs.

Y DRAFFT CYNTAF	Yn yr adran hon, mae'n rhaid i chi esbonio pa friff rydych wedi'i ddewis, a beth yw eich syniadau gwreiddiol. Oes unrhyw ddarnau gwreiddiol o gerddoriaeth wedi ennyn eich diddordeb? Sut aethoch chi ati i ddechrau eich cyfansoddiad? Esboniwch brif ffocws eich meddyliau ar y cam hwn – yr alaw, yr harmoni, y rhythm. Beth yw eich cynlluniau o ran yr adeiledd? Pa syniadau cerddorol sydd â'r cysylltiad cryfaf â'r maes astudio? Pa adrannau rydych chi wedi'u cwblhau'n barod, os o gwbl? Sut rydych chi wedi cyflwyno eich syniadau hyd yn hyn? Ydych chi wedi'u chwarae o gwbl? Pa offeryniaeth fydd yn gweddu eich syniadau yn eich barn? Pa ddyfeisiau rydych wedi'u hymgorffori yn y gerddoriaeth yn barod? Beth oedd y peth mwyaf heriol i chi? Pa gyngor gawsoch chi gan yr athro? Pa dargedau a osodwyd ac y cytunwyd arnyn nhw?
YR AIL DDRAFFT	Esboniwch sut aethoch ati i ymateb i gyngor a gawsoch gan yr athro, a nodwch a newidioch chi unrhyw ran o'r gwaith gwreiddiol oherwydd hyn. Sut rydych yn bwriadu ymestyn a datblygu eich syniadau? Sut byddwch yn sicrhau cyferbyniadau o ran lliw tôn a naws yn eich cerddoriaeth? Fyddwch chi'n newid unrhyw ran o'r offeryniaeth, neu fyddwch chi'n ei defnyddio hi mewn ffordd wahanol? Fydd newid llwyr yn yr alaw, y cywair neu'r harmoni yn effeithiol? Ydych chi wedi wynebu'r her gan ystyried holl agweddau'r briff gosod? Allwch chi addasu eich syniadau ymhellach drwy amrywiaeth gweadeddol? Beth oedd y peth mwyaf heriol i chi? Pa gyngor gawsoch chi gan yr athro? Pa dargedau a osodwyd ac y cytunwyd arnyn nhw?
CYFLWYNIAD TERFYNOL	Dylai'r adran hon esbonio sut gorffennoch chi eich darn. Pa addasiadau y bu angen i chi eu gwneud ar y munud olaf? A newidioch chi unrhyw beth yn dilyn y cyngor a gawsoch gan yr athro? Os do, oedd e'n llwyddiannus? Os nad oedd yn llwyddiannus, pam lai? Pa bethau sy'n eich plesio'n arbennig? Ydy popeth wedi troi allan yn y ffordd roeddech yn tybio y byddai? Sut defnyddioch chi dechnoleg wrth baratoi, cyflwyno a recordio'r darn? Berfformiwch chi'r darn yn fyw? Ddefnyddioch chi unrhyw ddeunydd arbennig o'r rhaglen feddalwedd (fel cyfeiliant awtomatig, dolenni, patrymau drwm, etc.)? Os do, sut yn union cawson nhw eu defnyddio?

Bydd angen i chi gwblhau'r un broses ar gyfer yr ail gyfansoddiad, y cyfansoddiad rhydd.

Cyflwyno sgôr neu daflen arweiniol

Sgôr

Bydd yn help mawr i'r safonwr os gallwch gyflwyno sgôr gyflawn o'ch gwaith. Mae'r rhan fwyaf o fyfyrwyr yn cyflwyno eu sgorau drwy ddefnyddio Sibelius (neu raglen debyg) ac yn llwyddo i sicrhau cofnod gwych o'u cerddoriaeth sy'n rhoi sylw i farciau tempo a manylion perfformio. Yn yr achosion hyn, sgorau a log yr ymgeisydd yn unig y bydd angen eu cynnwys yn y portffolio. Mae'n well gan nifer o fyfyrwyr eraill raglenni fel Cubase a GarageBand – mae cymaint ar gael, bydd yn dibynnu mewn gwirionedd ar beth sydd gennych chi, a pha rhaglen rydych chi'n hoffi ei defnyddio. Yn achlysurol iawn, mae portffolios yn cael eu cyflwyno wedi'u hysgrifennu â llaw ar bapur erwydd. Mae hyn yn berffaith dderbyniol – wedi'r cyfan, y cynnwys sy'n cael ei asesu.

▲ Mae rhai myfyrwyr yn cyflwyno eu sgôr wedi'i ysgrifennu â llaw ar bapur erwydd.

Taflen arweiniol

Os nad ydych yn gallu cynhyrchu sgôr gerddorol i gyd-fynd â'ch cyfansoddiadau, bydd yn rhaid i chi gyflwyno taflen arweiniol yn ogystal â log yr ymgeisydd. Fel yn achos y log, awgrymir yn gryf eich bod yn cwblhau'r daflen hon wrth i chi fynd ymlaen, oherwydd wrth i chi gyrraedd diwedd y broses, bydd hi'n anodd cofio popeth – yn enwedig os ydych chi wedi defnyddio cyfrifiadur neu os nad chi sy'n perfformio'r darn. Yn achos cyfansoddi, mae'n rhaid i'r daflen arweiniol gynnwys y wybodaeth ganlynol:

- yr adeiledd cyffredinol
- manylion yr harmonïau
- disgrifiad/amlinelliad o'r cynnwys melodig/nodweddion y cynnwys melodig
- defnydd o offerynnau a/neu leisiau
- esboniad o ddyfeisiau cyfansoddi/datblygu.

Gallech ei gynllunio gan ddilyn yr adeiledd. Er enghraifft, os ydych yn cyfansoddi adeiledd teiran ar y cyfrifiadur, gallech gyflwyno rhywbeth tebyg i hyn:

Cyfansoddiad 1

Gwybodaeth gyffredinol

(Bydd angen cynnwys manylion y prif gywair, yr adeiledd cyffredinol (e.e. ffurf deiran), y briff a osodwyd, yr arwydd amser, y marciau tempo)

Adran A

- **Rhifau bar** (mae'r rhain ar gael yn y rhaglen, neu rhowch hyd yr amser mewn munudau)
- **Alaw** (nodwch y nodweddion: defnydd o gyfyngau y mae'n bosibl ei adnabod, symudiad cysylltiol/anghysylltiol, defnydd o ailadrodd, ffurf, patrymau, motiffau, etc. Gallech gefnogi eich adroddiad gyda dyfyniad byr o'r prif syniad wedi'i nodiannu)

Cyngor cyflym

Cofiwch gynnwys geiriau cân **bob amser**. Mae hyn yn dangos yn glir iawn yr adeiledd cyffredinol. Ysgrifennwch y cordiau uwchben (neu islaw) y geiriau, ac yna gallwch ysgrifennu paragraff byr yn esbonio sut cafodd yr elfennau cerddorol eu defnyddio a sut cafodd y syniadau eu gwireddu mewn perfformiad. Ewch yn ôl at ddadansoddiad o'r dyfyniadau wedi'u paratoi gan y Stereophonics am enghraifft o sut gallwch wneud hyn. Gallwch gyflwyno'r wybodaeth am eich cân chi yn yr un modd.

- **Harmoni** (y cordiau a ddefnyddiwyd, y dilyniadau, y defnydd o ddiweddebau, gwrthdroeon, 7fedau, nodau pedal, etc.)
- **Offeryniaeth** (cyflwynwch y traciau gyda manylion am offerynnau ar ffurf tabl tebyg i'r un isod)

Trac 1	Llinynnau
Trac 2	Piano
Trac 3	Bas
Trac 4	'Aahs' lleisiol

- **Y dyfeisiau cyfansoddi a ddefnyddiwyd** (e.e. dilyniannau, efelychiant, cyfalawon, trawsnodi'r syniad, etc.)

Adran B

Dilynwch yr un patrwm o benawdau ag uchod, ond addaswch eich gwybodaeth yn ôl y gofyn. Gan ei bod yn adran wahanol, esboniwch sut rydych wedi sicrhau cyferbyniad yn yr adran.

Adran A

I gael y canlyniadau gorau, mae'n syniad da bob amser osgoi ailadrodd union mewn adran fel hon. Mae'n cynnig cyfle perffaith i chi ddatblygu eich syniadau.

Cyngor cyflym

Gallwch gael sgôr yn GarageBand wrth glicio ar 'Track Editor' a 'Score'; gallwch gael sgôr hefyd yn Cubase. Mae'n siŵr bod hynny'n haws nag ysgrifennu taflen arweiniol. Yn achos y rhain, a rhaglenni tebyg eraill, gallwch hefyd roi cynnig ar drosglwyddo'r gwaith ar ffurf ffeil MIDI i raglen fel Sibelius os ydych am ei argraffu.

Asesu cyfansoddiadau

Mae'n bwysig i chi wybod sut bydd eich cyfansoddiadau'n cael eu marcio. Os oes gennych wybodaeth am sut ac am beth y byddwch yn ennill marciau, gallwch wneud yn siŵr eich bod yn cynnwys y wybodaeth honno yn eich cerddoriaeth. Mae pob darn wedi'i farcio allan o 36. Mae tair adran wedi'u nodi, gydag uchafswm o 12 marc ar gyfer pob agwedd.

Creadigrwydd a datblygu syniadau cerddorol	Rheolaeth dechnegol ar elfennau ac adnoddau cerddorol	Adeiledd a chydlyniad arddulliadol
I gael y marc uchaf ym mhob un o'r rhain, bydd angen i chi wneud y canlynol:		
• Cyflwyno syniadau sy'n cynnig potensial ar gyfer datblygiad creadigol • Datblygu'r cynnwys yn gelfydd • Cynnig cyferbyniadau effeithiol o ran lliw tôn a naws	• Dewis amrywiaeth o elfennau ac adnoddau • Rheoli'r defnydd o elfennau • Rheoli'r defnydd o adnoddau	• Sicrhau bod y deunydd wedi'i drefnu'n dda a bod ei gyflwyniad yn dangos ôl meddwl • Ymateb yn effeithiol i'r briff a ddewiswyd • Cyflwyno darn sy'n gwneud synnwyr o ran ei arddull ac yn cyfathrebu'r syniadau cerddorol yn ddeallus

Ffaith

Nid yw log yr ymgeisydd yn cael ei asesu, ond mae'n gwbl ofynnol fel rhan o'r broses asesu; mae'n bwysig iawn er mwyn i safonwr ddeall a gwerthfawrogi sut cafodd eich cyfansoddiad ei greu a'i ddatblygu dros gyfnod o amser, a hefyd sut aethoch ati i reoli'r broses recordio.

Ysgrifennu gwerthusiad

Yn ogystal â llenwi log yr ymgeisydd, mae'n rhaid i chi ysgrifennu gwerthusiad o'r cyfansoddiad rydych wedi'i gwblhau mewn ymateb i'r briff a osodwyd gan CBAC. Mae'r darn hwn o waith yn cael ei farcio allan o 12 (5% o'r cymhwyster), ac mae'n rhaid iddo gynnwys rhwng 500 a 1,000 o eiriau. Pwrpas y gwerthusaid yw meddwl yn feirniadol am y gwaith rydych wedi'i gwblhau.

Nid oes disgwyl i chi werthuso'r broses gyfansoddi, ond dylech werthuso canlyniad y broses mewn perthynas â'r briff a ddewiswyd a'r dasg a osodwyd. Er mwyn cyflawni hyn, dylech ystyried eich gwaith mewn perthynas â'r meini prawf asesu – efallai bydd y canlynol yn ddefnyddiol.

Cofiwch

NID yw ansawdd y cyfathrebu ysgrifenedig yn cael ei asesu yn y darn hwn o waith. Er hynny, mae disgwyl i chi ddefnyddio terminoleg gerddorol briodol wrth gwblhau'r gwerthusiad.

Creadigrwydd a datblygu syniadau cerddorol	Rheolaeth dechnegol ar elfennau ac adnoddau cerddorol	Adeiledd a chydlyniad
Ydy'r alaw gychwynnol yn glir ac wedi'i ffurfio'n dda? Ydy'r rhythmau'n gytbwys ac yn amrywiol? Ydy'r cynnwys harmonig yn gadarn ac yn ddiddorol? Oes gennych chi strategaethau i sicrhau cyferbyniad? Ydych chi wedi defnyddio dyfeisiau cyfansoddi nodweddiadol i ddatblygu ac i ymestyn syniadau?	Ydych chi wedi cynllunio sut i ddefnyddio'r elfennau a ddewiswyd? Ydych chi wedi dewis amrywiaeth o ddyfeisiau i addasu'r elfennau cerddorol? Ydych chi wedi penderfynu sut byddwch chi'n rheoli ac yn siapio'r alaw/rhythm/harmoni, etc.? Ydych chi wedi gwneud y defnydd gorau o TGCh? Ydych chi'n gwybod sut i ysgrifennu'n briodol ar gyfer yr offerynnau gwahanol rydych wedi'u defnyddio?	Ydy'r gerddoriaeth yn gwneud synnwyr? Ydych chi wedi cyflawni'r hyn roeddech wedi bwriadu ei wneud? Ydy'r syniadau cerddorol yn ddiddorol ac yn briodol i'r dasg a ddewiswyd? Ydy'r syniadau wedi'u cyflwyno mewn ffordd effeithiol? Ydy'r syniadau cerddorol wedi'u cydbwyso'n glir ac wedi'u trefnu'n dda?

Yn y gwerthusiad ysgrifenedig hwn:

- Penderfynwch pa mor llwyddiannus yw'r darn o ran ymateb i'r briff a osodwyd, gan roi rhesymau dros eich barn.
- Esboniwch sut rydych wedi defnyddio'r elfennau cerddorol yn y darn, gan esbonio pam mae penderfyniadau cerddorol penodol wedi'u gwneud, a datgan pa mor effeithiol oedd y dewisiadau.
- Gwerthuswch pa mor effeithiol yw'r canlyniad terfynol, gan gynnwys ansawdd y recordiad.
- Disgrifiwch pa gyngor a roddwyd i chi ac a ddefnyddiwyd gennych i godi safon eich cerddoriaeth.
- Defnyddiwch derminoleg gerddorol gywir sy'n benodol i'r pwnc.

Geiriau a syniadau defnyddiol:

Sylweddolais fod …

Cefais rai problemau gyda … ac roedd angen i mi …

Cefais gyngor i … Fodd bynnag, roeddwn yn meddwl …

Byddai wedi bod yn well well pe …

Roedd hyn yn syniad da … oherwydd/Doedd hyn ddim yn syniad da … oherwydd …

Defnyddiais … ond ar ôl ystyried ymhellach …

Er mwyn cyflawni … roedd angen i mi …

Dylwn fod wedi … oherwydd …

Y rhesymau dros y penderfyniad hwn oedd …

Roeddwn yn meddwl bod hwn yn welliant oherwydd …

Ceisiais wella hyn drwy …

Awgrymodd fy athro …

Wrth newid y … roeddwn yn gwybod …

Penderfynais … oherwydd …

Y dewis arall oedd …

Wrth gynnwys … byddwn wedi …

Sut dylwn i gyflwyno fy ngwaith?

Mae enghraifft a rhai awgrymiadau i chi eu hystyried isod.

1. Rhowch fanylion am y briff a ddewiswyd, h.y.

Briff a osodwyd gan CBAC: *Cyfansoddwch gerddoriaeth ar gyfer darn mewn ffilm lle mae rhywun yn dianc. Bydd yn rhan o broject newydd ar gyfer gwneuthurwyr ffilm ifanc a fydd yn cael ei gynnal yn y ganolfan gelfyddydau leol.*

2. Ystyriwch eich ymateb i'r briff a osodwyd.

Penderfynais ddewis y briff uchod oherwydd ei fod yn gysylltiedig â'r trydydd maes astudio, sef ***cerddoriaeth ffilm****, sydd o ddiddordeb arbennig i mi. Treuliais amser yn ymchwilio i'r testun, a dod o hyd i olygfeydd ffilm enwog roeddwn yn gallu eu gwylio ar lein. Lluniais nodiadau ar sut roedd y gweithgareddau ar sgrin yn cael eu cynnal gan y gerddoriaeth a oedd yn cael ei ddefnyddio, a sylweddolais fod nifer o'r nodweddion yn gyffredin i'r golygfeydd a fyddai wir yn ddefnyddiol i mi. Y penderfyniad cyntaf a wnes i oedd cynllunio dilyniant o ddigwyddiadau yn yr olygfa, yna penderfynais sut byddwn yn dal diddordeb y gwrandäwr drwy greu golygfa ddianc' ddwys oedd hefyd yn gyffrous. Cefais fy atgoffa gan fy athro fod angen i mi ddangos cyferbyniad a datblygiad syniadau, felly penderfynais y byddwn yn dechrau'n araf ac yna'n cynyddu sain y gerddoriaeth. Dechreuais drwy recordio rhai syniadau ar GarageBand. Roedd y seiniau'n realistig ac roeddwn yn gallu cynllunio'r traciau gwahanol.*

Manylwch ar y nodweddion.

Nodwch y golygfeydd ffilm a chofiwch ddweud sut helpodd y rhain eich datblygiad.

Rhowch fwy o fanylion am y cyngor a gawsoch gan eich athro – sut yn union byddech chi'n llwyddo i sicrhau cyferbyniad ac i ddatblygu syniadau?

3. Esboniwch eich defnydd o elfennau cerddorol yn y darn, nodwch unrhyw gyngor a gawsoch gan eich athro, a pha mor effeithiol oedd unrhyw newidiadau.

Adeiledd:

I ddechrau, cynlluniais yr adeiledd cyffredinol. Byddai'n cynrychioli tensiwn yn adeiladu, ac yna cynnwrf pan oedd y 'dianc' ar fin digwydd. Penderfynais seilio fy syniadau ar garcharor yn dianc o'r ddalfa, felly byddai angen cyfleu ymdeimlad dwys o ddisgwyl i ddechrau, yna ymdeimlad real o densiwn a rhyddhad, cyn i'r carcharor gael ei ddal ar y diwedd.

Rhythm:

Seiliais fy syniad ar batrwm ostinato, a oedd yn dechrau'n araf. Defnyddiais hefyd syniad 'curiad calon' rheolaidd a fyddai'n sicrhau bod y gwrandäwr ar bigau'r drain. Gwnes ddefnydd cynyddol o werthoedd nodau byrrach i gyfleu naws o symudiad cyflymach drwy'r darn. Cefais gyngor gan fy athro efallai y byddai patrymau trawsacennog yn syniad da.

Gallech esbonio'r adeiledd cyffredinol yn fanylach – sut roedd yn cyfateb i ofynion y briff a osodwyd?

Esboniwch sut cafodd y rhythmau a'r patrwm ostinato eu defnyddio, pam roedden nhw'n briodol ac a oedden nhw'n effeithiol.

Gawsoch chi gyngor am y rhythmau trawsacennog? Oeddech chi'n meddwl ei fod wedi gweithio'n dda? Pam?

Dynameg:
Dechreuodd y gerddoriaeth yn dawel, i osod yr olygfa. Cyflwynwyd dynameg cryfach gyda crescendi, ac yn raddol daeth y gerddoriaeth yn gryfach nes i'r carcharor gael ei gipio ar y diwedd.

Alaw:
Cafodd motiffau byrrach eu defnyddio'n wreiddiol i greu teimlad o annifyrrwch. Er mwyn datblygu'r rhain, ychwanegais fwy o nodau er mwyn iddyn nhw gael eu hymestyn.

Harmoni:
Cyflwynwyd harmonïau bloc wrth i'r 'dianc' ddigwydd. Roeddwn yn meddwl bod hyn wedi gweithio'n dda gan ei fod yn rhoi'r argraff yn syth fod rhywbeth ar fin digwydd. Penderfynais ddefnyddio cordiau mwy anghyseiniol pan oedd y carcharor ar fin cael ei ddal.

Gwead:
Roedd y gwead yn amrywiol, wrth i'r darn ddechrau gydag un motiff melodig, a oedd i'w glywed uwchben rhythm y 'curiad calon'. Adeiladais y gwead yn raddol wrth ychwanegu haenau melodig gwahanol ac amrywio'r ansawdd offerynnol.

Peidiwch ag anghofio ychwanegu manylion am unrhyw ddyfeisiau a ddefnyddiwyd, fel dilyniant, efelychiant, gwrthdroi, defnydd o gyfalawon, etc.

Gallech enwi'r mathau gwahanol o weadau yma, a rhoi rhesymau dros eu defnyddio.

Oedd yr harmonïau anghyseiniol yn effeithiol? Pam neu pam ddim?

4. Gwerthuswch pa mor effeithiol yw'r canlyniad terfynol, gan gynnwys ansawdd y recordiad.

Roeddwn yn meddwl bod y cyfansoddiad terfynol yn effeithiol iawn, gan fy mod wedi gallu creu darn cyffrous a oedd yn cyfleu'r hyn a fyddai'n digwydd ar y sgrin. Roeddwn wedi gwirio cydbwysedd y rhannau a'r traciau i gyd cyn gwneud y recordiad terfynol a chyn ei gyflwyno i'r athro.

Mae angen cynnwys disgrifiad mwy manwl a gwerthusiad o ansawdd y recordiad terfynol.

Enwch yr adrannau effeithiol – sut cafodd y gwelliannau eu gwneud yn ystod y broses?

Wrth grynhoi eich gwerthusiad, efallai y byddwch am ystyried y cwestiynau canlynol hefyd:

- Pa nodweddion cerddorol a weithiodd yn arbennig o dda? Pa rai oedd yn llai llwyddiannus?
- Oeddech chi'n hapus/anhapus ag unrhyw adrannau penodol o'r darn? Ydych chi wedi cyfeirio at rannau penodol o'r darn yn eich gwerthusiad?
- Pa ran o'r broses oedd yn heriol i chi? Gawsoch chi unrhyw broblemau gyda TGCh? Sut llwyddoch chi i oresgyn unrhyw broblemau?
- Beth byddech chi'n ei newid pe bai gennych fwy o amser?

TESTUN 3 ARFARNU

Mae cerddoriaeth o'n cwmpas drwy'r amser. Ar wahân i fynd i gyngherddau neu sioeau cerdd byw, byddwch yn llwytho eich hoff draciau i lawr ac yna'n gwrando arnyn nhw, yn clywed cerddoriaeth ar y teledu, yn y car, wrth wneud chwaraeon, wrth wneud gwaith cartref – mae cerddoriaeth o'ch cwmpas ym mhob man. Heb os, mae dylanwad technoleg symudol yn enfawr; erbyn hyn, profiad digidol, yn gymaint ag unrhyw beth arall, yw gwrando ar gerddoriaeth. Profiad tebyg yw arfarnu cerddoriaeth. Yn sicr gallwch ddefnyddio'r holl gyfleoedd technoleg uwch sydd ar gael i wrando, ac i arfarnu, wrth i chi symud – gallwch fod yn sicr o hynny!

Felly, beth yn union yw arfarnu?

Pan fyddwn yn 'arfarnu' cerddoriaeth, rydym ni'n ystyried cynnwys, ansawdd, pwysigrwydd a pherthnasedd y nodweddion cerddorol.

Gofynion sylfaenol

Mae'r uned arfarnu yn cael ei hasesu drwy'r arholiad gwrando.

Uned 3: Arfarnu
1 awr
30% o'r cymhwyster
Cyfanswm o wyth cwestiwn
Dau gwestiwn ar bob maes astudio
Dau gwestiwn yn seiliedig ar y dyfyniadau wedi'u paratoi, h.y.: • Purcell – *Abdelazer Suite II*: Rondeau • Stereophonics – 'Handbags and Gladrags'
(Mae'r chwe chwestiwn arall wedi'u seilio ar gerddoriaeth anghyfarwydd, o'r meysydd astudio)
Sylwch: mae pob cwestiwn werth 9 marc

Bydd y cwestiynau'n cael eu seilio ar y canlynol:

Elfennau cerddorol

Cyd-destunau cerddorol

Iaith Gerddorol

Gadewch i ni wneud yn siŵr ein bod yn deall ystyr y rhain.

Elfennau cerddorol

Byddwch wedi bod yn dysgu am yr elfennau yn eich gwersi cerddoriaeth ers dechrau yn yr ysgol uwchradd. Bydd yr holl gwestiynau yn y papur arfarnu'n targedu'r rhain, ar gyfer y dyfyniadau wedi'u paratoi, a hefyd y gerddoriaeth anghyfarwydd o'r pedwar maes astudio.

Cyd-destunau cerddorol

Mae 'cyd-destun' yn cynnig gwybodaeth ychwanegol sy'n gymorth i chi ddeall rhywbeth yn llawnach. Pan fyddwch chi'n rhoi rhywbeth 'yn ei gyd-destun', mae angen i chi feddwl am y wybodaeth gefndirol, h.y. yr amser, y lle, y sefyllfa, etc.

O ran cerddoriaeth, mae angen ystyried y canlynol.

Cofiwch

Bydd myfyrwyr wedi cynnwys gwybodaeth am rai o ofynion y 'cyd-destun' yn eu nodiadau rhaglen a'u gwerthusiad yn barod.

Pwy oedd am i'r gerddoriaeth gael ei chyfansoddi?

Pwy gomisiynodd y gerddoriaeth?

Pam cafodd y gerddoriaeth ei chyfansoddi?

Pryd cafodd y gerddoriaeth ei chyfansoddi?

Beth oedd bwriad y cyfansoddwyr neu'r perfformwyr?

Ar ba achlysur y bydd y gerddoriaeth yn cael ei pherfformio?

Ble mae'r gerddoriaeth yn debygol o gael ei pherfformio? Ym mha fath o leoliad?

At ba fath o gynulleidfa y bydd y gerddoriaeth yn cael ei hanelu?

At ba fath o gynulleidfa mae'n debygol o apelio?

Sut cafodd y gerddoriaeth ei chreu o ran y sefyllfa gymdeithasol, hanesyddol a diwylliannol?

Sut cafodd y gerddoriaeth ei datblygu o ran y sefyllfa gymdeithasol, hanesyddol a diwylliannol?

Sut cafodd y gerddoriaeth ei pherfformio o ran y sefyllfa gymdeithasol, hanesyddol a diwylliannol?

Iaith gerddorol

Iaith gerddorol yw'r wybodaeth a'r ddealltwriaeth o theori a therminoleg y mae angen i chi eu gwybod. Amlinellir hyn yn glir yn y fanyleb, sy'n rhestru'r canlynol:

DARLLEN AC YSGRIFENNU	• nodiant cleff y trebl a chleff y bas
DARLLEN	• nodiant cleff y trebl a chleff y bas
CORDIAU	• rhifau Rhufeinig mewn cywair MWYAF, h.y. I, ii, iii, IV, V, vi a vii^{0}
DARLLEN AC YSGRIFENNU	• arwyddion cywair mwyaf a lleiaf at bedwar meddalnod a phedwar llonnod
GEIRFA	• terminolog gerddorol sy'n gysylltiedig â'r pedwar maes astudio

Mathau o gwestiynau

Yn yr arholiad ei hun, bydd amrywiaeth o arddulliau a chwestiynau. Bydd un math o gwestiwn yn gofyn am ateb byr, pan fydd yn rhaid i chi roi'r ateb cywir neu ddewis o restr.

Er enghraifft:

1. Enwch yr **offeryn** sy'n chwarae'r cyfeiliant yn y dyfyniad.

   ____

2. Pa **fath o gôr** sydd i'w glywed yn canu yn y dyfyniad? Ticiwch yr ateb cywir.
   Côr plant ☐
   Côr merched ☐
   Côr meibion ☐
3. Tanlinellwch y **ddyfais** sy'n cael ei chwarae gan y trwmped ar ddechrau'r darn.
   Canon Bas Alberti Dilyniant Nodyn pedal
4. Nodwch **arwydd amser** y gerddoriaeth.

   ____

5. Rhowch ddwy **nodwedd** sy'n perthyn i'r arddull gerddorol hon.
   (i) ______________________________
   (ii) ______________________________

Mae angen ateb hirach ar y math arall o gwestiwn, lle mae'n rhaid i chi esbonio, disgrifio neu gymharu cerddoriaeth.

Er enghraifft:

1. Esboniwch sut mae'r cyfansoddwr yn sicrhau bod y gwrandäwr ar bigau'r drain wrth wrando ar darn hwn o gerddoriaeth ffilm.
2. Nodwch bedair ffordd mae Fersiwn 2 yn wahanol i Fersiwn 1, y fersiwn gwreiddiol.
3. Disgrifiwch sut cafodd elfennau cerddorol yr alaw a'r rhythm eu defnyddio yn y cyfansoddiad hwn.
4. Beth yw'r prif wahaniaethau cerddorol rhwng adrannau agoriadol ac adrannau clo'r dyfyniad?
5. Disgrifiwch sut mae'r cyfansoddwr yn ysgrifennu ar gyfer y piano yn y darn hwn o gerddoriaeth.

Cofiwch

1. Mae'r eirfa a'r termau cerddorol sy'n cael eu defnyddio yn yr arholiad wedi'u rhestru'n glir yn Atodiad C manyleb Cerddoriaeth TGAU. Byddai'n syniad da creu eich geirfa bersonol gydag ystyr y geiriau hyn wedi'i esbonio'n glir.
2. Wrth ateb y cwestiynau, y rhai byr neu'r rhai hir, gwnewch yn siŵr eich bod yn cynnig y wybodaeth gywir; er enghraifft, os yw'r cwestiwn yn gofyn **sut** mae offeryn yn chwarae, peidiwch ag enwi'r offeryn sy'n chwarae yn unig – esboniwch **pa fath** o gerddoriaeth mae'n ei chwarae, a sut mae'r gerddoriaeth yn cael ei pherfformio.

Arddweud cerddorol – cysylltu sain â symbol

Bydd un cwestiwn yn yr arholiad bob amser yn gwestiwn arddweud yn seiliedig ar ddyfyniad cerddorol heb ei baratoi. Gallai fod yn unrhyw un o'r pedwar maes astudio. Byddwch yn cael sgôr anghyflawn fel rhan o'r cwestiwn, a hefyd bydd yn rhaid i chi ateb cwestiynau ar rai agweddau theori cyffredinol sy'n gysylltiedig â'r gerddoriaeth, e.e. y cywair, y trawsgyweirio, yr arwydd amser, y diweddebau, etc.

Heb os, prin iawn yw'r myfyrwyr sy'n cael hyn yn hawdd. Mae'n gofyn am ddealltwriaeth o theori a lefel o ruglder mewn darllen ac ysgrifennu cerddoriaeth. Bydd nifer ohonoch yn dda yn chwarae 'yn ôl y glust', a bydd dysgu sut i ddarllen ac ysgrifennu cerddoriaeth yn sgìl anodd; eto i gyd, bydd yn un gwerthfawr. Byddwch yn treulio amser yn gwneud hyn yn y dosbarth, ond allwch chi ddim wir dibynnu ar slot o ddeng munud hwnt ac yma y bydd eich athro'n gallu ei neilltuo ar eich cyfer. Ond bydd eich athro yn sicr yn cefnogi eich darllen a'ch cynnydd yn yr agwedd hon, oherwydd bydd popeth y byddwch yn ei wneud yn y pwnc yn cyfrannu at eich dealltwriaeth gyffredinol o gerddoriaeth. Peidiwch ag anwybyddu'r sgôr wrth berfformio, a pheidiwch â bod ag ofn ceisio nodiannu eich syniadau wrth gyfansoddi; mae cerddoriaeth yn iaith, yn union fel unrhyw iaith arall. Byddwch yn mwynhau dysgu ei 'siarad', yn ymarferol, ond bydd darllen ac ysgrifennu cerddoriaeth yn cymryd ychydig yn hirach.

Yn sicr, gallwch eich helpu eich hun yn hyn o beth. Bydd angen i chi ddysgu ychydig o theori sylfaenol a rhai sgiliau sylfaenol, a'u defnyddio mor aml â phosibl. Drwy astudio hunangynhaliol a thrwy gwblhau ymarferion (nid profion fel y cyfryw) yn rheolaidd, bydd eich sgiliau a'ch gallu yn siŵr o wella.

> **Cofiwch**
>
> Y pedwar maes astudio yw:
>
> - Ffurfiau a dyfeisiau cerddorol
> - Cerddoriaeth ar gyfer ensemble
> - Cerddoriaeth ffilm
> - Cerddoriaeth boblogaidd.

> **Cofiwch**
>
> Fel yn achos popeth arall – dyfal donc a dyr y garreg!

Ble mae dechrau?

Mae ymarfer arddweud yn eich gwersi Saesneg yn golygu eich bod yn ysgrifennu'r hyn mae'r athro'n ei ddarllen neu'n ei ddweud (yn gywir, os yn bosibl). Cyn i chi ddysgu sut i ysgrifennu, buoch chi'n darllen ychydig – yn hwyrach ymlaen yn y broses addysgol y daeth yr ysgrifennu. Mae'r un peth yn wir am gerddoriaeth; un o hoff ddywediadau athrawon cerdd yw 'y sain, yna'r symbol'. Mae ymarfer arddweud mewn cerddoriaeth yn golygu eich bod yn ysgrifennu rhannau o'r alaw sy'n cael ei chwarae – ac, yn yr un modd, yn profi ac yn gwella eich sgiliau darllen. Yn union fel y daethoch chi i adnabod geiriau fel unedau ar wahân yn blentyn ifanc, felly hefyd y dylech ddechrau nawr drwy ddod i adnabod syniadau cerddorol fel unedau ar wahân.

> **Ffaith**
>
> Yn yr arholiad, ni fydd yn rhaid i chi ysgrifennu'r traw a'r rhythm ar yr un pryd. Byddwch naill ai'n cael y traw ac yna'n gorfod ychwanegu'r rhythm, neu byddwch yn cael y rhythm ac yna'n gorfod ychwanegu'r traw.

Sgiliau adeiladu rhythm

Gweithgareddau

Mae'r enghreifftiau isod yn dangos gridiau rhythm mewn amser 4/4. Mae tair lefel, sy'n cynyddu'n raddol o ran anhawster. Mae pob adran yn cynnwys patrwm un bar. Gan weithio ar eich pen eich hun, neu mewn pâr os dymunwch, curwch drwy'r patrymau. Cewch weithio ar draws, i lawr neu'n lletraws. Defnyddiwch fetronom os yw hynny'n help. Yn gyntaf, nodwch bob patrwm, ac yna ceisiwch gadw'r rhythmau'n llifo.

Lefel 1

(a) 
(b) 
(c) 
(ch) 
(d) 
(dd) 
(e) 
(f) 
(ff) 

Lefel 2

(a) 
(b) 
(c) 
(ch) 
(d) 
(dd) 
(e) 
(f) 
(ff) 

Lefel 3

(a) 
(b) 
(c) 
(ch) 
(d) 
(dd) 
(e) 
(f) 
(ff) 

1. Nawr lluniwch eich gridiau rhythm eich hun mewn amser 3/4 a churwch y patrymau, gan gymysgu drwyddi draw yn yr un ffordd ag y gwnaethoch yn y gweithgareddau uchod; gallech wneud yr ymarfer hwn fel grŵp, gan guro'r un rhythmau i ddechrau, ac yna eu curo mewn trefn o'ch dewis chi. Eto, gweithiwch gyda metronom bob amser os yw o gymorth.
2. Gweithio mewn parau. Wedi ymgyfarwyddo'n llwyr â'r holl batrymau, rhowch y gridiau i'r naill ochr. Nawr, dylai un myfyriwr ddewis a churo un o'r patrymau, wrth i'r ail fyfyriwr geisio ei nodiannu. Ydych chi'n gallu ei gyfatebu? Os nad yw'n gywir, allwch chi guro'r rhythm a gafodd ei ysgrifennu? Gallwch roi cynnig ar hyn gan ddefnyddio llawer o batrymau, efallai gan uno rhai â'i gilydd.

3. Dyma gloc amser cyfansawdd – 6/8. Curwch y patrymau'n glocwedd, i gael teimlad y curiad.

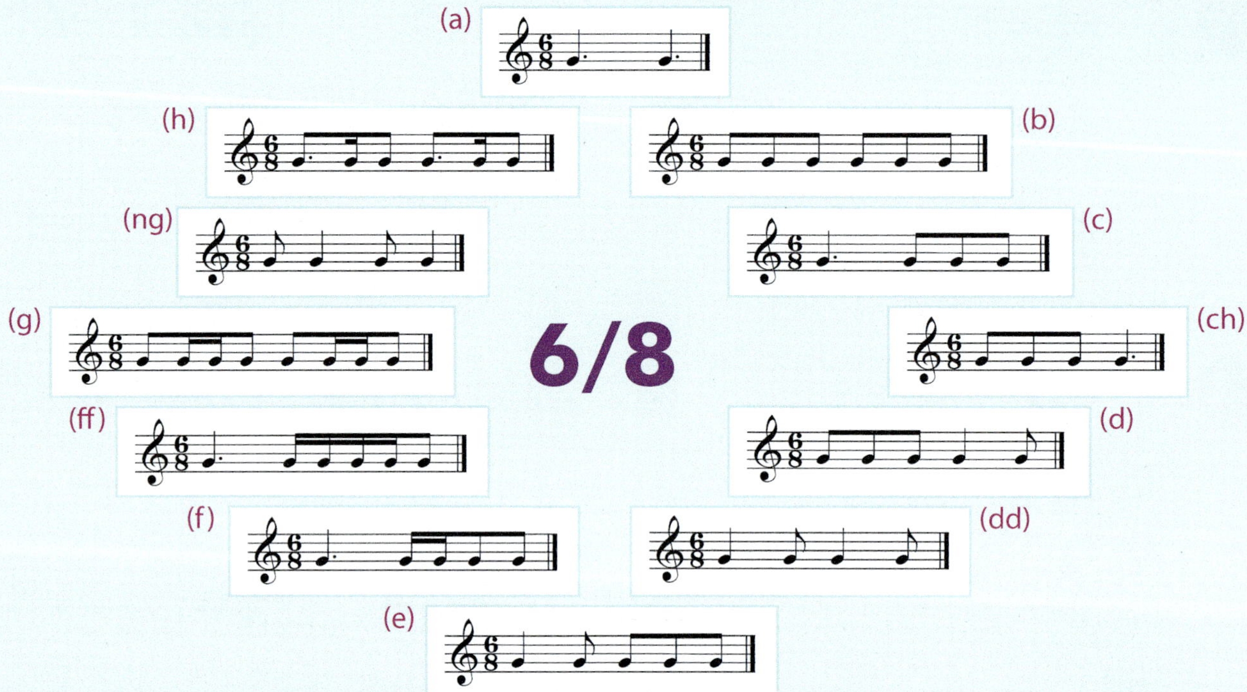

4. Rhowch rai o'r rhythmau i mewn i Sibelius, neu i mewn i raglen debyg. Drwy wneud hynny, gallwch glywed sut maen nhw'n swnio a gwirio eich bod yn curo'r rhythmau'n gywir.
5. Lluniwch fwy o rythmau 6/8. Rhowch gynnig ar greu patrymau rhythmig mewn arwydd amser 9/8 a 12/8.

Sgiliau adeiladu traw

Y ffordd orau o ddeall traw yw drwy brofi'r traw eich hun – a'r ffordd orau o wneud hynny yw drwy ganu'r nodau. Yna, chi, nid offeryn, sy'n cynhyrchu'r sain. Bydd canu'r nodau wir yn eich helpu i ddeall pa mor uchel neu isel y mae nodyn yn teimlo, neu beth yw'r cyfwng rhwng dau nodyn.

Os nad ydych yn ganwr hyderus, gallech ganu a chwarae'r allweddellau ar yr un pryd – gall hynny helpu. Wrth i chi ddysgu darnau newydd o gerddoriaeth yn y dosbarth, ceisiwch hymian gyda'r llinellau cerddorol wrth i chi chwarae (neu wrth wrando pan fyddwch yn defnyddio sgôr). Cysylltu'r **sain** â'r **symbol** sy'n bwysig.

Ni fydd arddweud TGAU Cerddoriaeth yn cynnwys cyfyngau gwirioneddol anodd, ac mae'n siŵr y bydd yn golygu rhywfaint o symud fesul cam neu symud triadol. Mae'n rhaid i chi geisio adnabod cyfyngau o fewn ystod wythfed (mewn unrhyw gywair hyd at bedwar llonnod a phedwar meddalnod).

Cofiwch

Mae'r pellter rhwng dau nodyn yn cael ei alw'n gyfwng. Mae'r math o gyfwng yn dibynnu ar y pellter rhwng y nodau.

Dyma gyfyngau cywair C fwyaf (gweler Enghraifft 5.1.)

Enghraifft 5.1

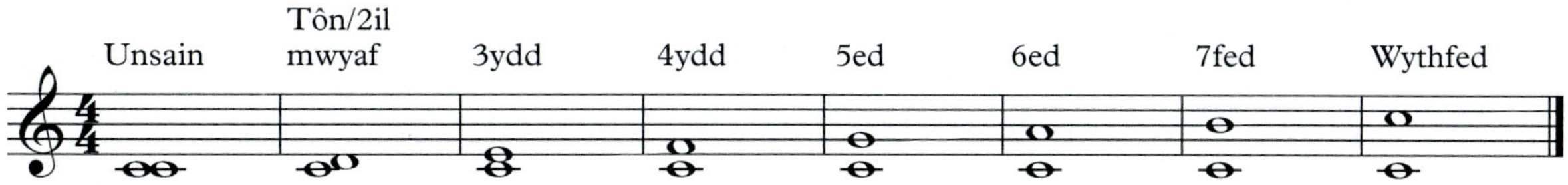

Efallai bydd gofyn i chi adnabod y cyfyngau hyn mewn cywair mwyaf hyd at bedwar llonnod neu bedwar meddalnod.

Awgrym

Peidiwch ag anghofio'r cyfwng lleiaf – yr hanner tôn. Rydym ni wedi rhoi llawer o sylw i symudiad cromatig yn y llyfr hwn, ac mae'r raddfa gromatig wedi'i seilio ar hanner tonau (gweler Enghraifft 5.2).

Tasg

Canwch y raddfa yn Enghraifft 5.2 – gan esgyn ac yna disgyn.

Enghraifft 5.2

Mewn arddweud melodig, byddwch yn cael y rhythm a bydd gofyn i chi ysgrifennu'r traw yn unig. Felly, bydd angen i chi allu nodi a yw nodyn yn aros yn yr unfan neu ai symud fesul cam neu naid y mae . . . ac os felly, pa fath o gam neu naid ydyw?

Tasgau

1. Ailadrodd a symud fesul cam/cysylltiol

Gadewch i ni ddechrau gyda nodau ailadrodd. Canwch (a chwaraewch ar yr allweddellau os yw hynny'n help) y patrymau traw canlynol, a fydd yn datblygu'n symud cysylltiol. Rhowch gynnig ar eu canu nhw yn ôl fel ymarfer ychwanegol.

(a)

(b)

(c)

(ch)

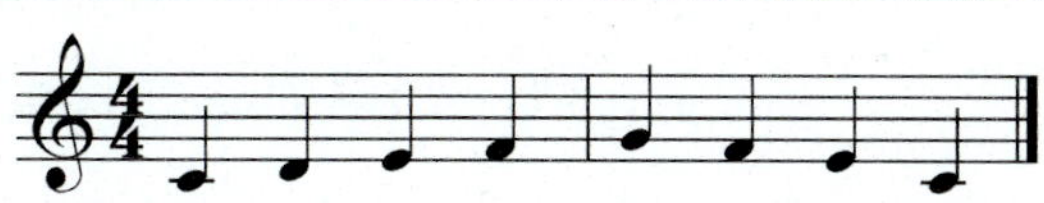

(d)

(dd)

(e)

(f)

2. Symudiad digyswllt neu gyfyngol

Nawr canwch drwy'r patrymau canlynol, sydd, yn raddol, yn cyflwyno cyfyngau'r cord a nodau eraill yn y raddfa. Defnyddiwch allweddellau i gefnogi eich canu, os dymunwch.

(a)

(b)

(c)

(ch)

(d)

(dd)
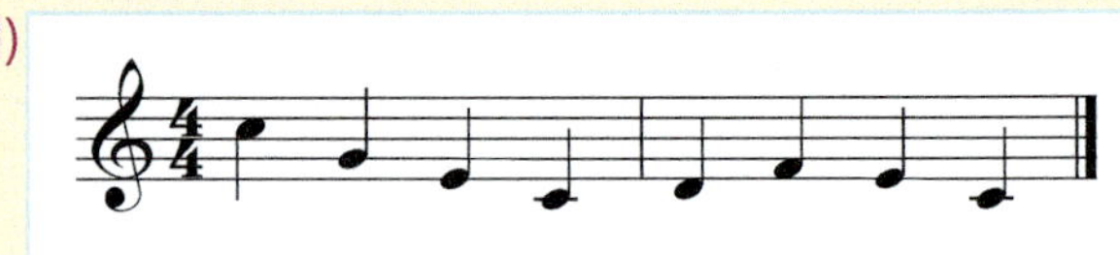

(e)

(f)

Nawr rhowch gynnig ar eu canu nhw tuag yn ôl.

Gweithgareddau

1. Gyda myfyriwr arall, arbrofwch â chyfyngau gwahanol. Rhowch nodyn cychwynnol – er enghraifft G – ac yna chwaraewch nodau'r raddfa fwyaf uwch ei ben. Yn eich tro, profwch eich gilydd â graddfeydd gwahanol a gwahanol gyfyngau.
2. Chwaraewch F ar yr allweddellau, a cheisiwch weithio allan y cyfyngau gwahanol wrth eu hymian i fyny'r raddfa. Er enghraifft:
   - chwaraewch F – hymiwch y cyfwng sydd 5ed yn uwch
   - chwaraewch F – hymiwch y cyfwng sydd 3ydd yn uwch
   - chwaraewch F – hymiwch y cyfwng sydd 6ed yn uwch
   - chwaraewch F – hymiwch y cyfwng sydd 4ydd yn uwch

Gwiriwch yr ateb drwy ddod o hyd i'r nodyn ar yr allweddellau. Gallech wneud hyn mewn unrhyw gywair.

Cofiwch

Mae yna B♭ yng nghywair F fwyaf.

Y camau nesaf

1. Y gwahaniaeth rhwng mwyaf a lleiaf.
2. Gweithio mewn cyweiriau gwahanol.

Tasg

Gweithiwch ar eich pen eich hun, neu gyda myfyriwr arall, i weithio allan a nodiannu **traw** alaw syml. Byddai hwiangerdd yn gwneud y tro – gorau oll os yw'n syml. Yna rhowch gynnig ar y canlynol – dechreuwch bob un ar C.

- Agoriad y thema deledu ar gyfer *Eastenders*.
- Dechrau'r thema ar gyfer *Thomas the Tank Engine*.
- Dechrau'r thema ar gyfer *Match of the Day*.
- Thema Newyddion y BBC.
- Dechrau thema'r *Simpsons*.

Ysgrifennwch y traw sy'n gywir yn eich barn, yna chwaraewch y nodau ar allweddellau. Ydyn nhw'n swnio'n iawn? Os nad ydynt, daliwch ati nes i chi lwyddo i'w cael yn gywir.

Tasg

Ysgrifennwch eich patrymau melodig syml dau far gan ddefnyddio amrywiaeth o gyweiriau mwyaf a lleiaf. Yna ceisiwch ganu'r hyn rydych chi wedi'i ysgrifennu. Rhowch y nodyn cychwynnol i chi'ch hun.

Datblygu eich sgiliau ymhellach

Gallwch ddefnyddio unrhyw gerddoriaeth i adnabod traw a rhythmau. Gwrandewch yn ystod y dydd – sylwch ar symud fesul cam, ar gyfyngau, neu nodwch rannau o'ch hoff themâu teledu neu ffilm, rhannau o ganeuon, tôn ffôn, etc.

Awgrymiadau adolygu

Mae cerddoriaeth yn bwnc y gallwch ei ddysgu 'wrth fynd', drwy ymddiddori'n ymarferfol a chymryd rhan mewn gweithgareddau creadigol. Bydd eich athro'n gallu cynnig cwestiynau ymarfer ychwanegol. Gwnewch yn siŵr eich bod yn cwblhau unrhyw waith fel hyn mewn da bryd cyn yr arholiad er mwyn i chi allu gwirio'r atebion. Mae cymaint o gerddoriaeth y gallwch wrando arno'n rhad ac am ddim ar lein, a gallwch eich profi eich hun gyda chwestiynau dychmygol; gwrandewch ar gerddoriaeth o unrhyw faes astudio ac ysgrifennwch amdani, gan roi sylwadau ar nodwedddion cerddorol fel alaw, harmoni, rhythm, adeiledd, offeryniaeth, arddull, etc.

O ran paratoi'r munud olaf ar gyfer yr arholiad arfarnu, y cyngor gorau yw eich bod yn eich atgoffa eich hun o'r derminoleg berthnasol a'r eirfa arbenigol, yn mynd dros yr arwyddion cywair a'r nodiadau theori sylfaenol, ac yn adolgu dadansoddiadau'r dyfyniadau wedi'u paratoi.

Os byddwch wedi paratoi amserlen adolygu call, ni fydd angen poeni. Y syniad gorau yw cael noson gynnar cyn yr arholiad!

Cyngor pellach

Mae rhaglenni rhagorol ar gael i'ch helpu i ddatblygu eich sgiliau clywedol. Dyma rai er mwyn i chi allu dechrau'n syth:

- Philharmonia Sound Exchange – Explore/Make Music/Resource headings
- Auralia
- EarMaster
- Aural Workshop
- Teoria
- Theta Music Trainer

Geirfa

A cappella: cerddoriaeth gorawl ddigyfeiliant.

Acennog: pan fydd acen neu bwyslais ychwanegol yn cael ei roi ar nodau penodol.

Adroddgan: math o arddull leisiol sy'n efelychu rhythmau ac acenion yr iaith lafar; caiff ei alw weithiau'n 'llafar ganu'.

Addurniadau (*embellishments, decorations, ornamentations*): ffordd o addurno neu 'harddu' alaw.

Ailgymysgu: newid arddull darn o gerddoriaeth drwy ei drin yn electronig.

Amser rhanedig cyffredin: arwydd amser 2/2, h.y. dau guriad minim mewn bar (weithiau'n cael ei alw'n *alla breve*).

Andante: arwydd tempo sy'n dynodi 'cyflymder cerdded; ddim yn rhy araf'.

Anghyseiniol: pan fydd dau neu fwy o nodau'n seinio gyda'i gilydd i greu effaith ansefydlog yn nhermau'r harmoni, h.y. sain 'aflafar' sy'n gwrthdaro. Mae hefyd yn cael ei ddisgrifio fel sain anghytgordiol.

Ansawdd: 'ansawdd sain' neu 'liw tôn' llais neu offeryn penodol.

Antiffonïaidd: cerddoriaeth lle mae grwpiau o berfformwyr yn 'ateb' neu'n 'adleisio' ei gilydd, drwy efelychu'r un frawddeg neu frawddegau tebyg.

Arddull swing: arddull gerddorol sy'n tarddu o'r 1920au/30au. Perfformiad anghyfartal o'r nodau (e.e. cwaferau swing) ydyw sy'n nodweddiadol o bob math o jazz. Mae'n rhoi teimlad rhythm dot/tripledi i'r curiad.

Arpeggio: chwarae pob nodyn o gord ar wahân, yn esgynnol neu'n ddisgynnol.

Baled: yn yr 16eg ganrif, cân ar gyfer llais unawdol oedd hon. Yn y cyfnod modern, mae eto'n gân, naill ai mewn arddull lafar (sy'n adrodd stori fesul pennill) neu'n fath o gân sentimental, araf.

Brawddeg: rhan o alaw.

Cadenza: cyfle i arddangos meistrolaeth dechnegol perfformiwr unawdol.

Cerddoriaeth gorawl: cerddoriaeth a ysgrifennwyd ar gyfer côr.

Clasur o gân: cân sydd wedi ennill ei phlwyf.

Codetta: darn byr o gerddoriaeth sy'n 'cwblhau' adran.

Colla voce: pan mae'n rhaid i'r cyfeiliant ddilyn rhan y llais, heb lynu'n gaeth i'r tempo.

Corâl: emyn-dôn â'i gwreiddiau yn Eglwys Brotestannaidd yr Almaen. Cyfansoddodd Bach lawer o'r rhain.

Cordiau pŵer: yr enw sy'n cael ei roi i gord sy'n defnyddio'r gwreiddyn a'r 5ed (h.y. dim 3ydd) – mae gitaryddion roc yn eu defnyddio.

Crafu: math o dechneg bwrdd tro a ddefnyddir gan DJs, sydd weithiau'n cael ei galw'n 'sgrwbio'.

Crescendo: yn cryfhau yn raddol.

Cromatig: pan fydd y gerddoriaeth yn mynd i fyny neu'n dod i lawr fesul hanner tôn.

Cwmpas: y pellter rhwng y nodyn uchaf a'r nodyn isaf y mae offeryn penodol yn gallu eu chwarae neu lais penodol yn gallu eu canu.

Cyfansoddiad di-dor: pan fydd y gerddoriaeth yn barhaus, drwyddi draw, gyda cherddoriaeth wahanol ar gyfer pob adran.

Cyfres: casgliad o symudiadau cerddorol byr. Yn ystod cyfnod y Baróc, mathau o ddawnsiau oedden nhw'n bennaf.

Cyfwng: y pellter rhwng unrhyw ddau nodyn, yn cynnwys y nodau sy'n ffurfio'r cyfwng, e.e. y cyfwng rhwng C ac F yw 4ydd (C D E F).

Cylch o ganeuon: cyfres o ganeuon sydd wedi'u cyfansoddi ar thema gyffredin.

Cylchu sain: effaith oedi mewn technoleg gerddoriaeth.

Cymysgu bît: mewn DJ-io dyma'r sgìl o gyfuno curiadau dwy gân wahanol i gydweddiad â'i gilydd a graddoli ar draws.

Cyseiniol: pan fydd nodau cord yn mynd yn dda gyda'i gilydd.

Cywair gwreiddiol: prif gywair darn o gerddoriaeth, h.y. y cywair y mae'r gerddoriaeth yn dechrau ac yn gorffen ynddo.

Cywasgiad: byrhau gwerthoedd nodau alaw.

Chwarae'n fyrfyfyr/byrfyfyrio: pan gaiff cerddoriaeth ei chreu wrth iddi gael ei pherfformio, h.y. mae'n cael ei chyfansoddi yn y fan a'r lle.

Deunydd ffynhonnell: unrhyw ddeunydd a ddylanwadodd ar syniadau cerddorol.

Diatonig: cerddoriaeth sydd wedi'i seilio ar y system raddfa mwyaf a lleiaf. I'r gwrthwyneb i 'gromatig'.

Digyswllt: (am symudiad cerddorol) yn symud wrth neidio neu'n cynnwys cyfyngau.

Dilyniant: ailadrodd brawddeg felodig neu harmonig yn yr un rhan, ond ar draw uwch neu is.

Disgo: arddull gerddoriaeth ddawns o'r 1970au a'r 1980au a oedd yn cynnwys soul, funk, pop a salsa.

Diweddeb: dilyniad o ddau gord sydd i'w gael ar ddiwedd brawddeg mewn cerddoriaeth, er mwyn cwblhau brawddeg.

Diweddeb amen: dilyniad cordiau IV i I ar ddiwedd brawddeg o gerddoriaeth.

Diweddeb amherffaith: symud at gord V ar ddiwedd brawddeg o gerddoriaeth. Gallai'r cord agosáu fod yn I, ii, IV neu vi. Mae'n swnio'n anghyflawn.

Dolennu: ailadrodd darn o'r gerddoriaeth am gyfnod amhenodol.

Efelychiant: pan fydd un llais neu ran offerynnol yn copïo un arall.

Eisteddfod: gŵyl ddiwylliannol Gymreig – gŵyl o gerddoriaeth, dawns a llenyddiaeth.

Falsetto: techneg leisiol (dynion) a ddefnyddir i gyrraedd nodau uwch na'r cwmpas arferol.

Ffurf sonata: adeiledd cerddorol a ddatblygodd yn ystod y cyfnod Clasurol, a ddefnyddir yn aml ar gyfer y symudiad cyntaf mewn gwaith mwy, fel symffoni, sonata neu concerto.

Glissando yw pan fydd fydd y gerddoriaeth yn 'llithro' o un traw i draw arall.

Gwead: y rhannau neu'r llinellau gwahanol mewn cyfansoddiad, a'r ffordd y maen nhw'n perthyn i'w gilydd.

Gwerth nodyn: hyd a churiad nodyn yn ôl yr arwydd amser, e.e. crosiet, minim, cwafer, etc.

Gwreiddyn: nodyn traw sy'n rhoi'r enw i driad, e.e. gwreiddyn triad C yw C. Gwreiddyn cord y llywydd yn C fwyaf yw G (gan mai G yw cord y llywydd).

Gwrthbwynt: pan fydd dwy neu fwy o alawon i'w clywed gyda'i gilydd.

Gwrthdro: troi syniad neu gyfwng melodig wyneb i waered; neu safle cord os nad yw yn y safle gwreiddiol, h.y. pan nad yw gwreiddyn y cord i'w glywed yn y bas.

Hanner tôn: y cyfwng lleiaf rhwng dau nodyn (ar biano, y ddau nodyn yn union drws nesaf i'w gilydd, os yw'n ddu neu'n wyn, e.e. C→C#; E→F).

Hapnod: 'arwydd' cerddorol sy'n effeithio traw'r nodyn.

Harmoni clòs: pan fydd nodau'r cordiau yn cael eu trefnu o fewn ystod gyfyng.

Homoffonig: gwead lle mae'r holl leisiau neu'r holl rannau'n symud gyda'i gilydd mewn dull cordiol, neu pan fydd yr alaw gan un rhan tra bo'r rhannau eraill yn cyfeilio.

Islywydd: pedwaredd radd unrhyw raddfa a'r cord sy'n cael ei adeiladu ar y bedwaredd radd.

Leitmotiv: syniad cerddorol a gysylltir â chymeriad, gwrthrych, teimlad neu feddwl.

Llais y frest: rhan isaf y llais, sy'n fwy pwerus.

Llais y pen: ymhlith yr uchaf o gwmpasrannau'r llais wrth ganu.

Lleiaf felodig: math o raddfa leiaf sy'n codi'r 6ed a'r 7fed radd wrth esgyn, h.y. yn codi'r 6ed a'r 7fed radd hanner tôn. Yn cael ei defnyddio ar gyfer ysgrifennu alawon.

Lleiaf harmonig: math o raddfa leiaf, sy'n defnyddio pob nodyn o'r raddfa leiaf, heblaw am y 7fed (y nodyn arweiniol), sy'n cael ei lonnodi (yn codi hanner tôn). Mae yr un peth wrth esgyn ac wrth ddisgyn. Mae'n cael ei defnyddio ar gyfer ysgrifennu harmonïau.

Llywydd: pumed radd unrhyw raddfa a'r cord sy'n cael ei adeiladu ar y pumed radd.

Meini prawf asesu: y safonau y bydd y gwaith yn cael ei asesu neu ei farcio yn eu herbyn.

Mesur: trefn y curiad mewn cerddoriaeth sy'n cael ei gynhyrchu gan batrymau o acenion/curiadau cryf a gwan.

Microtonawl: pan fydd y gerddoriaeth yn cynnwys cyfyngau sy'n llai na hanner tôn.

MIDI (*musical instrument digital interface*): system ddigidol a thechnegol sy'n caniatáu i offerynnau electronig a chyfrifiaduron gysylltu â'i gilydd.

Moddol: disgrifiad o system raddfa a oedd yn bodoli cyn i'r system mwyaf–lleiaf esblygu. Mae'n cael ei defnyddio mewn cerddoriaeth werin, jazz a roc/pop.

Nodyn pedal: dyfais harmonig lle caiff yr un nodyn ei chynnal neu ei hailadrodd.

Oedi a **datseinio**: effeithiau sy'n cael eu defnyddio'n gyson sy'n cael eu hychwanegu at seiniau a recordiwyd.

Ostinato: patrwm ailadroddus yn y gerddoraith sy'n felodig, rhythmig neu harmonig.

Panio: addasu'r lefelau sain rhwng y seinyddion llaw chwith a'r seinyddion llaw dde.

Pentatonig: graddfa sy'n cynnwys pum nodyn.

4ydd estynedig: cyfwng o 4ydd perffaith, sydd wedi'i wneud yn fwy gan hanner tôn ychwanegol (e.e. C – F#).

5ed cywasg: cyfwng o 5ed perffaith, sydd wedi'i wneud yn llai gan hanner tôn (e.e. C – G♭).

Piano: y marc dynameg am 'tawel'; neu offeryn sydd ag allweddell.

7fed y llywydd: pan fydd cyfwng o 7fed (uwchben y gwreiddyn) wedi'i ychwanegu at gord y llywydd mewn unrhyw gywair, e.e. yn C fwyaf, bydd cord 7fed y llywydd yn G B D F.

Sforzando: yn cael ei ddangos gan sfz – acen sydyn a grymus ar nodyn neu ar gord.

Sgiffl: tarddodd o gerddoriaeth Americanwyr croenddu yn yr 1920au a chael ei fabwysiadu yn yr 1950au ym Mhrydain (mae'n cael ei gysylltu'n bennaf â cherddoriaeth Lonnie Donegan).

Sonata da chiesa: Yr enw Eidaleg am 'sonata eglwysig'. Mae'n dod o'r cyfnod y Baróc ac yn cynnwys pedwar symudiad.

Staccato: nodau wedi'u gwahanu (*detached*); yn fyrrach na'u hyd llawn.

Stanza: gair arall am bennill.

Symud traw: mewn DJ-io, dyma'r broses o newid y traw heb newid y cyflymder.

Symudiad cyfochrog: pan fydd cordiau/triadau'n symud fesul cam.

Technegau perfformio: unrhyw dechnegau ymarferol y mae angen sylwi arnyn nhw mewn perfformiad, h.y. staccato, legato, glissandi, nodau acennog, etc.

Tempo: yn cyfeirio at gyflymder y gerddoriaeth.

Timpani: drymiau mawr cerddorfaol sydd weithiau'n cael eu galw'n tympan (kettle drums). Mae modd eu tiwnio i wahanol drawiau.

Tonydd: gradd gyntaf unrhyw raddfa a'r cord sy'n cael ei adeiladu ar y radd gyntaf.

Trac sain: cerddoriaeth sydd wedi'i recordio sy'n cyfeilio i'r delweddau gweledol mewn ffilm.

Trawsnodiad: symud syniad cerddorol i gywair sy'n uwch neu'n is.

Tripled: dyfais rythmig lle mae tri nodyn cyfartal eu gwerth yn cael eu chwarae yn amser dau nodyn.

Trithon: cyfwng sy'n cynnwys tri thôn lawn, e.e. C→F# (C–D; D–E; E–F#).

Tutti: cyfarwyddyd sy'n golygu 'pawb'.

Unsain: pob rhan yn chwarae neu'n canu'r un nodau.

Virtuoso: perfformiwr sydd â disgleirdeb technegol cydnabyddedig – perfformiwr penigamp.

Wythfed: y pellter rhwng un nodyn a'r nodyn nesaf sydd â'r un enw llythyren, e.e. A–A.

Ysgrifennu areithiol: math o ysgrifennu lleisiol, yn debyg i adroddgan gan fod iddo ansawdd areithiol.

Ystod: y pellter rhwng y nodyn uchaf a'r nodyn isaf mewn cyfansoddiad.

Mynegai

A

a cappella 100
Abdelazer Suite II 38–51
acennog XX
adeiledd *gweler* ffurf
adran rhythm 63, 89, 95
adroddgan 74, 80, 82
addurniadau/addurnol 12, 15, 20, 32, 37
anghyseiniol 94, 126–128, 141
ailadrodd 15–16, 19, 24–26, 45, 49, 51, 98, 112, 114, 140,143, 149, 161, 163, 169, 172, 175, 205, 207, 212–213
alaw a chyfeiliant 60–61, 68, 79
amlgyweiredd 132
amrywiad, ffurf 12, 14, 20–21
amser rhanedig cyffredin 81
anacrwsis 24
andante 76, 119
ansawdd 13, 45, 54, 72–73, 75, 77–78, 81–82, 91, 135–136, 141, 150, 163, 181, 200, 219
ansillafog 172
arfarnu cerddoriaeth 150–151, 218–227
Armstrong, Louis 92–94
arpeggio 33, 117, 144, 147, 184
arwyddion amser, mathau o 119–120
asesiad ymarferol 193–200
atgan 17

B

Bach, Johann Sebastian 12, 16, 66
Baróc, y cyfnod 12, 21, 44, 50, 64–66
bas Alberti 13, 34
bas gamba 64–65
bas rhifoledig 12, 40, 64
bas sy'n cerdded 90–91
basso continuo 12, 63–64, 66–67
baswn 64–65, 72, 76, 78, 82
Beethoven, Ludwig van 13, 17–19, 33, 35, 72, 78–79
blues 63, 83–87, 152, 168, 178
blues 12-bar 85, 168–169, 174
Blur 155
Brahms, Johannes 13, 21, 73
brawddeg 13, 15, 19, 25, 31, 34–36, 47, 49, 81, 86, 89–90, 94, 100, 114–116, 130, 144, 161, 166, 169, 174, 177, 200–201, 203, 218–219, 221, 223–224
brawddegu rheolaidd 34
Brubeck, Dave 95–96
bwrdd stori 148
byrfyfyrio/chwarae'n fyrfyfyr 83, 87, 94–95, 103, 198–200

C

cadenza 92
cân 32-bar, ffurf 165–167
canon 30–31, 61–62, 71, 73, 79, 175
cerddorfa 12–13, 44
cerddoriaeth anghynefin 111
cerddoriaeth bop *gweler* roc a phop
cerddoriaeth ffilm
- arfarnu 150–151
- cyfansoddwyr 108–110
- enghreifftiau 115–118, 120–121, 126, 131–134, 136, 140–141, 143
- ffilmiau cyfoes 109–111
- gwefannau 151
- sain, ffilmiau cyntaf gyda 108–109
- swyddogaeth 111–112
- tarddiad 107

cerddoriaeth gorawl 13, 97, 100
cerddoriaeth gynefin 111
cerddoriaeth werin 15, 21, 55–62, 97–105, 116, 179
cerddoriaeth werin Gymreig 15, 55–62, 97–105
cerdd dant 63, 103–104
cit drymiau 157–158, 173, 181
Clapton, Eric 169
Clasurol, y cyfnod 13, 18, 21, 45, 67–72
cleff 37, 77
Coldplay 156
colla voce 82
cord cywasg 40, 124–127
cord estynedig 43, 126–127
cord gwasgar 33, 54
cord pŵer 176–177
cordiol 58–59
Corelli, Arcangelo 12, 66
crescendo 129, 134

cromatig 13, 103, 124–125, 133, 145
cyfansoddi 146–149, 204–217
  cerddoriaeth ffilm 146–149
  meini prawf asesu 213
  ysgrifennu gwerthusiad 214–217
cyfansoddiad di-dor 103
cyfansoddiad rhydd 206
cyferbyniad 13–19, 21, 24, 26, 31, 47–49, 54, 72–73, 78, 111, 113–114, 132, 134, 140–141, 143, 149, 163–167, 175, 200, 207, 211, 213–214
cyfres 12, 44
cyfuniad 178–179
cyfwng 23, 31, 40–41, 78, 81, 90, 98, 115, 124, 126–129, 138–139, 170, 189, 207, 212, 224–227
cyngor wrth ymarfer 196–197
cylch o bumedau 45
cyseiniol 126
cywair gwreiddiol 18, 36, 39, 48, 50, 115, 124, 131, 182, 184–185, 203
cywair lleiaf melodig 22–24, 31–32, 36, 39–41, 43, 46, 77, 86, 99, 123, 133, 145, 189
cywair mwyaf 22, 31, 36–37, 40, 42, 48, 57, 99,123–124, 133, 182
cywair perthynol mwyaf
cywasgiad 46–48, 117, 121, 139
cyweiredd 39–43, 130–133, 182–191

Ch

chwarae'n fyrfyfyr/byrfyfyrio 83, 87, 94–95, 103, 198–200

D

darn wedi'i baratoi 37–51, 180–191
da capo, ffurf 12, 17
deuawd 63, 75–77, 82, 99, 103
deugyweiredd 132–133
diatonig 45, 47, 123–124, 141
digyswllt 31, 45, 47, 147, 170
digyweiredd 132–133
dilyniad/ffurfiant cordiau 35–36, 85, 123–126, 133, 174–177, 181–188; *gweler hefyd* gwrthdro; cyweiredd
dilyniant 16, 20, 26, 32, 46–49, 117, 141, 147, 149, 162, 174–175, 205, 207, 213
diweddeb 17, 35–36, 47–50, 99, 115,185–186, 190
  diweddeb amen 36
  diweddeb amherffaith 36–37, 50, 115, 185–186
  diweddeb annisgwyl 36
  diweddeb berffaith 17, 36, 47–48, 99
  diweddeb phrygiaidd 50
drôn 29
dyfeisiau rhythmig 121
dynameg 12–13, 17, 45, 76, 78, 81, 145, 181, 195, 197; *gweler hefyd* forte; piano
dynameg teras 12

E

efelychiant 25, 54–55, 72–73, 79, 116, 147
Eisteddfod 97, 103–104
ensemble, diffiniad 63
estyniad 121, 139
estyniadau cordiau 90

F

forte (dynameg) 76, 129, 134, 181, 187

Ff

ffanffer 110, 129, 147
ffilmiau, mathau gwahanol o 113
ffiwg 12, 73
ffurf 12–21
  ffurf ddwyran 12, 14, 16, 18, 20, 103
  ffurf stroffig 14, 21, 98, 103, 165, 181
  ffurf deiran 12–14, 17–18, 20

G

galw ac ateb 86, 147
geiriau, ysgrifennu a gosod 208–210
gitâr fas 63, 89, 92, 142, 155, 157–160, 181, 185
gitâr rythm 155, 157–159
glissando 134
Godspell 75
graddfa blues 86, 133
graddfa fwyaf 22, 31, 36–37, 40, 42, 48, 57, 99, 123–124, 133, 182
graddfa leiaf felodig 22–23
graddfa leiaf felodig 22–24, 31–32, 36, 39–41, 43, 46, 77, 86, 99, 123, 133, 145, 189

graddfa leiaf harmonig 22–23, 40, 43
graddfa tôn gyfan 133
Guys and Dolls 81
gwead 12, 17, 26, 45–46, 54–56, 58, 66–68, 71, 73,75–78, 80–82, 91–92, 94–95, 99–100, 135–136,147, 181, 184, 186
  gwrthbwyntiol 12, 54, 71, 81
  homoffonig 12, 45–46, 54–56, 58, 67, 73, 76–77, 81–82, 92, 95, 99–100, 135, 181, 184, 186
  monoffonig 54–56, 58, 66, 75, 92, 94, 135
  polyffonig 12, 54–56, 70, 73, 81, 95, 135
gwerth nodyn 102, 121, 173
gwreiddyn 40
gwrthbwynt 13
gwrthdro 20, 40–43, 50, 139, 182, 184–185, 189, 213

H

haenu 59, 72–73, 82, 140–141, 147, 187
hanner tôn 39, 43, 49–50, 81, 86, 124, 126–127, 130, 132, 138, 141–142, 149, 225
harmoni
  anghyseiniol 94, 126–128, 141
  cromatig 13, 103, 124–125, 133, 145
  diatonig 45, 47, 123–124, 141
harpsicord 12–13, 64–65
'Handbags and Gladrags' 181–191
Haydn, Joseph 13, 16, 18–20, 67–71
hemiola 56, 121

I

isgerddoriaeth 76, 110, 112
islywydd 39, 42–43, 50, 85, 174, 184, 188, 203

J

jazz 63, 83, 87–96, 152–153, 165, 178
  arddulliau 88
  diffiniadau 90
Jesus Christ Superstar 80

K

'Karma Chameleon' 170–172

L

leitmotiv 13, 79, 82, 110, 112, 137–140, 147
log yr ymgeisydd 210–213

Ll

llywydd (V) 16, 18–19, 25, 36–37, 39, 41–43, 49–50, 124–125, 166, 185, 188–189
llywydd lleiaf, y 49

M

Mendelssohn, Felix 13, 72–73
mesur 20, 103, 118, 219
MIDI (*musical instrument digital interface*) 161
minimaliaeth 140
minwét a thrio, ffurf 13–14, 18–19
moddol 13, 98–99, 116, 133–134, 176
Monk, Thelonious 94–95
motiff 13, 24, 31, 35, 46–48, 79, 82, 110, 112, 115, 129, 132, 137–140, 145, 147, 190
Mozart, Wolfgang Amadeus 13, 17–21, 28, 35, 67, 72

N

newid cywair 13, 16–18, 20, 36–37, 71, 77
nickelodeon 107
nodau blues 86
nodiadau rhaglen 200–203
nodiant TAB 183

O

Oasis 155
offeryniaeth 18, 20, 45, 76, 78, 81–82, 97, 134,139, 147, 157, 167, 181, 187, 211, 213, 227; *gweler hefyd* timbre
offerynnau traddodiadol Cymreig 98
ostinato 27, 134, 143–144, 147

P

Pachelbel, Johann 175
pedal 29, 79, 141
pedwarawd llinynnol 13, 45, 63, 67–71
4ydd perffaith 31, 47, 117
pennill–cytgan, ffurf 167
pentatonig 13, 83, 86, 133
Phantom of the Opera 81–82
piano (nod dynameg) 134, 181, 184, 186, 203
pianoforte 67, 72
Purcell, Henry 12, 19, 38–51

R

reggae 156
rìff 27, 87, 143–145, 177, 185, 190
roc a phop
  1960au 153
  adeileddau 163–172
  adrannau 164
  diffiniad 152
  gwahaniaeth rhwng, y 154
  harmoni 174–177
  lleisiau 162–163
  mathau o 154–155
  offerynnau 157–159
  rhythm 173–174
roc digidol electronig 161–162
rondeau 12, 19, 38–51
rondo, ffurf 13–14, 19–20, 45

Rh

Rhamantaidd, y cyfnod 13, 18, 72–73
rhestr wirio perfformio 199
rhythm dot 28, 45, 49, 121, 181, 185, 187

S

safle gwreiddiol 40, 184
'Saint Louis Blues' 83–84
Schoenberg, Arnold 132
Schubert, Franz 13, 16, 20–21, 28, 72–73
Schumann, Robert 13, 21, 73
7fed y llywydd (V7) 41, 189
sforzando 81
sgiffl 153
sielo 19, 30, 46–48, 64–68, 72–73, 76, 78, 81–82, 96, 125, 181
sillafog 172
'Since You've Been Gone' 152
sioeau, mathau gwahanol o 74
sonata 12–13, 66
  ffurf 13, 67
soniaredd 26, 54, 75, 91, 200, 219; *gweler hefyd* timbre
staccato 115
stanza 83
Status Quo 168
swing
  arddull/rhythm 84, 87
symudiad cyfochrog 174
symudiad cysylltiol 31, 45, 47, 98, 147, 170, 181

T

telyn 98, 103, 134
tempo 17, 20, 45, 76, 81–82, 84, 87, 112, 116, 118–119, 121–122, 139, 147, 157, 181, 184, 189, 195, 197–198, 200, 212, 219
  mathau o 119
The Good, the Bad and the Ugly 116–118
timpani 116, 130
tôn gron 52–53, 61
tonydd 16–18, 39, 42–43, 47, 191; *gweler hefyd* cywair gwreiddiol
Traddodiad Clasurol y Gorllewin 12–13, 21, 26, 174
trawsacennu 27, 87, 121, 141, 181, 187, 190
trawsgyweirio gweler newid cywair
trawsnodiad 149, 213
trawsrythm 121–122
trio sonata 12, 66
trithon 126–128
tutti 91

U

unsain 54–55, 58, 75–77, 80

V

virtuoso 13, 93

W

Wagner, Richard 13, 137
West Side Story 75–79
Williams, John 110, 115, 120, 126, 132, 134

Y

ymarferiadau 194–195
ysgrifennu areithiol 82

Cydnabyddiaeth ffotograffau

T5 Podushko Alexander; T6 (chwith) carballo; (de) Monkey Business Images; T7 hidesy; T8 (chwith) adriaticfoto; (de) Dan Milas; T9 (gwaelod, de) areebarbar; (chwith) gabriel12; (brig, de) tanewpix; T10 (gwaelod) Asier Romero; (brig) Alenavlad; T11 (gwaelod) Minserva Studio; (de) Nikki Zalewski; T12 © Everett Historical; T13 Vereshchagin Dmitry; T16 Nicku; T17 (gwaelod) Everett – Art; T26 (gwaelod) © Everett Historical; (brig) Everett – Art; T52 isaxar; T54 Dannie Price; T63 Drwy garedigrwydd Clwb Jazz Aberhonddu; T64 Everett – Art; T65 (gwaelod) INTERFOTO / Alamy Stock Photo; T65 (chwith) Brian A. Jackson; (canol) furtseff; (de) © Lebrecht Music & Arts; T74 James Steidl; Opera Cenedlaethol Cymru yn perfformio Pagliacci. (Drwy garedigrwydd WNO, © Bill Cooper); T75, Drwy garedigrwydd Godspell – the Musical Web Site; T82 Duplass; T83 Everett Historical; T84 Gan Thomas R Machnitzki (thomas@machnitzki. com) (Ei waith ei hun); T85 (gwaelod) Pictorial Press Ltd / Alamy Stock Photo; T88 Clwb Jazz Aberhonddu; T89 (canol) © Pam Isherwood; (brig) Tereks; T92 Granger Historical Picture Archive / Alamy Stock Photo; T95 (gwaelod) Clwb Jazz Aberhonddu; (brig) CC-BY-SA-3.0; T97 Eisteddfod Genedlaethol Cymru; T98 (gwaelod) Gan Gerold Zauner CC-BYSA-3.0; (brig, ail i'r chwith) Morozov Alexey; (brig, trydydd i'r chwith) Drwy garedigrwydd Marcus Music Manufacturers & Repairers Drums & Concertinas, www.marcusmusic.co.uk; (brig, chwith), nahariyani; (brig, de) © Lebrecht Music & Arts; T104 (gwaelod) Drwy garedigrwydd Allan yn y Fan; (brig) Eisteddfod Genedlaethol Cymru, T105 Eisteddfod Genedlaeathol Cymru; Aleutie; T108 (gwaelod) Bill Gold [Ar gael i'r cyhoedd]; (brig) Gan Warner Bros (deiliad yr hawliau gwreiddiol) (Internet Movie Poster Awards Gallery) [Ar gael i'r cyhoedd]; T110 Nikolai Kuznetsov [Ar gael i'r cyhoedd; T114, Michael Leckie; T116 Georges Biard [CC BY-SA 3.0 (http://creativecommons.org/licenses/by-sa/3.0)]; T118 (brig) Gan Pleasure Island wedi'i lanlwytho gan We hope ar en.wikipedia [Ar gael i'r cyhoedd]; (gwaelod) Shahid Khan; T120 Gan Andy Ihnatko Boston, Massachusetts (Cruisin' for a Grusin) [CC BY-SA 2.0 (http://creativecommons.org/licenses/by-sa/2.0)], T139 Fotogranfiecor.nl; T142 Man Ray [CC BY-SA 2.0 (http://creativecommons.org/licenses/by-sa/2.0)]; T130 furtseff; T135 grynold; T136 (chwith) Gan Sam Santos, Canadian Film Centre [CC BY 2.0 (http://creativecommons.org/licenses/by/2.0)]; (canol) Gan RKO Radio Pictures, ffotograffydd lluniau llonydd: Alexander Kahle [Ar gael i'r cyhoedd]; (de), Gan May S. Young o Metro NYC, Unol Daleithiau America [CC BY 2.0 (http://creativecommons.org/licenses/by/2.0)]; T139 (1) Photographee. eu; (2) Julien Tromeur; (3) Lara Zanarini; (4) Pushkin; (5) David Phigerus; (6) kolland; T141 Geoffers007 ar y Wikipedia Saesneg [CC BY-SA 3.0 (http://creativecommons.org/licenses/by-sa/3.0) neu GFDL; T144 Gan fuxoft (http://www. flickr.com/photos/fuxoft/30373190/) [CC BY-SA 2.0 (http://creativecommons.org/licenses/by-sa/2.0)]; T146 (gwaelod) MoreThan8ve; (brig), lassedesignen; T148 Warren Osborne/Titan Films; T150 Rawpixel.com; T151 (gwaelod) Gan NikolasforWiki (Ei waith ei hun) [CC BY-SA 3.0 (http://creativecommons.org/licenses/by-sa/3.0)]; T151 (brig) Creative Commons Attribution-ShareAlike 3.0 License; T152 (brig) kstudija; T153 (gwaelod) Gan Mandy Hall (wedi'i roi ar Flickr yn wreiddiol dan enw Jeff Beck) [CC BY 2.0 (http://creativecommons.org/licenses/by/2.0)]; T154 (gwaelod) Gan Rosana Prada (Flickr) [CC BY 2.0 (http://creativecommons.org/licenses/by/2.0)]; T155 (y ddau) Creative Commons Attribution-Share Alike 4.0 International; T166 (canol a gwaelod) Creative commons; (brig), Naban, Creative commons Attribution 3.0 Unported; T157 (gwaelod) Kurcher Serhili; (canol) Creative commons; (brig) Gan Jamison Foser gwaith deilliadol: Arbor i SJ [CC BY 2.0 (http://creativecommons.org/licenses/by/2.0)]; T158 (gwaelod) Nerthuz; (brig) horiyan; 159 (gwaelod) Gan doryfour (Flickr: Organ) [CC BY-SA 2.0 (http://creativecommons.org/licenses/ by-sa/2.0)]; (brig) Creative commons; T160 Creative commons; T161 (chwith) Gan Hutschi (Ei ffotograff ei hun) [CC-BY-SA-3.0 (http://creativecommons.org/licenses/by-sa/3.0/)]; (canol) © Renegadephoto.net / Alamy Stock Photo; (de) Gan Mark Hyre (wedi'i roi ar Flickr yn wreiddiol fel IMG_0997) [CC BY 2.0 (http://creativecommons.org/licenses/ by/2.0)]; T162 (gwaelod, chwith) Gan Albert B. Grossman Management (rheolwr personol), Efrog Newydd. (eitem ar eBay o'r blaen a'r cefn) [Ar gael i'r cyhoedd]; (gwaelod, canol) Creative commons; T162 (gwaelod, de) Gan Manfred Werner – Tsui (Ei waith ei hun) [CC BY-SA 3.0 (http://creativecommons.org/licenses/by-sa/3.0)]; (brig, chwith) Carl Lender, gwaith deilliadol: Lošmi [CC BY-SA 3.0 (http://creativecommons.org/licenses/by-sa/3.0) neu GFDL; (brig, canol) Creative commons; (brig, de) Gan Elektra Records (eitem ar eBay o'r blaen a'r cefn) [Ar gael i'r cyhoedd]; T167 Creative commons; T168 KevM ar y Wikipedia Saesneg [CC-BY-SA-3.0 (http://creativecommons.org/licenses/by-sa/3.0/)]; T172, Lionel Urman [CC BY-SA 3.0 (http://creativecommons.org/licenses/by-sa/3.0)]; T173 (1) Gan Cecilio Ricardo, Llu Awyr UDA [Ar gael i'r cyhoedd]; (2) Gan Matt Deegan (http://www.flickr.com/photos/msdi/7202339874/) [CC BY 2.0]; (4) Gan Nijs, Jac. de / Anefo [CC BY-SA 3.0 nl (http://creativecommons.org/licenses/by-sa/3.0/nl/deed. en)]; (5), Gan MrPanyGoff (Ei waith ei hun) [CC BY-SA 3.0 (http://creativecommons.org/licenses/by-sa/3.0)]; T178 (gwaelod) Gan Helge Overas (Ei waith ei hun) [GFDL (http://www.gnu.org/copyleft/fdl.html), CC-BY-SA-3.0 (http:// creativecommons.org/licenses/by-sa/3.0/)]; (brig) cc-by-2.0; T179 (gwaelod, chwith) Creative commons; (gwaelod, de) Gan Aaron Roe Fulkerson o San Diego, CA, US (The Pogues yn y Fillmore) [CC BY-SA 2.0 (http://creativecommons. org/licenses/by-sa/2.0)]; (canol, chwith) Gan Bohwaz (Ei waith ei hun) [FAL]; (canol, de) Ffotograff gan Sean Purser; T180 Antoio Guillem; T181 Gan Kekslover [GFDL (http://www.gnu.org/copyleft/fdl.html); T191 Gan Helge Overas (Ei waith ei hun) [GFDL (http://www.gnu.org/copyleft/fdl.html), CC-BY-SA-3.0 (http://creativecommons.org/licenses/ by-sa/3.0/); T192 Pavel K; T193 (gwaelod) DGLimages; (brig) Daxiao Productions; T194 (gwaelod) Nejron Photo; (brig) Monkey Business Images; T195 (gwaelod) ProStockStudio; (brig) Peter Gudella; T196 (gwaelod) Amethista777; (brig) DenisFilm; T197 (gwaelod) Gan WNYC Radio Cyhoeddus Efrog Newydd (Flickr) [CC BY-SA 2.0 (http:// creativecommons.org/licenses/by-sa/2.0)]; (brig) Dmitriy_Tsyupa; T198 Carlos Die Banyuls; T199 Kzenon; T204 (brig) Dragon Images; T206 (brig) Goran Djunkanovic; (gwaelod) DenisFilm; T209 Rawpixel.com; T210 Drwy garedigrwydd CBAC; T212 REDAV